高职高专"十二五"规划精品教材
财经商贸类系列教材

财务管理实务

Caiwu Guanli Shiwu

主 编 林 俐

西南财经大学出版社
Southwestern University of Finance & Economics Press

图书在版编目(CIP)数据

财务管理实务/林俐主编．—成都:西南财经大学出版社,2011.2
ISBN 978-7-5504-0147-1

Ⅰ.①财… Ⅱ.①林… Ⅲ.①财务管理—高等学校—教材
Ⅳ.①F275

中国版本图书馆 CIP 数据核字(2011)第 013624 号

财务管理实务

主编:林 俐

责任编辑:孙 婧
助理编辑:陈方泽 高 玲
封面设计:杨红鹰
责任印制:封俊川

出版发行	西南财经大学出版社(四川省成都市光华村街 55 号)
网　　址	http://www.bookcj.com
电子邮件	bookcj@foxmail.com
邮政编码	610074
电　　话	028-87353785　87352368
印　　刷	四川森林印务有限责任公司
成品尺寸	185mm×260mm
印　　张	18.75
字　　数	435 千字
版　　次	2011 年 2 月第 1 版
印　　次	2011 年 2 月第 1 次印刷
印　　数	1—3000 册
书　　号	ISBN 978-7-5504-0147-1
定　　价	35.00 元

前言

近年来，随着教育改革的不断深入，职业教育在高等教育中所占的比重越来越大。职业教育以培养应用型、操作性的职业技能人才为目标，按照这一目标要求，相关课程设置和教材编写必须体现以学生为教学主体、以理论学习为基础、以能力培养为中心、以实践应用为目标的理念。《财务管理实务》作为四川管理职业学院精品课程财务管理的阶段性成果之一，充分体现了这一理念。

该教材突出“专”和“职”的特点，在编写内容和体例上有一定突破。具体表现在：

一、重视能力培养

教材编写把重视学生动手能力的培养作为导向，充分体现教育目标的转变。在具体设计教学内容和教学手段时，充分考虑高职院校“理论够用、着重实践能力”的教学要求，教学内容上侧重应用性的理论知识。

二、体系结构合理

教材结构体系安排涵盖了财务管理专业课程学习应掌握的主要内容，但又不面面俱到。形成了简洁明了、一脉贯通的结构框架，便于学生掌握基本的财务管理知识。

三、习题案例丰富

每章开始概括了学习目标，每章后设有本章小结；注重对各章习题的编写，每章安排有同步测试、案例分析、阅读资料等内容，要求学生围绕本章的学习目标进行训练和思考；强化实训内容，紧扣主题模拟了一家公司的资料，在各章予以贯通，前后衔接，便于教师教学和学生学习。

我们希望通过本课程的学习，使学生能够掌握财务管理的基本知识和技能，培养其理财能力、分析和解决企业财务管理问题的能力，为学生走向工作岗位奠定坚实的基础。

该书由四川管理职业学院会计金融系副教授林俐担任主编，并撰写第一章、第二章、第三章；文容副教授撰写第四章、第五章；邱伟国副教授撰写第六章、第七章；江才副教授撰写第八章、第九章；徐平教授撰写第十章。

由于编者水平有限，我们诚恳地希望同仁和读者对本教材的错误和不足提出宝贵意见。

编　者

2010 年 10 月 30 日

目 录

目 录

第一章 财务管理总论

◆ 学习目标

● 正确理解财务管理的含义、特点和内容。

● 了解企业内部财务管理制度的基本内容。

● 了解各种财务管理目标的差异。

● 认识财务管理的环境因素及对财务管理的影响。

第一节　财务管理概述

一、财务管理的含义和内容

财务管理是组织企业财务活动，处理与各方面财务关系的一项经济管理工作，是基于企业再生产过程中客观存在的财务活动和财务关系而产生的。企业再生产过程表现为使用价值的生产和交换过程与价值的形成和实现过程的统一。在这个过程中，劳动者将生产中消耗掉的生产资料的价值转移到商品中去，并且创造出新的价值，通过商品的出售转移价值，并使新创造的价值得以实现。再生产过程中，资金是企业再生产过程中商品价值的货币表现。资金和商品密不可分，并随企业的生产经营过程而不断运动，从一种形态转化为另一种形态，周而复始，形成了资金运动过程，如图 1－1 所示。企业的资金运动表现为三个方面：

（1）企业通过筹资活动，以直接投入资本、发行股票或债券、向银行借款等方式取得资金。

（2）资金的循环周转。进入企业的资金按照 G—W—P—W'—G'循环周转，表现为供应、生产、销售过程，其价值量发生下列两种变化：

①资金的形态变化引起的价值量的相应等量增减变化。

②价值的增值，由变化了的价值量（表现为收入）与过去的价值量（表现为费用）比较而得出的结果（表现为净收益）。

（3）资金退出企业。企业经营过程或资金循环周转完成时，因交纳所得税、分派盈利、偿还借款等形式而退出企业，价值总量减少。

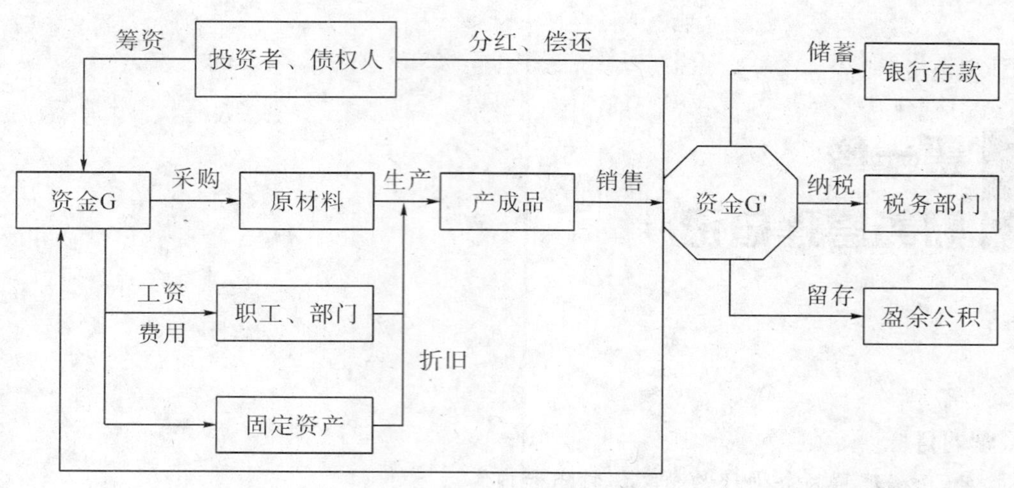

图 1－1　企业资金运动

企业在生产经营过程中客观存在的资金运动及其所体现的经济利益关系就是财务活动和财务关系。

（一）财务活动

企业资金运动，构成企业生产经营活动的一个独立方面，具有自己的运动规律，这就是企业的财务活动。财务活动包括资金筹集、资金投放、资金营运、资金分配等一系列的行为。

1. 筹资活动

筹资活动是指企业为了满足投资和资金营运的需要，通过各种方式，从不同渠道获取资金的活动。

在筹资过程中，企业一方面需要根据战略发展的需要和投资计划来确定各个时期企业总体的筹资规模，以保证投资所需资金；另一方面需要通过筹资渠道、筹资方式或工具的选择，合理确定筹资结构，降低筹资成本和风险，提高企业价值。

企业通过筹资通常可以形成两种不同性质的资金来源：一是企业权益资金；二是企业债务资金。

2. 投资活动

投资活动是投出资金以获取收益的活动。企业投资的含义有广义和狭义之分。广义的投资包括对外投资（对其他企业投资，投资购买其他公司的股票、债券等）和内部使用资金（购置固定资产、无形资产、流动资产等）。狭义的投资仅指对外投资。

企业在投资过程中，必须考虑投资规模，通过投资方式、投资方向的选择，来确定合适的投资结构，提高投资效益，降低投资风险。

3. 资金营运活动

资金营运活动是企业正常的生产经营过程中所发生的一系列资金收付的活动。首先，企业需要采购材料或商品，从事生产和销售活动，同时，还要支付工资和其他营业费用；其次，当企业把商品售出后，便可取得收入，收回资金；最后，如果资金不能满足企业经营需要，还要采取短期借款方式筹集所需资金。为满足企业日常营业活动的需要而垫支的资金，称为营运资金。

在日常经营活动中，企业需要确定营运资金的持有政策、合理的营运资金融资政策以及合理的营运资金管理策略，包括：现金和交易性金融资产持有计划的确定；应收账款信用标准、信用条件和收款政策的确定；存货周期、存货数量、订货计划的制订；短期借款计划、商业信用筹资计划的确定等。

4. 分配活动

分配活动是指对企业的收入和利润进行分割和分派的活动。企业通过投资和资金营运活动取得收入，并实现资金的增值。企业获取的收入，首先用来弥补生产经营过程中的耗费，即进行成本补偿。补偿成本和缴纳税金后的余额，形成企业净利润。

企业实现的净利润可作为投资者的收益，分配给投资者或暂时留存企业。在资金分配活动中，资金或者留存或者退出企业，将直接影响企业资金运动的规模和结构，从而影响企业的收益和风险程度。企业需要依据法律的有关规定，合理确定分配规模和分配方式，确保企业取得最大的长期利益。

（二）财务关系

企业财务关系是指企业在组织财务活动过程中所形成的各种经济利益关系。具体内容如表 1－1 所示。

表 1－1　　企业财务关系一览表

财务关系的类型	内容说明
企业与投资者之间的财务关系	主要是指投资者向企业投入资金，企业向其投资者分配收益所形成的经济关系。
企业与债权人之间的财务关系	主要是指企业向债权人借入资金，并按合同的规定支付利息和归还本金所形成的经济关系。
企业与受资者之间的财务关系	主要是指企业以购买股票或直接投资的形式向其他企业投资所形成的经济关系。
企业与债务人之间的财务关系	主要是指企业将其资金以购买债券、提供借款或商业信用等形式出借给其他单位所形成的经济关系。
企业与供货商、客户之间的财务关系	主要是指企业购买供货商的商品或接受其服务，以及企业向客户销售商品或提供服务过程中形成的经济关系。
企业与政府之间的财务关系	主要是指政府作为社会管理者，通过征缴各种税款的方式与企业发生的经济关系。
企业内部各单位之间的财务关系	主要是指企业内部各单位之间在生产经营各环节中互相提供产品或劳务所形成的经济关系。
企业与职工之间的财务关系	主要是指企业向职工支付劳动报酬过程中所形成的经济关系。

二、财务管理的特点和方法

（一）财务管理的特点

1. 财务管理是一项综合性的管理工作

企业管理中的各种专业化管理，有的侧重于使用价值的管理，有的侧重于劳动要素的管理，而财务管理是对再生产过程中的资金运动进行管理。资金犹如企业的血液，渗透在生产经营的各个环节、各个部门和各个方面。财务管理的触角，经常伸向企业经营的各个角落，和各个部门发生广泛的联系。财务管理因为是价值管理而具有不同于其他管理的综合性特点。

2. 财务管理能迅速反映企业生产经营状况

由于资金运动是再生产过程中的价值方面，因此，企业供应、生产、销售情况以及与此相联系的财务状况的变化都可以通过各种财务指标迅速得以反映。

（二）财务管理方法

财务管理方法，也称财务管理环节，是指在财务活动中的不同阶段所采用的管理方法，包括财务活动进行之前的财务预测、财务决策和财务预算方法，财务活动过程中的财务控制方法，以及一定时期的财务活动结束后的财务分析方法等。

1. 财务预测

财务预测是根据企业整体战略目标和规划，结合对未来宏观、微观形势的预测，根据企业财务活动的历史资料，考虑现实的条件和要求，对企业未来的财务活动作出的预计和测算。财务预测包括：测算各项生产经营方案的经济效益，为决策提供可靠的依据；预计财务收支的发展变化情况，以确定经营目标；测定各项定额和标准，为编制计划、分解计划指标服务。

2. 财务决策

财务决策是按照财务战略目标的总体要求，利用专门的方法对各种备选方案进行比较和分析，并从中选出最佳方案的过程。财务决策是财务管理的核心，决策的成功与否直接关系到企业的兴衰成败。财务决策主要包括确定决策目标、提出备选方案、方案优化选择等步骤。

3. 财务预算

财务预算是根据各种预测信息和各项财务决策确立的预算指标和编制的财务计划。企业在制定了财务目标后，要在企业内部建立财务预算体系，并根据各种预测信息和各项财务决策确立财务预算的指标和编制财务计划。财务预算是财务预测和财务决策的具体化，是财务控制的依据。

4. 财务控制

财务控制是以定额和预算指标为依据，对预算和计划的执行进行追踪监督，对执行过程中出现的问题进行调整和修正，通过落实责任、进行差异分析、将奖惩挂钩等手段和方法保证预算实现的活动。

5. 财务分析

财务分析是根据财务报表等有关资料，运用特定方法，对企业财务活动过程及其结果进行分析和评价的一项工作。财务分析是对已完成的财务活动的总结，也是财务预测的前提，在财务管理的循环中起着承上启下的作用。

三、企业内部财务管理制度

（一）企业财务管理体制

企业财务管理体制是国家用来规范企业财务行为，协调企业与各方面财务关系的制度。它包含国家规范企业的财务管理制度和企业内部财务管理制度。

1. 国家规范企业的财务管理制度

国家规范企业的财务管理制度是通过有关的法律法规对企业的财务活动和财务关系作出必要规定，以《企业财务通则》为核心，以《企业会计准则》和《企业内部控制规范》为主要内容，以政府有关部门发布的相关财务规定为补充的法规制度体系。

财政部发布的《企业财务通则》从总体上规范了企业的内部财务管理制度、资金的筹集制度、资产的营运制度、成本控制制度、企业收益分配制度、重组清算制度、信息管理制度、财务监督制度等。

《企业内部控制规范》对企业的财务活动内容进行了较为详细的制度约束，要求企业建立货币资金控制制度、采购与付款控制制度、存货控制制度、销售与收款控制制度、固定资产控制制度、资金筹集控制制度、对外投资控制制度、担保控制制度、工程项目控制制度、合同控制制度等。

2. 企业内部财务管理制度

《企业财务通则》要求："企业应当确定内部财务管理体制，建立健全财务管理制度，控制财务风险。"它同时规定："企业实行资本权属清晰、财务关系明确、符合法人治理结构要求的财务管理体制，应当按照国家有关规定建立有效的内部财务管理级次。"

企业应当以《企业财务通则》为指导，按照《企业内部控制规范》的要求制定与本企业实际相符合的、能够促进企业管理水平不断提高的内部财务管理制度。它主要包括：

（1）企业内部财务管理形式确立制度；

（2）企业财务决策制度；

（3）企业财务风险管理制度；

（4）企业财务预算管理制度；

（5）企业筹资制度；

（6）企业用资制度；

（7）企业成本管理制度；

（8）企业收益分配制度；

（9）企业内部控制制度。

（二）财务管理职责

企业财务管理体制在规范企业的财务行为、协调企业与各方面的财务关系方面的一个重要内容就是认定了各方面的财务职责。

1. 财政部门的财务管理职责

我国财政部门是企业财务管理的主管机构，负责制定企业财务规章制度，对企业财务进行指导、管理和监督。其主要职责是：

（1）监督执行企业财务规章制度，按照财务关系指导企业建立健全内部财务制度。

（2）制定促进企业改变发展的财务政策，建立健全支持企业发展的财政资金管理制度。

（3）建立健全企业年度财务会计报告审计制度，检查企业财务会计报告质量。

（4）实施企业财务评价，监测企业财务运行状况。

（5）研究、拟订企业国有资本收益分配和国有资本经营预算的制度。

（6）参与审核属于本级人民政府及其有关部门、机构出资的企业重要改革、改制方案。

（7）根据企业财务管理的需要提供必要的帮助、服务。

2. 投资者的财务管理职责

企业法人、其他组织或自然人等企业投资者的财务管理职责主要包括：

（1）审议批准企业内部财务管理制度、企业财务战略、财务规划和财务预算。

（2）决定企业的筹资、投资、担保、捐赠、重组、经营者报酬、利润分配等重大财务事项。

（3）决定企业聘请或者解聘会计师事务所、资产评估机构等中介机构。

（4）对经营者实施财务监督和财务考核。

（5）按照规定向全资或者控股企业委派或者推荐财务总监。

投资者应当通过股东大会、董事会或者其他形式的内部机构履行财务管理职责，可以通过企业章程、内部控制、合同约定等方式将部分财务管理职责授予经营者。

3. 经营者的财务管理职责

企业经理、厂长或者实际负责经营管理的其他领导成员的企业经营者的财务管理职责主要包括：

（1）拟定企业内部财务管理制度、财务战略、财务规划，编制财务预算。

（2）组织实施企业筹资、投资、担保、捐赠、重组和利润分配等财务方案，诚信地履行企业偿债义务。

（3）执行国家有关职工劳动报酬和劳动保护的规定，依法缴纳社会保险费、住房公积金等，保障职工合法权益。

（4）组织财务预测和财务分析，实施财务控制。

（5）编制并提供企业财务会计报告，如实反映财务信息和有关情况。

（6）配合有关机构依法进行审计、评估、财务监督等工作。

4. 财务管理部门的职责

财务管理活动和各种管理方法的实施是依托财务管理部门去开展的。财务管理部门作为企业的一个综合管理部门，其主要职责及内部分工如图 1－2 所示。

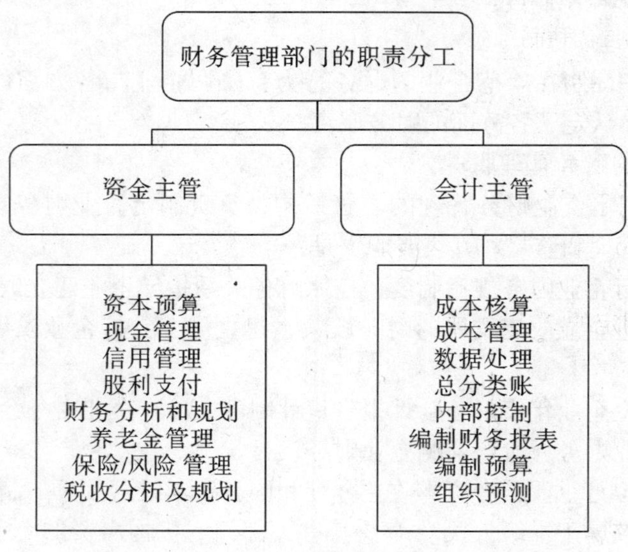

图 1－2　企业财务管理部门职责分工

［案例1－1］光明电器股份有限公司是一家生产电子器件的股份制企业，公司现有的财务管理制度中规定的财务部门的工作职责如下：

（1）认真贯彻执行国家有关的财务管理制度。

（2）建立健全财务管理的各项规章制度，编制财务计划，分析财务计划的执行情况。

（3）厉行节约，合理使用资金。

（4）合理分配公司收入，及时完成需要上缴的税收及管理费用。

（5）积极配合有关机构如税务、银行等部门了解、检查财务工作，主动提供有关资料，如实反映情况。

（三）企业内部财务管理形式

企业内部财务管理形式主要规定企业内部各项财务活动的运行方式，确定企业内部各级、各部门之间的财务关系，是根据企业规模和财务管理基础工作的强弱来确定的。一般来讲，企业内部财务管理形式有集中管理形式和非集中管理形式两种。

1. 集中管理形式

集中管理形式又叫统一管理形式，是指企业的财务管理权限集中于企业本部，由企业财务部门统一筹集资金并统一安排各项资金，处理财务收支、核算成本和盈亏，企业内其他各部门、单位一律不单独核算，只是负责日常管理，登记所使用的财产、物资，记录直接开支的费用，不负责管理资金，不核算成本盈亏，不进行收支结算。

2. 非集中管理形式

非集中管理形式又叫分权管理形式，是指在企业财务管理中，除了由企业财务部门统一筹集资金和安排各项资金、处理财务收支、核算成本和盈亏外，下属各单位、各部门要负责管理一部分资金的使用，核算属于自己的可控成本，有的还要计算盈亏，对相互之间的经济往来进行计价结算，对于资金、成本等要核定预算指标，定期进行考核。

企业采用集中管理还是非集中管理形式，要根据本企业的实际情况确定，可以在二者中选一种，也可以将二者结合起来进行。

（四）企业内部控制制度

企业内部控制是指由企业董事会、管理层和全体职工共同实施的，旨在合理保证实现企业财务战略、经营效率、财务报告及管理信息的真实、可靠、完整、资产安全，遵循国家法律法规和有关监督要求等基本目标的一系列控制活动。企业内部控制制度是企业为了确保企业财务战略的实现，提高财务会计信息质量，保护资产的安全、完整，确保有关法律法规和规章制度的贯彻执行等而制定和实施的一系列控制方法、措施和程序的制度。

按照财政部制定的《企业内部控制规范》的基本要求，企业内部控制制度可分为三类，如表1－2所示。

表 1－2　企业内部控制制度分类表

类别	主要目的	主要内容
与企业财务报表项目相关的控制制度	对可能会对财务报告真实可靠性产生较大影响的经济业务事项提出具体要求	货币资金、存货、采购与付款、销售与收款、对外投资等内部控制制度
与财务报表编报相关的控制制度	规范财务报表的编制和对外报送	财务报告编制、公允价值、关联交易、信息披露等内部控制制度
为实现有效的财务报告内部控制所必需的控制规范	建立有效的财务报告内部控制所必需的事前、事中和事后制度支持	预算控制、人力资源控制、计算机信息系统控制、审计监督控制等内部控制制度

企业应当建立的内部控制制度主要包括：

1. 货币资金的内部控制制度

货币资金的内部控制制度包括企业对货币资金收支和保管业务建立严格的授权批准制度，办理货币资金业务的不相容岗位应当分离。货币资金的内部控制主要体现在对企业现金的内部控制、备用金的内部控制、银行存款的内部控制和其他货币资金的内部控制等内容上。

2. 实物资产的内部控制制度

实物资产的内部控制制度包括企业建立实物资产管理的岗位责任制度，对实物资产的验收入库、领用、发出、盘点、保管及处置等关键环节进行控制，防止各种实物资产被盗、毁损和流失。实物资产的内部控制主要体现为对存货、固定资产等有实物形态的资产的内部控制。

3. 对外投资活动的内部控制制度

对外投资的内部控制制度包括企业建立规范的对外投资决策机制和程序，通过实行重大投资决策集体审议联签等责任制度，加强投资项目立项、评估、决策、实施、投资处置等环节的控制，严格控制投资风险等内容。

4. 工程项目的内部控制制度

工程项目的内部控制制度包括企业建立规范的工程项目决策程序，明确相关机构和人员的职责权限，建立工程项目投资决策的责任制度，加强工程项目的预算、招投标、质量管理等环节的财务控制，防范决策失误及工程发包、承包、施工、验收等过程中的舞弊行为等。

5. 采购与付款业务的内部控制制度

采购与付款业务的内部控制制度包括企业合理设置采购与付款业务的机构和岗位，建立和完善采购与付款的财务控制程序，加强请购、审批、合同订立、采购、验收、付款等环节的财务控制，堵塞采购环节的漏洞，减少采购风险等控制内容。

6. 筹资活动的内部控制制度

筹资活动的内部控制制度包括企业加强对筹资活动的财务控制，合理确定筹资规模和筹资结构，选择合适的筹资方式，降低资金成本，防范和控制财务风险，确保筹措资金的合理、有效使用等内容。

7. 销售与收款业务的内部控制制度

销售与收款业务的内部控制制度包括企业在制定商品或劳务等的定价原则、信用标准和条件、收款方式等销售政策时，充分发挥财务会计机构和人员的作用，加强合同订立、商品发出和账款回收的财务控制，避免或减少坏账损失等内容。

8. 成本费用的内部控制制度

成本费用的内部控制制度包括企业建立成本费用控制系统、做好成本费用管理的各项基础工作、制定成本费用标准、分解成本费用指标、控制成本费用差异、考核成本费用指标的完成情况、落实奖罚措施等内容。

9. 合同业务的内部控制制度

合同内部控制制度包括合同管理岗位责任制、合同草案编制控制、合同审核控制、合同订立控制、合同履行控制等内容。

10. 企业财务报告编制控制制度

企业财务报告编制控制制度包括财务报告编制的岗位责任制、财务报告编制准备及其控制制度、财务报告编制及报送制度等内容。

11. 企业预算控制制度

企业预算控制制度包括预算工作岗位责任制、预算编制、预算执行、预算调整、预算分析与考核控制等内容。

12. 会计电算化控制制度

会计电算化控制制度包括对业务流程的规范，会计电算化操作管理、硬件、软件和数据管理、会计电算化档案管理和会计电算化账务处理等制度。

13. 其他企业内部控制制度

按照财政部《企业内部控制制度规范》的要求，企业还应当建立健全对子公司的控制制度以及担保业务、无形资产、资产减值、衍生工具、服务外包、公允价值、信息披露、关联交易、内部审计、企业合并与分立、人力资源管理、计算机信息系统、中介机构聘用等内部控制制度。

［案例1-2］2009年，光明电器股份有限公司依据财政部、审计署等部委联合发布的《企业内部控制基本规范》，制定了筹资活动内部控制制度。

第一节　总　则

第一条　为了加强对公司筹资活动的内部控制，保证筹资活动的合法性和效益性，根据《企业内部控制基本规范》、《中华人民共和国会计法》等相关法律法规，结合本公司的实际情况制定本制度。

第二条　本制度所称筹资是指本公司通过借款、发行公司债券和股票等方式取得货币资金的行为。

第三条　公司筹措资金应比较各种资金筹措方式的优劣和筹资成本的大小，要讲求最佳资本结构，确定所需资金如何筹措。

第四条　筹资业务的授权人和执行人、会计记录人之间应相互分离。

第五条　重大筹资活动必须由独立于审批人之外的人员审核并提出意见，必要时可聘请外部顾问。

第二节　分工及授权

第四条　审批程序和权限：本公司筹资活动的审批程序和权限执行公司章程的相关规定。债券或股票的回购必须获得董事会的授权和股东大会批准。

第六条　与借款有关的主要业务活动，发行公司债券、股票有关的主要业务活动由公司财务管理部负责具体办理；如有必要，也可由公司指定其他相关部门提供协助。

第七条 财务管理部应指定专人负责保管与筹资活动有关的文件、合同、协议、契约等相关资料。

第三节 实施与执行

第九条 在实施筹资计划之前，为了避免盲目筹资，要对筹资的效益可行性进行分析论证，确保筹资活动的效益性；要合理确定筹资规模和筹资结构，选择最佳的筹资方式，降低筹资成本；并严格根据有关法律法规依法筹资，确保筹资活动的合法性。

第十条 借款方案（包括贷款额、贷款方式、结构及可行性报告等资料）由财务管理部以书面的形式提出，经有权机构或人员批准后，由财务管理部出面与金融机构联系、洽谈，达成借款意向，签订借款合同或协议，办理借款手续，直至取得资金。

第十一条 发行公司债券或股票由公司董事会秘书处起草方案，经董事会、股东大会授权并取得有关政府部门的批准文件后，董事会秘书处和财务部在各自职责范围内整理发行材料，由董事会秘书处负责联络中介机构，与券商签订债券承销协议或股票承销协议，直至发行完毕取得资金。不得由一个人办理筹资业务的全部过程。发行公司债券，应设立公司债券存根簿，用以记载以下内容：如发行记名债券，应记载债券持有人的姓名或名称及住所；债券持有人取得债券的日期及债券的编号；债券总额、债券的票面金额、债券的利率、债券还本付息的期限和方式；债券的发行日期。如发行无记名债券，应记载债券总额、利率、偿还期限和方式、发行日期和债券编号。未发行的债券必须由专人负责保管。保存债券持有人的明细资料，应同总分类账核对相符，如由外部机构保存，需定期与外部机构核对。发行股票应设立股东名册。发行记名股票，股东名册应记载以下内容：股东的姓名或名称及住所；各股东所持股份数；各股东所持股票的编号；各股东取得其股份的日期。发行无记名股票，应记载股票数量、编号及发行日期。

第十二条 有关筹资合同、协议或决议等法律文件必须经有权批准筹资业务的人员在各自的批准权限内批准。公司应授权有关人员或聘请外部专家对重要的上述文件进行审核，提出意见，以备批准决策时参考。

第十三条 公司财务管理部要加强审查筹资业务各环节所涉及的各类原始凭证的真实性、合法性、准确性和完整性。

第十四条 公司财务部要按照有关会计制度的规定设置核算筹资业务的会计科目，通过设置规范的会计科目，按会计制度的规定对筹资业务进行核算，详尽记录筹资业务的整个过程，实施筹资业务的会计核算监督，从而有效地担负起核算和监督的会计责任。

第十五条 筹措资金到位后，必须对筹措资金使用的全过程进行有效控制和监督。首先，筹措资金要严格按筹资计划拟定的用途和预算进行使用，确有必要改变筹措资金的用途或预算，必须事先获得批准该筹资计划的批准机构或人员的批准后才能改变资金的用途或预算；其次，对资金使用项目进行严格的会计控制，确保筹措资金的合理、有效使用，防止筹措资金被挤占、挪用、挥霍浪费，具体措施包括对资金支付设定批准权限，审查资金使用的合法性、真实性、有效性，对资金项目进行严格的预算控制，将资金实际开支控制在预算范围之内；最后，投资项目建成后要及时进行验收，验收合格后方可正式投入使用。

第十六条　公司财务部门要通过有关凭证和账簿，随时掌握各项需归还的筹措资金的借款时间，币种、金额及来源等内容，了解有关方面的权利、责任、义务，及时计算利息或股利，按时偿还借款或债券本息，根据股东大会决议及时发放股利，给债权人和股东留下良好的信用形象。

第十七条　偿还公司债券应根据董事会的授权办理。发生借款或债券逾期不能归还的情况时，财务部门应报告不能按期归还借款的原因，必要时提请公司最高管理层关注资金状况，并及时与债权人协商，通报有关情况，申请展期。

第四节　监督检查

第十八条　筹资活动由监事会行使监督检查权。

第十九条　筹资活动监督检查的内容主要包括：

（一）筹资业务相关岗位及人员的设置情况。重点检查是否存在一人办理筹资业务全过程的现象。

（二）筹资业务授权批准制度的执行情况。重点检查筹资业务的授权批准手续是否健全，是否存在越权审批行为。

（三）筹资计划的合法性。重点检查是否存在非法筹资的现象。

（四）筹资活动有关的批准文件、合同、契约、协议等相关法律文件的保管情况。重点检查相关法律文件的存放是否整齐有序以及是否完整无缺。

（五）筹资业务核算情况。重点检查原始凭证是否真实、合法、准确、完整，会计科目运用是否正确，会计核算是否准确、完整。

（六）所筹资金使用情况。重点检查是否按计划使用筹集资金，是否存在铺张浪费的现象。

（七）所筹资金归还的情况。重点检查批准归还所筹资金的权限是否恰当以及是否存在逾期不还又不及时办理展期手续的现象。

第二十条　监督检查过程中发现的筹资活动内部控制中的薄弱环节，应要求加强和完善，发现重大问题应写出书面检查报告，向有关领导和部门汇报，以便及时采取措施，加以纠正和完善。

（五）企业财务决策制度

企业财务决策制度是对企业的决策规则、程序、权限和责任的具体制度规定。是企业内部财务管理制度的主要组成部分，是财务运行机制的核心内容。企业在拟开展某项财务活动时，为了保证决策者能够依据尽可能正确、完备的信息，采用尽可能科学、合理的决策方法进行决策，财务活动所涉及的利益相关者能够在决策过程中充分、真实地表达其意志，就需要对财务决策程序、决策权限和责任作出制度规定，并建立财务决策回避制度等。

第二节　财务管理目标

一、财务管理目标的含义

财务管理目标又称理财目标，是指企业财务管理活动所希望实现的结果。它决定着企业财务管理的基本方向，是企业财务管理的出发点和归宿，是评价企业理财活动是否合理有效的基本标准，是财务管理工作的行为导向。

二、财务管理目标的种类

目前最具代表性的财务管理目标主要有以下三种观点：

（一）利润最大化

利润是企业在一定期间的全部收入和全部费用的差额，是企业盈利能力的最直接体现。以利润最大化作为企业财务管理目标，具有直观、易懂、容易为人们所接受的特点，也有利于促使企业增收节支，加强经济核算和经济管理，提高企业效益，增加股东财富；同时，利润是企业补充资本、扩大经营规模的源泉。因此，以利润最大化作为财务管理目标有其合理的一面。

但是，以利润最大化作为财务管理目标在实践中还存在着不可克服的缺陷。这些缺陷主要表现在以下几个方面：

（1）这里的利润是一定时期的财务成果，没有考虑资金的时间价值因素，不利于体现企业长期目标。显然，今年获利 100 万元和明年获利 100 万元对企业的影响是不同的。

（2）没有考虑获取利润和所承担的风险的关系。利润和风险往往是相伴相生的，一般而言，收益越高，风险越大。利润最大化目标可能导致企业管理当局不顾风险盲目追求利润。如为了实现账面利润而盲目赊销，当期的利润是增加了，收账的风险却加大了。

（3）利润作为绝对额，不能体现与投资的对比关系，因而，单纯以利润最大化为目标有可能导致经营者为追逐利润而盲目扩大经营范围，进行粗放式经营。另外，这也不利于同一企业的不同时期或同一时期的不同企业之间经营业绩的比较。

（4）利润是按照会计期间计算出的短期阶段性指标，和企业长期发展及社会责任的履行往往是相互矛盾的。如产品开发、人力资源开发、安全生产、设备更新等有利于企业长期获利能力增长的活动和提高职工生活水平、履行社会责任等行为均有可能导致短期利润的减少。如果以利润最大化作为财务管理目标，容易导致企业的短期行为，只顾实现当前的最大利润，忽视了企业长远的战略发展。

（二）资本利润率最大化或每股利润最大化

资本利润率是利润与投入资本的比率，每股利润是股份制企业的利润与普通股股数的比值。二者均反映了投资与收益的对比关系，克服了利润最大化作为财务管理目标的第三个缺陷。二者既能说明企业盈利水平，又能揭示不同时期同一企业或不同企业同一时期盈利能力的差异。但二者仍然不能克服利润最大化目标的其他三个缺陷：没有考虑资金时间价值，没有考虑风险因素，可能导致经营者的短期行为。

（三）企业价值最大化

投资者投资于企业的目的就在于创造或获取尽可能多的财富。这种财富不仅表现为企业的利润，而且应该表现为企业的价值。企业价值通俗地说是企业本身值多少钱，它不是指企业的账面价值，而是指企业的市场价值，是企业所创造的预计未来现金流量的现值，反映了企业潜在的或预期的获利能力和成长能力。投资者在评价企业价值时，总是以投资者预期投资时间为起点，将未来收入按预期投资时间的同一口径进行折现，未来收入的多少按可能实现的概率进行计算。

在股份有限公司，企业价值可以用股票市场价值总额来代表。当公司股票市场价格最高时，该公司的价值最大。对于股东来说，其财富由他拥有的股票数量和股票市场价格来确定；当股票价格达到最高时，股东的财富也最多。因此，企业价值最大化与股东财富最多是一致的。对于非股份制企业，其企业价值由预期报酬的高低和根据风险大小调整选择的贴现率确定，计算公式为：

$$V_0 = \sum_{t=1}^{n} \frac{P_t}{(1+i)^t} \tag{1-1}$$

式中，V_0 代表企业价值；P_t 代表企业在第 t 年获得的预期报酬，一般用企业未来的现金流量来表示；i 表示对每年所获报酬进行折现时所用的风险调整贴现率；t 表示取得报酬的时间；n 表示取得报酬的持续时间。

由于理财活动一般都假设企业持续经营，所以公式中的 n 可视为无限大。一般而言，报酬与风险是共存的，报酬越大，风险越大。因此，企业必须在考虑报酬的同时考虑风险，企业价值也只有在报酬与风险达到比较好的均衡时才能达到最大。

可见，这种理财目标的优点在于：

（1）考虑了资金的时间价值和风险价值。企业价值主要取决于两个方面：一是企业未来的获利能力，它与企业价值成正比；二是企业的风险，它与企业价值成反比。

（2）反映了对企业资产保值增值的要求，从某种意义上说，股东财富越多，企业市场价值就越大，追求企业价值最大化的结果可促使企业资产保值或增值。

（3）有利于克服管理上的片面性和短期行为，有利于统筹安排长短期规划，合理选择投资方案，有效筹措资金，合理制定股利政策等。

（4）有利于社会资源合理配置，社会资源通常流向企业价值最大化的企业和行业，有利于实现社会效益最大化。

当然，以企业价值最大化作为财务管理目标也存在一些缺点：①对于非上市企业，只有对企业进行专门评估才能真正确定其价值，评估时也不易做到客观准确，这导致了企业价值确定的困难性。②上市公司的股票价格虽然容易取得，但股票价格受多种因素影响，波动较大，不完全是企业控制的结果，不一定与企业价值相符。

[特别提示] 企业经营是不同利益主体共同作用的结果，在经营过程中需要对这些利益主体的利益冲突进行协调，包括经营者与所有者的矛盾与协调、所有者与债权人的矛盾与协调。

第三节　财务管理环境

一、财务管理环境的概念与分类

财务管理环境又称理财环境，是对企业财务活动和财务管理产生影响作用的各种条件或因素的统称。它是企业财务管理赖以生存的土壤，企业只有在理财环境的各种因素作用下实现财务活动的协调平衡，才能得以生存和发展，并最终获利。

财务管理环境按其存在的空间不同可分为内部财务管理环境和外部财务管理环境。内部财务管理环境是指存在于企业内部，对企业财务行为施加影响的客观因素的集合，如企业生产技术条件、经营管理水平、人力资源状况等。它只对特定企业的理财管理产生影响。外部财务管理环境是指存在于企业外部，可对企业财务行为施加影响的客观因素的集合，如国家经济发展水平、产业政策、金融市场状况等，它对各类企业的理财管理都会产生影响。按其影响因素的差异，外部财务管理环境可分为经济环境、金融环境、法律环境等。

二、经济环境

财务管理的经济环境是指影响企业财务活动和财务管理的各种经济因素，主要包括经济周期、通货膨胀、经济政策等。

（一）经济周期

在市场经济条件下，经济的发展和运行处于周期性的波动之中，经历着经济的复苏、繁荣、衰退和萧条四个阶段。处于不同经济周期的企业，其财务活动、财务状况和财务管理也不尽相同。当经济出现衰退时，市场景气指数下跌，消费水平降低，企业开始停止扩张，削减存货，减少雇员。这相应地表现在财务方面，收入将大幅度下降，生产规模萎缩引起成本提高，资金短缺可能会影响到企业的正常生产经营。此时，企业财务管理的重点应该是严格控制成本，加强营运资金的管理，积极筹措资金，保证生产经营活动的正常进行。而在经济复苏阶段，市场景气指数提高，消费增长，企业开始增加厂房设备投资，扩充存货，资金需要量增加，筹资、投资等财务活动将是财务管理的重点内容，如表 1－3 所示。

表 1－3　经济发展的周期性变化与企业相应的财务策略

经济复苏期	经济繁荣期	经济衰退期	经济萧条期
1. 增加厂房设备 2. 增加存货 3. 增加雇员 4. 开发新产品 5. 拟定进入战略 6. 寻找适当的资金来源	1. 扩充厂房设备 2. 继续增加存货 3. 增加雇员 4. 制定并实施扩张战略 5. 制定适宜的筹资策略	1. 停止扩张 2. 减少存货 3. 处置不用或闲置的设备 4. 调整产品结构和资本结构 5. 适当减员增效	1. 保持市场份额 2. 削减存货 3. 缩减不必要的支出和费用 4. 实施减员增效 5. 制定并实施部分领域的退出战略

（二）通货膨胀

通货膨胀是指持续的物价上涨和货币购买力的下降。通货膨胀对企业财务管理影响显著，主要表现在以下四个方面：一是使企业原材料的采购成本、人工成本、固定资产的购置成本等增加，对资金的需求量增加；二是使利率提高，企业筹资成本提高，筹资数量受到限制；三是使固定资产等长期资产按历史成本计价所带来的成本补偿不足，会使资金短缺现象加剧；四是使成本补偿不足造成利润的虚增，税金多交，利润多分。以上四方面最终都会影响企业的资金状况和获利水平。企业应该通过有效的财务管理手段，避免或降低通货膨胀给企业带来的不利影响。

（三）经济政策

政府作为国民经济的宏观管理部门，通过对国民经济发展方向和速度的规划、产业政策的制定、经济体制的改革、行政法规的颁布等政府行为影响企业的财务活动。企业在财务决策时，要认真研究政府政策，按照政策导向行事，这样才能趋利避害。

三、金融环境

财务管理是对企业资金的管理，而资金的取得和投放与金融市场有着密切的关系。它具体表现为：金融市场是企业筹资和投资的重要场所，金融市场为企业财务管理提供了重要的信息。金融环境是企业最主要的财务环境。

（一）金融市场的组成

金融市场是指资金供应者和资金需求者双方通过信用工具进行交易而融通资金的场所，是实现货币借贷和资金融通、办理各种票据、进行证券交易活动的市场。在金融市场上，资金被当成一种“特殊商品”来交易。

金融市场由主体、客体和参与者组成。金融市场主体是指银行和非银行金融机构，它们是金融市场的中介机构，是连接筹资人和投资人的桥梁。金融市场的客体是指金融市场交易的对象，如股票、债券、商业票据等信用工具。金融市场的参与者包括资金供应者和资金需求者，如政府部门、企事业单位、个人等。

（二）金融市场的分类

按照不同的标准，金融市场可划分成不同的类别，如表1－4所示。

表1－4　　金融市场分类表

分类标准	类别	内容说明
根据交易的期限划分	短期资金市场（货币市场）	是指期限不超过一年的资金交易市场。
	长期资金市场（资本市场）	是指期限在一年以上的股票和债券等的交易市场。
按交割的时间划分	现货市场	是指买卖双方成交后当场或几天内进行交割的交易市场。
	期货市场	是指买卖双方成交后，在双方约定的未来某一特定日期进行交割的交易市场。
按交易的性质划分	发行市场（一级市场）	是指新证券和新票据等金融工具买卖的市场。
	流通市场（二级市场）	是指已上市的旧证券或票据等金融工具买卖的转让市场。

（三）我国主要的金融机构

金融机构包括银行和非银行金融机构两大类。银行是指经营存款、放款、汇兑、储蓄等金融业务，承担信用中介职能的金融机构。我国的银行主要有以下三种：一是中央银行，即中国人民银行，它代表政府管理全国的金融机构和金融活动，经营国库；二是政策性银行，指由政府设立，以贯彻国家产业政策、区域政策为目的而不以营利为目的的银行，如国家开发银行、中国进出口银行、中国农业发展银行；三是商业银行，指以经营存款、放款、办理转账结算为主要业务，以营利为主要目标的银行，如中国工商银行、中国建设银行、中国农业银行、中国银行等。非银行金融机构通过经营保险业务、证券业务、代理理财业务、融资租赁业务等方式为企业筹资和投资活动充当中介，主要包括保险公司、信托投资公司、证券公司、财务公司、金融租赁公司等。

（四）利率

利率又称利息率，是资金的增值额与投入资金的价值比率，是衡量资金增值程度的数量指标，是一定时期金融市场上资金使用权的价格。一般来说，资金的利率由以下几部分组成：

利率 = 纯利率 + 通货膨胀补偿率 + 风险报酬率　　(1 - 2)

1. 纯利率

纯利率是指没有通货膨胀和风险情况下的平均利率。在没有通货膨胀时，国库券的利率可以视为纯利率。纯利率的高低，受平均利润率、资金供求关系和国家调节的影响。

由于利息是利润的一部分，利率依存于利润率。当社会平均利润率水平变动时，利率水平也将随之变动。利率的上限是社会平均利润率，超过这一水平，贷款企业无利可图，将不会借入款项；利率的下限应大于零，否则，放款人将无利可图，不会拿出资金。至于利率占利润率的比重有多大，取决于金融市场上的供求关系。

在平均利润率不变的情况下，金融市场上的供求关系决定市场利率水平。当经济增长，资金需求量大于资金供应量时，利率将提高；反之，当经济衰退，资金需求量小于资金供应量时，利率将降低。

利率也是政府调节宏观经济的重要杠杆。如政府为刺激经济发展，可以通过降低利率的方法，降低企业使用资金的成本，刺激货币需求；政府为防止或抑制经济过热，往往提高利率，提高企业使用资金的成本，抑制货币需求。

2. 通货膨胀补偿率

在通货膨胀期间，为了弥补资金供应者因物价上涨带来的购买力损失，需要考虑通货膨胀贴水，资金使用者面对的利率要在纯利率的基础上再加上通货膨胀补偿率。

3. 风险报酬率

风险报酬是投资者因冒风险而获得的超过资金时间价值的那部分报酬，包括流动性风险报酬、违约风险报酬和期限风险报酬。流动性风险报酬率是指由于资产的变现力较差会给债权人带来风险，为补偿其风险而要求提高的利率；违约风险报酬率是指借款人未能按时支付利息和偿还本金会给投资人带来风险，投资人为补偿其风险损失而要求提高的利率；期限风险报酬率是指因到期时间长短不同而形成的利率差异。一般来说，期限越长的证券，未来的不确定因素越多，投资者的风险越大，补偿投资者这一风险的利率就越高；期限越短的证券，未来不确定因素相对较少，投资者的风险就越小，为补偿投资者这一风险的利率就越低。

利率的高低，对企业筹资、投资、利润分配和营运资金的管理都有重要影响。利率提高，则企业筹资成本上升，固定收益的债券投资的价格下降，对企业会产生不利影响；利率降低，则企业筹资成本下降，固定收益的债券投资的价格上升，企业将因此受益。虽然企业不能控制利率水平的高低，却可以通过对利率变动趋势的合理预测，制定出有利于企业的财务政策。

四、法律环境

财务管理的法律环境是指企业进行财务活动，处理与各方经济关系时所应遵守的法律、法规。与企业财务活动关系密切的法律法规包括以下三个方面：

（一）企业组织法

企业组织法，如《中华人民共和国公司法》、《中华人民共和国合同法》等，对企业的组织行为和日常的经营活动进行了强制性的规范。这些法律对企业财务管理有着直接的影响，如：对法定资本最低限额的规定，影响企业筹资数量；对利润分配的有关规定影响企业收益分配和再筹资活动等。

（二）税收法规

纳税是企业应尽的法定义务，对企业财务管理有着重要的影响。税负是企业的一种费用，要增加企业的现金流出，企业希望在不违反税法规定的前提下减少纳税负担。税负的降低，只能靠投资、筹资和利润分配等财务决策进行精心安排和筹划。

（三）财务法规

财务法规主要有财务通则和分行业的财务制度，是专门规范企业财务活动的法规。《企业财务通则》是各类企业进行财务活动、实施财务管理的基本规范。行业财务制度是由财政部根据《企业财务通则》制定的，为适应不同行业的特点和各类要求的行业规范。

除上述法规外，与企业财务相关的其他经济法规还有许多，如证券法规、结算制度等。

本章小结：

本章分别介绍了财务管理的概念、内容和方法，说明了财务管理的制度性要求、目标要求及环境因素，这些是理解财务管理这门学科的基础知识。

财务管理是对企业资金运动的价值管理，这项管理工作服务于企业价值最大化的目标，既对筹资活动、投资活动、营运活动和分配活动进行预测、决策、预算、控制和分析，又对各方面的财务关系进行调整。

制度建设是最新发布的《企业财务通则》的亮点，也是企业财务管理实务中不可回避的内容。学员应对企业内部财务管理制度的内容和要求深入了解和体会，充分认识财务管理的职责要求。

财务管理目标是指企业组织财务活动、处理财务关系所要达到的根本目的，是企业财务管理的出发点和归宿。目前最具代表性的财务管理目标是企业价值最大化。这种观点认为：投资者投资于企业的目的就在于创造尽可能多的财富，这种财富不仅表现为企业的利润，而且表现为企业的价值。

财务管理环境是指对企业财务活动和财务管理产生影响作用的各种条件或因素，按其存在的空间不同可分为外部环境和内部环境。外部环境按其影响因素的类别差别又分为经济环境、金融环境和法律环境等，研究理财环境，有助于正确地制定理财策略。

本章推荐阅读书目：

1. 贺世强．财务管理［M］．北京：高等教育出版社，2007．（第一章）
2. 吕晓荣．新编财务管理［M］．北京：电子工业出版社，2008．（第一章）
3. 胡世强．财务管理学［M］．成都：西南财经大学出版社，2008．（第一章）

阅读资料：

中国 CFO 的现状与未来

（一）CFO 在企业中扮演的角色

随着财务管理在企业中的作用日益显著，企业中的 CFO 越来越受到人们的关注。第一，财务总监是公司战略方向的发现者之一。因为他们经常分析企业存在的缺陷、漏洞和风险，所以能够发现战略。第二，财务总监是系统管理的执行者和设计者。因为他们能够了解每个环节、每个运行过程。第三，财务总监是企业全面预算体系的设计者和执行者。因为目前现代企业的整体系统运行过程，都要通过预算来实现，而显然预算是财务总监来做。从这个意义上讲，由于财务总监是企业的系统设计者，因此从战略指导管理制度本身到整个企业的执行都离不开财务总监。那么，一个真正意义上的现代 CFO 究竟应该在企业中扮演什么角色呢？

2000 年普华永道会计师事务所对 CFO 进行调查，结果显示，CFO 在欧美发达国家已经完成了战略转型，已经从公司的会计人员转变为公司的战略业务顾问，从传统的财务功能演变成 CEO 的伙伴。他们将把工作重点集中在各种紧迫的战略性问题上，将与 CEO 共同肩负股东的受托责任，一起负责企业的财务报告责任和生产经营责任。CFO 在企业的第一重角色是参与战略，他们需要考虑产品成本，考虑怎样的价格才能保证企业的目标利润得以实现；CFO 在企业的第二重角色是根据战略目标制定相匹配的预算目标，并分解；每个环节、每个部门、每个岗位还要考虑实现目标后将分得多少收益，并解决好收益均衡性的问题。CFO 的第三个角色是制定一整套内部控制制度，这有利于保证企业的财产、资源得到有效的使用，对企业发展至关重要。

可以说，CFO 的重要作用在一定程度上决定了企业的今天和未来，他们应该是 CEO 的左膀右臂。更合格的 CFO 可能还不仅仅是今天的总会计师，也不仅是今天的财务科长，他应该是核心管理团队的成员之一，是一个与企业的决策者同舟共济，共同规划、设计企业发展的人。因此，他更侧重的是在资金、资产、资源等方面统筹协调的综合素质。

（二）中国 CFO 的现状

中国目前大部分 CFO 尚未进入核心管理层，他们把大量时间和精力花在具体的基本核算和日常财务工作方面，重制度建设，无暇顾及长期战略规划、财务规划，重大项目决策，忽略了对于企业长远发展更重要的高级财务职能，与真正成为 CEO 的战略合作伙伴的目标还有一定的距离。

艰巨的任务和重要的角色对CFO提出了巨大挑战，中国CFO必须做好业务转型的准备，以面对以下五种变革。

1. 经济全球化和企业经营国际化的变革

在经济越来越趋于全球化的今天，跨国企业集团成为经济的主导。它们通过“收购、控股、兼并、品牌输出”等形式，掀起了一浪高过一浪的国际化浪潮；同时，随着经济全球化和资本市场国际化的迅速发展，财务国际化成为企业集团的必然选择。这时，打破传统的会计制度，寻求与国际会计的接轨，符合多国和国际会计准则，支持多币种和电子结算，适应互联网时代的要求，实现会计准则的国际协调等，这些都已成为企业面对国际化所不可回避的重要课题。

2. 财务会计事后核算与事前控制并重的变革

由于企业集团对会计的要求日益提高，CFO的地位、作用也在日益增强，从而使会计管理实务方面的具体任务和工作重点发生了明显的转变。这就要求由原来主要是事后核算转向事前预测、事中控制和事后分析；由原来的主要是反映情况、提供信息，转向综合提供并运用信息，参与决策，控制经营活动。这样的转变，势必要求CFO既要在事前与企业的全面预算管理相结合，做好事前预测，又要在事中通过预算控制做好监控，还要在事后通过绩效考核做好相应的保障。

3. 财务会计从把握精确性到规律性的变革

传统的会计职能只是单纯强调会计的精确性职能，强调事后核算的精确性。但是，新的管理需求告诉我们，只满足事后核算的精确性还远远不够，因为那毕竟是事后的，为了提高事前预测的准确性，事中控制的科学性，有必要把CFO职能从外延上扩展到对于规律性的关注上来。

4. 从关注企业内部到关注企业外部的变革

传统的CFO可能只关心企业内部的各种资源的运作状况，但现代企业的生存实践表明，这已经远远不够。要想经营好一个现代企业集团，需要全方位地综合考虑企业所处的政治、经济、法律环境，需要考虑带给企业深刻影响的外部因素；需要对涉及上至政府监管部门、下至普通投资者的相关利益主体进行综合考虑。这要求CFO把视野放宽，能够从更为宏观、更为复杂的局面中理清企业的发展思路。也就是说，对于CFO而言，除了注重会计核算，还要关注信息披露，需要合理把握中国或国际会计准则，向投资方和政府进行有效沟通，全面、准确、及时、完整地报告，使外界对企业产生积极的评价。

5. 管理信息化的变革

网络经济和信息时代下，无论投资者还是企业管理层，他们对于企业重要信息的关注程度更高、频率更快，对信息的准确性和实时性要求也达到了空前的高度。而要满足这些要求，光靠传统的手段是无法实现的，我们只能借助信息化手段。

今天，信息化已经成为提升企业竞争力的必由之路。只有通过信息化，才能提高产品成本的核算水平，为新产品研发提供经济分析；只有通过信息化提高内部控制能力，提高资金管理水平，才能实现资金实时监控和分析。信息化时代对CFO提出了全新的要求。

(三) CFO需要五种能力

正是由于这五大变革的出现，新时代的中国CFO需要增强以下五种能力，以适应新的需求。

1. 全面的财务专业知识和学习能力

一个现代的CFO，首先应该是财务专家，要系统、全面地学习现代财务知识，包括金融、资本市场、投融资、税务筹划等各方面，而不仅仅是单纯的核算。他不仅要对财务环境有深入的了解，在财务管理方面更要有一定的专业水准。因为企业的资金筹集、资金运用、资金投放、资金退出等各项环节，都需要财务技巧的支撑。

现代的CFO必须具备良好的会计政策的职业判断能力，熟练掌握各项企业会计准则和会计制度，对企业的减值准备、收入的确认和预计负债等项目作出职业判断，这需要很高的财务管理水平；同时，由于财务管理会随着企业管理的需要不断深化和变化，CFO在财务方面要不断地学习，更新知识。

2. 财务管理信息化的规划能力

在新经济环境下，当管理信息化成为提升企业竞争力、决定企业生死成败的重要因素的时候，信息化应对能力已经成为CFO的必然选择。信息化建设包罗万象，错综复杂，一个好的CFO需要从企业的战略出发，敏锐地发现企业管理中最为紧迫的信息化需求，围绕企业集团战略设计，规划IT环境下企业集团财务管理框架，进行财务管理模式的创新，使企业财务和业务在业务层、控制层和决策层协同一致，提高企业的竞争力和市场应变能力，努力实现企业价值增值。

3. 风险防范和控制能力

现代企业制度赋予了CFO更大的权责，使得CFO成为企业财务方面的最高行政长官。财务涉及企业管理的核心，也是投资者能够最直接、最准确地获取企业内部经营信息，作出科学判断和投资决策的重要依据。因此，CFO风险防范和控制能力引起了许多关注。作为企业经营情况最核心机密的掌控者，CFO承担着消除信息不对称、真实地向投资者反映企业经营全貌的义务。也就是说，一方面，CFO本身应该具有良好的道德修养；另一方面，CFO需要通过优化流程，设计比较完善的预算管理制度、资金管理制度、财务人员管理制度、对外投资管理制度和财务核算及报告制度等，尽可能地将控制制度与财务管理系统有机融合，将人工的柔性控制转变为信息系统的刚性控制，以保证企业集团各成员信息的透明度、真实性和正确性，提高风险防范和控制能力。

4. 战略支持能力

成功的CFO要有好的战略眼光，不计较一时的得失，也要敢于承担企业和个人可以承受的风险。CFO不能把自己当成传统的会计师，应当深刻认识到现代社会的要求，努力使自己成为一个战略管理者。而要成为一个战略管理者，CFO首先要有战略性思维。CFO应该从支持企业战略实现的视角出发，加强资金管理与控制，利用国内外资本市场合理筹措资金，将资金投放于优势领域；通过利用预算管理工具、企业绩效评价工具，协调和控制各个部门、企业集团成员的经营运作过程，正确评价员工和经营者的绩效；利用财务决策工具制定集团未来发展的决策方案，最大限度地保证企业战略目标的实现。

5. 沟通协调能力

CFO需要持之以恒地把企业长期发展战略、中期企业规划以及短期预算相结合，以最简洁明了的方式让员工认同企业的战略目标，认同企业的发展理念，使大家朝着这个目标共同努力；需要利用信息系统从财务数字中动态地、多视角地提炼出企业管理面临的问题，并与经营部门协同运作和实时控制，保证企业高效运作；需要在股东会上剖析企业存在的问题和取得的绩效，与决策层共谋经营策略；需要代表企业走进国内外资本市场，成为企业与资本市场沟通的桥梁与纽带。

经济全球化，经营国际化，信息化变革以及财务会计外延、内涵上的不断丰富给我国的CFO带来了更大的挑战，CFO只有全面提升自身的素质和能力，并积极寻求专业服务力量的协助，才可能更好地帮助企业决策者推进企业的健康稳步发展。

资料来源：根据《财务管理案例习题集》（主编 夏光；机械工业出版社2008年1月版）改编。

同步测试

一、单项选择题

1. 财务关系是企业在组织财务活动过程中与有关各方面所发生的（　　）。

A. 经济往来关系　　B. 经济协作关系

C. 经济责任关系　　D. 经济利益关系

2. 在资本市场上向投资者出售金融资产，如借款、发行股票和债券等，从而取得资金的活动是（　　）。

A. 筹资活动　　B. 投资活动

C. 收益分配活动　　D. 资金营运活动

3. 企业财务管理是企业管理的一个组成部分，区别于其他管理的特点在于它是一种（　　）。

A. 劳动要素的管理　　B. 实物管理

C. 价值管理　　D. 使用价值管理

4. 在下列经济活动中，能够体现企业与其投资者之间财务关系的是（　　）。

A. 企业向国有资产投资公司交付利润　　B. 企业向国家税务机关缴纳税款

C. 企业向其他企业支付货款　　D. 企业向职工支付工资

5. 财务管理的核心工作环节是（　　）。

A. 财务预测　　B. 财务决策

C. 财务预算　　D. 财务控制

6. 财务的本质是（　　）。

A. 企业经济活动的成本和利润方面　　B. 企业经济活动的价值即资金方面

C. 企业经济活动的目标即财富方面　　D. 企业经济活动的内容即实物方面

二、多项选择题

1. 企业价值最大化目标的优点为（　　）。

A. 考虑了资金时间价值和投资的风险价值

B. 克服了短期行为

C. 有利于社会资源的合理配置

D. 反映了对企业资产保值增值的要求

2. 下列有关货币市场表述正确的是（　　）。

A. 货币市场也称为短期金融市场，它交易的对象具有较强的货币性

B. 也称为资本市场，其收益较高而流动性较差

C. 资金借贷量大

D. 交易的目的主要是满足短期资金周转的需要

3. 财务管理的外部环境是指影响企业理财活动的各项宏观经济因素，如（　　）。

A. 经济周期　　B. 通货膨胀

C. 经济政策　　D. 企业职工

4. 在不存在通货膨胀的情况下，利率的组成因素包括（　　）。

A. 纯利率　　B. 违约风险报酬率

C. 流动性风险报酬率　　D. 期限性风险报酬率

三、判断题

1. 股份有限公司相比合伙企业和独资企业而言，最大缺点是对企业的收益需要重复纳税。（　　）

2. 企业与政府之间的财务关系体现为一种投资与受资关系。（　　）

3. 企业财务是指企业在生产经营过程中客观存在的资金运动，包括筹资活动、投资活动、资金营运活动和资金分配活动。（　　）

4. 通货膨胀会引起资金占有的增加和利率的上升，从而增加企业的筹资数额和筹资成本。（　　）

案例分析

宝钢利用财务环境增效

宝山钢铁公司（简称宝钢）是新中国成立以来规模最大的现代化钢铁联合企业。经过10年的生产发展，国家投资在宝钢的原始资本净增12倍，在国有企业500强中名列前茅。宝钢为何能取得如此大的成绩？其中一个重要原因就是在搞好生产、开发技术和改善日常经营管理的同时，能够审时度势，广开增效渠道，争取到可观的政策效益、结构效益、级差效益和规模效益。

特别是在政策效益方面，宝钢善于保持政策敏感度，抓住机会，用好、用足政策，取得了可观的经济效益。例如，为提高企业成本补偿度，保证企业发展后劲，1994年宝钢按科学程序组织大规模的清产核资和资产评估工作。评估前宝钢资产总值295亿，评估后增至549.5亿，增值250多亿元。经与财政部协商，宝钢在保证当年上缴19亿元所得税的前提下，评估当年就多提折旧18亿元；同时，宝钢还按照国家政策及时提高了折旧率，由此增加折旧所得的资金除用于一期、二期生产发展外，还为三期建设提供了资金。当三期建设一时用不上时，则用于提前归还二期工程的银行贷款，仅此项即还贷44亿元，减少了利息支付。又如，1993年宝钢预测到国家外汇管理办法要与国际接轨，于是在外汇使用安排上就先用额度，后用现金，实现外汇保值，直接创汇效益达14.4亿元。

思考：

宝钢在财务管理上是如何适应企业内外部环境的？

资料来源：根据《新编财务管理实训》（主编 田侠 张利；大连理工大学出版社2006年8月版）改编。

实训项目

实训目的：

了解现阶段企业内部财务管理制度的建设情况，认识企业财务管理部门的工作职责。

实训资料：

(1) 本章案例1光明电器股份有限公司现有的财务管理制度中规定的财务部门的工作职责。

(2) 云南马龙产业集团股份公司为了加强公司的财务管理工作，保障公司财产资金的安全，提高公司资金的使用效益，全面提升公司财务管理水平，根据《企业财务通则》、《企业会计准则》等国家法律法规和《公司章程》、《公司董事会议事规则》、《公司管理工作规则（试行）》等规定的有关要求，结合公司实际情况，特制定财务管理制度，对财务管理职责作了如下规定：

公司财务实行集中统一管理，严格实行审批制度，保证公司资金运用安全高效，监控到位。

①股东大会是公司的最高权力机构，根据我国《公司法》和公司章程的规定，行使公司财务预算、决算和利润分配等的批准职权。

②董事会是公司经营管理的决策机构，对公司的财务预算、决算和利润分配方案行使审议权，批准公司财务会计管理制度的实施。

③董事长领导公司的财务决策、控制、管理、监督和公司资产管理及资金运用、资本运作。

④总经理负责组织公司财务管理制度的实施，领导公司日常财务管理，贯彻执行公司财务决策等。

⑤财务总监在董事长的领导下，协助总经理，履行以下职责：

a. 具体组织公司执行国家有关财经法律、法规、方针、政策和制度，对违反国家财经纪律、法规、方针、政策和有可能在经济上给公司造成损失的行为，进行制止或纠正。

b. 负责具体编制和执行公司的年度财务预算、财务收支计划、融资计划。

c. 组织领导公司的财务管理、成本管理、预算管理、会计核算、财务报表编制、年度财务决算和会计监督等方面的工作，参与公司重要经济活动的分析和决策。

d. 拟订资金筹措和使用方案，加强资金运作管理，合理有效地使用资金，为搞好公司资产和资金的管理及运作，当好参谋助手。

e. 负责公司财务管理组织机构体系的设置和财务会计人员的配备，组织财务会计人员的业务培训，支持财务会计人员依法行使职权。

f. 参与公司发展新项目、开发新产品、重大投资、科技研究、商品价格和工资、奖金及福利等方案的制订和重大经济合同的研究和审查。

g. 负责加强与合作结算银行、审计、财税等部门的联系，建立良好的合作关系。

h. 负责会签或签署财务预算、财务专题报告、会计决算报表以及与财务收支有关的重大业务计划、经济合同、经济协议等。

i. 对公司财务部门负责人的聘用和财务会计人员的任用、晋升、调动、奖惩提出建议。

⑥财务部部长在总经理和财务总监的领导下，行使下列职责：

a. 负责主持公司财务部门的工作，组织财务人员按照岗位责任分工，切实地完成各项财务会计业务工作。

b. 负责组织起草有关财务会计管理制度，制定财务会计人员岗位职责。

c. 负责具体组织编制和执行公司财务预算、财务收支计划、信贷计划，合理有效地使用资金。

d. 负责组织公司进行日常会计核算、财务会计报表编制、年度财务决算工作，并保证准确、及时地上报。

e. 负责定期组织公司各项资产的盘点，做到账实相符，保证公司财产的安全、完整。

f. 负责组织公司应收、应付、暂收、暂付和备用金的管理与核算，定期核对清收应收账款，控制资金风险。

g. 负责组织及时、准确办理银行结算、资金收支、纳税申报等业务。

h. 参与公司发展新项目、开发新产品、重大投资、重要经济合同的可行性研究和会签认证。

i. 完成公司领导交给的其他工作。

⑦财务部门必须建立内部牵制制度，出纳员不得兼管稽核、会计档案保管和收入、费用、债权债务账目的登记工作。

⑧财会人员要认真执行岗位责任制，各司其职，互相配合，如实反映和严格监督各项经济活动。记账、算账、报账必须做到手续完备，内容真实，数字准确，账目清楚，日清月结，按期报账。

⑨财务会计人员在实际工作中必须坚持原则，照章办事。对于违反财经纪律和财务制度的事项，必须拒绝付款、拒绝报销或拒绝执行，并及时向主管领导报告。各级领导应当切实保障财务人员依法行使职权和履行职责，严禁任何人对坚持原则的财务人员进行打击报复。

⑩财务会计人员调动工作或因故离职，必须与接替人员办理交接手续，没有办好交接手续的，一律不得离职，亦不得中断财务工作。

⑪被撤销、合并单位的财务人员，必须会同有关人员编制财产、资金、债权债务移交清册，办理移交手续。移交交接包括移交人经管的会计凭证、报表、账目、款项、公章、实物及未了事项等。移交工作必须进行监交。

⑫公司一般财务人员的交接，由财务部门负责人执行监交；财务部门负责人的交接由财务总监进行监交。

实训要求：

（1）调查1~2家企业，收集企业内部财务管理制度的建设情况，了解其对财务管理部门工作职责的规定；

（2）通过课堂讨论的方式评价光明电器股份有限公司关于财务管理部门工作职责的规定，指出其中的不足。

第二章
财务管理的基本价值观念

◆ 学习目标

- 正确理解资金时间价值和资产风险价值的含义。
- 掌握资金时间价值的计算公式和运用。
- 了解资产收益的概念和收益率的类型，正确理解风险与收益的关系。
- 了解风险衡量和风险价值计量的方法。

第一节　资金时间价值

一、资金时间价值的含义

众所周知，在市场经济条件下，即使不存在通货膨胀，等量资金在不同时点上的价值量也是不相等的。比如，若银行存款年利率为6%，将今天的1元钱存入银行，一年以后就会是1.06元。可见，经过一年的时间，这1元钱发生了0.06元的增值，今天的1元钱和一年后的1.06元等值。人们将资金在使用过程中随时间的推移而发生的增值的现象，称为资金具有时间价值的属性。

资金时间价值，是指一定量资金在不同时点上的价值量的差额。它是在资金周转使用中产生的，是资金所有者让渡资金使用权而参与社会财富分配的一种形式。通常情况下，资金的时间价值相当于没有风险和通货膨胀条件下的社会平均资金利润率。如果通货膨胀率很低，可以用银行的存贷款利率或政府债券利率来表现时间价值。

二、资金时间价值的计算

（一）终值与现值

资金时间价值的计量中，有两个重要的概念，即终值和现值。终值是现在一定量资金在未来某一时点上的价值，俗称本利和。现值又称本金，是指未来某一时点上的一定量的资金折合为现在的价值。终值与现值的计算涉及利息计算方式的选择，目前有两种计息方式，即单利和复利。

1. 单利的终值和现值

所谓单利是指计算本金所带来的利息，而不考虑利息再产生的利息。

（1）单利终值

单利终值是指一定时期以后的本利和，其计算公式为：

$$F=P+I=P+P\times i\times n=P\times(1+i\times n) \quad (2-1)$$

式中，F为终值；P为本金，I为利息；i为每一计息期的利率；n为计息期数，$(1+i\times n)$为单利终值系数。以下公式符号含义相同。

［案例2-1］光明电器股份有限公司现在有500 000元的资金，准备存入银行为两年后的资产购置做资金准备，在年利率6%，单利计息的情况下，两年后可从银行取出多少钱？

解答：

$F=P\times(1+i\times n)=500\,000\times(1+6\%\times 2)=560\,000$（元）

（2）单利现值

单利现值指未来的一笔资金现在的价值，即由终值倒求现值，该过程称为折现，其计算公式为：

$$P=F/(1+i\times n) \quad (2-2)$$

式中，$1/(1+i\times n)$为单利现值系数。

［案例2-2］光明电器股份有限公司为了在两年后获得560 000元的资金进行资产购置，在年利率6%，单利计息的情况下，现在应存入银行多少钱？

解答：

$P=F/(1+i\times n)=560\,000/(1+6\%\times 2)=500\,000$（元）

［特别提示］单利的终值和单利的现值互为逆运算；单利终值系数$(1+i\times n)$和单利现值$1/(1+i\times n)$系数互为倒数。

2. 复利的终值和现值

所谓复利是指本能生利，利息在下期也转作本金并与原来的本金一起再计算利息，如此随计息期数不断下推，即通常所说的“利滚利”。

（1）复利终值

复利终值是指一定量的本金按复利计算若干期后的本利和。其计算公式为：

$$F=P\times(1+i)^n \quad (2-3)$$

现在的1元钱，存放于银行，年存款利率为6%，则经过一年时间的本利和为：

$F_1=1\times(1+6\%)^1=1.0600$（元）

经过两年时间的本利和为：

$F_2=1\times(1+6\%)^2=1.1236$（元）

经过三年时间的本利和为：

$F_3=1\times(1+6\%)^3=1.1910$（元）

(2-3)式中的$(1+i)^n$通常称作“复利终值系数”，记为(F/P，i，n)，在已知i、n的情况下，可通过查复利终值系数表求得。复利终值即为复利现值与复利终值系数的乘积。

［案例2-3］光明电器股份有限公司现在有500 000元的资金，准备存入银行为两年后的资产购置作资金准备，在年利率为6%、复利计息的情况下，两年后可从银行取出多少钱？

解答：

$F = P \times (1+i)^n = 500\,000 \times (1+6\%)^2 = 561\,800$（元）

（2）复利现值

复利现值是指未来某一特定时间一笔收付款项，按折现率计算的现在时点的价值。其计算公式为：

$$P = F \times (1+i)^{-n} \tag{2-4}$$

若年利率为6%，未来1到3年，各年年末的1元钱，其现在的价值计算如下：

1年后1元的复利现值 $= \frac{1}{(1+6\%)} = 0.9434$（元）

2年后1元的复利现值 $= \frac{1}{(1+6\%)^2} = 0.8900$（元）

3年后1元的复利现值 $= \frac{1}{(1+6\%)^3} = 0.8396$（元）

（2-4）式中 $(1+i)^{-n}$ 通常称为"复利现值系数"，记为（P/F，i，n），在已知i、n的情况下，可通过查复利现值系数表求得。这样复利现值即为复利终值与复利现值系数的乘积。

[案例2-4] 光明电器股份有限公司为了在两年后获得561 800元的资金进行资产购置，在年利率6%，复利计息的情况下，现在应存入银行多少钱？

解答：

$$P = F \times \frac{1}{(1+i)^2} = 581\,600 \times \frac{1}{(1+6\%)^2} = 500\,000 \text{（元）}$$

[特别提示] 复利的终值和复利的现值互为逆运算；复利终值系数 $(1+i)^n$ 和复利现值系数 $(1+i)^{-n}$ 互为倒数。

（二）年金终值与现值

年金是指一定时期内每次等额收付的系列款项，通常记作A。养老金、利息、租金、分期偿还贷款等通常都采取年金的形式。年金按其每次收付发生的时点不同，可分为普通年金、即付年金、递延年金和永续年金。

1. 普通年金

普通年金是指在一定时期内每期期末等额发生的系列收付款项，又称后付年金。

（1）普通年金终值的计算

如果年金相当于零存整取储蓄存款的每期等额零存数，那么，年金终值就是零存整取的整取数，是一定时期内每期期末等额收付款项的复利终值之和。

普通年金终值的计算公式为：

$$\begin{aligned} F &= A(1+i)^0 + A(1+i)^1 + A(1+i)^2 + \cdots + A(1+i)^{n-1} \\ &= A\sum_{t=1}^{n-1}(1+i)^{t-1} = A\frac{(1+i)^n - 1}{i} \end{aligned} \tag{2-5}$$

（2-5）式中的 $\frac{(1+i)^n-1}{i}$ 称作"普通年金终值系数"，记为（F/A,i,n），可通过查普通年金终值系数表求得，这样普通年金终值即为年金与普通年金终值系数的乘积。

[案例2-5] 光明电器股份有限公司在2006年初向万达公司租赁了一套加工设备，约定租期5年，每年末向万达公司支付100 000元。在年利率6%的情况下，这5年租金在2010年底相当于多少钱？

解答：

$$F = 100\ 000 \times \sum_{t=1}^{5} (1 + 6\%)^{t-1} = 100\ 000 \times (F/A, 6\%, 5)$$

$$= 100\ 000 \times 5.6371 = 563\ 710 \text{（元）}$$

年金终值在储蓄、保险、租赁等业务中具有广泛的应用。

（2）偿债基金的计算

在已知普通年金终值、利率和期数的条件下，可反求出年金 A，这个 A 就是偿债基金。偿债基金是指为使年金终值达到既定金额每年应支付的年金数额。

偿债基金的计算公式为：

$$A = F \frac{i}{(1+i)^n - 1} \tag{2-6}$$

（2-6）式中的 $\frac{i}{(1+i)^n - 1}$ 称为“偿债基金系数”，记为（A/F，i，n）。

［案例 2-6］光明电器股份有限公司拟在 4 年后还清 2 000 000 元的债务，从现在起每年年末等额存入银行一笔款项。在银行利率 6% 的条件下，每年需存入多少元？

解答：

$$A = 2\ 000\ 000 \times \frac{6\%}{(1+6\%)^4 - 1}$$

$$= 2\ 000\ 000 \times (A/F, 6\%, 4) = 2\ 000\ 000 \times \frac{1}{(F/A, 6\%, 4)}$$

$$= 2\ 000\ 000 \times \frac{1}{4.3746} = 2\ 000\ 000 \times 0.2286 = 457\ 200 \text{（元）}$$

［特别提示］偿债基金和普通年金终值互为逆运算；偿债基金系数 $\frac{i}{(1+i)^n - 1}$ 和普通年金终值系数 $\frac{(1+i)^n - 1}{i}$ 互为倒数。

（3）普通年金现值的计算

普通年金现值是一定时期内每期期末等额收付款项的复利现值之和。普通年金现值的计算公式为：

$$P = A \frac{1}{(1+i)^1} + A \frac{1}{(1+i)^2} + \cdots + A \frac{1}{(1+i)^n}$$

$$= A \sum_{t=1}^{n} \frac{1}{(1+i)^t} = A \frac{1 - (1+i)^{-n}}{i} \tag{2-7}$$

（2-7）式中的 $\frac{1 - (1+i)^{-n}}{i}$ 称为“普通年金现值系数”，记为（P/A, i, n），可通过查普通年金现值系数表求得，这样普通年金现值即为年金与普通年金现值系数的乘积。

［案例 2-7］光明电器股份有限公司购买一台检测设备，销售商提供两种付款方式供其选择：一种是分期付款，首付 300 000 元后，以后每年年末付款 70 000 元，5 年付清；另一种方式是一次付清 600 000 元。在年复利利率 6% 的情况下，公司应选择哪一种付款方式呢？

解答：经计算，每年年末付出 70 000 元，连续付出 5 年的年金现值为：

$$70\ 000 \times \sum_{t=1}^{5} \frac{1}{(1+6\%)^{t}} = 70\ 000 \times 4.2124 = 294\ 868\ (元)$$

该笔年金的现值加上首付款为594 868元，小于一次性付款的金额，故公司应选择分期付款的方式。

(4) 年资本回收额的计算

在已知普通年金现值、利率和期数的条件下，可反求出年金A，这个A就是年资本回收额。年资本回收额是指在约定年限内等额回收初始投入资本的金额。

年资本回收额的计算公式为：

$$A = P\frac{i}{1-(1+i)^{-n}} \qquad (2-8)$$

(2-8) 式中的$\frac{i}{1-(1+i)^{-n}}$称为“资本回收系数”，记为（A/P，i，n）。

[案例2-8] 光明电器股份有限公司向工商银行借得1000万元的贷款，在5年内以年利率6%等额偿还，则每年应偿还的金额是多少？

解答：

$$\begin{aligned}A &= 1000 \times \frac{6\%}{1-(1+6\%)^{-5}} \\ &= 1000 \times (A/P,6\%,5) = 1000 \times \frac{1}{(P/A,6\%,5)} \\ &= 1000 \times \frac{1}{4.2124} = 1000 \times 0.2374 = 237.40\ (万元)\end{aligned}$$

[特别提示] 年资本回收额与普通年金现值互为逆运算，资本回收系数$\frac{i}{1-(1+i)^{-n}}$和普通年金现值系数$\frac{1-(1+i)^{-n}}{i}$互为倒数。

2. 即付年金

即付年金是指从第一期起，在一定时期内每期期初等额发生的系列收付款项。它与普通年金的区别仅在于付款时间的不同。n期先付年金与n期普通年金的收付款次数相同，但由于其收付款时间不同，n期先付年金终值比n期普通年金的终值多计算一期利息，n期先付年金现值比n期普通年金现值少折现一期。

(1) 即付年金终值的计算

即付年金终值是指每期期初等额系列收付款项的复利终值之和。通过对普通年金计算公式的简单调整，即可得出即付年金终值的计算公式：

$$\begin{aligned}F &= A(1+i)^{1} + A(1+i)^{2} + \cdots + A(1+i)^{n} \\ &= A \times \frac{(1+i)^{n}-1}{i} \times (1+i) = A \times \frac{(1+i)^{n+1}-1}{i} - 1 \qquad (2-9)\end{aligned}$$

(2-9)式中的$\frac{(1+i)^{n+1}-1}{i}-1$称为“即付年金终值系数”，记为(F/A,i,n+1)-1，与普通年金终值系数相比，期数加1，系数减1；$\frac{(1+i)^{n}-1}{i} \times (1+i)$也是即付年金终值系数，记为（F/A，i，n）(1+i)，是普通年金终值系数的（1+i）倍。

[案例2-9] 沿用案例2-5的资料，如果每年初向万达公司支付100 000元，则5年租金的终值是多少？

解答：

$F = 100\,000 \times [(F/A, 6\%, 6) - 1] = 100\,000 \times (6.9753 - 1) = 597\,530$（元）

或

$F = 100\,000 \times (F/A, 6\%, 5) \times (1 + 6\%) = 100\,000 \times 5.6371 \times 1.06 = 597\,530$（元）

（2）即付年金现值的计算

即付年金现值是指每期期初等额系列收付款项的复利现值之和，其计算公式为：

$$P = A\frac{1}{(1+i)^0} + A\frac{1}{(1+i)^1} + A\frac{1}{(1+i)^2} + \cdots + A\frac{1}{(1+i)^{n-1}}$$

$$= A\frac{1-(1+i)^{-n}}{i} \times (1+i) = A \times \frac{1-(1+i)^{-(n-1)}-1}{i} + 1 \qquad (2-10)$$

（2-10）式中的$\frac{1-(1+i)^{-(n-1)}-1}{i}+1$称为“即付年金现值系数”，记为（P/A, i, n-1）+1，与普通年金现值系数相比，期数减1，系数加1；$\frac{1-(1+i)^{-n}}{i} \times (1+i)$也是即付年金现值系数，记为(P/A, i, n)(1+i)，是普通年金现值系数的（1+i）倍。

［案例2-10］光明电器股份有限公司在市中心设立了经营部，该经营部每年年初需要支付租金240 000元，在年利率6%的情况下，5年内支付的租金的现值是多少？

解答：

$P = 240\,000 \times [(P/A, 6\%, 4) + 1] = 240\,000 \times (3.4651 + 1)$

$= 1\,071\,624$（元）

或

$P = 240\,000 \times (P/A, 6\%, 5) \times (1 + 6\%) = 240\,000 \times 4.2124 \times 1.06$

$= 1\,071\,624$（元）

3. 递延年金

递延年金是指第一次收付款发生时间与第一期无关，而是隔若干期（假设为m期，m≥1）后才开始发生的系列等额收付款项。没有收付款项的若干期称为递延期。

（1）递延年金终值的计算

递延年金终值的计算与普通年金的终值计算一样，只是要注意期数。F = A（F/A, i, n），n表示的是A的个数，与递延期无关。

（2）递延年金现值的计算

假设递延期为m，递延期后发生n期年金，利率为i，则递延年金现值的计算可表达为以下三种方法：

计算方法一：先求出递延期后n期普通年金到m期末时的价值，再依据复利现值的计算方法将此数值折算到第一期期初。公式为：

$$P = A(P/A, i, n)(P/F, i, m) \qquad (2-11)$$

计算方法二：先计算m+n期年金现值，再减去m期年金现值。公式为：

$$P = A[(P/A, i, m+n) - (P/A, i, m)] \qquad (2-12)$$

计算方法三：先求递延年金终值再折现为现值。公式为：

$$P = A(F/A, i, n) \times (P/F, i, m+n) \qquad (2-13)$$

［案例2-11］光明电器股份有限公司2010年购入了华瑞公司发行的债券，该债券于2020年到期，从2014年到2020年每年年末支付10 000元利息，当前的市场利率为

6%，问该债券的现值是多少？

解答：

$$P = 10\,000 \times (P/A, 6\%, 7)(P/F, 6\%, 3)$$
$$= 10\,000 \times 5.5824 \times 0.8396 = 46\,869.83 (元)$$

或

$$P = 10\,000 \times [(P/A, 6\%, 3+7) - (P/A, 6\%, 3)]$$
$$= 10\,000 \times (7.3601 - 2.6730) = 46\,871 (元)$$

两种计算方法相差1.17元，是因小数点的尾数造成的。

4. 永续年金

永续年金是指无限期等额收付的特种年金。永续年金没有期限，因而没有终值。永续年金现值的计算公式为：

$$P_{(n \to \infty)} = A \times \frac{1-(1+i)^{-n}}{i} = \frac{A}{i} \qquad (2-14)$$

[案例2-12] 光明电器股份有限公司为支持教育事业的发展，准备设立奖学金，奖励每年高考的文理科状元各10 000元。奖学金的基金保存在市工商银行，银行一年的定期存款利率为4%。问：公司要投资多少钱作为奖励基金?

解答：

$P = 20\,000/4\% = 500\,000$（元）

现实生活中，完全意义上的永续年金形式并不多见，对那些收付期限较长的年金，如基金、养老保险金支付，或者收付期限长到无法估计的情形，如股利稳定的普通股股利，我们在计算时，通常把它们近似地看成永续年金来处理。

三、资金时间价值的特殊计算问题

（一）复利计息方式下的利率计算

前面关于资金时间价值的计算，都是假定利率是给定的，但在财务管理中，还会碰到已知终值（或现值），反求利率的问题。

复利利率的计算可以利用复利的终值计算公式推出，其计算公式为：

$$i = (F/P)^{1/n} - 1 \qquad (2-15)$$

普通年金折现率的推算。普通年金折现率的推算通常采用内插法，其计算的依据是假定折现率与系数之间存在线性关系。

（1）计算出年金现值系数的值，设其为β；

（2）查普通年金现值系数表；

（3）若无法找到恰好等于β的系数值，应在表中n行上找与β最接近的两个左右临界系数值，设为β_1、β_2，找出β_1、β_2所对应的临界利率i_1、i_2，运用内插法进行计算：

$$i = i_1 + \frac{\beta_1 - \beta}{\beta_1 - \beta_2} \times (i_2 - i_1) \qquad (2-16)$$

式中，i为所求的折现率；β为对应的年金现值系数；i_1、i_2分别为与i相邻的两个折现率，且$i_1 < i < i_2$；β_1、β_2分别为与i_1、i_2对应的年金现值系数。

[案例 2－13] 光明电器股份有限公司因购置房产向工商银行按揭贷款，借款金额为 2 000 000 元，每年年末还本付息 500 000 元，连续 8 年还清，问该项借款的利率是多少？

解答：

$$2\ 000\ 000 = 500\ 000 \times (P/A, i, 8)$$

$$(P/A, i, 8) = 4$$

查 n＝8 的普通年金现值系数表。(P/A，18%，8)＝4.0776，(P/A，20%，8)＝3.8372，则该项借款的利率：

$$i = 18\% + \frac{4.0776 - 4}{4.0776 - 3.8372} \times (20\% - 18\%) \approx 18.65\%$$

（二）名义利率和实际利率

如果以“年”作为基本计息期，每年计算一次复利，这种情况下的年利率是名义利率。但在资金时间价值的计算中，计息期并不一定总是一年，有时会遇到计息期短于一年的情况。如果按照短于一年的计息期计算复利，并将全年利息额除以年初的本金，此时得到的利率是实际利率。

对于一年内多次计息的情况，可采取以下两种方法计算资金时间价值。

第一种方法是按如下公式将名义利率调整为实际利率，然后按实际利率计算时间价值。

$$i = (1 + \frac{r}{m})^m - 1 \tag{2-17}$$

式中，i 为实际利率；r 为名义利率；m 为每年复利次数。

第二种方法是不计算实际利率，而是相应调整有关指标，即利率变为 r/m，期数相应变为 m·n。其计算公式为：

$$F = P \cdot (1 + \frac{r}{m})^{m \cdot n} \tag{2-18}$$

[案例 2－14] 光明电器股份有限公司 2008 年初存入银行 10 万元，在年利率 6%、每半年复利一次的情况下，到 2010 年末能得到的本利和是多少？

解答：根据名义利率与实际利率的换算公式：

$$i = (1 + \frac{6\%}{2})^2 - 1 = 6.09\%$$

$$F = 10 \times (1 + 6.09\%)^3 = 11.94(万元)$$

或：

$$F = 10 \times (1 + \frac{6\%}{2})^{2 \times 3} = 11.94(万元)$$

第二节 风险与收益

一、资产的收益与收益率

（一）资产收益的含义

资产的收益是指资产的价值在一定时期的增值。资产的收益可用两种方式来表述：

1. 资产的收益额

资产的收益额是指资产价值在一定期间内的增值量。该增值量来源于两部分：一是期限内资产的现金净收入，如利息、红利、股息等；二是期末资产价值相对于期初价值的升值，即资本利得。

2. 资产的收益率

资产收益率是指资产增值量与期初资产价值的比值。该收益率也包括两个部分：一是利（股）息收益率；二是资本利得收益率。

由于以金额表示的收益与期初资产的价值相关，不利于不同规模资产之间收益的比较，所以通常情况下，我们都用收益率的方式来表示资产的收益。另外，由于收益率是相对于特定期限的，它的大小要受计算期限的影响，为了便于比较和分析，对于计算期限短于或长于一年的资产，在计算收益率时一般要将不同期限的收益率转化成年收益率。

（二）资产收益率的类型

根据财务工作的角度和出发点的不同，资产收益率可以有不同的类型，如表2－1所示。

表2－1　　资产收益率类型一览表

资产收益率的类型	基本含义
实际收益率	已经实现的或确定可以实现的收益率
名义收益率	在资产合约上标明的收益率
预期收益率	在不确定的条件下，预测的某资产未来可能实现的收益率
必要收益率	投资者对某资产合理要求的最低收益率
无风险收益率	可以确定可知的无风险资产的收益率
风险收益率	某资产持有者因承担该资产的风险而要求的超过无风险收益的额外收益

（三）资产收益率的计算

1. 单期资产收益率的计算

单期资产收益率的计算公式为：

$$资产收益率=\frac{资产的价值增值}{期初资产价值}=\frac{资产的收益额}{期初资产价值}$$

$$=\frac{利（股）息收益+资本利得}{期初资产价值}$$

$$=利（股）息收益率+资本利得收益率 \tag{2-19}$$

［案例2－15］光明电器股份有限公司持有某公司股票，一年前的价格为8元，一年中分得股息0.2元，现在的市价为10元。在不考虑交易费用的情况下，一年内该股票的收益率是多少？

解答：一年中资产的收益为：

$0.2+(10-8)=2.20$（元）

其中，股息收益为0.2元，资本利得为2元。

该股票的收益率$=2.20\div 8=27.5\%$

其中，股利收益率为2.5%，资本利得收益率为25%。

2. 预期收益率的估算

对预期收益率的估算主要有以下两种方法：

（1）首先描述影响收益率的各种可能情况，然后预测各种可能情况发生的概率，以及在各种可能情况下收益率的大小，那么预期收益率就是各种情况下收益率的加权平均，权数是各种可能情况发生的概率。计算公式为：

$$预期收益率\ E(R)=\sum_{i=1}^{n}(P_i \times R_i) \tag{2-20}$$

式中，E（R）表示预期收益率；P_i 表示情况 i 可能出现的概率；R_i 表示情况 i 出现时的收益率。

［案例2-16］光明电器股份有限公司半年前以50 000元购买某股票，一直持有至今尚未卖出，持有期曾获红利500元。预计未来半年内不会再发放红利，且未来半年后市价达到58 000元的可能性为60%，市价达到60 000元的可能性是40%，那么该资产的预期收益率是多少？

解答：

预期收益率＝［60%×(58 000－50 000)＋40%×(60 000－50 000)］÷50 000
＝17.60%

（2）首先收集事后收益率（历史数据），将这些历史数据按照不同的经济状况分类，并计算发生在各类经济状况下的收益率观测值的百分比，将所得百分比作为各类经济状况可能出现的概率，然后计算各类经济情况下所有收益率观测值的平均值作为该类情况下的收益率，最后计算各类情况下收益率的加权平均值就得到预期收益率。

［案例2-17］光明电器股份有限公司收集了某股票过去10年的收益率，在这10个历史数据中，发生在“经济良好”情况下的有3个，发生在“经济一般”和“经济较差”情况下的各有5个和2个，那么可估计经济情况出现良好、一般和较差的概率分别为30%、50%和20%。然后，将经济良好情况下3个收益率观测值的平均值计算出来为10%，将经济一般情况下5个收益率观测值的平均值计算出来为7%，将经济较差情况下2个收益率观测值的平均值计算出来为3%，那么该股票的预期收益率是多少？

解答：

预期收益率＝30%×10%＋50%×7%＋20%×3%＝7.1%

3. 必要收益率的确定

每个人对某特定资产都会要求不同的收益率，如果某资产的预期收益率超过大多数人对该资产要求的必要收益率时，实际的投资行为就会发生。

必要收益率的高低与认识到的风险大小有关，如果某公司陷入财务困境的可能性很大，也就是说投资该公司股票产生损失的可能性很大，那么，投资于该股票将会要求一个较高的收益率，所以该股票的必要收益率就会较高；相反，如果某项资产的风险较小，那么，对这项资产要求的必要收益率就较低。

4. 无风险收益率的确定

无风险收益率由纯利率（资金时间价值）和通货膨胀补贴两部分组成，是无风险资产的收益率。无风险资产应满足两个条件：一是不存在违约风险；二是不存在再投资收益率的不确定性。一般情况下，通常用短期国库券的利率近似地代替无风险收益率。

5. 风险收益率

风险收益率衡量了投资者将资金从无风险资产转移到风险资产而要求得到的“额外补偿”。它的大小取决于两个因素：一是风险的大小；二是投资者对风险的偏好。

风险收益率 = 必要收益率 - 无风险收益率　　(2-21)

二、资产的风险

(一) 风险的含义及特征

风险是指在特定的环境条件下，某一事件结果的不确定性。从财务管理的角度看，风险就是企业在各项财务活动中，由于各种难以预料或无法控制的因素作用，使企业的实际收益与预期收益发生背离，从而蒙受经济损失的可能性。

风险不仅可以带来超出预期的损失，也可能带来超出预期的收益。因此，也可以更广义地讲，风险是特定投资预期结果的不确定性。

风险具有如下特征：

1. 风险是对未来事项而言的

已经发生的、确定的事项是不存在风险的，风险是事件本身的不确定性。例如，我们在预计一个投资项目的收益时，不可能十分精确，也没有百分之百的把握。影响投资收益的价格、销量、成本等因素我们事先不能确知，也无法控制其变化。这就可能导致一项投资的收益出现多种可能的结果，其将来的财务后果是不确定的，则存在风险。

2. 风险事件本身的不确定性具有客观性

人们投资于国库券，其收益的不确定性较小；如果是投资于股票，其收益的不确定性则大得多。这种风险是“一定条件下”的风险，你在何时，买何种股票，各买多少，风险是不一样的。这些问题一旦决定下来，风险大小就无法改变了。这就是说，特定投资的风险大小是客观的，你是否去冒风险以及冒多大的风险，是可以选择的。

3. 风险可以计量

风险的大小可以通过风险程度来计量。一般来说，未来事件的持续时间越长、涉及的未知因素越多、人们对其后果的把握程度越小，则风险程度越大。

4. 风险具有价值

存在风险的经营行为的结果是不确定的，风险可能给投资人带来坏的结果，也可能带来好的结果。人们之所以愿意冒风险进行投资，正是因为风险投资可能得到超过资金时间价值的额外报酬。风险越大，额外报酬越高。

(二) 风险的分类

风险是多种多样的，从单个投资主体角度看，可以分为市场风险和企业特有风险。企业特有风险按形成原因又进一步分为经营风险和财务风险；从对组合投资的影响看，可以分为非系统风险和系统风险（或称可分散风险和不可分散风险），非系统风险按其表现形式又进一步分为违约风险、流动性风险和期限性风险等，如图 2-1 所示。

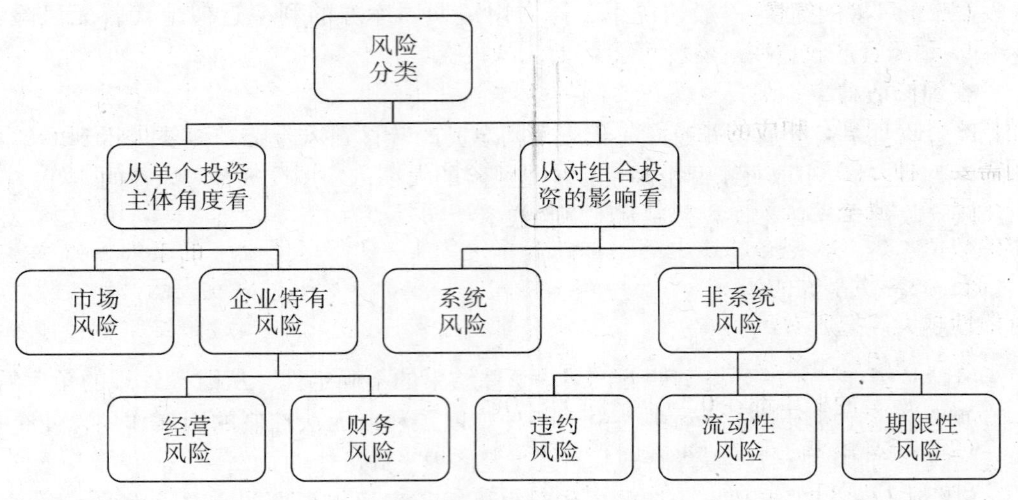

图 2－1　风险分类

1. 市场风险和企业特有风险

市场风险是指那些影响所有企业即整个市场的因素引起的风险，例如战争、通货膨胀、经济衰退、高利率等。这类风险波及所有的投资对象，不能通过多样化投资组合来分散，因此又称为不可分散风险或系统风险。例如，一个人投资于股票，不论买哪一种股票，他都要承担市场风险：在经济衰退时，各种股票的价格都会不同程度地下跌。市场风险通常用系数表示，用来说明某种证券（或某一组合投资）的系统性风险相当于整个证券市场系统性风险的倍数。

企业特有风险也称非市场风险，是指发生于个别企业的特有事件造成的风险，与政治、经济和其他影响所有资产的市场因素无关。例如，一家企业的新产品开发失败、工人罢工、出现恶性环保事件被重罚、诉讼失败，或者宣告发现新矿藏、取得重大技术性突破、签订一个大额合同等。这类事件是非预期的、随机发生的，它只影响一个或少数企业，不会对整个市场产生太大影响。这种风险可以通过多样化投资来分散，即发生于一家企业的不利事件可以被其他企业的有利事件所抵消。我们也称这类风险为可分散风险或非系统风险。例如，企业投资于股票时，买几种不同的股票，比只买一种股票风险小。

2. 经营风险和财务风险

经营风险是指由生产经营的不确定性带来的风险，它是任何商业活动都有的。在产、供、销等诸多环节中任何一个环节出现问题都会带来风险，而且往往是企业所不能控制的。如在市场销售方面，市场需求、市场价格及企业可能生产的产品数量等的不确定，尤其是竞争导致的供产销的不稳定，会导致企业经营结果的不确定，使企业自己很难控制，从而产生风险。

财务风险是指因借款而产生的风险，是筹资决策带来的风险，也叫筹资风险。若企业不借款，全部使用自有资本，就没有财务风险。当企业向银行等金融机构借款经营时，产生了定期的还本付息压力，如果到期企业不能还本付息，就面临着诉讼、破产等威胁，遭受严重损失。只要企业借款经营，就可能引发财务风险。

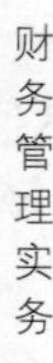

（三）风险的衡量

1. 预测资产收益率的各种可能结果（随机变量）及其相应的概率

在经济活动中，某一事件在相同的条件下可能发生也可能不发生，这类事件称为随机事件。同理，相应的经济变量也称随机变量。由于随机变量的值是不确定的，我们需要一种方法来评价各个可能值出现的可能性高低，我们可以给每一个可能值分配一个概率。概率就是用来表示随机事件发生的可能性大小及出现某种结果的可能性大小的数值。通常，把必然发生的事件的概率定为 1，把不可能发生的事件的概率定为 0，而一般随机事件的概率是介于 0 与 1 之间的一个数。概率越大就表示该事件发生的可能性越大。把所有可能的事件或结果都列示出来，且对每一事件或结果都给予一定的概率，便构成了概率分布。概率必须满足以下两个条件：

（1）所有的概率都在 0 与 1 之间，即 $0 \leqslant P_i \leqslant 1$。

（2）所有概率之和等于 1，即 $\sum P_i = 1$。

［案例 2－18］光明电器股份有限公司正在考虑以下两个投资项目，甲项目的投资额为 500 万元，乙项目的投资额为 600 万元，预测未来可能的收益率情况如表 2－2 所示。

表 2－2　**投资项目未来可能的收益率情况表**

市场状态	概率	项目甲收益率	项目乙收益率
繁荣	0.3	20%	30%
一般	0.5	12%	14%
低迷	0.2	－10%	－20%

2. 计算收益期望值

收益期望值是某项资产各种可能的报酬，以其相应的概率为权数进行加权平均所得到的报酬，即前面介绍的预期收益。

［案例 2－19］沿用案例 2－18 的资料，光明电器股份有限公司准备投资的甲、乙项目的预期收益率是多少？

解答：

甲项目的预期收益率 $= 20\% \times 0.3 + 12\% \times 0.5 + (-10\%) \times 0.2 = 10\%$

乙项目的预期收益率 $= 30\% \times 0.3 + 14\% \times 0.5 + (-20\%) \times 0.2 = 12\%$

3. 确定收益率的标准差

收益率标准差是反映某资产收益率的各种可能结果与其期望值的偏离程度的一个指标。其计算公式为：

$$\text{标准差}\ \sigma = \sqrt{\sum_{i=1}^{n} [R_i - E(R_i)]^2 \times P_i} \qquad (2-22)$$

式中，σ 表示标准差；E（R）表示预期收益率；P_i 表示情况 i 可能出现的概率；R_i 表示情况 i 出现时的收益率。

［案例 2－20］沿用案例 2－18、案例 2－19 的资料，光明电器股份有限公司准备投资的甲、乙项目的标准差是多少？

解答：

$$\sigma_{\text{甲}} = \sqrt{(20\% - 10\%)^2 \times 0.3 + (12\% - 10\%)^2 \times 0.5 + (-10\% - 10\%)^2 \times 0.2} = 10.58\%$$

$$\sigma_{乙}=\sqrt{(30\%-12\%)^2\times0.3+(14\%-12\%)^2\times0.5+(-20\%-12\%)^2\times0.2}$$
$$=17.44\%$$

标准差是以绝对数衡量某资产的全部风险，在预期收益率相同的情况下，某项资产收益的标准差越大，表示该资产实际收益率围绕预期收益率的波动程度越大，从而投资者不能实现期望收益的可能性也越大，归结到一点，就是资产的风险越大；反之亦然。由于标准差衡量的是风险的绝对大小，因而不适用于比较具有不同的预期收益率的资产的风险。

4. 确定收益率的标准离差率

标准离差率是收益率的标准差与期望值之比，又称为变异系数。其计算公式为：

$$V=\frac{\sigma}{E(R)} \tag{2-23}$$

式中，V 表示标准离差率；其他符号意义同前。

[案例 2-21] 沿用案例 2-18、案例 2-19、案例 2-20 的资料，甲、乙项目的标准离差率是多少？哪个项目的风险更大？

解答：

$$V_{甲}=\frac{10.58\%}{10\%}\approx1.06$$

$$V_{乙}=\frac{17.44\%}{12\%}\approx1.45$$

通过计算比较，乙项目的标准离差率大于甲项目，说明乙项目的风险大于甲项目。

标准离差率以相对数衡量资产风险的大小，它表示每单位预期收益所包含的风险，即每一元预期收益所承担的风险的大小，可用来比较具有不同预期收益率的资产的风险。一般情况下，标准离差率越大，资产的风险越大；标准离差率越小，资产的风险越小。

三、风险与收益的关系

（一）风险与收益的一般关系

在市场上，资产交易的参与者都是风险回避者，他们都会寻求风险和收益的一种权衡。对风险的厌恶并不意味着他们会不惜任何代价来回避风险，对风险的消极态度能被较高的收益水平所抵消。对于每项资产，投资者都会因承担风险而要求额外的补偿，投资者由于冒风险进行投资而获得的超过资金时间价值的额外报酬，称为投资的风险收益（或风险价值、风险报酬）。风险与收益的关系是：风险程度越高，所要求的收益率也越大；反之，收益率低的项目其风险也必须很低。

在基本无风险情况下，所得到的收益率是一种社会平均利润率，即资金的时间价值。因此，一项承担风险的资产所要求的最低收益率应该包括无风险收益率与风险收益率两部分。对于每一项资产，所要求的必要收益率可以用公式表示为：

$$必要收益率=无风险收益率+风险收益率 \tag{2-24}$$

式中，无风险收益率通常用短期国债的收益率来近似地替代，而风险收益率与资产的风险大小及投资者对风险的偏好程度相关。风险越大，所要求的风险收益率也越高。

从理论上来说，风险收益率可以表述为风险价值系数与标准离差率的乘积。即：

风险收益率 $= b \times V$ （2－25）

式中，b 表示风险价值系数；V 表示标准离差率。

标准离差率反映了资产风险的相对大小；而风险价值系数则取决于投资者对风险的偏好。投资者对风险的容忍程度越高，说明对风险的承受能力越强，要求的风险补偿就没有那么高，风险价值系数的取值就会较小；对风险的态度越回避，要求的补偿也就越高，即要求的风险收益率越高，风险价值系数的取值就越大。

风险价值系数的计算可采用统计回归方法对历史数据进行分析得出估计值，也可结合管理人员的经验分析判断得出估计值。但是，由于风险价值系数受风险偏好的影响，而风险偏好又受风险种类、风险大小及心理因素的影响，因此对于风险价值系数的准确估计是相当困难的。

（二）资本资产定价模型

资本资产定价模型是由经济学家 Harry Markowitz 和 William F. Sharpe 于 1964 年提出的。资本资产主要指的是股票，而定价则试图解释资本市场如何决定股票收益率，进而决定股票价格。资本资产定价模型的一个主要贡献就是解释了风险收益率的决定因素和度量方法，其核心关系式是：

$R = R_f + \beta \times (R_m - R_f)$ （2－26）

式中，R 表示某资产的必要收益率；β 表示该资产的系统风险系数；R_f 表示无风险收益率；R_m 表示市场组合收益率，通常用股票价格指数收益率的平均值或所有股票的平均收益率来代替。

公式中 $(R_m - R_f)$ 称为市场风险溢酬，它是附加在无风险收益率之上的，由于承担了市场平均风险所要求获得的补偿，它反映的是市场作为整体对风险的平均容忍程度。如果市场的抗风险能力较强，对风险的厌恶不是很强烈，要求的风险补偿就越低，市场风险溢酬就越小；如果市场对风险的回避很强烈，要求的补偿就越高，市场风险溢酬就越大。从上式不难看出，某项资产的风险收益率是该资产系统风险系数与市场风险溢酬的乘积，即：

风险收益率 $= \beta \times (R_m - R_f)$ （2－27）

本章小结：

本章主要介绍了财务管理活动必然涉及的资金时间价值和资产风险价值的含义和计算方法，是掌握财务决策方法的基础理论。

资金时间价值是资金在投资或再投资过程中的增值，通常情况下，它相当于没有风险也没有通货膨胀的社会平均利润率。由于资金时间价值的存在，不同时点上资金的价值不等，不能直接进行比较，所以企业在筹资决策、投资决策时，必须对不同时点上的收入或支出进行换算。

一次性款项的复利终值：

$F = P \times (1 + i)^n$

一次性款项的复利现值：

$P = F \times (1 + i)^{-n}$

普通年金终值：

$F_A = A \times (F/A,i,n)$

普通年金现值：

$P_A = A \times (P/A,i,n)$

风险是指企业在各项财务活动中，由于各种难以预料或无法控制的因素作用，使企业的实际收益与预期收益发生背离，从而蒙受经济损失的可能性。风险的大小可以通过标准离差和标准离差率等指标进行计量。投资者愿意冒着风险进行投资是因为期望获得超过资金时间价值以上的额外报酬。风险与收益的关系是：风险程度越高，所要求的收益率也越大。风险收益率是风险价值系数与标准离差率的乘积，也可表述为是该资产系统风险系数与市场风险溢酬的乘积。

本章推荐阅读书目：

1. 财政部会计资格评价中心．全国会计专业技术资格考试教材．财务管理［M］．北京：中国财政经济出版社，2009．（第二章、第三章）
2. 季光伟．财务管理教程［M］．北京：科学出版社，2008．（第一章）
3. 郭涛．财务管理［M］．北京：机械工业出版社，2009．（第二章）

阅读资料：

家庭基本金融决策：100 元应当如何用？

我们在商场买了电器或其他什么东西，往往会得到一本说明书。但是，为什么我们拿到了钱，却从来没有人给我们使用说明书？

回忆起来，从来没有人教过我们如何用钱。那还用教吗？我们曾经是多么缺钱：夏天可以有 5 分钱买雪糕，就是童年最美好的回忆了；读书的时候学校发奖学金 17 元，家里寄 20 元；结婚了攒钱买电视、冰箱，再攒钱买房子、车子……在需求大于供给的时代，每一分钱都要当两分钱使用，这是生活教给人们的金钱使用法则。

是的，一项理财研究表明，大部分人的用钱习惯无非来自三个方面：童年的或者父母的习惯、生活的教化以及书本或媒体的理财教育。

童年或者父母的理财习惯随着时代的变迁，已经发生了很大的变化。前两年深圳一项针对儿童的调查显示：一些孩子们认为吃一顿饭应该花的钱是 1000 元，而去北京的飞机票是 300 元。当经济供给大于需求的时候，钱的使用指导失去了方向，奢侈病传染给了没有权利奢侈的人。有些父母认为这只是钱的问题，只有悲剧发生的时候才明白这其实是人的问题。

前些年发生的深圳“宝马撞人案”，肇事者是个 21 岁的青年，开一辆父母新买的宝马车，因为一个微不足道的冲突，与酒店保安发生冲突而开车撞人，一死一伤。本来因为物质丰富而生活优越的家庭就这样被毁了幸福。是不是钱使得孩子自我膨胀而失去了对社会规则的基本理解呢?

钱教人怎么生活和生活教人如何用钱，这是一个问题的两个方面。虽然现在钱多了，但生活让人操心的事也多了：购房、买车、旅游是体面生活的象征；子女教育、养老、医疗是三大心病；投资股票、基金、期货、外汇、商铺是时髦的——有机会发财的事，哪样不需要钱呢?

可悲的是，很多人并不仔细考虑这些问题，他们要么让钱躺着不动，要么就盲目乱动。一位证券分析师说："为什么很多人买青菜会挑挑拣拣、砍砍价钱，但买股票、基金却轻易闻风而动，一掷千金呢?""是啊，是谁在教他们呢? 正是某些证券分析师编的那些6万元股票发家的故事。"也许那个故事是真的，但很多人确实是靠别人的故事来左右自己的财务生活。

有些媒体称这些故事为"财富效应"。比如说，股票市场长期低迷，政府的利好政策不能刺激股市上扬，是因为股市缺乏"财富效应"。通俗地说，是缺乏发财的示范效应。由于老百姓金融消费的盲从性以及媒体财经现象报道的滞后性相互交织，更使得"发财效应"或者"不发财效应"放大了。

也许错不在媒体，他们只是现实的忠实记录者，反映的是投资市场现状。但钱该如何用这个问题，是不能随着投资市场变动而变动的。媒体——特别是承担了理财教育的财经媒体——有责任用一些冷静和中立的声音，教给人们一些金钱使用的原则。

这些原则，概括而简单地说就是：钱是为实现人的生活目标而服务的，这些目标既包括短期目标，也包括长期目标，根据人生不同阶段所承担的责任和生活期望不同而不同。

人们该如何用钱，在金融学中称为家庭的基本金融决策，主要有四个方面：

(1) 消费决策：决定将多少当期收入花掉，或者储蓄起来。消费决策需要平衡现在和未来的收入与支出。

(2) 投资决策：决定将已经储蓄的钱通过什么形式使之保值增值，以满足今后的生活目标需要。

(3) 融资决策：决定是否需要在今天借别人的钱来消费或投资，其实也是用自己今后的钱来消费或者投资。

(4) 风险管理决策：决定是否需要采取一些手段避免不确定的事情发生时遭受大的财务影响，从而影响自己和家人的生活品质。

人们大部分的金融决策，最关键的决定因素是各自的生活现状和对未来生活的规划，而不是今天投资市场最热买的产品，这就是理财与投资的区别。理财是战略，投资是战术，根据某个投资市场"受追捧"来决定如何"用钱"，真正是"本末倒置"了。

资料来源：根据《21世纪经济报道》资料整理改编。

同步测试

一、单项选择题

1. 某人拟存入银行一笔钱，以备在五年内每年以1000元的等额款项支付车辆保险，银行的年利率为10%，则该人现在应存入（　　）。

A. 4000元　　B. 5000元　　C. 3791元　　D. 2500元

2. 在普通年金终值系数的基础上，期数加1，系数减1所得的结果，在数值上等于（　　）。

A. 普通年金现值系数　　B. 即付年金现值系数

C. 普通年金终值系数　　D. 即付年金终值系数

3. 在年利率为10%的条件下，一至三年期的复利现值系数分别为0.9091，0.8264，0.7513，则三年期的年金现值系数为（　　）。

A. 2.4868　　B. 1.7355　　C. 0.7513　　D. 2.7355

4. 多个方案比较时，在期望值不相同的情况下，标准离差越大的方案，其风险（　　）。

A. 越大　　B. 越小　　C. 无法判断　　D. 二者无关

5. 甲方案在3年中每年年初付款1000元，乙方案在3年中每年年末付款1000元，若年利率为10%，则两个方案第3年年末的终值相差（　　）。

A. 331元　　B. 505元　　C. 371元　　D. 3510元

6. 某企业现在存入银行100 000元，在银行利率为5%的情况下，今后10年内每年年末可提取的相等金额的现金是（　　）。

A. 61 930元　　B. 12 386元　　C. 61 371元　　D. 12 951元

7. 一项1000万元的借款，借款期为3年，年利率为5%，若每半年复利一次，则年实际利率会高出名义利率（　　）。

A. 0.16%　　B. 0.25%　　C. 0.06%　　D. 0.05%

8. 某人在银行以零存整取的方式进行储蓄，打算在10年后从银行取出100 000元，在银行利率为10%的情况下，此人今后10年内每年年末应存入银行（　　）。

A. 6275元　　B. 7180元　　C. 6571元　　D. 6958元

二、多项选择题

1. 下列系数中互为倒数的有（　　）。

A. 复利终值系数和复利现值系数

B. 普通年金终值系数和普通年金现值系数

C. 普通年金终值系数和偿债基金系数

D. 普通年金现值系数和资本回收系数

2. 在财务管理中，衡量风险大小的指标有（　　）。

A. 标准离差　　B. 风险价值系数

C. 风险收益率　　D. 标准离差率

3. 对于资金时间价值的表述，下列选项中正确的是（　　）。

A. 资金时间价值是资金经过一定时期的投资和再投资而增加的价值

B. 资金时间价值相当于不考虑风险和通货膨胀因素的社会平均资金利润率

C. 资金时间价值必须按复利方式计算

D. 资金时间价值是由"时间"创造的

4. 投资者要求的必要收益率通常包括（　　）。

A. 资金时间价值　　B. 通货膨胀率

C. 风险收益率　　D. 标准离差率

5. 影响资金时间价值大小的因素主要有（　　）。

A. 期限　　B. 利率

C. 计息方式　　D. 风险

6. 企业特有风险可分为（　　）。

A. 经营风险　　B. 财务风险

C. 市场风险　　D. 利率风险

三、判断题

1. 甲方案在五年中每年年初付款2000元，乙方案在五年中每年年末付款2000元，若利率相同，则二者在第五年年末时的终值是前者小于后者。（　　）

2. 一年内的复利次数超过1次，则实际利率小于名义利率。（　　）

3. 等量资金在不同时点上的价值不相等，其根本原因是通货膨胀的存在。（　　）

4. 人们在进行财务决策时，之所以选择低风险的方案，是因为低风险会带来高收益，而高风险的方案则往往收益偏低。（　　）

5. 财务风险是指由于举债而给企业财务成果带来的不确定性，对一个没有负债的企业来说，就没有财务风险。（　　）

6. 风险价值是指投资者由于冒着风险进行投资而获得的超过资金时间价值的额外收益。（　　）

7. 在本金和利率一定的前提下，时间越长，复利终值越大。（　　）

8. 在将来值和时间一定的前提下，折现率越高，复利现值越大。（　　）

四、计算分析题

1. 某人现年45岁，希望在60岁退休后20年内（从61岁初开始）每年年初能从银行得到3000元，假设银行存款的年复利率为10%，问：该人现在必须每年年末（从46岁开始）存入银行多少钱才行?

2. 某人采用分期付款方式购买一套住房，贷款金额为200 000元，在10年内等额偿还，年利率为8%，按复利计息，计算每年应偿还的金额为多少。

3. 某公司准备投资开发新产品，现有三个方案可供选择。根据市场预测，三种不同市场状况的预计年收益率如表2－3所示。

表2－3　**投资方案未来可能的收益率情况表**

市场状况	发生概率	预计收益率		
		A产品	B产品	C产品
繁荣	0.3	30%	50%	40%
一般	0.5	15%	15%	15%
衰退	0.2	0%	－30%	－15%

试计算投资开发各种新产品的风险大小。

案例分析

1989年，罗莎琳德·珊琪菲尔德（Rosalind Setchfield）赢得了一项总价值超过130万美元的大奖。这样，在以后的20年中，每年她都会收到65 276.79美元的分期付款。6年后的1995年，珊琪菲尔德女士接到了位于福罗里达州西部棕榈市的西格资产理财公司的一位销售人员打来的电话，称该公司愿意立即付给她14万美元以获得今后9年其博彩奖金的一半款项（也就是说，现在的14万美元交换以后9年共32 638.39美元×9＝293 745.51美元的分期付款）。西格公司是一个奖金经纪公司，其职员的主要工作就是跟踪类似珊琪菲尔德女士这样博彩大奖的获得者。西格公司将它们收购的这种获得未来现金流的权利再转售给一些机构投资者。本案例中，西格公司已谈好将它领取今后9年内珊琪菲尔德一半奖金的权利以19.6万美元的价格卖给了金融升级服务集团公司。由于珊琪菲尔德获得这笔奖金属于“天上掉馅饼”，成本几乎为零，她喜欢尽快拥有大笔现金，最终，珊琪菲尔德接受了报价，交易达成，西格公司通过安排这笔交易获得了5.6万美元的利润。不同时点的现金流量的价值是不同的，西格公司利用人们对资金时间价值的认识差异和对货币的偏好获取了可观的收益。

思考：

（1）西格公司为何能成功安排这笔交易？

（2）如果市场利率为5%？珊琪菲尔德女士未来9年的一半奖金应该值1995年的多少钱？

实训项目

实训目的：

掌握资金时间价值的计算，能够运用资金时间价值的理论解决企业相关决策问题。

实训资料：

光明电器股份有限公司为了扩大生产能力，决定再新建一条生产线。构成生产线的主要设备需要从新华机械厂购入，新华机械厂提供了两种付款方式供光明电器股份有限公司选择：

（1）一次性付款350万元；

（2）从第4年年初开始分5期，每年年初付款100万元。

实训要求：

若光明电器股份有限公司的资金成本率为6%，试替光明电器股份有限公司做出付款方式的决策。

第三章
项目投资决策

◆ **学习目标**

- 了解投资的含义、种类和程序。
- 掌握项目投资现金流量的估算方法。
- 熟练掌握投资回收期、净现值、净现值率、获利指数、内部收益率等指标的计算。
- 理解用投资回收期法、净现值法、内部收益率法等评价投资方案是否可行的标准。

第一节　投资概述

一、投资的含义和种类

投资，是指特定经济主体为获取未来收益或报酬而进行的资金投放行为。投资按不同标准可分为不同的类型，如表 3－1 所示。

表 3－1　**投资类型一览表**

分类标志	类型	特点
按照投资行为的介入程度	直接投资	直接将货币资金投入投资项目，形成实物资产的投资
	间接投资	以其资本购买债券、股票等，形成金融资产的投资
按照投入的领域	生产性投资	将资金投入生产建设领域，形成生产能力的投资
	非生产性投资	将资金投入非物质生产领域，形成社会消费能力的投资
按照项目之间的相互关系	独立投资	不受其他项目的影响，不因其他项目的采纳与否而增减收入与成本的投资
	互斥投资	两个或两个以上直接排斥的项目投资，投资的收入或成本会因其他项目的采纳或放弃而改变
按照投资的方向不同	对内投资	将资金投放于为取得供本企业生产经营使用的固定资产、无形资产等而形成的一种投资
	对外投资	为购买国家、其他企业发行的有价证券、金融产品或向其他企业注入资金而发生的投资

二、投资的程序

企业投资的程序主要包括以下步骤：

（1）进行投资环境分析，寻找投资机会；

（2）拟定投资项目建议书；

（3）进行投资项目可行性研究；

（4）投资方案比较与选择；

（5）执行投资项目；

（6）投资项目的再评价。

第二节　项目投资的现金流量分析

项目投资是一种以特定建设项目为对象，直接与新建项目或更新改造项目有关的长期投资行为，具有投资数额多、影响时间长、变现能力差和投资风险大的特点。本章只对新建项目投资进行分析和探讨。

一、项目计算期及资金投入方式

（一）项目计算期的构成

项目计算期是指投资项目从投资建设开始到最终清理结束整个过程的全部时间，包括建设期和运营期，如图3－1所示。

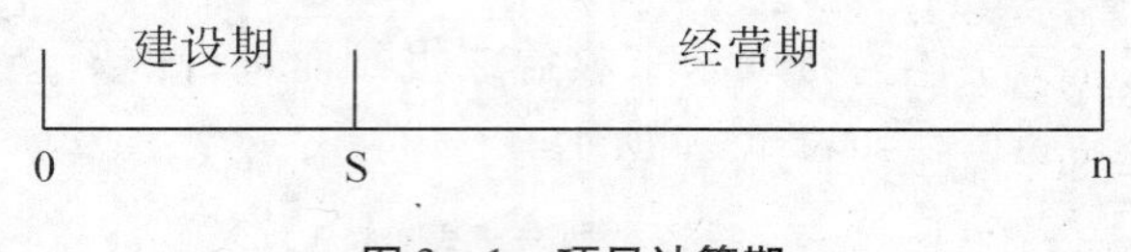

图3－1　项目计算期

项目计算期＝建设期＋运营期　　(3－1)

建设期的第一年初称为建设起点，即图3－1中的0点；建设期的最后一年末称为投产日，也是经营期的起点，即图3－1中的S点；项目计算期的终点n为终结点。

建设期是指从项目资金正式投入开始到项目建成投产为止所需要的时间。在实践中，通常应参照项目建设的合理工期或项目的建设进度计划合理确定建设期。

运营期是指从投产日到项目报废或清理的终结点之间的时间间隔，一般应根据项目主要设备的经济使用寿命期确定。

（二）项目投资的内容

从项目投资的角度看，原始投资（又称初始投资）等于企业为使该项目完全达到设计生产能力、开展正常经营而投入的全部现实资金，包括建设投资和流动资金投资。

建设投资，是指在建设期内按一定生产经营规模和建设内容进行的投资，具体包括固定资产投资、无形资产投资和其他资产投资。

固定资产投资，是指项目用于购置或安装固定资产应当发生的投资。固定资产原值与固定资产投资之间的关系如下：

固定资产原值＝固定资产投资＋建设期资本化借款利息　　(3－2)

无形资产投资，是指项目用于取得无形资产应当发生的投资。

其他资产投资，是指建设投资中除固定资产投资、无形资产投资以外的投资，包括生产准备和开办费投资。

流动资金投资，是指项目投产前后分次或一次投放于流动资产项目的投资增加额，又称垫支流动资金或营运资金投资。

项目总投资是反映项目投资总体规模的价值指标，等于原始投资与建设期资本化利息之和。

［案例3－1］光明电器股份有限公司在2007年拟新建生产线，扩充交流金属高压开关柜产品的生产能力。公司投资部在市场调查和技术分析的基础上拟定了两个建设方案：

甲方案：全部选用国产设备，2007年年初一次性投入固定资产800万元，预计使用寿命为8年。

乙方案：关键设备选用进口设备，2007年年初一次性投入固定资产2000万元，预计使用寿命为10年；项目投资的部分资金向银行借款，根据当时的借款利率水平，预计建设期应向银行支付的借款利息为100万元；在2007年年末投入无形资产200万元；2008年初正式投产，投产时垫付流动资金300万元。

请根据上述资料计算甲、乙方案的有关指标：

解答：

甲方案：

(1) 项目计算期＝0＋8＝8（年）

(2) 固定资产原值＝800（万元）

(3) 建设投资＝800（万元）

(4) 原始投资＝800（万元）

(5) 项目总投资＝800（万元）

乙方案：

(1) 项目计算期＝1＋10＝11（年）

(2) 固定资产原值＝2000＋100＝2100（万元）

(3) 建设投资＝2000＋200＝2200（万元）

(4) 原始投资＝2200＋300＝2500（万元）

(5) 项目总投资＝2500＋100＝2600（万元）

(三) 项目投资资金的投入方式

原始投资的投入方式包括一次性投入和分次投入两种形式。一次性投入方式是指投资行为集中一次发生在项目计算期第一个年度的年初或年末；如果投资行为涉及两个或两个以上年度，或虽然只涉及一个年度但同时在该年的年初和年末发生，则属于分次投入方式。

二、项目投资现金流量分析

(一) 现金流量的含义

现金流量是指投资项目在其计算期内各项现金流入量与现金流出量的统称，它是评价投资方案是否可行时必须事先计算的一个基础性数据。现金流量中的“现金”，是指广义的现金，它不仅包括现金、银行存款等各种货币资金，而且还包括项目需要投入的、企业拥有的非货币资产的变现价值。如项目使用原有土地、厂房、设备和原材料的变现价值等都属于现金流量的内容。

（二）计算投资项目现金流量时应注意的问题

在计算现金流量时，为防止多算或漏算有关内容，需要注意以下几个问题：

1. 必须考虑现金流量的增量

只有增量现金流量才是与投资相关的现金流量。所谓增量现金流量，是指接受或拒绝某个投资方案后，企业总现金流量因此发生的变动。

2. 正确区分相关成本和非相关成本

相关成本是指与特定决策有关，在分析评价决策方案时必须考虑的成本。如差额成本、未来成本、重置成本、机会成本等都属于相关成本；与此相反，凡是与特定决策无关的、在分析评价决策方案时不必加以考虑的成本都属于无关成本，如历史成本、沉没成本、账面成本等。

3. 充分关注机会成本

机会成本是指在可供选择的投资方案中，选择一个方案时放弃另一个方案而丧失的收益。这种收益不是实际发生的，而是潜在的。如企业现有一间商铺，可以出租，年租金为 240 000 元，也可以用来开一个门市部销售产品。如果选择了开门市部而放弃了出租，则放弃出租方案而丧失的租金收入 240 000 元就是开门市部方案的机会成本。

4. 考虑投资项目对企业其他部门或项目的影响

当公司采取一个方案时，可能会对公司的其他部门或现有的其他项目产生影响。如新项目建成投产后，可能会促进现有产品的销售，增加现有项目或其他部门的现金流入；也可能会影响现有产品的销售，减少现有项目或其他部门的现金流入，从而使整个公司的现金流量增加或减少。因此，公司在进行投资决策分析时，不应仅仅站在一个部门或一个项目的立场上进行分析，而应该从整个公司的角度进行考虑。相应的，计算投资项目现金流量时，应考虑现有项目或其他部门因此而增加或减少的现金流量。

（三）现金流量估算的相关假设

在现实生活中，不同投资项目的类型、内容、投资方式等存在着较大的差异，可能出现多种情况的组合，这就给现金流量的估算带来了困难。为克服现金流量估算的困难，简化计算过程，现金流量估算中通常作出以下假设：

1. 投资项目的类型假设

假设投资项目只包括单纯固定资产投资项目、完整工业投资项目和更新改造投资项目三种类型。单纯固定资产投资项目在投资中只包括为取得固定资产而发生的资本投入而不涉及周转资本的投入；完整工业投资项目不仅包括固定资产投资，还涉及流动资金投放，甚至包括无形资产的投资等；更新改造项目是以恢复和改善原有生产能力为目的的投资项目。

2. 财务可行性分析假设

假设投资决策是从企业投资者的立场出发，确定现金流量是为了进行项目财务可行性研究，该项目研究具备技术可行性和国民经济可行性。

3. 项目投资假设

假设在确定项目的现金流量时，站在企业投资者的立场上，考虑全部投资的运动情况，而不具体区分自有资金和借入资金等具体形式的现金流量。即使实际存在借入资金也将其作为自有资金对待（但在计算固定资产原值和总投资时，还需要考虑借款利息因素）。

4. 经营期与折旧年限一致假设

假设项目主要固定资产的折旧年限或使用年限与经营期相同。

5. 时点现金流量假设

为便于利用资金时间价值的形式，不论现金流量是在某一时点集中发生，还是在某一期间陆续发生，均假设发生于某一时点。假设建设投资在建设期内有关年度的年初或年末发生；流动资金投资在年初发生；经营期内各年的收入、成本、折旧、摊销、利润、税金等均在年末发生；项目最终报废或清理的净收入均发生在项目终结点（但更新改造项目除外）。

6. 现销、现购和产销平衡假设

在现实经济生活中，赊销、赊购行为的发生，使销售收入的实现和现金流量的获得时间、采购活动的实现和现金流量的流出时间存在差异。为简化计算，特假设企业产品销售收入的实现时间与现金流入时间一致、各项支出的确认时间与现金流出的时间一致，同时假设企业产销平衡，不存在存货变动对现金流量的影响。

7. 确定性因素假设

假定与项目现金流量有关的产销量、价格、成本费用水平、税率等因素均为已知常数。

（四）现金流量的内容

现金流量的内容可从不同的角度进行分析。

1. 按照现金流量发生的时间顺序不同，通常可以将其分为初始现金流量、营业现金流量和终结现金流量

（1）初始现金流量。初始现金流量是指开始投资时发生的现金流量，一般包括固定资产投资、无形资产投资、开办费投资、流动资产投资和原有固定资产的变价收入等。

（2）营业现金流量。营业现金流量是指投资项目投入使用后，在其寿命周期内由于生产经营所带来的现金流入和流出的数量。它主要包括因使用固定资产而增加的营业收入、因使用固定资产而新增的经营成本、各项税款等。

（3）终结现金流量。终结现金流量是指投资项目完成时所发生的现金流量。它主要包括：固定资产的残值收入、变价收入、收回垫支的流动资金等。

2. 按照现金流动方向的不同，可以将其分为现金流入量和现金流出量

（1）现金流入量。现金流入量是指能够使投资方案的现实货币资金增加的项目，一般包括经营期的营业收入、建设期或终结点回收的固定资产余值、终结点回收的垫支流动资金和其他现金流入等。

（2）现金流出量。现金流出量是指能够使投资方案的现实货币资金减少的项目，一般包括固定资产投资、流动资产投资、其他投资、经营成本、各种税款及其他原因引起的现金流出等。

三、现金流量的估算

在整个项目计算期的各个阶段上，都有可能发生现金流。下面以完整的工业投资项目为例，介绍长期投资项目现金流量的估算方法。

（一）现金流入量的估算

1. 营业收入的估算

营业收入是经营期最主要的现金流入量，应按项目在经营期内有关产品的各年预计单价和预测销售量进行估算。

2. 补贴收入的估算

补贴收入是与经营收益有关的政府补贴，可根据按政策退还的增值税、按销售量或工作量分期计算的定额补贴和财政补贴等予以估算。

3. 回收额的估算

回收流动资金和回收固定资产余值统称为回收额。假定新建项目的回收额都发生在终结点，在终结点上一次回收的流动资金等于各年垫支的流动资金投资额的合计数；回收的固定资产余值可根据该固定资产的净残值率进行计算。

（二）现金流出量的估算

1. 建设投资的估算

固定资产投资是所有类型的项目投资在建设期必然会发生的现金流出量，应按项目规模和投资计划所确定的各项建筑工程费、设备购置费、安装工程费和其他费用来估算。

在估算构成固定资产原值的资本化利息时，可根据长期借款本金、建设期年数和借款利息率按复利计算，且假定建设期资本化利息只计入固定资产的原值。

无形资产投资和其他资产投资，应根据需要和可能，逐项按有关资产的评估方法和计价标准进行估算。

2. 流动资金投资的估算

在项目投资决策中，流动资金是指在运营期内长期占用并周转使用的营运资金。可根据以下公式进行估算：

某年流动资金投资额（垫支数）= 本年流动资金需用数 − 截至上年的流动资金投资额 （3－3）

本年流动资金需用数 = 该年流动资产需用数 − 该年流动负债可用数 （3－4）

上式中的流动资产只考虑存货、现实货币资金、应收账款和预付账款等项内容，流动负债只考虑应付账款和预收账款。为简化计算，我国有关建设项目评估制度假定流动资金投资可从投产第一年开始安排。

3. 经营成本的估算

经营成本又称付现的营运成本，是指在经营期内为满足正常生产经营而动用现实货币资金支付的成本费用。经营成本是所有类型的项目投资在运营期都要发生的主要现金流出量，它与融资方案无关。其估算公式如下：

$$\text{某年经营成本} = \text{该年不包括财务费用的总成本费用} - \text{该年折旧额} - \text{该年无形资产和开办费的摊销额} \quad (3-5)$$

或

$$\text{某年经营成本}=\text{该年外购原材料燃料和动力费}+\text{该年工资及福利费}+\text{该年修理费}+\text{该年其他费用} \quad (3-6)$$

4. 流转税金及附加的估算

在项目投资决策中，应按照当时、当地的税收法律政策估算在运营期内应缴纳的各项税费，如增值税、营业税、消费税、土地增值税、资源税、城市维护建设税和教育费附加等。

增值税属于价外税，在估算项目资金的现金流量时，实践中可分别采取两种方法：

第一种方法是销项税额不作为现金流入量，进项税额和应交增值税也不作为现金流出量处理。这种方式的优点是比较简单，但不利于城市维护建设税和教育费附加的估算。

第二种方法是将销项税额单独列为现金流入量，同时分别把进项税额和应交增值税分别列为现金流出量。这种方式的优点是有助于城市维护建设税和教育费附加的估算。

5. 企业所得税的估算

为了简化计算，某投资项目某年应缴企业所得税按该项目该年度的息税前利润与适用的企业所得税税率的乘积进行估算。

（三）净现金流量的估算

净现金流量也称现金净流量（记为 NCF），是指一定时期的现金流入量和现金流出量相抵后的净额。其计算公式为：

$$\text{某年净现金流量 } NCF_t=\text{该年现金流入量}-\text{该年现金流出量} \quad (3-7)$$

在实务工作中，为简化现金流量的计算，可以根据项目计算期不同阶段上的现金流入量和现金流出量的具体内容，直接计算各阶段净现金流量。现以完整工业投资项目为例说明简化估算公式：

$$\text{建设期某年净现金流量 } NCF_t=-\text{该年发生的原始投资额} \quad (3-8)$$

$$\begin{aligned}\text{经营期某年净现金流量}&=\text{该年因使用该固定资产新增的净利润}+\text{该年因使用固定资产新增的折旧}\\&\quad+\text{该年因使用该固定资产新增的利息}+\text{该年摊销}+\text{该年回收额}\\&=\text{该年自由现金流量}\end{aligned} \quad (3-9)$$

［案例 3-2］光明电器股份有限公司 2007 年拟投资的生产线项目有甲、乙两个方案，其建设投资估算额和项目计算期如案例 3-1 所示。投资部预测：

甲方案实施后，可使经营期第 1~8 年开关柜产品的年产量增加 100 台，按现有同类产品的售价每台 5 万元预计，年增加销售收入 500 万元，预计每年外购原材料和动力费 180 万元，工资及福利费为 100 万元，其他费用为 30 万元，营业税金及附加增加 10 万元，固定资产投资按直线法折旧，期满无残值。

乙方案实施后，可使经营期第 1~10 年开关柜产品的年产量增加 200 台，产品售价可达到每台 6 万元，每年预计外购原材料和动力费 300 万元，工资及福利费为 150 万元，其他费用为 50 万元，营业税金及附加增加 24 万元，经营期第一年支付银行借款利息 100 万元，项目借款在 2009 年年初归还。固定资产投资按直线法折旧，预计净残值 100 万元。无形资产在投产后第 1~5 年平均摊销。企业适用的所得税税率为 25%。

要求：分别按简化公式和编制现金流量表两种方法计算甲、乙方案的净现金流量。

解答：

(1) 利用简化公式计算如下：

甲方案：

①年折旧额 $=\frac{800}{8}=100$（万元）

②经营期第 1 ~8 年每年新增的经营成本 $=180+100+30=310$（万元）

③经营期第 1 ~8 年每年新增的净利润 $=(500-310-10-100)\times(1-25\%)$
$=60$（万元）

按简化公式计算的净现金流量为：

$NCF_0=-800$（万元）

$NCF_{1-8}=60+100=160$（万元）

乙方案：

①年折旧额 $=\frac{2100-100}{10}=200$（万元）

②经营期 1 ~5 年无形资产年摊销额 $=\frac{200}{5}=40$（万元）

③经营期第 1 ~10 年每年新增的经营成本 $=300+150+50=500$（万元）

④经营期第 1 年新增的净利润 $=(1200-500-24-100-200-40)\times(1-25\%)$
$=252$（万元）

⑤经营期第 2 ~5 年每年新增的净利润 $=(1200-500-24-200-40)\times(1-25\%)$
$=327$（万元）

⑥经营期第 6 ~10 年每年新增的净利润 $=(1200-500-24-200)\times(1-25\%)$
$=357$（万元）

按简化公式计算的净现金流量为：

$NCF_0=-2\,000$（万元）

$NCF_1=(-200)+(-300)=-500$（万元）

$NCF_2=252+200+100+40=592$（万元）

$NCF_{3-6}=327+200+40=567$（万元）

$NCF_{7-10}=357+200=557$（万元）

$NCF_{11}=357+200+100+300=957$（万元）

(2) 编制现金流量表如表 3 -2、表 3 -3 所示。

表 3 -2　　投资项目甲方案现金流量表　　金额单位：万元

项目计算期	建设期	经营期								合计
	0	1	2	3	4	5	6	7	8	
现金流入量：		500	500	500	500	500	500	500	500	4000
营业收入		500	500	500	500	500	500	500	500	4000
现金流出量：	800									800
固定资产投资	800									800

表 3－2（续）

项目计算期	建设期	经营期								合计
	0	1	2	3	4	5	6	7	8	
经营成本		310	310	310	310	310	310	310	310	2480
营业税金及附加		10	10	10	10	10	10	10	10	80
企业所得税		20	20	20	20	20	20	20	20	160
净现金流量	－800	160	160	160	160	160	160	160	160	480

注：经营期各年应缴企业所得税＝(500－310－10－100)×25%＝20（万元）。

表 3－3　**投资项目乙方案现金流量表**　金额单位：万元

项目计算期	建设期		经营期							合计
	0	1	2	3	4	…	9	10	11	
现金流入量：			1200	1200	1200	…	1200	1200	1600	12 400
营业收入			1200	1200	1200	…	1200	1200	1200	12 000
回收固定资产余值						…			100	100
回收垫支流动资金									300	300
现金流出量：	2000	500	608	633	633	…	643	643	643	8855
固定资产投资	2000					…				2000
无形资产投资		200								200
垫支流动资金		300								300
经营成本			500	500	500	…	500	500	500	5000
营业税金及附加			24	24	24	…	24	24	24	240
企业所得税			84	109	109	…	119	119	119	1115
净现金流量	－2000	－500	592	567	567	…	557	557	957	3545

注：经营期第 1 年应缴企业所得税＝(1200－500－24－100－200－40)×25%＝84（万元）；经营期第 2～5 年各年应缴企业所得税＝(1200－500－24－200－40)×25%＝109（万元）；经营期第 6～10 年各年应缴企业所得税＝(1200－500－24－200)×25%＝119（万元）。

第三节　项目投资决策评价指标

一、投资决策评价指标及其类型

投资决策评价指标，是指用于衡量和比较投资项目可行性，以便据以进行方案决策的定量化标准与尺度。从财务评价的角度，投资决策评价指标主要包括投资收益率、静态投资回收期、净现值、净现值率、获利指数、内部收益率。

评价指标可以按不同的标准进行分类，具体类型如表 3－4 所示。

表3-4　　　　　　　　　　　　项目投资决策评价指标分类表

分类标准	类型	主要指标
按照是否考虑资金时间价值	静态指标	投资收益率、静态投资回收期
	动态指标	净现值、净现值率、获利指数、内部收益率
按照指标性质	正指标	投资收益率、净现值、净现值率、获利指数、内部收益率
	反指标	静态投资回收期
按照指标在决策中的重要性	主要指标	净现值、内部收益率
	次要指标	静态投资回收期
	辅助指标	投资收益率

二、静态评价指标

（一）投资收益率

投资收益率（ROI）是指项目建成后经营期年平均息税前利润占投资总额的百分比。计算公式为：

$$投资收益率=\frac{年均息税前利润}{项目总投资}\times100\% \qquad (3-10)$$

［案例3-3］根据案例3-2的有关资料，甲方案在经营期各年的息税前利润为(500-310-10-100)=80万元；乙方案在经营期第1~5年各年的息税前利润为(1200-500-24-200-40)=436万元、在经营期第6~10年各年的息税前利润为(1200-500-24-200)=476万元。

要求：计算甲、乙方案的投资收益率。

解答：

$$甲方案的投资收益率=\frac{80}{800}\times100\%=10\%$$

$$乙方案的投资收益率=\frac{(436\times5+476\times5)\div10}{2600}\times100\%=17.54\%$$

投资收益率是一个静态的相对量正指标，计算简便。但由于没有考虑资金时间价值因素，不能正确反映建设期长短对项目的影响，无法直接利用净现金流量信息等，在使用中有较多缺陷。

只有投资收益率大于或等于基准投资收益率的投资项目才具有财务可行性。

（二）静态投资回收期

静态投资回收期（简称回收期），是指以投资项目经营净现金流量抵偿原始投资所需要的全部时间。该指标以年为单位，具有以下两种形式：包括建设期的投资回收期（PP）和不包括建设期的投资回收期（PP′），则：

$$PP = PP' + 建设期 \qquad (3-11)$$

按照回收期的定义，包括建设期的投资回收期PP满足以下关系式，即：

$$\sum_{t=o}^{PP} NCF_t = 0 \qquad (3-12)$$

1. 公式法

当投资均集中发生在建设期内，投产后若干年内每年净现金流量相等，且这些净现金流量之和大于或等于原始投资额。则：

$$不包括建设期的回收期 = \frac{原始总投资}{投产后前若干年每年相等的净现金流量} \quad (3-13)$$

2. 列表法

当投资项目不满足上述条件，就无法用公式直接计算投资回收期，就需要列表计算“累计净现金流量”，寻找累计净现金流量恰好等于零的年限。如果无法在财务现金流量表中“累计净现金流量”栏上找到零，则必须按下式计算包括建设期的投资回收期：

包括建设期的投资回收期

$$= 累计净现金流量第一次出现正值的年数 - 1 + \frac{该年初尚未回收的投资}{该年净现金流量} \quad (3-14)$$

[案例 3-4] 根据案例 3-2 的有关资料，计算甲、乙两个方案的投资回收期。

解答：甲方案每年的净现金流量相等，可根据公式 3-13 计算投资回收期：

甲方案不包括建设期的投资回收期 $= \frac{800}{160} = 5$（年）

乙方案每年的净现金流量不相等，必须采用列表法，如表 3-5 所示。

表 3-5　　投资回收期计算表

项目计算期	建设期		经营期							合计
	0	1	2	3	4	5	6	…	11	
净现金流量	-2000	-500	592	567	567	567	567	…	957	3545
累计净现金流量	-2000	-2500	-1908	-1341	-774	-207	360	…	2588	3545

乙方案包括建设期的投资回收期 $= 6 - 1 + \frac{207}{567} = 5.37$（年）

乙方案不包括建设期的投资回收期 $= 5.37 - 1 = 4.37$（年）

静态投资回收期的优点是能够直观地反映原始投资的返本期限，便于理解，计算也比较简单，可以直接利用净现金流量信息。缺点是没有考虑资金时间价值因素和回收期后继续发生的现金流量，不能正确反映投资方式不同对项目的影响。

在评定和选择投资项目和方案时，应将求出的投资回收期与部门或行业的基准投资回收期（或国家制定的定额投资回收期）比较，当项目投资回收期小于部门或行业的基准投资回收期时，该项目才具有财务可行性。

三、动态评价指标

（一）净现值

净现值（NPV）是指在项目计算期内，按行业基准收益率或其他设定折现率计算的各年净现金流量现值的代数和，即特定方案未来现金流入的现值与未来现金流出的现值之间的差额。其计算公式为：

2. 某单纯固定资产投资项目的资金来源为银行借款，按照全投资假设和简化公式计算经营期某年的净现金流量时，需要考虑的因素有（　　）。

A. 该年因使用该固定资产新增的净利润

B. 该年因使用该固定资产新增的折旧

C. 该年回收的固定资产净残值

D. 该年偿还的相关借款本金

3. 在考虑了所得税因素之后，经营期的现金净流量可按下列（　　）公式计算。

A. 年现金净流量 = 营业收入 − 付现成本 − 所得税

B. 年现金净流量 = 税后利润 + 折旧

C. 年现金净流量 = 税后收入 − 税后付现成本 + 折旧 × 所得税税率

D. 年现金净流量 = 收入 ×（1 − 所得税税率）− 付现成本 ×（1 − 所得税税率）+ 折旧

4. 下列因素中影响内部收益率的有（　　）。

A. 现金净流量　　B. 贴现率

C. 项目投资使用年限　　D. 投资总额

5. 对原始投资额不同的互斥投资方案进行决策时，可以采用（　　）。

A. 差额投资内部收益率法　　B. 净现值法

C. 年等额净回收额法　　D. 投资回收期法

6. 现金流出量是指由投资项目所引起的企业现金支出的增加额，包括（　　）等。

A. 建设投资　　B. 付现成本

C. 年折旧额　　D. 所得税

7. 如果其他因素不变，一旦折现率提高，则下列指标中其数值将会变小的是（　　）。

A. 内部收益率　　B. 净现值

C. 净现值率　　D. 获利指数

8. 净现值法的优点有（　　）。

A. 考虑了资金时间价值　　B. 考虑了项目计算期的全部现金流量

C. 考虑了投资风险　　D. 可以从动态上反映项目的实际收益率

9. 完整工业投资项目的现金流入主要包括（　　）。

A. 营业收入　　B. 回收固定资产变现净值

C. 固定资产折旧　　D. 回收流动资金

10. 已知甲乙两个互斥方案的原始投资额和计算期均相同，如果决策结论是无论从什么角度看，甲方案均优于乙方案，则必然存在的关系是（　　）。

A. 甲方案的净现值大于乙方案

B. 甲方案的获利指数大于乙方案

C. 甲方案的静态投资回收期大于乙方案

D. 差额投资内部收益率大于设定的折现率

三、判断题

1. 在评价投资项目的财务可行性时，如果静态投资回收期或投资收益率的评价结论与净现值指标的评价结论发生矛盾，应当以净现值指标的结论为准。（　　）

$$净现值 = \sum_{t=0}^{n}（第t年的净现金流量 \times 第t年的复利现值系数）$$

$$= \sum_{t=0}^{n} \frac{NCF_t}{(1+i)^t} \qquad (3-15)$$

式中，NCF_t 表示第t年的净现金流量；n表示投资项目计算期；i表示预定的折现率。

[案例3-5] 假设光明电器股份有限公司期望项目投资的收益率为10%，根据案例3-2的有关资料，计算甲、乙两个方案的净现值。

解答：由于甲方案经营期的净现金流量都相等，可以利用年金现值系数进行折现计算。

$$\begin{aligned} NPV_{甲} &= -800 + 160 \times (P/A, 10\%, 8) \\ &= -800 + 160 \times 5.3349 \\ &= 53.58（万元） \end{aligned}$$

由于乙方案经营期各年的净现金流量不相等，只能根据各年对应的复利现值系数进行折现计算。

$$\begin{aligned} NPV_{乙} &= -2000 + (-500) \times (P/F, 10\%, 1) + 592 \times (P/F, 10\%, 2) + 567 \times (P/F, 10\%, 3) + 567 \times (P/F, 10\%, 4) + 567 \times (P/F, 10\%, 5) + 567 \times (P/F, 10\%, 6) + 557 \times (P/F, 10\%, 7) + 557 \times (P/F, 10\%, 8) + 557 \times (P/F, 10\%, 9) + 557 \times (P/F, 10\%, 10) + 957 \times (P/F, 10\%, 11) \\ &= -2000 + (-500) \times 0.9091 + 592 \times 0.8264 + 567 \times 0.7513 + 567 \times 0.6830 + 567 \times 0.6209 + 567 \times 0.5645 + 557 \times 0.5132 + 557 \times 0.4665 + 557 \times 0.4241 + 557 \times 0.3855 + 957 \times 0.3505 \\ &\approx 852.11（万元） \end{aligned}$$

净现值是一个折现的绝对量正指标，它反映投资项目在满足国家、部门或行业规定的基准收益率或按设定的折现率要求达到的盈利水平外，还能获得的超额盈利的现值。

净现值指标的优点是综合考虑了资金时间价值、项目计算期内的全部现金流量和投资风险。风险越大的方案，选择的折现率越高。但该指标不能从动态的角度直接反映投资项目的实际收益水平，折现率的确定比较困难，受主观因素的影响较大。

只有净现值指标大于或等于零的投资项目才具有财务可行性。

（二）净现值率

净现值率（NPVR），是指投资项目的净现值占原始投资现值总和的比率，亦可理解为是单位原始投资的现值所创造的净现值。其计算公式为：

$$净现值率 = \frac{投资项目的净现值}{原始投资的现值合计} \qquad (3-16)$$

[案例3-6] 根据案例3-2、案例3-5的有关资料，计算甲、乙两个方案的净现值率（计算结果保留两位小数）。

解答：

$$甲方案的净现值率 = \frac{53.58}{800} = 0.07$$

乙方案原始投资的现值 = 2000 + 500 × (P/F, 10%, 1) = 2454.55（万元）

乙方案的净现值率 $=\dfrac{852.11}{2454.55}=0.35$

净现值率可以从动态的角度反映项目投资的资金投入与净产出之间的关系，和净现值指标实质基本相同，具有相同的优点和缺点。

只有净现值率指标大于或等于零的投资项目才具有财务可行性。

（三）获利指数

获利指数（PI），是指按设定的折现率计算的投资项目投产后的净现金流量现值与原始投资现值的比率，亦称现值比率、现值指数。其计算公式为：

$$获利指数=\frac{投产后各年的净现金流量的现值合计}{原始投资的现值合计} \tag{3-17}$$

[案例3-7] 根据案例3-2、案例3-5、案例3-6的有关资料，计算甲、乙两个方案的获利指数（计算结果保留两位小数）。

解答：

甲方案投产后各年的净现金流量的现值 $=160\times(P/A,10\%,8)=853.58$（万元）

甲方案的获利指数 $=\dfrac{853.58}{800}=1.07$

乙方案投产后各年的净现金流量的现值 $=592\times(P/F,10\%,2)+567\times(P/F,10\%,3)-567\times(P/F,10\%,4)+567\times(P/F,10\%,5)+567\times(P/F,10\%,6)+557\times(P/F,10\%,7)+557\times(P/F,10\%,8)+557\times(P/F,10\%,9)+557\times(P/F,10\%,10)+957\times(P/F,10\%,11)=3306.66$（万元）

乙方案的获利指数 $=\dfrac{3306.66}{2454.55}=1.35$

获利指数是一个折现的相对数正指标，可以看成1元原始投资可望获得的现值净收益，可以从动态的角度反映项目投资的资金投入与总产出之间的关系。获利指数大于1，说明其收益超过成本，即投资收益率超过预定的折现率，方案可行；获利指数等于1，说明折现后现金流入等于现金流出，投资的报酬率与预定的折现率相同，方案可行；获利指数小于1，说明折现后现金流入小于现金流出，其收益率没达到预定的折现率，方案不可行。

[特别提示] 当原始投资在建设期内全部投入时，获利指数与净现值率有如下关系：

获利指数 $=1+$ 净现值率

（四）内部收益率

内部收益率（IRR）是指项目投资实际可望达到的收益率，即能使投资项目的净现值等于零时的折现率。

根据内部收益率的定义，IRR满足下列等式：

$$\sum_{t=0}^{n}\frac{NCF_t}{(1+IRR)^t}=0 \tag{3-18}$$

式中，NCF_t 表示第t年的净现金流量；n表示投资项目计算期；IRR表示内部收益率。

内部收益率的计算，可以分为以下两种情况。

（1）如果全部投资均于建设起点一次性投入，建设期为零，并且投产后每年的净现金流量相等，可以直接利用年金现值系数计算内部收益率。计算公式为：

$$(P/A, IRR, n) = \frac{I}{NCF} \quad (3-19)$$

式中，I 表示建设起点一次性的原始投资额；NCF 表示经营期每期相等的净现金流量；(P/A,IRR,n) 表示 n 期、折现率为 IRR 的年金现值系数。

具体计算程序如下：

①按（3－19）式计算(P/A,IRR,n)的值，假定该值为 β，则 β 值必然等于该方案不包括建设期的投资回收期；

②根据计算出来的年金现值系数 β，查 n 年的年金现值系数表；

③若在 n 年系数表上恰好能找到等于数值 β 的年金现值系数 $(P/A, i_1, n)$，则该系数所对应的折现率 i_1 即为所求的内部收益率 IRR；

④若在系数表上找不到系数值 β，则需要找到系数表上同期略大于和略小于该数值的两个临界系数值 β_1 和 β_2 及相对应的两个折现率 i_1 和 i_2，然后应用内插法计算近似的内部收益率。即，如果以下关系成立：

$(P/A, i_1, n) = \beta_1 > \beta$

$(P/A, i_2, n) = \beta_2 < \beta$

就可按下列公式计算内部收益率：

$$IRR = i_1 + \frac{\beta_1 - \beta}{\beta_1 - \beta_2} \times (i_2 - i_1) \quad (3-20)$$

为缩小误差，按照有关规定，i_1 和 i_2 之间的差不得大于 5%。

［案例 3－8］ 根据案例 3－2 的有关资料，甲方案符合“可以直接利用年金现值系数计算内部收益率”的条件，要求计算甲方案的内部收益率。

解答：

$$(P/A, IRR, 8) = \frac{800}{160} = 5$$

查 8 年的年金现值系数表：

$(P/A, 10\%, 8) = 5.3349 > 5$

$(P/A, 12\%, 8) = 4.9676 < 5$

则：

$$IRR = 10\% + \frac{5.3349 - 5}{5.3349 - 4.9676} \times (12\% - 10\%) = 11.82\%$$

（2）如果项目净现金流量不满足第一种情况，则应采用逐次测试法来计算内部收益率。即选择不同的折现率逐次计算项目的净现值，直到找到净现值为零的折现率为止。

具体步骤如下：

①先设定一个折现率 i_1，代入计算净现值的公式，求出按 i_1 为折现率的净现值 NPV_1 并进行下面的判断。

②若 $NPV_1 = 0$，则内部收益率 $IRR = i_1$，计算结束；若净现值 $NPV_1 > 0$，则内部收益率 $IRR > i_1$，应重新设定 $i_2 > i_1$，再将 i_2 代入有关计算净现值的公式，求出净现值 NPV_2，继续进行下一轮的判断；若净现值 $NPV_1 < 0$，则内部收益率 $IRR < i_1$，应重新设定 $i_2 < i_1$，再将 i_2 代入有关计算净现值的公式，求出净现值 NPV_2，继续进行下一轮的判断。

③若经过若干次测试，已无法继续利用资金时间价值系数表，仍未求得内部收益率 IRR，则可利用最为接近零的两个净现值正负临界值 NPV_m 和 NPV_{m+1} 及相应的折现率 i_m 和 i_{m+1}，应用内插法计算近似的内部收益率。即，如果以下关系成立：

$NPV_m > 0$

$NPV_{m+1} < 0$

$i_m < i_{m+1}$

$i_{m+1} - i_m \leq d$（$2\% \leq d < 5\%$）

就可按下列公式计算内部收益率：

$$IRR = i_m + \frac{NPV_m - 0}{NPV_m - NPV_{m+1}} \times (i_{m+1} - i_m) \qquad (3-21)$$

［案例 3－9］根据案例 3－2 的有关资料，乙方案不符合“可以直接利用年金现值系数计算内部收益率”的条件，要求按逐次测试法计算乙方案的内部收益率。

解答：第一次设定折现率为 20%，计算其净现值为－374.47 万元，说明内部收益率比 20% 要低，需要降低折现率继续进行测试。

第二次设定折现率为 16%，计算其净现值为 14.78 万元，说明内部收益率比 16% 要高。

净现值具体计算过程如表 3－6 所示。

表 3－6　　**内部收益率测试表**　　金额单位：万元

折现率		20%		16%	
年限	现金流量	现值系数	现值	现值系数	现值
0	－2000	1	－2000	1	－2000
1	－500	0.8333	－416.65	0.8621	－431.05
2	592	0.6944	411.09	0.7432	439.97
3	567	0.5787	328.12	0.6407	363.28
4	567	0.4823	273.46	0.5523	313.15
5	567	0.4019	227.88	0.4762	270.01
6	567	0.3349	189.89	0.4104	232.70
7	557	0.2791	155.46	0.3538	197.07
8	557	0.2326	129.56	0.3050	169.89
9	557	0.1938	107.95	0.2630	146.49
10	557	0.1615	89.96	0.2267	126.27
11	957	0.1346	128.81	0.1954	187.00
净现值			－374.47		14.78

通过以上两次测算，可知乙方案的内部收益率在 16%～20% 之间，现用内插法计算如下：

$$IRR = 16\% + \frac{14.78 - 0}{14.78 - (-374.47)} \times (20\% - 16\%) \approx 16.15\%$$

内部收益率指标考虑了资金的时间价值，从动态的角度反映投资项目的实际收益水平，又不受基准收益率高低的影响，比较客观。但计算过程较为复杂。

项目内部收益率应大于或等于部门（行业）规定或者由评价人员设定的财务基准收益率；同时要求项目内部收益率应高于借款利率。在同时达到这两个条件时，方可认为投资项目的盈利能力能够满足要求，项目在财务上可行。

第四节　项目投资决策评价指标的运用

一、独立方案财务可行性评价及投资决策

（一）独立投资方案

独立投资方案是相互分离、互不排斥的方案，即一组方案中选择某一方案并不影响其他方案的选择。如在企业资金充足，投资方案所需的人力、物力均能得到满足的情况下，扩建某生产车间和新建办公楼这两个投资项目之间没有什么关联，并不存在相互比较和选择的问题。这两个投资方案均为独立投资方案。

（二）独立投资方案完全具备财务可行性的条件

同时满足以下条件的独立投资方案完全具备财务可行性：

（1）净现值 $NPV \geq 0$；

（2）净现值率 $NPVR \geq 0$；

（3）获利指数 $PI \geq 1$；

（4）内部收益率 $IRR \geq$ 基准折现率 i_c；

（5）包括建设期的静态投资回收期 $PP \leq$ 项目计算期的一半 $\frac{n}{2}$；

（6）不包括建设期的静态投资回收期 $PP' \leq$ 经营期的一半 $\frac{p}{2}$；

（7）投资收益率 $ROI \geq$ 基准投资收益率 i。

（三）独立投资方案完全不具备财务可行性的条件

同时满足以下条件的独立投资方案完全不具备财务可行性：

（1）净现值 $NPV < 0$；

（2）净现值率 $NPVR < 0$；

（3）获利指数 $PI < 1$；

（4）内部收益率 $IRR <$ 基准折现率 i_c；

（5）包括建设期的静态投资回收期 $PP >$ 项目计算期的一半 $\frac{n}{2}$；

（6）不包括建设期的静态投资回收期 $PP' >$ 经营期的一半 $\frac{p}{2}$；

（7）投资收益率 $ROI <$ 基准投资收益率 i。

（四）独立投资方案基本具备财务可行性的条件

如果在评价过程中发现某项目的主要指标处于可行区间（$NPV \geq 0$，$NPVR \geq 0$，$PI \geq 1$，$IRR \geq i_c$），但次要或辅助指标处于不可行区间（$PP > \frac{n}{2}$，$PP' > \frac{p}{2}$，$ROI < i$），则可判断该项目基本上具有财务可行性。

（五）独立方案财务可行性评价中应注意的问题

1. 主要评价指标在评价财务可行性过程中起主导作用

在对独立项目进行财务可行性评价和投资决策的过程中，当静态投资回收期（次要指标）或投资收益率（辅助指标）的评价结论与净现值等主要指标的评价结论发生矛盾时，应当以主要指标的结论为准。

2. 利用动态指标对同一投资项目进行评价和决策，会得出完全相同的结论

[案例3-10] 根据案例3-1、案例3-3、案例3-4、案例3-5、案例3-6、案例3-7、案例3-8、案例3-9的有关资料，甲方案的项目计算期为8年（生产经营期也为8年），乙方案的项目计算期为11年（其中生产经营期为10年）。

甲方案的有关指标如下：

投资收益率=10%；包括建设期的静态投资回收期=不包括建设期的静态投资回收期=5（年）；净现值=53.58（万元）；净现值率=0.07；获利指数=1.07；内部收益率=11.82%。

乙方案的有关指标如下：

投资收益率=17.54%；包括建设期的静态投资回收期=5.37年；不包括建设期的静态投资回收期=4.37（年）；净现值=852.11（万元）；净现值率=0.35；获利指数=1.35；内部收益率=16.15%。

假设甲、乙方案为独立投资方案，基准投资收益率为10%，行业基准折现率为10%。

要求：评价甲、乙方案的财务可行性。

解答：

甲方案：

∵ 投资收益率=10%=基准投资收益率；包括建设期的静态投资回收期=不包括建设期的静态投资回收期=5（年）$>\frac{n}{2}=4$（年）；净现值=53.58（万元）>0；净现值率=0.07>0；获利指数=1.07>1；内部收益率=11.82%>基准折现率。该方案各项主要评价指标均达到或超过相应标准，只是投资回收期较长，超过基准回收期。

∴ 甲方案基本上具有财务可行性。

乙方案：

∵ 投资收益率=17.54%>基准投资收益率；包括建设期的静态投资回收期=5.37（年）$<\frac{n}{2}=5.5$（年）；不包括建设期的静态投资回收期=4.37（年）$<\frac{p}{2}=5$（年）；净现值=852.11（万元）>0；净现值率=0.35>0；获利指数=1.35>1；内部收益率=16.15%>基准折现率。该方案各项评价指标均达到或超过相应标准。

∴ 乙方案完全具备财务可行性。

二、多个互斥方案的比较决策

互斥方案是指互相关联、互相排斥的方案，即一组方案中的各个方案彼此可以相互代替，采纳方案组中的某一方案，就会自动排斥这组方案中的其他方案。

多个互斥方案的比较决策是指在每个入选方案具备财务可行性的前提下，通过专

门方法比较其优劣并最终选出一个最优方案的过程。这些专门方法主要包括净现值法、净现值率法、差额投资内部收益率法、年等额净回收额法等。

（一）净现值法

所谓净现值法，是指通过比较所有已具备财务可行性投资方案的净现值指标的大小来选择最优方案的方法。该法适用于原始投资相同且项目计算期相等的多方案比较决策。在此方法下，净现值最大的方案为优。

[案例 3-11] 光明电器股份有限公司某固定资产投资项目，有 A、B、C 三个互相排斥的备选方案，原始投资额均为 1000 万元，项目计算期均为 10 年，各方案的净现值分别为 100 万元、120 万元和 200 万元。要求：进行投资方案比较决策。

解答：

(1) 因为 A、B、C 三个方案的净现值均大于零，所以这些方案均具有财务可行性。

(2) 因为 A、B、C 三个方案的原始投资额相同，项目计算期相等，所以可以用净现值法进行比较决策。

(3) 因为 C 方案的净现值最大，所以 C 方案最优。

（二）净现值率法

所谓净现值率法，是指通过比较所有已具备财务可行性投资方案的净现值率指标的大小来选择最优方案的方法。在此方法下，净现值率最大的方案为优。

在投资额相同的互斥方案比较决策中，采用净现值率法与采用净现值法会有完全相同的结论；但在投资额不相同的情况下，可能会出现两种方法的决策结论相互矛盾的问题。

[案例 3-12] 光明电器股份有限公司某固定资产投资项目，有 A、B 两个互相排斥的备选方案，它们的项目计算期相同。A 项目原始投资的现值为 200 万元，净现值为 40 万元；B 项目原始投资的现值为 150 万元，净现值为 36 万元。

要求：(1) 分别计算 A、B 两个项目的净现值率指标（计算结果保留两位小数）；

(2) 讨论能否运用净现值法或净现值率法在 A、B 两个项目之间做出比较决策。

解答：(1) 计算净现值率：

$$A\text{ 项目的净现值率} = \frac{40}{200} = 0.2$$

$$B\text{ 项目的净现值率} = \frac{36}{150} = 0.24$$

(2) 在净现值法下：$\because 40 > 36$，$\therefore$ A 项目优于 B 项目。

在净现值率法下：$\because 0.24 > 0.2$，$\therefore$ B 项目优于 A 项目。

此时，采用净现值法更合理一些。因为净现值大的项目可以给企业带来更多的财富增值。当然，如果投资额小的项目的剩余资金投向了其他项目，如本例中，200 万元资金中 150 万投资于 B 项目，剩余 50 万元投资于其他项目，则属于多方案组合投资的决策问题，我们将在稍后的内容中阐述。

（三）差额投资内部收益率法

所谓差额投资内部收益率法，是指在两个原始投资额不同方案的差量净现金流量

（ΔNCF）的基础上，计算出差额内部收益率（ΔIRR），并据以与行业基准折现率进行比较，进而判断方案孰优孰劣的方法。该法适用于原始投资不相同，但项目计算期相同的多方案比较决策。当差额内部收益率指标大于或等于基准收益率或设定折现率时，原始投资额大的方案较优；反之，则投资额小的方案为优。

［案例 3－13］根据案例 3－12 的资料，A 项目原始投资的现值为 200 万元，1～10 年的净现金流量为 39.05 万元；B 项目原始投资的现值为 150 万元，1～10 年的净现金流量为 30.67 万元。行业基准折现率为 10%。

要求：（1）计算差量净现金流量 ΔNCF；

（2）计算差额内部收益率 ΔIRR；

（3）用差额投资内部收益率法作出比较投资决策。

解答：（1）差量净现金流量为：

$\Delta NCF_0 = -200-(-150) = -50$（万元）

$\Delta NCF_{1-10} = 39.05-30.67 = 8.38$（万元）

（2）差额内部收益率为：

$$(P/A,\ \Delta IRR, 10) = \frac{50}{8.38} \approx 5.9666$$

查 10 年的年金现值系数表：

$(P/A, 10\%, 10) = 6.1446 > 5.9666$

$(P/A, 12\%, 10) = 5.6502 < 5.9666$

则：

$$\Delta IRR = 10\% + \frac{6.1446-5.9666}{6.1446-5.6502} \times (12\% - 10\%) = 10.72\%$$

（3）用差额投资内部收益率法决策：

$\because \Delta IRR = 10.72\% > 10\%$

∴ 应当投资 A 项目。

［特别提示］差额投资内部收益率 ΔIRR 的计算过程和计算技巧同内部收益率 IRR 完全一样，只是所依据的是 ΔNCF。

（四）年等额净回收额法

年等额净回收额法是指通过比较所有投资方案的年等额净回收额（NA）指标的大小来选择最优方案的决策方法。该法适用于原始投资不相同，特别是项目计算期不同的多方案比较决策。在此法下，年等额净回收额最大的方案为优。

某方案的年等额净回收额等于该方案净现值与相关回收系数（或年金现值系数的倒数）的乘积。计算公式为：

某方案年等额净回收额 = 该方案净现值 × 资本回收系数

或 $$= 该方案净现值 \times \frac{1}{年金现值系数} \tag{3-22}$$

［案例 3－14］根据案例 3－1、案例 3－5 的资料，甲方案的原始投资为 800 万元，项目计算期为 8 年，净现值为 53.58 万元；乙方案的原始投资为 2500 万元，项目计算期为 11 年，净现值为 852.11 万元。行业基准折现率为 10%。要求：用年等额净回收额法做出最终的投资决策（计算结果保留两位小数）。

解答：

$$甲方案的年等额净回收额 = 甲方案的净现值 \times \frac{1}{(P/A,10\%,8)}$$

$$= 53.58 \times \frac{1}{5.3349} = 10.04\ (万元)$$

$$乙方案的年等额净回收额 = 乙方案的净现值 \times \frac{1}{(P/A,10\%,11)}$$

$$= 852.11 \times \frac{1}{6.4951} = 131.19\ (万元)$$

$\because 131.19 > 10.04$

$\therefore$ 乙方案优于甲方案。

三、多方案组合排队投资决策

（一）组合或排队方案的含义

如果一组投资方案既不是相互独立，又不是相互排斥，而是可以实现任意组合或排队，则这些方案称为组合或排队方案。在这种方案决策中，除了要考虑每个方案本身的财务可行性外，还需要反复衡量和比较不同组合条件下的有关评价指标的大小，并做出最终决策。

（二）多方案组合排队投资决策的方法

多方案组合排队投资决策分为两种情况：在资金总量不受限制的情况下，可按每一项目的净现值大小排队，确定优先考虑的项目顺序；在资金总量受到限制的情况下，则需要按净现值率或获利指数的大小，结合净现值进行各种组合排队，从中选出能使$\sum$NPV 最大的最优组合。其具体程序是：

（1）以各方案的净现值率高低为序，逐项计算累计投资额，并与限定投资总额进行比较。

（2）当截止到某项投资项目（假定为第 j 项）的累计投资额恰好达到限定的投资总额时，则第 1 至第 j 项的项目组合为最优的投资组合。

（3）若在排序过程中未能直接找到最优组合，必须按下列方法进行必要的修正。

①当排序中发现到第 j 项的累计投资额首次超过限定的投资额，而删除该项后，按顺延的项目计算的累计投资额却小于限定的投资额时，可将第 j 项与第（j+1）项交换位置，继续计算累计投资额。这种交换可连续进行。

②当排序中发现第 j 项的累计投资额首次超过限定的投资额，又无法与下一项进行交换，第（j-1）项的原始投资大于第 j 项原始投资时，可将第 j 项与第（j-1）项交换位置，继续计算累计投资额。这种交换亦可连续进行。

③若经过反复交换，已不能再进行交换，仍未找到使累计投资额恰好等于限定投资额的项目组合时，可按最后一次交换后的项目组合作为最优组合。

总之，多方案比较决策的主要依据，就是能否保证在充分利用资金的前提下，获得尽可能多的净现值总量。

[案例 3-15] 光明电器股份有限公司有 A、B、C、D、E 五个投资项目为非互斥方案，有关原始投资额、净现值、净现值率和内部收益率数据如表 3-7 所示。

表3-7　各方案数据资料表　金额单位：万元

项目	原始投资	净现值	净现值率	内部收益率
A	300	120	0.4	18%
B	200	100	0.5	40%
C	200	60	0.3	30%
D	100	35	0.35	23%
E	100	45	0.45	35%

要求：（1）在投资总额不受限制的情况下做出多方案组合决策；

（2）在投资总额分别为300万元、500万元和800万元的情况下做出多方案组合决策。

解答：按各方案净现值率的大小排序，并计算累计原始投资和累计净现值数据，其结果如表3-8所示。

表3-8　各方案排序表　金额单位：万元

顺序	项目	原始投资	累计原始投资	净现值	累计净现值
1	B	200	200	100	100
2	E	100	300	45	145
3	A	300	600	120	265
4	D	100	700	35	300
5	C	200	900	60	360

根据表3-8数据按投资组合决策原则做如下决策：

（1）当投资总额不受限制或限额大于或等于900万元时，最优投资组合方案为A+B+C+E+D。

（2）当限定投资总额为300万元时，最优投资组合为B+E，净现值为145万元，大于其他组合：A、B+D、C+E、C+D。

（3）当限定投资总额为500万元时，最优投资组合为A+B，净现值为220万元，大于其他组合：A+C、B+E+C、D+C+B、A+E+D。

（4）当限定投资总额为800万元时，最优投资组合为A+B+C+E，净现值为325万元，大于其他组合：A+B+C+D。

本章小结：

本章主要介绍了项目投资决策中现金流量的估算和投资决策评价指标及方法，这是财务管理决策方法中最重要的部分。

现金流量是以收付实现制为基础计算的一定时期的现金流入量和现金流出量。现金流入量主要包括：营业收入、回收的固定资产残值、回收的流动资金。现金流出量主要包括：建设投资、垫付的流动资金、付现的营业成本、支付的各项税款。

现金流量分析通常以项目计算期为基础，某个时期的现金流入量与现金流出量的差量称为净现金流量。

项目建设期内某年的净现金流量 = - 该年发生的原始投资额

经营期内某年的净现金流量 = 该年净利润 + 该年折旧 + 该年摊销额 + 该年利息费用 + 该年回收额

项目投资决策评价指标按是否考虑资金时间价值，可以分为静态评价指标和动态评价指标。静态评价指标主要包括投资收益率、静态投资回收期，动态评价指标主要包括净现值、净现值率、获利指数、内部收益率。

净现值是指投资项目经营期内各年净现金流量的现值减去原始投资额现值后的余额。决策标准是：净现值大于或等于零，投资方案财务上可行；净现值小于零，投资方案财务上不可行。

内部收益率是指投资项目经营期各年净现金流量现值合计数与原始投资额现值相等时的折现率，即能够使项目的净现值为零时的折现率。决策标准是：若投资方案的内部收益率大于或等于期望收益率（或资金成本），则该方案财务上可行；若投资方案的内部收益率小于期望收益率（或资金成本），则该方案财务上不可行。

在每个项目本身具备财务可行性的基础上，如果要在互斥项目之间进行方案优选，可通过净现值法、净现值率法、差额投资内部收益率法、年等额净回收额法等进行。在多方案组合排队的投资决策中，净现值最大的投资组合为最优组合。

本章推荐阅读书目：

1. 宋秋萍．财务管理［M］．北京：高等教育出版社，2008．（第八章）
2. 刘云丽．财务管理［M］．北京：机械工业出版社，2008．（第五章）
3. 财政部会计资格评价中心．全国会计专业技术资格考试教材．财务管理［M］．北京：中国财政经济出版社，2009．（第四章）
4. 郭涛．财务管理［M］．北京：机械工业出版社，2009．（第六章）
5. 赵润华．财务管理［M］．北京：北京交通大学出版社，2009．（第六章）

阅读资料：

项目前期管理的一种科学方法——可行性研究工作

可行性研究在项目管理中作为投资决策和项目建设的重要依据具有十分重要的作用。在西方经济发达国家，无论是投资者还是金融机构都非常重视项目的前期管理工作，不惜花费大量的人力、财力和物力进行项目的前期分析论证。改革开放后，我国政府陆续颁布了一系列关于建设项目的法律法规，明确了投资决策的程序，规定了基本建设项目必须经过可行性研究，走“先评估后决策”的建设程序，否则就不能开工建设。

（一）关于可行性研究

可行性研究（Feasibility Study）又称为可行性分析（Feasibility Analysis），是指对拟建项目通过技术经济的分析，以研究用最小的投入获得最佳经济效果的科学方法。它是项目管理中一项极其重要的基础性工作，研究过程所提供的思维框架和分析模式是项目前期管理的主要内容。具体地说，可行性研究是通过对项目相关因素的分析、鉴别和评价、估算，寻找各因素间内在、本质和必然的联系及其特定规律，以确定各因素对投资决策及其未来效果的影响。可行性研究的任务就是对某个拟议兴建或改（扩）建的项目，论证其各种实施方案的经济效果，研究其在技术、经济方面的可行性，以选定在技术上具有先进性、在经济上具有合理性、在操作上具有安全可靠性的最佳方案，为项目的投资决策提供科学可靠的依据。

不同的建设项目可行性研究的侧重点不同，项目的性质、用途和规模又决定了研究在深浅程度上的差异。通常，对拟建项目进行的可行性研究主要内容包括：①在技术上的可行性；②在经济上的合理性；③在财务上的盈利性；④项目所需资金的数量；⑤项目建设的质量标准；⑥建设资金的筹措方式及渠道；⑦项目建设的周期；⑧项目建设及建成后需要的人力、物力、资源和动力；⑨社会上的可接受性，如项目对环境的影响、项目营运效益的社会分配是否符合国家的法律法规和方针政策等方面。

这里，项目在技术上的可行性，涉及拟建项目的厂址选择、生产规模、工艺技术方案、产品规格数量和所需机器设备的选定，以及原材料、动力运输等因素的考虑；项目在经济上的可行性则涉及产品或劳务的供求预测估算，产品价格策略与销售渠道，项目建设与营运的组织结构及进度方案，预测项目营运的获利能力、债务偿还能力、生产增长能力、承担风险的程度等，此外，还必须制定出项目资金的最佳运用方案；而社会上的可接受性则以最大的国民福利为目标，综合考虑社会生活、社会结构、社会环境等因素的影响。

可行性研究的主要工作过程，一般可分为机会研究、初步可行性研究和详细可行性研究及项目评估四个阶段，其研究结果通常以项目建议书、可行性研究报告和项目评估报告的形式出现。

（二）可行性研究在项目管理中的地位和作用

项目可行性研究是确定对建设项目是否进行投资的决策依据，其研究报告是项目建设单位的决策性文件。投资业主将依据可行性研究提供的评价结果，确定对某个项目是否投资和如何投资，审批机关则须据此决定是否批准其立项。

经过批准的可行性研究报告是项目建设单位筹措资金的重要依据。根据国家有关法规，凡是向银行贷款或申请国家资助的项目，必须提交项目的可行性研究报告。银行或国家有关部门通过审查可行性研究报告，在认定项目确实可行后，才会同意贷款或提供资助。可行性研究报告也因此成为争取其他投资者合作的依据。

可行性研究报告是编制项目初步设计的依据。初步设计是根据可行性研究对所要建设的项目进行建设蓝图规划，具体地说就是详尽地规划出项目的规模、产品方案、总体布置、工艺流程、设备选型、劳动定员、三废治理、建设工期、投资概算、技术经济指标等内容，并为下一步的项目设计提出具体的操作方案。而初步设计将不得违背可行性研究报告已经论证的原则。

可行性研究报告还是国家有关部门对固定资产投资实行调控管理，编制发展计划和固定资产投资、技术改造投资的重要依据。由于建设项目尤其是大中型项目考虑的因素多、涉及的范围广、投入的资金数额大，可能对全局和当地的近远期经济生活带来深远的影响，因此这些项目的可行性研究内容更加详细。

可行性研究报告也是项目建设单位拟定采用新技术、新设备研制供需采购计划的依据。近年来，国家实施项目法人责任制，项目法人及项目主管部门可依据批准的可行性研究报告同国内或国外有关组织和生产业主签订项目所需的原材料、能源资源、运输、工程设施、工程发包、水电供应以及资金筹措等协议合同。获得批准的可行性研究报告作为项目建设单位向国土开发及土地管理部门申请建设用地的依据，是有关部门根据可行性研究具体审查用地计划，办理土地使用手续的基础性文件。此外，可行性研究也是环境保护部门对项目进行环境评估、研究环境治理措施，签发项目建设许可文件的主要依据。

（三）项目可行性研究操作方法

可行性研究工作的结果一般以项目建议书、可行性研究报告和项目评估报告体现。实际操作方法如下。

（1）在机会研究阶段，提交项目建议书。

（2）进行初步和详细可行性研究，编制可行性研究报告。

①项目投资的背景和意义。

②可行性研究报告的编制目的、编制范围、编制依据。

③对市场的分析预测。

④技术条件分析。

⑤投资依据和资金的筹措。

⑥项目的经济性分析。

首先，确定经济效益指标；其次，对项目经营的不确定性和风险进行分析说明；最后，考虑投资建设项目对当地社会和国民经济产生的影响。经过上述一系列详细的分析评价后，得出基本经济结论。

（3）进行项目评估。

资料来源：王勇、陈延辉，www. leadge. com，2007－11－27，经整理。

同步测试

一、单项选择题

1. 某完整工业投资项目的建设期为零，第一年流动资产需用额为1000万元，流动负债需用额为400万元，则该年流动资金投资额为（　　）。

A. 40万元　　B. 600万元

C. 1000万元　　D. 1400万元

2. 在下列评价指标中，属于非折现正指标的是（　　）。

A. 静态投资回收期　　B. 投资收益率

C. 内部收益率　　D. 净现值

3. 在财务管理中，为使投资项目完全达到设计生产能力、开展正常经营而投入的全部现实资金称为（　　）。

A. 投资总额　　B. 现金流量

C. 建设投资　　D. 原始总投资

4. 已知某投资项目按14%折现率计算的净现值大于零，按16%折现率计算的净现值小于零，则该项目的内部收益率肯定（　　）。

A. 大于14%，小于16%　　B. 小于14%

C. 等于15%　　D. 大于16%

5. 某投资项目年营业收入为240万元，年付现成本为100万元，年折旧为70万元，所得税率为30%，则该方案年所得税后净现金流量为（　　）。

A. 168万元　　B. 70万元

C. 49万元　　D. 119万元

6. 包括建设期的投资回收期恰好是（　　）。

A. 净现值为零时的年限　　B. 净现金流量为零时的年限

C. 累计净现值为零时的年限　　D. 累计净现金流量为零时的年限

7. 在一般的投资项目中，当一项投资方案的净现值等于零时，即表明（　　）。

A. 该方案不具备财务可行性

B. 该方案的净现值率小于零

C. 该方案的获利指数等于1

D. 该方案的内部收益率小于设定的折现率或行业基准收益率

8. 折旧具有抵减税负的作用，由于计提折旧而减少的企业所得税额可用公式（　　）进行计算。

A. 折旧额×所得税税率

B.（付现成本－折旧额）×所得税税率

C. 折旧额×（1－所得税税率）

D.（付现成本＋折旧额）×（1－所得税税率）

9. 某投资项目折现率为10%时，净现值为200元，折现率为12%时，净现值为－320元，则该项目的内部收益率是（　　）。

A. 10.38%　　B. 12.52%

C. 10.77%　　D. 12.26%

10. 某公司拟新建一车间，生产受市场欢迎的甲产品。据预测，甲产品投产后每年可创造100万元的收入，但公司原来生产的乙产品会因此受到影响，使其年收入由原来的200万元降低到180万元。则与新建车间相关的收入流量为（　　）。

A. 100万元　　B. 80万元

C. 20万元　　D. 120万元

二、多项选择题

1. 与财务会计使用的现金流量表相比，项目投资决策所使用的现金流量表的特点有（　　）。

A. 只反映特定投资项目的现金流量　　B. 在时间上包括整个项目计算期

C. 表格中不包括任何决策评价指标　　D. 所依据的数据是预计信息

2. 静态投资回收期既考虑了资金的时间价值，又考虑了回收期满后的现金流量情况。 （ ）

3. 计算内部收益率时，如果第一次假设折现率为17%，计算的净现值大于零，应再假设折现率为16%进行测试。 （ ）

4. 投资方案的回收期越长，表明该方案的风险程度越小。 （ ）

5. 固定资产的原值等于固定资产投资额。 （ ）

6. 在进行项目投资决策时，如果某一备选方案的净现值比较小，那么该方案的内部收益率也相对较低。 （ ）

7. 在互斥方案的选优分析中，若差额投资内部收益率指标大于基准收益率或设定的折现率，则原始投资额较小的方案为较优方案。 （ ）

8. 在确定投资方案的相关现金流量时，应遵循的最基本的原则之一是：只有增量现金流量才是与项目相关的现金流量。 （ ）

9. 在方案评价中，折旧既不是现金流入量也不是现金流出量，因而不必考虑。 （ ）

10. 在项目投资决策中，内部收益率的计算本身与项目设定折现率的高低无关。 （ ）

四、计算分析题

1. 已知某投资项目的原始投资额为500万元，建设期为2年，投产后第1~5年每年的净现金流量为90万元，第6~10年每年的净现金流量为80万元。计算该项目包括建设期的静态投资回收期。

2. 某公司准备购入一设备以扩充生产能力，现有甲、乙两个方案可供选择，甲方案需投资200 000元，使用寿命为5年，采用直线法计提折旧，5年后设备无残值。5年中每年销售收入为90 000元，每年的付现成本为23 000元，营业税金及附加为5000元。乙方案需投资240 000元，采用直线法计提折旧，使用寿命也为5年，5年后有残值收入40 000元，5年中每年的销售收入为100 000元，营业税金及附加为5500元，付现成本第一年为40 000元，以后随着设备的陈旧，逐年将增加修理费2000元。假设资金成本率为10%，所得税税率为25%。

要求：(1) 计算两个方案的净现金流量；

(2) 计算两个方案的静态投资回收期；

(3) 计算两个方案的净现值，并进行可行性评价。

3. 某企业拟进行一项固定资产投资，该项目的现金流量的有关资料如表3-9所示。

表3-9　　固定资产投资项目现金流量表　　单位：万元

项目	建设期		经营期					合计
	0	1	2	3	4	5	6	
净现金流量	-1000	-1000	100	1000	(B)	1000	1000	2900
累计净现金流量	-1000	-2000	-1900	(A)	900	1900	2900	-
折现净现金流量	-1000	-943.40	89	839.60	1425.80	747.30	705	1863.30

要求：(1) 计算表3-9中用英文字母表示的项目的数值。

(2) 计算或确定下列指标：①静态投资回收期；②净现值；③原始投资现值；④净现值率；⑤获利指数。

(3) 评价该项目的财务可行性。

4. 某企业投资15 500元购入一台设备，当年投入使用。该设备预计残值500元，可使用3年，按直线法计提折旧，设备投产后每年增加现金净流量分别为6000元、8000元、10 000元，企业要求最低投资报酬率为18%。

要求：计算该投资方案的净现值、内部收益率，并作出可行性评价。

5. 某企业拟建一条生产线以扩充其生产能力，现有甲、乙两个方案可供选择，有关资料如表3-10所示（假设资金成本率为12%，采用直线法折旧）。

表3-10　　某企业拟建项目资料　　金额单位：万元

投资方案	投资额	建设年限	每年初投资额			每年净利润	预计使用年限	预计残值
			1	2	3			
甲	1000	2	400	600	0	300	15	100
乙	1500	3	500	500	500	360	20	180

要求：计算净现值和年等额净回收额并评价哪个方案最优。

案例分析

绿远公司固定资产投资可行性评价

“芦荟生产项目”由某进出口总公司和云南某生物制品公司合作开发，共同投资成立绿远公司经营该项目。本项目是一个芦荟深加工项目，属于农产品或生物资源的开发利用，属于政府鼓励的投资项目。

(一) 项目产品市场相关信息

芦荟是百合科草本植物，具有护肤、保湿、抗菌、防辐射、提高免疫力等多种功能。在世界范围内，芦荟已广泛应用于化妆品、保健食品，饮料工业等领域。美、日芦荟产业发展已进入较成熟阶段，需求量随着化妆品和保健品市场规模的扩大而增长。我国经过几十年的改革开放，伴随着人们收入的增加和生活水平的提高，化妆品和保健品的市场需求也迅速增加。

我国20世纪90年代化妆品工业销售额，年均增长27%~35%。根据化妆品工业协会与国际咨询公司的预测，中国化妆品市场今后几年将以10%~20%左右的年均增长率发展。其中，作为化妆品新生力量的芦荟化妆品，将以高于整个化妆品产业发展的速度增长。研究芦荟市场需求规模将以怎样的速度扩大，尚难以准确预测，但以我国化妆品工业发展变化和今后5年的增长趋势为预测基础，来估计芦荟化妆品的年递增和届时的市场需求规模是比较科学的。若以此估计，则1999—2005年，我国化妆品工业年均递增10%~20%，2005年的年销售额将达538亿~985亿元，如果芦荟化妆品与行业同步增长，届时芦荟化妆品的销售额约为3.9亿~4.4亿元，生产所需的芦荟工业原料折冻干粉29~54吨；如芦荟化妆品能以25%~30%的速度递增，到2005年市场对冻干粉的需求量可达72~94吨。预测结果如表3-11所示。

表3-11 **产品市场情况预测表**

年均增长速度（%）	10	15	20	25	30
芦荟化妆品销售额（亿元）	3.9	5.3	7.1	9.5	12.5
芦荟原料需求量（折冻干粉）（吨）	29	40	54	72	94

保健食品工业若以年均8%的速度递增，则2005年保健食品工业所需的芦荟工业原料折冻干粉约为8吨。

根据上述分析，专家们预测：芦荟工业原料在化妆品工业中的增长速度为15%~25%，在保健食品中将稳定发展，据此估计，2005年芦荟工业原料的需求折合冻干粉48~80吨。

从国际市场分析，1999年世界芦荟种植面积为12万亩，折合芦荟工业原料冻干粉1000~1500吨。当前芦荟市场主要分布在美国、欧洲、日本等少数发达国家，许多国家尚未被开发，潜在市场是巨大的。

（二）项目生产能力设计

目前，我国芦荟工业原料规模生产还处于空白阶段，仅有2~3家企业试生产芦荟原料，芦荟终端产品所需要的高级芦荟工业原料主要依靠进口。而且未来几年芦荟工业原料市场将形成怎样的格局，是一个不确定的问题。但采用变量不确定因素方法进行生产规模的研究，使我们得知，选择年产40吨芦荟冻干粉的生产规模是比较妥当的。

具体方案为：

（1）芦荟浓缩液800吨（折合冻干粉40吨），建成芦荟浓缩液生产线一条。400吨供应冻干粉生产线作为原材料，其余400吨无菌包装外销。

（2）年产芦荟冻干粉20吨，建成芦荟冻干粉生产线一条。

（三）厂址选择

我国芦荟种植面积约10 200亩，主要集中在云南、海南、福建、四川、广东、东北等地区，其中云南元江种植面积最大。云南元江地区独特的自然气候条件特别适宜芦荟植物的生长，是中国野生芦荟发源地之一。元江县政府已将芦荟产业作为支柱产业扶持，鼓励农民种植芦荟。全县芦荟种植面积达4500亩，占全国芦荟种植面积的44%。经检测，元江地区种植的芦荟含有芦荟的特征化合物芦荟素、芦荟多糖、L-苹果酸及营养成分氨基酸、维生素C和微量元素，其定性成分和定量数量级与美国库拉索芦荟差别不大，由其鲜叶加工制成的芦荟浓缩液和芦荟冻干粉完全能作为化妆品、保健食品、饮料工业、医药品工业的加工原料。丰富的芦荟种植资源和具有竞争力的鲜叶价格，为芦荟大规模工业化生产提供了可靠的保证。

本项目拟建于云南省玉溪市元江县城郊，距县城约3公里，在原元江县供销社农资公司仓库南侧征地20亩，新建加工厂区，元江县供销社为本项目股东之一，对其原有仓库、办公楼等建筑物进行统一规划，留作安装芦荟终端产品生产线。

该地区处于云南中南部，气候炎热，年平均气温23.8度，在方圆20公里范围内有大量的芦荟种植基地，原料供应相当丰富。该地区距玉溪市130公里，距昆明210公里，国道213线由北向西，厂区前道路为出入县城主要公路之一，交通方便。

（四）生产工艺方案

本项目生产工艺先进，芦荟稳定化关键技术达到国际先进水平，生产线关键设备均以引进国外知名品牌为主，设备综合利用率高，配套性好，先进的在线检测和产品化验设备，将确保产品标准化生产。此外，本套生产线还可用于水果汁生产。

（五）项目总投资估算

项目总投资3931.16万元，其中，建设投资3450.16万元，占投资总额的87.76%；垫付流动资金481.00万元，占投资总额的12.24%。投资构成情况如表3－12所示。

表3－12　投资构成情况表

投资内容	金额（万元）	占投资总额的百分比（%）	备注
投资总额	3931.16	100	
建设投资	3450.16	87.76	
其中：设备购置	2197.50		
工程费用	566.65		
其他费用	415.00		
预备费用	271.01		开办费
流动资金	481.00	12.24	

建设投资中的设备购置、工程费用和其他费用形成固定资产，其中芦荟浓缩液车间、冻干粉车间和管理部门使用的固定资产分别为1914.38万元、1197.38万元、67.39万元，预备费用形成开办费用。

（六）资金的筹集与使用

项目总投资3931.16万元，其中1572.46万元向商业银行贷款，贷款利率为10%，其余2358.70万元自筹，投资者期望的最低报酬率为22%。

项目建设期为1年，建设投资3450.16万元在建设期初一次性全部投入，流动资金481.00万元在投产第一年初一次性投入使用，项目生产期为15年。

（七）财务成本数据测算

1. 产品成本估算依据

（1）材料消耗按工艺定额和目前价格估算如表3－13、表3－14所示。

表3－13　芦荟浓缩液消耗定额及价格表　金额单位：元

项目	规格	单位	单价	单位消耗定额（吨）	单位直接材料成本
一、原材料					22 488.91
1. 原料					21 668.38
（1）鲜芦荟	0.8～1.2kg	吨	1080	20	21 600.00
（2）添加剂		千克	136.75	0.5	68.38

表3－13（续）

项目	规格	单位	单价	单位消耗定额（吨）	单位直接材料成本
2. 包装材料					820.53
（1）无菌袋		个	42.74	5	213.70
（2）铁桶		个	119.66	5	598.30
（3）塑料桶		个	1.71	5	8.53
二、燃料及动力					832.30
1. 水		吨	1	60	60.00
2. 电		度	0.28	1000	280.00
3. 煤		吨	136.75	3.60	492.30
三、合计					23 321.21

表3－14　　芦荟冻干粉消耗定额及价格表　　金额单位：元

项目	规格	单位	单价	单位消耗定额（吨）	单位直接材料成本
一、原材料					528 612.50
1. 原料					527 586.50
（1）浓缩液	20：1	吨	26 379.33		527 586.50
2. 包装材料					1026.00
（1）复合膜		个	8.55	40	342.00
（2）包装桶		个	17.10	40	684.00
二、燃料及动力					29 209.20
1. 水		吨	1	2600	2600.00
2. 电		度	0.28	88 000	24 640.00
3. 煤		吨	136.75	14.40	1969.20
三、合计					557 821.70

注：浓缩液单价为26 379.33元/吨，见表3－15的计算结果。

（2）工资及福利费估算。职工总定员为120人。人均年工资为6420元，全年工资总额为770 400.00元，福利费按工资总额的14%计提。根据全厂劳动定员，计入芦荟浓缩液、冻干粉成本中的工资及福利费分别为321 480.00元和116 280.00元，其余部分计入管理费用和销售费用。

（3）制造费用估计。预计芦荟浓缩液、冻干粉的年制造成本分别为2 125 012.94元和1 375 747.94元，其中包含折旧费，折旧期限15年，残值率按5%计算。除折旧外，其余均为可变成本。

（4）产品生产成本估计，如表3－15所示。

表 3-15　　产品生产成本计算表　　单位：元

产品名称	直接材料成本	直接人工成本	制造费用	总成本	单位成本
芦荟浓缩液	23 321.21×800	321 480.00	2 125 012.94	21 103 460.94	26 379.33
冻干粉	557 821.70×20	116 280.00	1 375 747.94	12 648 461.94	632 423.10

(5) 管理费用估计。开办费按 5 年摊销，折旧期限为 15 年，残值率按 5% 计算，其他管理费用估计为 80 万元，其中 60 万元为固定成本。

(6) 销售费用估计。销售费用估算为 288 万元，其中包括人员工资及福利费、广告费、展览费、运输费、销售网点费等，其中 200 万元为固定成本。

该项目各年总成本费用如表 3-16 所示。

表 3-16　　总成本费用表　　金额单位：万元

项目	2~6 年	7~16 年
1. 原材料	1801.16 (1)	1801.16
2. 燃料及动力	125.00 (2)	125.00
3. 直接人工	43.78 (3)	43.78
4. 制造费用	350.08 (4)	350.08
其中：折旧费	197.08 (5)	197.08
5. 制造成本合计	2320.02	2320.02
6. 管理费用	138.47 (6)	84.27 (7)
其中：折旧费	4.27 (8)	4.27
摊销费	54.20 (9)	
7. 销售费用	288.00	288
8. 总成本费用	2746.49	2692.29
9. 固定成本	515.55 (10)	461.35
10. 可变成本	2230.94	2230.94

注：(1) 22 488.91×800+1026×20=18 011 648.00 元≈1801.16（万元）

(2) 832.30×800+29 209.20×20=1 250 024.00 元≈125.00（万元）

(3) 321 480.00+116 280.00=437 760.00 元≈43.78（万元）

(4) 2 125 012.94+1 375 747.94=3 500 760.88 元≈350.08（万元）

(5) (19 143 800+11 973 800)×(1-5%)÷15=1 970 781.33 元≈197.08（万元）

(6) 80+4.27+54.20=138.47（万元）

(7) 80+4.27=84.27（万元）

(8) 67.39×(1-5%)÷15=4.27（万元）

(9) 271.01÷15=54.20（万元）

(10) 固定成本包括制造费用中的折旧费，管理费用中的折旧费、摊销费和 60 万元其他费用，销售费用中的 200 万元。197.08+4.27+54.20+60+200=515.55（万元）。

2. 销售价格预测

国外报价 10X 芦荟浓缩液 6.5 美元/1b 折合人民币 12 155 元/吨，200X 冻干粉 275.3 美元/1b 折合人民币 2 340 000 元/吨。国内报价 10X 芦荟浓缩液 160 000/吨，

200X 冻干粉 2 400 000 元/吨。本项目销售价格按国外报价的50%计算，即芦荟浓缩液60 000/吨，冻干粉 1 200 000 元/吨。

3. 相关税率

为简便起见，本案例不考虑增值税，城建税和教育费附加等已考虑在相关费用的预计中，所得税率按33%计算。

（八）项目财务可行性分析

1. 项目现金流量测算

（1）建设期现金流量

$NCF_0 = -3\ 450.16$（万元）

$NCF_1 = -481.00$（万元）

（2）经营期现金流量

年销售收入 $=60\ 000 \times 400 + 1\ 200\ 000 \times 20 = 48\ 000\ 000$（元）

具体计算如表 3－17 所示。

表 3－17　　**经营期现金流量测算表**　　单位：万元

	2～6 年	7～16 年
销售收入	4800.00	4800.00
减：总成本	2746.49	2692.29
利润总额	2053.51	2107.71
减：所得税	677.66	695.54
净利润	1375.85	1412.17
加：折旧等非付现成本	255.55	201.35
经营现金净流量	1631.40	1613.52

（3）终结期非经营活动现金流量

$NCF_{16} = 481 + (1914.38 + 1197.38 + 67.39) \times 5\% = 639.96$（万元）

2. 折现率的确定

本项目以资金成本作为折现率和基准收益率，取整数确定折现率为16%。具体计算如表 3－18 所示。

表 3－18　　**资金成本计算表**

资金成本	个别资金成本	资本结构	综合资金成本
负债筹资	10%×(1－33%)＝6.67%	1572.46÷3931.16＝40%	6.67%×40%＝2.67%
股权筹资	22%	60%	22%×60%＝13.20%
合计		100%	2.67%＋13.20＝15.87%

3. 固定资产评价指标计算

（1）投资收益率

$$本项目投资收益率 = \frac{(1375.85 \times 5 + 1412.17 \times 10) \div 15}{3931.16} = 35.61\%$$

（2）投资回收期

具体计算如表 3－19 所示。

表 3－19　　投资回收期计算表

年份	各年净现金流量	累计净现金流量
0	－3450.16	－3450.16
1	－481.00	－3931.16
2	1631.40	－2299.76
3	1631.40	－668.36
4	1631.40	963.04

$$投资回收期 = 3 + \frac{668.36}{1631.40} = 3.41\ （年）$$

（3）净现值

$$\begin{aligned} NPV &= (-3450.16) + (-481.00) \times 0.8621 + 1631.40 \times 3.2743 \times 0.8621 \\ &\quad + 1613.52 \times 4.8332 \times 0.4104 + 639.96 \times 0.098 \\ &= 3976.45\ （万元） \end{aligned}$$

（4）内部收益率

假设 $i = 30\%$

$$\begin{aligned} NPV &= (-3450.16) + (-481.00) \times 0.7692 + 1631.40 \times 2.4356 \times 0.7692 \\ &\quad + 1613.52 \times 3.0915 \times 0.2072 + 639.96 \times 0.015 \\ &= 276.69\ （万元） \end{aligned}$$

假设 $i = 32\%$

$$\begin{aligned} NPV &= (-3450.16) + (-481.00) \times 0.7576 + 1631.40 \times 2.3452 \times 0.7576 \\ &\quad + 1613.52 \times 2.9304 \times 0.1890 + 639.96 \times 0.0118 \\ &= -14.83\ （万元） \end{aligned}$$

$$内部收益率 = 30\% + \frac{276.69 - 0}{276.69 - (-14.83)} \times (32\% - 30\%) = 31.90\%$$

思考：

（1）投资项目财务评价的基本程序是什么？

（2）测算项目的现金流量应考虑的主要因素有哪些？

（3）采用净现值方法进行财务可行性评价时，应该如何选择适当的折现率？

（4）根据以上分析作出项目可行与否的选择。

资料来源：根据《财务案例》（主编 王化成、汤谷良；浙江人民出版社 2003 年 8 月版）改编。

实训项目

实训目的：

掌握项目投资现金流量分析和财务评价指标计算的基本方法，运用净现值法进行项目投资决策。

实训资料：

光明电器股份有限公司拟新建一条生产线，开发生产新的电器产品——金属铠装开关设备。张宇是该公司的助理会计师，主要负责筹资和投资工作。总会计师要求张宇收集建设新生产线的有关资料，并对投资项目进行财务评价，以供公司决策层参考。

张宇经过一个月的调查研究，得到以下有关资料：

（1）投资新的生产线须一次性投入1000万元，建设期为1年，预计可使用10年，报废时净残值约占固定资产原值的5%。

（2）购置设备所需资金的50%通过银行借款筹措，借款期限为4年，每年年末支付利息50万元，第4年年末用税后利润偿付本金。

（3）该生产线投入使用后，预计可使公司第1～5年的销售收入每年增加1000万元，第6～10年的销售收入每年增加800万元，耗用的原材料和人工成本等为收入的60%。

（4）生产线建成后，公司还需垫支流动资金200万元。

（5）公司采用直线法计提折旧，所得税税率为25%，资金成本率为10%。

实训要求：

请你帮助张宇完成以下工作：

（1）预测新的生产线投入使用后，未来10年增加的净利润；

（2）测算该项目各年的净现金流量；

（3）计算该项目的净现值，并评价项目是否可行。

第四章 证券投资决策

◆ 学习目标

- 了解证券投资收益和风险的含义及对证券投资评价的意义。
- 掌握债券和股票投资收益率及股票系统风险的计算方法。
- 能够运用证券投资收益和风险相互关系进行证券投资组合决策。

第一节 证券投资的目的与种类

一、证券及其种类

证券是有价证券的简称，它是指票面载有一定金额，代表财产所有权或债权，可以有偿转让的凭证。

证券的种类很多，按不同的标准可以作不同的分类。

1. 按照证券发行主体分类

按照证券发行主体的不同，证券可分为政府证券、金融证券和公司证券三种。政府证券是指中央政府或地方政府为筹集资金而发行的证券。金融证券则是指银行或其他金融机构为筹措资金而发行的证券。公司证券又称企业证券，是指工商企业为筹集资金而发行的证券。

2. 按证券的到期日分类

按照证券到期日的长短，证券可分为短期证券和长期证券两种。短期证券是指到期日短于一年的证券，如短期国债、商业票据、银行承兑汇票等。长期证券是指到期日长于一年的证券，如股票、债券等。

3. 按证券的收益状况分类

按照证券收益状况的不同，证券可分为固定收益证券和变动收益证券两种。固定收益证券是指在证券的票面上规定有固定收益率的证券，如债券票面上一般有固定的利息率，优先股票面上一般有固定的股息率，这些证券都属于有固定收益的证券。变动收益的证券是指证券的票面不标明固定的收益率，其收益情况随企业经营状况而变动的证券，普通股股票是最典型的变动收益证券。

4. 按证券体现的权益关系分类

按照证券所体现的权益关系，证券可分为所有权证券和债权证券两种。所有权证券是指证券的持有人便是证券发行单位的所有者的证券，这种证券的持有人一般对发行单位都有一定的管理和控制权。股票是典型的所有权证券。债权证券是指证券的持有人是发行单位的债权人的证券。这种证券的持有人一般无权对发行单位进行管理和控制。当发行单位破产时，债权证券要优先清偿，而所有权证券要在最后清偿，所以所有权证券要承担较大的风险。

二、证券投资的目的

证券投资是指以国家或外单位公开发行的有价证券为购买对象的投资行为，它是企业投资的重要组成部分。企业进行证券投资的目的主要有：

1. 暂时存放闲置资金

企业一般都持有一定量的有价证券，以替代较大量的非盈利的现金余额，并在现金流出超过现金流入时，将有价证券售出，以增加现金。短期证券的投资在多数情况下都是出于预防的动机，因为大多数企业都依赖银行信用来应付短期交易对现金的需要，但银行信用有时候是不可靠的或不稳定的，因此，必须持有有价证券以防银行信用的短缺。

2. 与筹集长期资金相配合

处于成长期或扩张期的公司一般每隔一段时间就会发行长期证券。但发行长期证券所获得的资金一般并不是一次性用完，而是逐渐、分次使用。这样，暂时不用的资金可投放于有价证券，以获取一定收益，而当企业进行投资需要资金时，则可卖出有价证券，以获得现金。

3. 满足未来的财务需求

假如企业在不久的将来有一笔现金需求，如建一座厂房或归还到期债务，则将现有现金投资于有价证券，以便到时售出，满足所需要的现金。

4. 满足季节性经营对现金的需求

从事季节性经营的公司在一年内的某些月份有剩余现金，而在另几个月则会出现现金短缺，这些公司通常在现金有剩余时购入有价证券，而在现金短缺时出售有价证券。

5. 获得对相关企业的控制权

有些企业往往从战略上考虑要控制另外一些企业，这可以通过股票投资实现。例如，一家汽车制造企业欲控制一家钢铁公司以便获得稳定的材料供应，这时便可动用一定资金来购买钢铁企业的股票，直到其所拥有的股权能控制这家钢铁企业为止。

三、证券投资的种类

根据证券投资的对象的不同，可将证券投资分为以下四类：

1. 债券投资

债券投资是指企业将资金投向各种各样的债券，例如，企业购买国库券、公司债券和短期融资券等都属于债券投资；与股票投资相比，债券投资能获得稳定收益，投资风险较低。当然，也应看到，投资于一些期限长、信用等级低的债券，也会承担较大风险。

2. 股票投资

股票投资是指企业将资金投向其他企业所发行的股票，将资金投向优先股、普通股都属于股票投资。企业投资于股票，尤其是投资于普通股，要承担较大风险，但在通常情况下，也会取得较高收益。

3. 基金投资

基金投资是指企业将资金投向基金的行为。由于基金投资具有资金的规模优势和专家理财优势，从而有利于降低投资风险，提高收益水平。

4. 组合投资

组合投资又叫证券投资组合，是指企业将资金同时投资于多种证券。例如，既投资于国库券，又投资于企业债券，还投资于企业股票。组合投资可以有效地分散证券投资风险，是企业等法人单位进行证券投资时常用的投资方式。

第二节　证券投资的风险与收益

一、证券投资的风险

进行证券投资，必然要承担一定风险，这是证券的基本特征之一。证券投资风险主要来自于以下几个方面：

1. 违约风险

证券发行人无法按期支付利息或偿还本金的风险，称为违约风险。一般而言，政府发行的证券违约风险小，金融机构发行的证券次之，工商企业发行的证券风险较大。造成企业证券违约的原因主要有：政治、经济形势发生重大变动；发生自然灾害；企业在市场竞争中失败；企业经营管理不善；企业财务管理失误不能及时清偿到期债务等。

2. 利息率风险

由于利息率的变动而引起证券价格波动，投资人遭受损失的风险，叫利息率风险。证券的价格，将随利息率的变动而变动，一般而言，银行利率下降，则证券价格上升；银行利率上升，则证券价格下跌。不同期限的证券，利息率风险不一样，期限越长，风险越大。

3. 购买力风险

由于通货膨胀而使证券到期或出售时所获得的货币资金的购买力降低的风险，称为购买力风险。在通货膨胀时期，购买力风险对投资者有重要影响。一般而言，随着通货膨胀的发生，变动收益证券比固定收益证券要好。因此，普通股票被认为比公司债券和其他有固定收入的证券能更好地避免购买力风险。

4. 流动性风险

在投资人想出售有价证券获取现金时，证券不能立即出售的风险，叫流动性风险。一种能在较短期内按市价大量出售的资产，是流动性较高的资产，这种资产的流动性风险较小；反之，如果一种资产不能在短时间内按市价大量出售，则属于流动性较低的资产，这种资产的流动性风险较大。

5. 期限性风险

由于证券期限长而给投资人带来的风险，叫期限性风险。一项投资，到期日越长，投资人遭受的不确定性因素就越多，承担的风险越大。

二、证券投资的收益

企业进行证券投资的主要目的是为了获得投资收益。证券投资收益包括证券交易现价与原价的价差以及获得的股利或利息收益。在财务管理中通常用相对数，即收益率来表示收益水平的高低。

（一）短期证券收益率

短期证券收益率的计算比较简单，因为期限短，所以一般不用考虑时间价值因素，其基本的计算公式为：

$$K=\frac{S_1-S_0+P}{S_0}\times 100\% \qquad (4-1)$$

式中，S_0 为证券购买价格；S_1 为证券出售价格；P 为证券投资报酬（股利或利息）；K 为证券投资收益率。

［案例 4－1］ 2007 年 2 月 9 日，光明电器股份有限公司购买方达公司每股市价为 64 元的股票，2008 年 1 月，光明电器股份有限公司持有的上述股票每股获现金股利 3.90 元，2008 年 2 月 9 日，光明电器股份有限公司将该股票以每股 66.50 元的价格出售。则投资收益率为：

$$K=\frac{66.5-64+3.9}{64}\times 100\%=10\%$$

（二）长期证券收益率

长期证券收益率的计算比较复杂，因为涉及的对间较长，所以要考虑资金时间价值。

1. 债券投资收益率的计算

企业进行债券投资，一般每年能获得固定的利息，并在债券到期时收回本金或在中途出售而收回资金。债券投资收益率可按下列公式计算：

$$\begin{aligned}V&=\frac{I}{(1+I)^1}+\frac{I}{(1+I)^2}+\cdots+\frac{I}{(1+I)^n}+\frac{F}{(1+I)^n}\\&=I\cdot(P/A,i,n)+F\cdot(P/F,i,n)\end{aligned} \qquad (4-2)$$

式中，V 为债券的购买价格；I 为每年获得的固定利息；F 为债券到期收回的本金或中途出售收回的资金；i 为债券投资的收益率；n 为投资期限。

［案例 4－2］ 光明电器股份有限公司于 2007 年 2 月 1 日以 924.16 元购买一张面值为 1000 元的债券，其票面利率为 8%，每年 2 月 1 日计算并支付一次利息，该债券于 2012 年 1 月 31 日到期，按面值收回本金，试计算该债券的收益率。由于我们无法直接计算收益率，所以必须用逐次测试逼近法或内插法来进行计算。假设要求的收益率为 9%，则其现值可计算如下：

$$\begin{aligned}V&=1000\times 8\%\times(P/A,9\%,5)+1000\times(P/F,9\%,5)\\&=80\times 3.8897+1000\times 0.6499=961.08\ (\text{元})\end{aligned}$$

961.08 元大于 924.16 元，说明收益率应大于 9%，下面用 10% 再进行一次测试，其现值计算如下：

$$V=1000\times 8\%\times(P/A,10\%,5)+1000\times(P/F,10\%,5)$$
$$=80\times 3.7908+1000\times 0.6209=924.16\text{（元）}$$

计算出的现值正好为924.16元，说明该债券的收益率为10%。

2. 股票投资收益率的计算

企业进行股票投资，每年获得的股利是经常变动的。当企业出售股票时，也可收回一定资金。股票投资收益率可按下式计算：

$$V=\sum_{j=1}^{n}\frac{D_j}{(1+i)^j}+\frac{F}{(1+i)^n} \tag{4-3}$$

式中，V为股票的购买价格；F为股票的出售价格；D为股票投资报酬（各年获得的股利）；n为投资期限；i为股票投资收益率。

［案例4-3］光明电器股份有限公司2008年4月1日投资510万元购买某种股票100万股，在2009年、2010年和2011年的3月31日每股各分得现金股利0.5元、0.6元和0.8元，并于2011年3月31日以每股6元的价格将股票全部出售，试计算该项投资的投资收益率。

解答：现采用逐次测试逼近法和内插法来进行计算。逐次测试的结果如表4-1所示。

表4-1　股票投资收益率测试表

时间	股利及出售股票的现金流量	测试20%		测试18%		测试16%	
		系数	现值	系数	现值	系数	现值
2009年	50	0.8333	41.67	0.8475	42.38	0.8621	43.11
2010年	60	0.6944	41.66	0.7182	43.09	0.7432	44.59
2011年	680	0.5787	393.52	0.6086	413.85	0.6407	435.68
合计	—	—	476.85	—	499.32	—	523.38

在表4-1中，先按20%的收益率进行测算，得到现值为476.85万元，比原来的投资额510万元小，说明实际收益率低于20%；于是把收益率调到18%，进行第二次测算，得到的现值为499.32万元，还比510万元小，说明实际收益率比18%还要低；于是再把收益率调到16%进行第三次测算，得到的现值为523.38万元，比510万元大，说明实际收益率要比16%高，即我们要求的收益率在16%和18%之间，采用内插法计算如下：

$$\text{该项投资的收益率}=16\%+\frac{523.38-510}{523.38-499.32}\times(18\%-16\%)=17.11\%$$

第三节　证券投资决策

一、影响证券投资决策的因素

企业在进行具体投资决策时，除了需要衡量风险和收益率外，还要考虑以下因素：

（一）国民经济形势分析

国民经济形势分析亦称证券投资的宏观经济分析，是指从国民经济宏观角度出发考察一些相关因素对证券投资的影响。其主要内容包括以下几个方面：

1. 国民生产总值分析

国民生产总值是反映一国在一定时期内经济发展状况和趋势的应用最广泛的综合性指标。它是一定时期内一国所生产的最终商品（包括商品和劳务）的价值之和。如果国民生产总值呈不断增长趋势，则此时企业进行证券投资一般会获得比较好的收益；反之，收益则会降低。

2. 通货膨胀分析

通货膨胀对证券投资影响很大，具体表现在：

（1）通货膨胀会降低投资者的实际收益水平。因为投资者进行投资时，考虑的报酬是实际报酬率，而不是名义报酬率，实际报酬率等于名义报酬率减去通货膨胀率。只有当实际报酬率为正值时，才说明投资者的实际购买力增长了。

（2）通货膨胀严重影响股票价格，从而影响证券投资决策。一般认为，通货膨胀率较低时，危害并不大且对股票价格有推动作用。因为通货膨胀主要是由货币供应量增多造成的，货币供应量增多，开始时一般能刺激生产，增加企业利润，从而增加可分派股利。股利的增加会使股票更具吸引力，于是股票价格将上涨。但是，当通货膨胀持续增长时，整个经济形势会变得很不稳定。这时，一方面企业的发展变得飘忽不定，影响新的投资注入，另一方面政府会提高利率水平，从而使股价下降。

3. 利率分析

利率是影响国民经济发展的重要因素。利率水平的高低反映着一个国家一定时期的经济状况，对证券投资也有重大影响。

（1）利率升高时，投资者自然会选择安全又有较高收益的银行储蓄，从而大量资金从证券市场中转移出来，造成证券供大于求，价格下跌；反之，利率下调时，证券会供不应求，其价格必然上涨。

（2）利率上升时，企业资金成本增加，利润减少，从而企业派发的股利将减少甚至发不出股利，这会使股票投资的风险增大，收益减少，从而引起股价下跌；反之，当利率下降时，企业的利润增加，派发给股东的股利将增加，从而吸引投资者进行股票投资，引起股价上涨。

（二）行业分析

行业分析的内容包括行业的市场类型分析和行业的生命周期分析。

1. 行业的市场类型分析

行业的市场类型根据行业中拥有的企业数量、产品性质、企业控制价格的能力、新企业进入该行业的难易程度等因素可以分为四种：①完全竞争；②不完全竞争或垄断竞争；③寡头垄断；④完全垄断。上述四种市场类型，从竞争程度来看是依次递减的。某个行业内的竞争程度越大，企业的产品价格和利润受供求关系的影响越大，企业倒闭或破产的可能性越大，因此投资于该行业的证券风险越大。

2. 行业的生命周期分析

一个行业如同一个人一样，会经历从出生到成长再到成熟最后走向衰退直到死亡的过程。一般说来，行业的寿命周期分为初创期、成长期、成熟期、衰退期四个阶段，投资于处于不同生命周期的行业的证券，其风险也是不一样的。

（三）企业经营管理情况分析

通过上述分析，基本上可以确定投资的行业，但在同一个行业中，又会有很多企业，应该投资于哪一个企业的证券呢？这就必须对企业的经营管理情况进行分析。这主要包括企业竞争能力分析、企业盈利能力分析、企业营运能力分析、企业创新能力分析、企业偿债能力分析。

二、企业债券投资决策

（一）债券投资的目的

企业进行短期债券投资的目的主要是为了配合企业对资金的需求，调节现金余额，使现金余额达到合理水平。当企业现金余额太多时，便投资于债券，使现金余额降低；反之，当现金余额太少时，则出售原来投资的债券，收回现金，使现金余额提高。企业进行长期债券投资的目的主要是为了获得稳定的收益。

（二）债券估价

企业进行债券投资，必须知道债券价格的计算方法，现介绍几个最常见的估价模型。

1. 一般情况下的债券估价模型

一般情况下的债券估价模型是指按复利方式计算的债券价格的估价公式：

$$P = \frac{F}{(1+K)^n} + \sum_{t=1}^{n} \frac{i \cdot F}{(1+K)^t}$$

$$= F \cdot (P/F, K, n) + I \cdot (P/A, K, n) \qquad (4-4)$$

式中，P 为债券价格；i 为债券票面利息率；F 为债券面值；I 为每年利息；K 为市场利率或投资人要求的必要收益率；n 为付息总期数。

［案例 4－4］某债券面值为 1000，票面利率为 10%，期限为 5 年，光明电器股份有限公司要对这种债券进行投资，当前的市场利率为 12%，问债券价格为多少时才能进行投资？

解答：

$$P = 1000 \times (P/F, 12\%, 5) + 1000 \times 10\% \times (P/F, 12\%, 5)$$

$$= 1000 \times 0.567 + 100 \times 3.605 = 927.50 \text{（元）}$$

即这种债券的价格必须低于 927.50 元时，该投资者才值得购买。

2. 一次还本付息且不计复利的债券估价模型

我国很多债券属于一次还本付息且不计复利的债券，其估价计算公式为：

$$P = \frac{F + F \cdot i \cdot n}{(1+K)^n} = (F + F \cdot i \cdot n) \cdot (P/F, K, n) \qquad (4-5)$$

公式中的符号含义同前式。

[案例4-5] 光明电器股份有限公司拟购买另一家企业发行的利随本清的企业债券，该债券面值为1000元，期限为5年，票面利率为10%，不计复利，当前市场利率为8%，该债发行价格为多少时，企业才能购买？

解答：

$$P=\frac{1000+1000\times10\%\times5}{(1+8\%)^5}=1020\text{（元）}$$

即债券价格必须低于1020元时，企业才能购买。

（三）债券投资的优缺点

1. 债券投资的优点

（1）本金安全性高。与股票相比，债券投资风险比较小。政府发行的债券有国家财力作后盾，其本金的安全性非常高，通常视为无风险证券。企业债券的持有者拥有优先求偿权，即当企业破产时，优先于股东分得企业资产，因此，其本金损失的可能性小。

（2）收入稳定性强。债券票面一般都标有固定利息率，债券的发行人有按时支付利息的法定义务。因此，在正常情况下，投资于债券都能获得比较稳定的收入。

（3）市场流动性好。许多债券都具有较好的流动性。政府及大企业发行的债券一般都可在金融市场上迅速出售，流动性很好。

2. 债券投资的缺点

（1）购买力风险较大。债券的面值和利息是在发行时就已确定，如果投资期间的通货膨胀率比较高，则本金和利息的购买力将不同程度地受到侵蚀，在通货膨胀率非常高时，投资者虽然名义上有收益，但实际上却有损失。

（2）没有经营管理权。投资于债券只是获得收益的一种手段，无权对债券发行单位施加影响或控制。

三、企业股票投资决策

（一）企业股票投资的目的

企业进行股票投资的目的主要有两种：一是获利，即作为一般的证券投资，获取股利收入及股票买卖差价；二是控股，即通过购买某一企业的大量股票达到控制该企业的目的。在第一种情况下，企业仅将某种股票作为它证券组合的一个组成部分，不应冒险将大量资金投资于某一企业的股票上。而在第二种情况下，企业应集中资金投资于被控企业的股票上，这时考虑得更多的不应是目前利益——股票投资收益的高低，而应是长远利益——占有多少股权才能达到控制的目的。

（二）股票的估价

同进行债券投资一样，企业进行股票投资，也必须知道股票价格的计算方法，现介绍几个最常见的股票估价模型。

1. 短期持有，未来准备出售的股票估价模型

在一般情况下，投资者投资于股票，不仅希望得到股利收入，还希望在未来出售股票时从股票价格的上涨中获得好处。此时的股票估价模型为：

$$V = \sum_{t=1}^{n} \frac{d_t}{(1+K)^t} + \frac{V_n}{(1+K)^n} \quad (4-6)$$

式中，V 为股票内在价值；V_n 为未来出售时预计的股票价格；K 为投资人要求的必要收益率；d_t 为第 t 期的预期股利；n 为预计持有股票的期数。

2. 长期持有，股利稳定不变的股票估价模型

在每年股利稳定不变，投资人持有期间很长的情况下，股票的估价模型可简化为：

$$V = \frac{d}{K} \quad (4-7)$$

式中，V 为股票内在价值；d 为每年固定股利；K 为投资人要求的投资收益率。

3. 长期持有，股利固定增长的股票估计模型

如果一个公司的股利不断增长，投资人的投资期限又非常长，则股票的估价就更困难了，只能计算近似数。设上年股利为 d_0，d_1 为第 1 年的股利，每年股利比上年增长率为 g，则：

$$V = \frac{d_0(1+g)}{K-g} = \frac{d_1}{K-g} \quad (4-8)$$

[案例4-6] 光明电器股份有限公司准备投资购买大业信托投资股份有限公司的股票，该股票上年每股股利为 2 元。预计以后每年以 4% 的增长率增长，光明电器股份有限公司经分析后认为必须得到 10% 的报酬率，才能购买大业信托投资股份有限公司的股票。则该种股票的内在价值应为：

$$V = \frac{2 \times (1+4\%)}{10\% - 4\%} \approx 34.67 \text{（元）}$$

即大业信托公司的股票价格在 34.67 元以下时，光明电器股份有限公司才能购买。

（三）股票投资的优缺点

1. 股票投资的优点

（1）投资收益高。普通股票的价格虽然变动频繁，但从长期看，优质股票的价格总是上涨的居多。只要选择得当，都能取得优厚的投资收益。

（2）购买力风险低。普通股的股利不固定，在通货膨胀率比较高时，由于物价普遍上涨，股份公司盈利增加，股利的支付也随之增加，因此，与固定收益证券相比，普通股能有效地降低购买力风险。

（3）拥有经营控制权。普通股股东属股份公司的所有者，有权监督和控制企业的生产经营情况，因此，欲控制一家企业，最好是收购这家企业的股票。

2. 股票投资的缺点

（1）求偿权居后。普通股对企业资产和盈利的求偿权均居于最后。企业破产时，股东原来的投资可能得不到全额补偿，甚至一无所有。

（2）价格不稳定。普通股的价格受众多因素影响，很不稳定。政治因素、经济因素、投资人心理因素、企业的盈利情况、风险情况，都会影响股票价格，这也使股票投资具有较高的风险。

（3）收益不稳定。普通股股利的多少，视企业经营状况和财务状况而定，其有无、多寡均无法律上的保证，其收益的风险也远远大于固定收益证券。

第四节　证券投资组合

一、证券投资组合的目的

证券投资组合是指在进行证券投资时，不是将所有的资金都投向单一的某种证券，而是有选择地投向一组证券。

证券投资的盈利性吸引了众多投资者，但证券投资的风险性又使许多投资者望而却步。如何才能有效能解决这一难题呢？科学地进行证券的投资组合就是一个比较好的方法。通过有效地进行证券投资组合，可减小证券风险，达到获取期望收益、控制风险的目的。

投资风险存在于各个国家的各种证券中，它们随经济环境的变化而不断变化，时大时小，此起彼伏。简单地把资金全部投向一种证券，便要承受巨大的风险，一旦失误，就会全盘皆输。因此，证券市场上经常可听到这样一句名言：不要把全部鸡蛋放在同一个篮子里。证券投资组合是证券投资的重要武器，它可以帮助投资者全面捕捉获利机会，降低投资风险。

二、证券投资组合的风险

由于证券投资组合能够降低风险，因此，绝大多数法人投资者都同时投资于多种证券。即使是个人投资者，一般也持有证券的投资组合而不只是投资于某一个公司的股票或债券。所以，企业财会人员必须了解证券投资组合的风险与收益率。

证券投资组合的风险可以分为两种性质完全不同的风险，即非系统性风险和系统性风险。

1. 非系统性风险

非系统性风险又叫可分散风险或公司特别风险，是指某些因素对单个证券造成经济损失的可能性。如公司在市场竞争中的失败等。这种风险，可通过证券持有的多样化来抵消。即多买几家公司的股票，其中某些公司的股票收益上升，另一些股票的收益下降，从而将风险抵消。

假设 W 和 M 股票构成一个证券组合，每种股票在证券组合中各占 50%，它们的收益率和风险的详细情况如表 4 - 2 所示。

表 4 - 2　　WM 的证券投资组合

年份	W 股票	M 股票	WM 的组合
2007	40	-10	15
2008	-10	40	15
2009	35	-5	15
2010	-5	35	15
2011	15	15	15
平均收益率（K）	15	15	15
标准离差（δ）	22.6	22.6	0.00

从表4－2中可以看出，如果分别持有两种股票，都有很大风险，但如果把它们组合成一个证券组合，则没有风险。

W股票和M股票之所以能结合起来组成一个无风险的证券组合，是因为它们收益的变化正好成相反的循环——当W股票的收益下降时，M股票的收益正好上升；反之亦然。我们把股W和M称为完全负相关。这里相关系数 $r=-1.0$。

与完全负相关相反的是完全正相关（$r=+1.0$），两个完全正相关的股票的收益将一起上升或下降，这样的两种股票组成的证券组合，不能抵消任何风险。

从以上分析可知，当两种股票完全负相关（$r=-1.0$）时，所有的风险都可以分散掉；当两种股票完全正相关（$r=+1.0$）时，从降低风险的角度来看，分散持有股票没有好处。实际上，大部分股票都是正相关，但又不完全正相关。一般来说，随机取两种股票相关系数为+0.6左右的最多，而对绝大多数两种股票而言，r将位于+0.5～+0.7之间。在这种情况下，把两种股票组合成证券组合能降低风险，但不能全部消除风险，不过，如果股票种类较多，则能分散掉大部分风险，而当股票种类足够多时，几乎能把所有的非系统性风险分散掉。

2. 系统性风险

系统性风险又称不可分散风险或市场风险，指的是由于某些因素给市场上所有的证券都带来经济损失的可能性。如宏观经济状况的变化、国家税法的变化、国家财政政策和货币政策变化、世界能源状况的改变都会使股票收益发生变动。这些风险影响到所有的证券，因此，不能通过证券组合分散掉。对投资者来说，这种风险是无法消除的，故称不可分散风险。但这种风险对不同的企业也有不同影响。

系统性风险通常用β系数来计量。β系数有多种计算方法，实际计算过程十分复杂，一般由投资服务机构定期计算并公布。

作为整体的证券市场的β系数为1。如果某种股票的风险情况与整个证券市场的风险情况一致，则这种股票的β系数等于1；如果某种股票的β系数大于1，说明其风险大于整个市场的风险；如果某种股票的β系数小于1，说明其风险小于整个市场的风险。

从以上分析可知，单个证券的β系数可以由有关的投资服务机构提供。那么，投资组合的β系数该怎样计算呢？投资组合的β系数是单个证券β系数的加权平均数，权数为各种证券在投资组合中所占的比重。其计算公式是：

$$\beta_p = \sum_{i=1}^{n} x_i\beta_i \qquad (4-9)$$

式中，β_p 为证券组合的β系数；X_1 为证券组合中第i种股票所占的比重；β_i 为第i种股票的β系数；n为证券组合中股票的数量。

通过以上分析，我们可以得出如下结论：

（1）一个股票的风险由两部分组成，它们是可分散风险和不可分散风险。这可以用图4－1加以说明。

（2）可分散风险可通过证券组合来消减。如图4－1所示，可分散风险随证券组合中股票数量的增加而逐渐减少。

（3）股票的不可分散风险由市场变动所产生，它对所有股票都有影响，不能通过证券组合而消减。不可分散风险是通过β系数来测量的，一些标准的β值如下：

$\beta=0.5$，说明该股票的风险只有整个市场股票风险的一半；

$\beta=1.0$，说明该股票的风险等于整个市场股票的风险；

$\beta=2.0$，说明该股票的风险是整个市场股票风险的两倍。

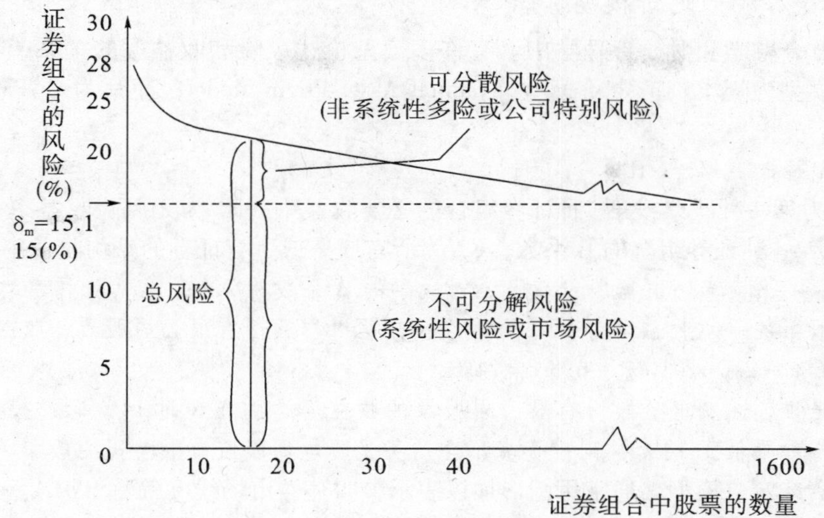

图4－1　可分散风险的消减

三、证券投资组合的风险收益率

投资者进行证券组合投资与进行单项投资一样，都要求对承担的风险进行补偿，股票的风险越大，要求的收益就越高。但是，与单项投资不同，证券组合投资要求补偿的风险只是不可分散风险，而不要求对可分散风险进行补偿。如果有可分散风险的补偿存在，善于科学地进行投资组合的投资者将购买这部分股票，并抬高其价格，其最后的收益率只反映不能分散的风险。因此，证券组合的风险收益是投资者因承担不可分散风险而要求的，超过时间价值的那部分额外收益。可用下列公式计算：

$$R_P=\beta_P\cdot(K_m-R_F) \qquad (4-10)$$

式中，R_p 为证券组合的风险收益率；β_p 为证券组合的 β 系数；K_m 为所有股票的平均收益率，也就是由市场上所有股票组成的证券组合的收益率，简称市场收益率；R_F 为无风险收益率，一般用政府公债的利息率来衡量。

[案例4－7] 光明电器股份有限公司持有由甲、乙、丙三种股票构成的证券组合，它们的β系数分别是2.0、1.0和0.5，它们在证券组合中所占的比重分别为60%、30%和10%，股票的市场收益率为14%，无风险收益率为10%。试确定这种证券组合的风险收益率。

解答：

1. 确定证券组合的β系数

$$\beta_P = \sum x_i\beta_i$$

$$= 60\% \times 2.0 + 30\% \times 1.0 + 10\% \times 0.5 = 1.55$$

2. 计算证券组合的风险收益率

$$R_p = 1.55 \times (14\% - 10\%) = 6.20\%$$

从以上计算中可以看出，在其他因素不变的情况下，风险收益取决于证券组合的β

系数，β 系数越大，风险收益就越大；反之亦然。

四、资本资产定价模型

在西方金融学和财务管理学中。有许多模型论述风险和收益率的关系，其中一个最重要的模型为资本资产定价模型（Capital Asset Pricin Model，简写为 CAPM。）这一模型为：

$$K_i = R_F + \beta_i \cdot (K_m - R_F) \quad (4-11)$$

式中，K_i 为第一种股票或第 i 种证券组合的必要收益率；R_F 为无风险收益率；βi 为第 i 种股票或第 i 种证券组合的 β 系数；K_m 为所有股票或所有证券的平均收益率。

[案例 4-8] 光明电器股份有限公司股票的 β 系数为 2.0，无风险利率为 6%，市场上所有股票的平均收益率为 10%，那么，光明电器股份有限公司股票的收益率应为：

$$K_i = 6\% + 2.0 \times (10\% - 6\%) = 14\%$$

也就是说，光明电器股份有限公司股票的收益率达到或超过 14% 时，投资者才会进行投资；如果低于 14%，则投资者不会购买光明电器股份有限公司的股票。

资本资产定价模型，通常用图形加以表示，叫证券市场线（简称 SML）。它说明必要收益率 K 与不可分散风险 β 系数之间的关系，如图 4-2 所示。

从图 4-2 中可看到，无风险收益率为 6%，β 系数不同的股票有不同的风险收益率：当 β=0.5 时，风险收益率为 2%；当 β=1.0 时，风险收益率为 4%；当 β=2.0 时，风险收益率为 8%。也就是说，β 值越高，要求的风险收益率也就越高，在无风险收益率不变的情况下，必要收益率也就越高。

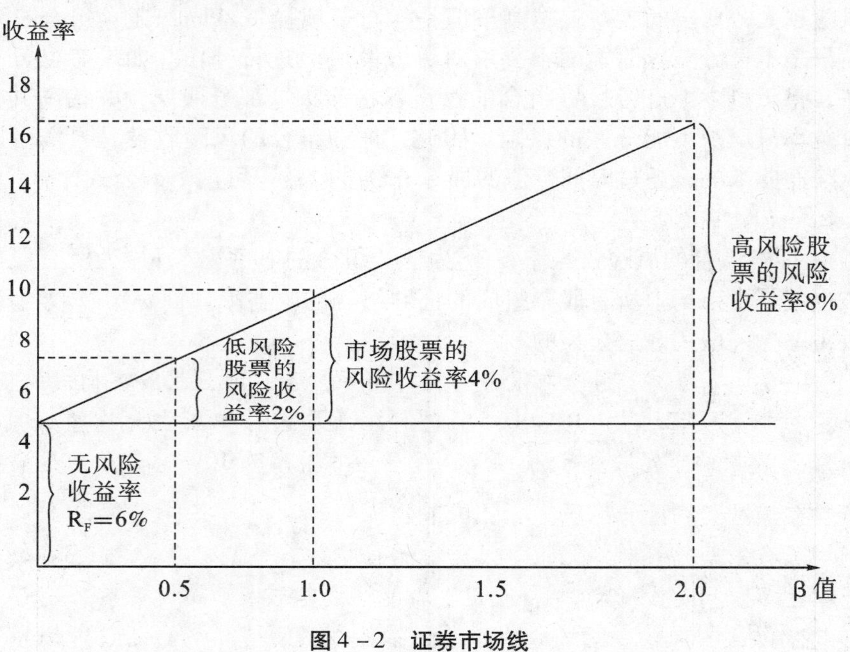

图 4-2　证券市场线

五、证券投资组合的策略和方法

从以上分析我们知道，通过证券投资组合能有效地分散风险，那么，企业在进行证券投资组合时应采用什么策略，用何种方法进行组合呢？

（一）证券投资组合策略

在证券组合理论的发展过程中，形成了各种各样的派别，从而也形成了不同的组合策略，现介绍其中最常见的几种：

1. 保守型策略

这种策略认为，最佳证券投资组合策略是要尽量模拟市场现状，将尽可能多的证券包括进来，以便分散掉全部非系统风险，得到与市场所有证券的平均收益同样的收益。1976 年，美国先锋基金公司创造的指数信托基金，便是这一策略的最典型代表。这种基金投资于标准普尔（Standard and Poor's）股票价格指数中所包含的全部 500 种股票。其投资比例与 500 家企业价值比重相同。这种投资组合有以下好处：①能分散掉全部可分散风险；②不需要高深的证券投资的专业知识；③证券投资的管理费比较低。但这种组合获得的收益不会高于证券市场上所有证券的平均收益。因此，此种策略属于收益不高、风险不大的策略，故称为保守型策略。

2. 冒险型策略

这种策略认为，与市场完全一样的组合不是最佳组合，只要投资组合做得好，就能击败市场或超越市场，取得远远高于平均水平的收益。在这种组合中，一些成长型的股票比较多，而那些低风险、低收益的证券不多。另外，其组合的随意性强，变动频繁。采用这种策略的人都认为，收益就在眼前，何必死守苦等。对于追随市场的保守派，他们是不屑一顾的。这种策略收益高，风险大，因此被称为冒险型策略。

3. 适中型策略

这种策略认为，证券的价格，特别是股票的价格，是由特定企业的经营业绩来决定的。市场上股票价格的一时沉浮并不重要，只要企业经营业绩好，股票一定会升到其本来的价值水平。采用这种策略的人，一般都善于对证券进行分析，如行业分析、企业业绩分析、财务分析等，通过分析，选择高质量的股票和债券，组成投资组合。适中型策略如果做得好，可获得较高的收益，而又不会承担太大风险。但进行这种组合的人必须具备丰富的投资经验，拥有进行证券投资的各种专业知识。这种投资策略风险不太大，收益却比较高，所以是一种最常见的投资组合策略。各种金融机构、投资基金和企事业单位在进行证券投资时一般都采用此种策略。

（二）证券投资组合方法

进行证券投资组合的方法有很多，但最常见的方法通常有以下几种：

（1）选择足够数量的证券进行组合。这是一种最简单的证券投资组合方法。在采用这种方法时，不是进行有目的组合，而是随机选择证券。随着证券数量的增加，非系统风险会逐步减少，当数量足够时，大部分非系统风险都能分散掉。根据投资专家们的估计，在美国纽约证券市场上，随机地购买 40 种股票，其大多数非系统风险都能分散掉。为了有效地分散风险，每个投资者拥有股票的数量最好不少于 14 种。我国股票种类还不太多，同时投资于 10 种股票，就能达到分散风险的目的了。

（2）把风险大、风险中等、风险小的证券放在一起进行组合。这种组合方法又称 1/3 法，是指把全部资金的 1/3 投资于风险大的证券，1/3 投资于风险中等的证券，1/3 投资于风险小的证券。一般而言，风险大的证券对经济形势的变化比较敏感。当经济处于繁荣时期，风险大的证券获得高额收益；当经济衰退时，风险大的证券却会遭受巨额损失。风险小的证券对经济形势的变化则不十分敏感，一般都能获得稳定收益，而不致遭受损失。因此，这种 1/3 的投资组合法，是一种进可攻、退可守的组合法，虽不会获得太高的收益，但也不会承担巨大风险，是一种常见的组合方法。

（3）把投资收益呈负相关的证券放在一起进行组合。一种股票的收益上升而另一种股票的收益下降的两种股票，称为负相关股票。把收益呈负相关的股票组合在一起，能有效地分散风险。例如，某企业同时持有一家汽车制造公司的股票和一家石油公司的股票，当石油价格大幅度上升时，这两种股票便呈负相关。因为油价上涨，石油公司的收益会增加，但油价的上升，会影响汽车的销量，使汽车公司的收益降低。只要选择得当，这样的组合对降低风险有十分重要的意义。

本章小结：

证券投资是指购买证券获取收益的行为，根据企业证券投资对象的不同分为债券投资、股票投资和组合投资。

证券投资的收益包括年平均股利（或利息）与年平均资本收益两部分，收益的高低通常以收益率指标来表示。对于短期投资可以不考虑资金的时间价值，证券投资收益率是年收益额与投资额的比率；对于长期投资，要考虑资金时间价值，证券投资收益率实际是投资项目的内部报酬率。

公司进行证券投资，必然要承担一定的风险，分为违约风险、流动性风险、购买力风险、利率分析、期限性风险等。企业在进行证券投资决策时，要从宏观和微观层面上对影响证券投资的各种因素进行分析，权衡收益与风险，通过对证券正确估价，选择市场价格低于价值的证券进行投资。

本章推荐阅读书目：

1. 宋秋萍．财务管理［M］．北京：高等教育出版社，2008．（第九章）
2. 刘云丽．财务管理［M］．北京：机械工业出版社，2008．（第五章）
3. 财政部会计资格评价中心．全国会计专业技术资格考试教材．财务管理［M］．北京：中国财政经济出版社，2009．（第四章）
4. 郭涛．财务管理［M］．北京：机械工业出版社，2009．（第六章）
5. 赵润华．财务管理［M］．北京：北京交通大学出版社，2009．（第六章）

阅读资料：

美国投资家沃伦·巴菲特

出生于1930 年8 月30 日的美国人沃伦·巴菲特 被称为“股神”。他从零开始，仅仅从事股票和企业投资，积累起巨额财富，成为名列前茅的世界级富豪。如果在1956

年，他刚开始从事投资管理时，你给他1万美元，到13年后你的投资竟达到30万美元，如果在1975年你花上40美元买一股他的投资公司的股票，到1993年，这一股将价值1.7万美元。巴菲特的投资信条是：猎取那些远远低于“内在价值”的证券进行投资。他认为决定公司价值的唯一重要的因素是公司将来的盈利能力。

同步测试

一、单项选择题

1. 企业对外长期投资的收益主要来源于投资取得的利润、利息、股利和(　　)。

A. 价格的变动　　B. 证券的升值
C. 资产的变卖　　D. 利率的上升

2. 下列各项证券中，一般情况下属于变动收益证券的是(　　)。

A. 国库券　　B. 债券
C. 普通股股票　　D. 优先股股票

3. 一般而言，下列证券中，流动性风险相对最小的是(　　)。

A. 公司债券　　B. 优先股股票
C. 普通股股票　　D. 国库券

4. 下列证券中，能够更好地避免证券投资购买力风险的是(　　)。

A. 普通股　　B. 优先股
C. 公司债券　　D. 国库券

5. 某公司股票的β系数为1.5，无风险利率为4%，市场上所有股票的平均收益率为8%，则该公司股票的收益率应为(　　)。

A. 4%　　B. 12%
C. 8%　　D. 10%

6. 下列因素引起的风险中，投资者可以通过证券投资组合予以消减的是(　　)。

A. 宏观经济状况发生变化　　B. 世界能源状况变化
C. 发生经济危机　　D. 被投资企业出现经济失误

7. 当两种证券完全正相关时，由此所形成的证券投资组合(　　)。

A. 能适当分散风险
B. 不能分散风险
C. 证券组合风险小于单项证券风险的加权平均数
D. 可分散掉全部风险

8. 非系统性风险(　　)。

A. 归因于广泛的价格趋势和事件
B. 不能通过投资组合得以分散
C. 归因于某一投资企业特有的价格因素和事件
D. 通常以β系数进行衡量

9. 对证券持有人而言，证券发行人无法按期支付债券利息或偿付本金的风险称为（　　）。

A. 流动性风险　　B. 系统性风险

C. 违约风险　　D. 购买力风险

10. 某股票的β系数等于1时，下列表述正确的是（　　）。

A. 该股票的市场风险大于整个市场股票的风险

B. 该股票的市场风险小于整个市场股票的风险

C. 该股票的市场风险等于整个市场股票的风险

D. 该股票的市场风险与整个市场股票的风险无关

二、多项选择题

1. 证券投资组合的系统性风险产生的原因主要是（　　）。

A. 国家税法的变化　　B. 国家财政和货币政策的变化

C. 投资失误　　D. 世界能源状况的变化

2. 股票投资的缺点有（　　）。

A. 购买力风险高　　B. 求偿权居后

C. 价格不稳定　　D. 收入稳定性强

3. 下列项目中属于股票收益影响因素的有（　　）。

A. 股份公司经营业绩　　B. 股票市场价格变化

C. 公司的股利政策　　D. 投资者的经验与技巧

4. 对外证券投资的风险主要有（　　）。

A. 违约风险　　B. 利率风险

C. 购买力风险　　D. 流动性风险

5. 与股票投资相比，债券投资的缺点有（　　）。

A. 购买力风险大　　B. 流动性风险大

C. 没有经营管理权　　D. 投资收益不稳定

三、判断题

1. 一般说来，企业进行股票投资的风险要小于进行债券投资的风险。（　　）

2. 在选择长期债券投资对象时，应使投资对象风险小，易于变现。（　　）

3. 如果物价水平高，经济形势不稳定，市场利率较高，企业一般应选择投资于固定收益债券。（　　）

4. 债券的市场利率也称票面利率，即债券发行时金融市场通行的利率。（　　）

5. 在票面利率大于市场利率情况下，债券发行时的价格一定大于债券面值。（　　）

6. 一般说来，利率风险对长期债券投资的影响要小于短期债券投资的影响。（　　）

7. 股票价格经常波动，然而，正是由于股票价格的波动为股票投资者获取收益创造了条件。（　　）

8. 把投资收益呈完全正相关的证券放在一起进行组合，可以降低风险。（　　）

9. 证券投资可以随时出售转变为现金，用于偿还债务，既保持了资产的流动性，又增加了企业的收益。（　　）

10. 一般情况下，股票市场价格会随着市场利率的上升而下降，随着市场利率的下降而上升。（　　）

四、计算分析题

1. 某股票为固定增长型股票，预计第一年发放的股利为每股3元，年股利增长率为3%，投资者的必要报酬率为10%，试计算该股票的内在价值。

2. 某人购买了一张面值1000元，票面利率为10%，期限为5年的债券。该债券每年付息2次，于半年末支付利息。

要求：(1) 如果该债券当时按1050元溢价购入，计算该债券的收益率。

(2) 如果该债券的β系数为1.2，证券市场平均收益率为9%，现行国库券的收益率为7%，采用资本资产定价模型计算该债券的预期收益率。

3. 甲公司持有A、B、C三种股票构成的证券组合，三种股票所占比重分别为40%、40%和20%；其β系数分别为1.2、1.0和0.8；股票的市场收益率为11%，无风险收益率为7%。

要求：(1) 计算该证券组合的风险报酬率。

(2) 计算该证券组合的期望收益率。

4. 某公司于2008年3月8日投资850元购进一张面值1000元，票面利率8%，每年付息一次的债券，并于2009年3月8日以900元的价格出售。

要求：计算该债券的投资收益率。

案例分析

南方证券炒作“双哈”股票

曾经在中国证券业叱咤风云13年的券商巨头南方证券在2005年劳动节后谢幕，在深圳正式宣布关闭。南方证券由此成为继大连证券、新华证券、佳木斯证券等之后被宣布关闭的又一家证券公司。

南方证券被关闭的主要原因在于非法挪用客户保证金，64亿元炒哈飞、违规增仓哈药都是其重要的原因。

南方证券公司被责令关闭以后，实际的业务还在开展，只不过换个公司的名字而已。凡是在前南方证券营业部内开立账户的投资者，都将与证券公司、建行签署一份三方协议，资金将在银行与交易结算中心实时划转，与证券公司无关。前南方证券真正成为“证券交易服务提供商”，不再像从前那样，同时还承担着“证券交易资金保管商”的角色，而且将会树立起“客户保证金不属于证券公司资产，证券公司不是银行”的意识。

（一）原南方证券对哈飞股份的股票投资价值分析

哈飞1997—2000年中期的主营业务收入、盈利情况及主要财务指标分别如表4－3和表4－4所示。

表 4－3　　哈飞 1997—2000 年中期的主营业务收入、盈利情况　　单位：人民币万元

	2000 年 6 月 30	1999 年	1998 年	1997 年
主营业务收入	8944.12	19 200.40	19 582.73	12 321.30
主营业务利润	2692.29	5064.86	5233.14	4766.06
利润总额	2027.74	3470.64	3103.10	1174.30
净利润	1723.34	3427.44	2069.26	780.30

表 4－4　　哈飞 1997—2000 年中期的主要财务指标　　单位:%

	2000 年 6 月 30	1999 年	1998 年	1997 年
流动比率	2.34	1.38	1.20	1.21
速动比率	0.86	0.44	0.30	0.24
资产负债率	59.24	60.69	67.07	69.23
应收账款周转率	3.38	4.30	18.38	17.50
存货周转率	0.41	0.95	1.20	0.50
净资产收益率	12.55	24.26	27.98	10.62
每股净利（元）	0.23	0.38	0.23	0.08

发行前（按 2000 年 6 月 30 日）每股净资产为 1.79，发行后每股净资产（全面摊薄）为 4.12 元，公司本次发行后净资产总额将为 61 752.81 万元。

哈飞本次发售的股票为人民币普通股，每股面值 1 元；溢价发行，每股 7.85 元；向社会公开发行股票的数量是 6000 万股，发行总市值为 47 100 万元。经过以上投资分析，从发行股票后的市场定位看，哈飞股份合理市价水平大于其发行价，股票还有上涨空间，获利空间显示了公司突出的股票投资价值。

（二）原南方证券对哈药集团的股票投资价值分析

哈药集团股份有限公司 2001 年实施配股。公司以 2000 年末总股本 450 860 357 股为基数，按每 10 股配售 3 股的比例向全体股东实施人民币普通股配股，共可配售 135 258 107 股，配售发行量为 79 911 201 股。

本次配股每股面值为人民币 1 元，配股价格为人民币 12.5 元，预计可募集资金总计人民币 998 890 012.5 元（含发行费用）。

南方证券对哈药集团的股票投资并不是直接进行的，而是由于 2001 年哈药集团实施配股，由于市道低迷，其 12.50 的配股价远高于当时的市价，因此有多达 6832 万余股由承销团包销，而南方证券是其主要承销商。对哈药集团股票价值的分析显示该股票还是有投资价值的。所以即使这样，主观上南方证券还是对持哈药集团股票“心甘情愿”的，可是其后南方证券对哈药逐步违规增仓，炒作“双哈”股票。

（三）南方证券“坐庄”哈飞股份，违规增仓哈药集团，哈药集团意图摆脱南方证券阴影

4 亿元资金、289 个资金账户、1161 个股东账户，用这 3 个数据足以概括南方证券“坐庄”哈飞股份的特征。

截至2003年12月31日，南方证券共持有哈药集团1.29亿社会法人股，占总股本的13.54%。截至2002年12月31日南方证券共持有哈药集团7618.2958万流通股，在2003年间共增持5200万余股哈药集团，继续为其第一大流通股股东，截至2003年12月31日，南方证券持有的哈药集团股权中5485万余股被冻结；因南方证券资金交收透支，其所持有1360万余流通股被中国证券登记结算有限公司作为抵押品暂扣，处于行政托管下的南方证券在没有理清债权债务前，这两部分流通股将无法交易。

哈药集团股价从2003年12月初的每股15元下跌至2004年4月的每股10元左右。

而后的报表显示，截至2004年6月30日，南方证券持有哈药集团58 200.1426万流通股，占A股流通股的60.918%，截至2004年12月31日，持有72 517.5697万流通股，占58.387%，

截至2005年6月30日南方证券持有哈药集团72 499.991万流通股，占A股流通股的58.373%。

哈药集团意图挣脱南方证券的阴影，希望借助中信的力量，同解南方证券的“死结”。中信资本投资是中信集团旗下的一家国际投资银行。2004年12月19日，哈药股份发布公告称，哈药集团已经和中信、华平等就重组一事达成协议，由中信、华平等出资20.35亿对哈药集团进行增资扩股。

本次要约收购的财务顾问中信证券认为，收购人有能力按照本次收购要约所列的条件实际履行收购要约，但是市场却对哈药集团是否具有要约收购收购人的资格提出质疑。按照相关的法律规定，南方证券违规持有哈药集团股份高达60.88%，那么履行要约收购义务的应该是南方证券，不是哈药集团。另外，如果南方证券发出要约收购既不能取得证监会的豁免，又不能依法履行收购义务，就应当减持到30%以下。因此，若此次哈药集团的要约收购获得监管部门的批准，地方政府和监管部门客观上确实挽救了哈药集团，却践踏了市场规则和法律的尊严。

【评析】

（一）关于证券自营业务

证券经营机构用自己可以自主支配的资金或证券，通过证券市场从事以营利为目的的买卖证券的经营行为。证券经营机构从事以证券资产为对象的买卖范围包括：上市证券的自营买卖，柜台自营买卖，承销业务的自营买卖。

（二）禁止行为

（1）禁止内幕交易。

（2）禁止操纵市场。

（3）其他禁止行为：证券公司自营业务必须以自己的名义进行，不得将自营账户借给他人使用，当上市公司或其关联公司持有证券经营机构10%以上的股份时，该证券经营机构不得自营买卖该上市公司的股票等。

（三）违规可获得超额利润

哈药集团尽管业绩非常优秀，却被南方证券当做“生产自救”的一根稻草在过去的两年中疯狂炒作，股价几经除权填权，上涨幅度已经惊人，现在的股价复权不低。如果有人发出收购要约，肯定会吸引一部分投资者参与。现在不实行要约收购，是其他投资者的权利损失，而如果履行要约收购，规模可能将达到5亿股左右，包括非流通股3.32亿股以及其他流通股东手里约1.68亿股流通股，涉及资金14亿元人民币，

这对于此前对0.136亿股的非法收购尚且存在资金交收透支的南方证券来说，难度可想而知。

思考：

(1) 南方证券挪用客户保证金的直接原因和根本原因是什么？

(2) 哈药集团在摆脱南方证券阴影的措施中，希望能通过中信资本等外资的增资重组，实现对南方证券持有股份的要约收购等借助外部资金的方法有何利弊？

资料来源：根据《财务管理案例教程》（朱清贞，颜晓燕，肖小玮编著；清华大学出版社2006年9月版）改编。

仿真实训

实训项目

实训目的：

了解证券投资的种类、应用投资的基本原理，掌握证券投资收益率的计算。

实训资料：

2006年12月8日收盘时，上证A股的四只股票股价非常接近。表4-5列示了这四只股票的相关资料。

表4-5　上证A股的四只股票的相关资料

股票名称和代码	市价	每股收益（2006中期）	每股净资产（2006中期）	每股股利（税后）2005年末
黄山旅游600054	11.47	0.2333	1.7533	0.0765
亨通光电600487	11.43	0.2609	5.9324	0.1080
浦东金桥600639	12.03	0.2430	3.0340	0.0855
岁宝热电600864	11.90	-0.1700	2.9000	0

实训要求：

(1) 据此信息分析什么是股票价格。什么是股票的价值。股票的价格和价值有关吗？如果有，是什么关系？

(2) 为什么股利不同的四只股票价格却如此接近？从收益和风险的角度分析。

(3) 你认为决定股票价格的根本因素是什么？影响因素有哪些？

第五章
营运资金管理决策

◆ 学习目标

- 了解营运资金的含义和周转特点。
- 掌握最佳现金持有量的计算方法。
- 掌握应收账款成本分析方法，并认识其与应收账款决策的关系。
- 掌握存货经济订货批量计算的各种模型，熟记并灵活运用公式。

第一节　营运资金的含义与特点

一、营运资金的含义

营运资金又称营运资本，是指流动资产减去流动负债后的差额。流动资产是指可以在一年或超过一年的一个营业周期内变现或耗用的资产，主要包括现金、有价证券、应收账款和存货等。流动负债是指将在一年或超过一年的一个营业周期内必须清偿的债务，主要包括短期借款、应付账款、应付票据、预收账款、应计费用等。

企业应控制营运资金的持有数量，既要防止营运资金不足，又要避免营运资金过多。这是因为企业营运资金越大，风险越小，但收益率也越低；相反，营运资金越小，风险越大，但收益率也越高。企业需要在风险和收益率之间进行权衡，将营运资金的数量控制在一个合理的水平。

二、营运资金的特点

营运资金的特点体现在流动资产和流动负债两个方面。

（一）流动资产的特点

与固定资产相比，流动资产的特点主要表现在：

（1）投资回收期短。投资于流动资产的资金一般在一年或一个营业周期内收回，对企业影响的时间比较短。因此流动资产投资所需要的资金一般可通过商业信用、短期银行借款等加以解决。

（2）流动性强。流动资产在循环周转过程中，经过供产销三个阶段，其占用形态不断变化，即按现金—材料—在产品—产成品—应收账款—现金的顺序转化。这种转化循环往复。流动资产的流动性与其变现能力相关，如遇意外情况，可迅速变卖流动资产，以获取现金，这对于财务上满足临时性资金需求具有重要意义。

（3）占用形态的并存性。在流动资产的周转过程中，货币、存货、应收账款等流动资产并存，并随生产经营活动而不断转换。从供产销的某一瞬间看，各种不同形态的流动资产同时存在。因此合理地配置流动资产各项目的比例，是保证流动资产得以顺利周转的必要条件。

（4）占用数量的波动性。占用在流动资产的投资并非一个常数，随着供产销的变化，其资金占用时高时低，起伏不定。

（二）流动负债的特点

与长期负债融资相比，流动负债融资具有如下特点：

（1）融资速度快。申请短期借款往往比申请长期借款更容易、更便捷，通常在较短时间内便可获得。长期借款的借贷时间长、贷方风险大，贷款人需要对企业的财务状况评估后方能作出决定。因此，当企业急需资金时，往往首先寻求短期借款。

（2）弹性高。与长期债务相比，短期贷款给债务人更大的灵活性。长期债务债权人为了保护自己的利益，往往要在债务契约中对债务人的行为加以种种限制。而短期借款契约中的限制条款比较少，使企业有更大的行动自由。

（3）资金成本低。在正常情况下，短期负债筹资所发生的利息支出低于长期负债筹资的利息支出。而某些“自然融资”（如应付税金、应计费用等）则没有利息负担。

（4）风险大。尽管短期债务的成本低于长期债务，但其风险却大于长期债务。这主要表现在两个方面：一是长期债务的利息相对比较稳定，即在相当长一段时间内保持不变。而短期债务的借款利率则随市场利率的变化而变化，时高时低，使企业难以适应。另一方面，如果企业过多筹措短期债务，当债务到期时，企业不得不在短期内筹措大量资金还债，这极易导致企业财务状况恶化，甚至会因无法及时还债而破产。

营运资金管理涉及流动资产管理与流动负债管理两个方面，有关流动负债筹资的内容将在本书第六章中涉及，故本章重点介绍流动资产的管理。

第二节　现　金

一、现金管理的意义

现金是指在生产过程中暂时停留在货币形态的资金，包括库存现金、银行存款、银行本票和银行汇票等。

现金是变现能力最强的资产，可以用来满足生产经营开支的各种需要，也是还本付息和履行纳税义务的保证。因此，拥有足够的现金对于降低企业的风险、增强企业资产的流动性和债务的可清偿性有着重要的意义。但是，现金属于非盈利资产，即使是银行存款，其利率也非常低。现金持有量过多，它所提供的流动性边际效益便会随之下降，进而导致企业的收益水平降低。因此，企业必须合理确定现金持有量，使现金收支不但在数量上，而且在时间上相互衔接，以便在保证企业经营活动所需现金的同时，尽量减少企业闲置的现金数量，提高资金收益率。

二、现金的持有动机与成本

（一）现金的持有动机

企业持有一定数量的现金，主要基于以下三个方面的动机：

1. 交易动机

交易动机即企业在正常生产经营秩序下应当保持一定的现金支付能力。企业为了组织日常生产经营活动，必须保持一定数额的现金余额，用于购买原材料，支付工资，缴纳税款，偿付到期债务，派发现金股利等。一般说来，企业为满足交易动机所持有的现金余额主要取决于企业销售水平。企业销售扩大，销售额增加，所需现金余额也随之增加。

2. 预防动机

预防动机即企业为应付紧急情况而需要保持的现金支付能力。由于市场行情的瞬息万变和其他各种不测因素的存在，企业通常难以对未来现金流入量与流出量作出准确的估计和预期。一旦企业对未来现金流量的预期与实际情况发生偏离，必然对企业的正常经营秩序产生极为不利的影响。因此。在正常业务活动现金需要量的基础上，追加一定数量的现金余额以应付未来现金流入和流出的随机波动，是企业在确定必要现金持有量时应当考虑的因素。

3. 投机动机

投机动机即企业为了抓住各种瞬息即逝的市场机会，获取较大的利益而准备的现金余额。如利用证券市价大幅度跌落购入有价证券，以期在价格反弹时卖出证券获取高额资本利得（价差收入）等。投机动机只是企业确定现金余额时所需考虑的次要因素之一，其持有量的大小往往与企业在金融市场的投资机会及企业对待风险的态度有关。

企业确定现金余额时，一般应综合考虑各方面的持有动机。但要注意的是，由于各种动机所需的现金可以调节使用，企业持有的总额并不等于各种动机所需现金余额的简单相加，前者通常小于后者。另外，上述各种动机所需保持的现金，并不要求必须是货币形态，也可以是能够随时变现的有价证券以及能够随时转现金的其他各种存在形态，如可随时借入的银行信贷资金等。

（二）企业持有现金的成本

1. 持有成本

现金的持有成本是指企业因保留一定现金余额而增加的管理费用及丧失的再投资收益。

企业保留现金，对现金进行管理，会发生一定的管理费用、管理人员工资及必要的安全措施费等。这部分费用具有固定成本性质，它在一定范围内与现金持有量的多少关系不大，是决策无关成本。

再投资收益是企业不能同时用该现金进行有价证券投资所产生的机会成本，这种成本在数额上等同于资金成本。放弃的再投资收益即机会成本属于变动成本，它与现金持有量成正比例关系。

2. 转换成本

转换成本是指企业用现金购入有价证券以及转让有价证券换取现金时付出的交易

费用，即现金同有价证券之间相互转换的成本，如委托买卖佣金、委托手续费、证券过户费、实物交割手续费等。严格地讲，转换成本并不都是固定费用，有的具有变动成本性质，如委托买卖佣金或手续费。这些费用通常是按照委托金额计算的。因此，在证券总额既定的条件下，无论变现次数怎样变动，所需支付的委托成交金额是相同的。因此，那些依托成交额计算的转换成本与证券变现次数关系不大，属于决策无关成本。这样，与证券变现次数密切相关的转换成本便只包括其中的固定性交易费用。固定性转换成本与现金持有量成反比例关系。

3. 短缺成本

现金短缺成本是指在现金持有量不足而又无法及时通过有价证券变现加以补充而给企业造成的损失，包括直接损失与间接损失。现金的短缺成本与现金持有量呈反方向变动关系。

三、现金持有量的确定

基于交易、预防、投机等动机的需要，企业必须保持一定数量的现金余额。对于如何确定最佳现金持有量，经济学家给出了许多模式，这里只介绍成本分析模式和存货模式。

（一）成本分析模式

成本分析模式是根据现金有关成本，分析预测其总成本最低时现金持有量的一种方法。

运用成本分析模式确定现金最佳持有量，只考虑因持有一定量的现金而产生的机会成本及短缺成本，而不考虑管理费用和转换成本。机会成本即持有现金而丧失的再投资收益，是与现金持有量成正比例变动关系，用公式表示即：

机会成本 = 现金持有量 × 有价证券利率（报酬率） (5－1)

短缺成本与现金持有量呈反方向变动关系。这些成本同现金持有量之间的关系如图 5－1 所示。

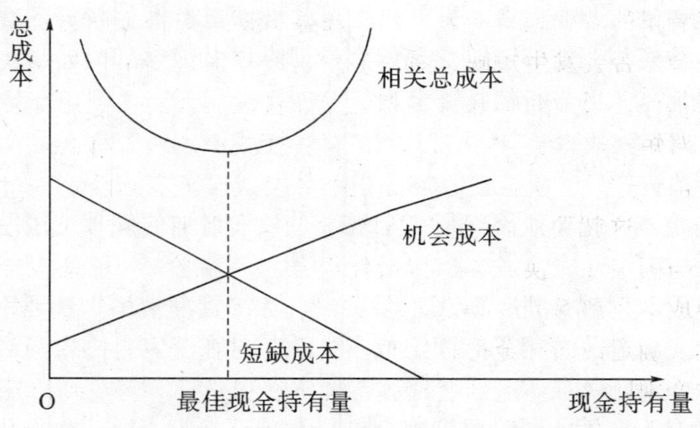

图 5－1 成本分析模型

从图 5－1 可以看出，由于各项成本同现金持有量的变动关系不同，使得总成本曲线呈抛物线形，抛物线的最低点，即为成本最低点，该点所对应的现金持有量便是最佳现金持有量。此时总成本最低。

成本分析模式是基于上述原理来确定现金最佳持有量的。在这种模式下，最佳现金持有量，就是持有现金而产生的机会成本与短缺成本之和最小时的现金持有量。

［案例5－1］光明电器股份有限公司成都分公司现有A、B、C、D四种现金持有方案，有关成本资料如表5－1所示。

表5－1　　现金持有量备选方案表　　金额单位：元

项目	A	B	C	D
现金持有量	10 000	20 000	30 000	40 000
机会成本率	12%	12%	12%	12%
短缺成本	5600	2500	1000	0

根据表5－1编制该企业最佳现金持有量测算表，如表5－2所示。

表5－2　　最佳现金持有量测算表　　金额单位：元

方案	A	B	C	D
机会成本	1200	2400	3600	4800
短缺成本	5600	2500	1000	0
相关总成本	6800	4900	4600	4800

通过分析比较上表中各方案的总成本可知，C方案的相关总成本最低，因此企业持有30 000元的现金时，各方面的总代价最低，30 000元为现金最佳持有量。

（二）存货模式

存货模式又称鲍莫模式（Baumol Model），它是由美国经济学家William. J Baumol首先提出的，他认为公司现金持有量在许多方面与存货相似，存货经济订货批量模型可用于确定目标现金持有量，并以此为出发点，建立了鲍莫模式。

存货模式的着眼点也是现金相关总成本最低。在这些成本中，管理费用因其相对稳定，同现金持有量的多少关系不大，因此在存货模式中将其视为决策无关成本而不予考虑。由于现金是否会发生短缺、短缺多少、概率多大以及各种短缺情形发生时可能的损失如何，都存在很大的不确定性和无法计量性。因而在利用存货模式计算现金最佳持有量时，对短缺成本也不予考虑。在存货模式中，只对机会成本和固定性转换成本予以考虑。前已述及，机会成本和固定性转换成本随着现金持有量的变动而呈现出相反的变动趋向，这就要求企业必须对现金与有价证券的分割比例进行合理安排，从而使机会成本与固定性转换成本保持最佳组合。换言之，能够使现金管理的机会成本与固定性转换成本之和保持最低的现金持有量，即为最佳现金持有量。

运用存货模式确定最佳现金持有量时，是以下列假设为前提的：①企业所需要的现金可通过证券变现取得，且证券变现的不确定性很小；②企业预算期内现金需要总量可以预测；③现金的支出过程比较稳定、波动较小，而且每当现金余额降至零时，均可通过部分证券变现得以补足；④证券的利率或报酬率以及每次固定性交易费用可以获悉。如果这些条件基本得到满足，企业便可以利用存货模式来确定现金的最佳持有量。

设T为一个周期内现金总需求量，F为每次转换有价证券的固定成本，Q为最佳现金持有量（每次证券变现的数量），K为有价证券利息率（机会成本），TC为现金管理相关总成本。则：

现金管理相关总成本 = 持有机会成本 + 固定性转换成本

$$TC = (Q/2) \times K + (T/Q) \times F \quad (5-2)$$

现金管理相关总成本与持有机会成本、固定性转换成本的关系如图 5－2 所示。

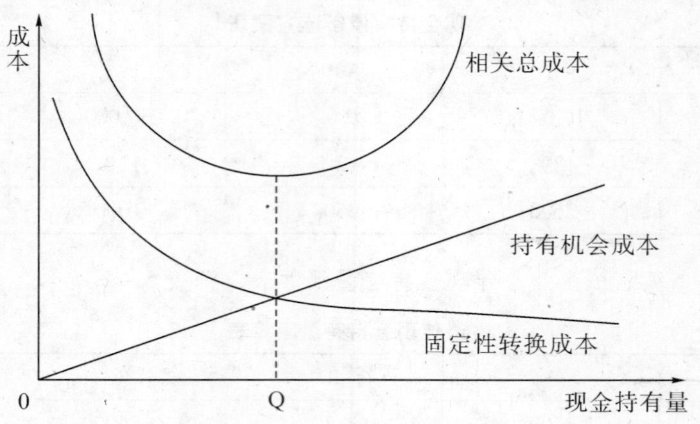

图 5－2　存货分析模型

从图 5－2 可以看出，现金管理的相关总成本与现金持有量呈凹形曲线关系。持有现金的机会成本与证券变现的交易成本相等时，现金管理的相关成本最低，此时的现金持有量为最佳现金持有量，即：

$$Q = \sqrt{2TF/K} \quad (5-3)$$

将公式（5－3）代入公式（5－2）得：

$$\text{最低现金管理相关总成本（TC）} = \sqrt{2TF/K} \quad (5-4)$$

［案例 5－2］光明电器股份有限公司成都分公司企业现金收支状况比较稳定，预计全年（按 360 天计算）需要现金 200 000 元。现金与有价证券的转换成本为每次 400 元，有价证券的年利率为 10%。则：

$$\text{最佳现金持有量(Q)} = \sqrt{2 \times 200\,000 \times 400 \times 10\%}$$
$$= 40\,000 \text{（元）}$$

$$\text{最低现金管理相关总成本(TC)} = \sqrt{2 \times 200\,000 \times 400 \times 10\%}$$
$$= 4000 \text{（元）}$$

其中：

转换成本 = (200 000 ÷ 40 000) × 400 = 2000（元）

持有机会成本 = (40 000 ÷ 2) × 1006 = 2000（元）

有价证券交易次数 = (T/Q) = 200 000/400 = 5（次）

有价证券交易间隔期 = 360 ÷ 5 = 72（天）

四、现金日常管理

企业在确定了最佳现金持有量后，还应采取各种措施加强现金的日常管理，以保证现金的安全、完整，最大限度地发挥其效用。现金日常管理的基本内容主要包括以下几个方面：

（一）现金回收管理

为了提高现金的使用效率，加速现金周转，企业应尽量加速账款的收回。一般来说，企业账款的收回需要经过四个时点，即客户开出付款票据、企业收到票据、票据交存银行和企业收到现金。

企业账款收回的时间包括票据邮寄时间、票据在企业停留时间以及票据结算的时间。前两个阶段所需时间的长短不但与客户、企业、银行之间的距离有关，而且与收款的效率有关。在实际工作中，缩短这两段时间的方法一般有邮政信箱法、银行业务集中法等。

1. 邮政信箱法

邮政信箱法又称锁箱法，是西方企业加速现金流转的一种常用方法。企业可以在各主要城市租用专门的邮政信箱，并开立分行存款户，授权当地银行每日开启信箱，在取得客户票据后立即予以结算，并通过电汇再将货款拨给企业所在地银行。在锁箱法下，客户将票据邮寄到信箱，免除了公司办理收账、货款存入银行等手续，因而缩短了票据邮寄以及在企业的停留时间。但采用这种方法成本较高，因为被授权开户邮政信箱的当地银行除了要求扣除相应的补偿性余额外，还要收取办理额外服务的劳务费，导致现金成本增加。在此，是否采用邮政信箱法，需视提前回笼现金产生的收益与增加的成本的大小而定。

2. 银行业务集中法

这是一种通过建立多个收款中心来加速现金流转的方法。在这种方法下，企业指定一个主要开户行（通常是总部所在地）为集中银行，并在收款额较集中的若干地区设立若干个收款中心；客户收到账单后直接给当地收款中心，中心收款后立即存入当地银行；当地银行在进行票据交换后立即转给企业总部所在地银行。这种方法可以缩短客户邮寄票据所需时间和票据托收所需时间，也就缩短了现金从客户到企业的中间周转时间。但是，采用这种方法须在多处设立收账中心，从而增加了相应的费用支出。因此，企业应在权衡利弊得失的基础上，做出是否采用银行业务集中法的决策。

除上述方法外，还可以采取电汇、大额款项专人处理、企业内部往来多边结算、集中轧抵、减少不必要的银行客户等方法加快现金回收。

（二）现金支出管理

与现金收入的管理相反，现金支出管理的主要任务是尽可能延缓现金的支出时间。当然这种延缓必须是合理合法的，否则企业延期支付账款所得到的收益将远远低于由此而遭受的损失。延期支付账款的方法一般有以下几种：

（1）合理利用“浮游量”。所谓现金的浮游量是指企业账户上现金余额与银行账户上所示的存款余额之间的差额。有时，企业账户上的该企业的现金余额还有很多，这是因为有些企业已经开出的付款票据尚处在传递过程中，银行尚未付款出账。如果能正确预测浮游量并加以利用，可节约大量现金。

（2）推迟支付应付款。企业可在不影响信誉的情况下，尽可能推迟应付款的支付期。

（3）采用汇票付款。在使用支票付款时，只要受票人将支票存入银行，付款人就要无条件地付款。但汇票不是“见票即付”的付款方式，在受票人将汇票送达银行后，银行要将汇票送交付款人承兑，并由付款人将一笔相当于汇票金额的资金存入银行，银行才会付款给受票人，这样就有可能合法地延期付款。

(4) 改进工资支付方式。有的企业在银行单独开设一个账户专供支付职工工资。为了最大限度地减少这一存款余额，企业可预先估计出开出支付工资支票到银行兑现的具体时间。例如，某企业在每月5日支付工资，根据经验，5日、6日、7日及7日以后的兑现分别为20%、25%、30%和25%。这样，企业就不须在5月存足支付全部工资所需的工资额，而可将节余下的部分现金用于其他投资。

第三节　应收账款

一、应收账款管理的意义

商品与劳务的赊销与赊供，在强化企业市场竞争能力、扩大销售、增加收益、节约存货资金占用等方面有着其他结算方式无可比拟的优势。但相对于现销方式，赊销商品毕竟意味着应计现金流量与实际现金流入量时间上的不一致，所以产生拖欠甚至坏账损失的可能性也比较高。不仅如此，应收账款的增加，还会造成资金成本和管理费用的增加。因此，企业应在发挥应收账款强化竞争、扩大销货功能的同时，尽可能降低应收账款投资的机会成本，减少坏账损失与管理成本，提高应收账款投资的收益率。

二、应收账款的成本

企业在采取赊销方式促进销售的同时，会因持有应收账款而付出一定的代价。这种代价，即为应收账款的成本。包括：

1. 机会成本

应收账款的机会成本是指因资金投放在应收账款上而丧失的其他收益，如投资于有价证券会获得利息。这一成本的大小通常与企业维持赊销业务所需要的资金数量（应收账款投资额）、资金成本率有关。其计算公式为：

$$\text{应收账款机会成本} = \text{维持赊销业务所需要的资金} \times \text{资金成本率} \tag{5-5}$$

式中，资金成本率一般可按有价证券收益率计算；维持赊销业务所需要的资金数量可按下列步骤计算：

(1) 计算应收账款平均余额：

$$\text{应收账款平均余额} = \frac{\text{年赊销额}}{360} \times \text{平均收账天数} \tag{5-6}$$

(2) 计算维持赊销业务所需要的资金：

$$\begin{matrix}\text{维持赊销业务}\\ \text{所需要的资金}\end{matrix} = \begin{matrix}\text{应收账款}\\ \text{平均余额}\end{matrix} \times \frac{\text{变动成本}}{\text{销售成本}} \tag{5-7}$$

在上述分析中，假设企业的成本水平保持不变（单位变动成本不变，固定成本总额不变）。因此，随着赊销业务的扩大，只有变动成本随之上升。

[案例5-3] 光明电器股份有限公司成都分公司预测2010年度赊销额为3 000 000元，应收账款平均收账天数为60天，变动成本率为60%，资金成本率为10%，则应收账款机会成本可计算如下：

$$\text{应收账款平均余额} = \frac{3\,000\,000}{360} \times 60 = 500\,000\text{（元）}$$

维持赊销业务所需要的资金 = 500 000 × 60% = 300 000（元）

应收账款机会成本 = 300 000 × 10% = 30 000（元）

上述计算表明，企业投放 300 000 元的资金可维持 3 000 000 的赊销业务，相当于垫支资金的 10 倍之多。这一倍数在很大程度上取决于应收账款的收账速度。在正常情况下，应收账款收账天数越少，一定数量资金所维持的赊销额就越大，应收账款收账天数越多，维持相同赊销额所需要的资金数量就越大。而应收账款机会成本在很大程度上取决于企业维持赊销业务所需要资金的多少。

2. 管理成本

应收账款的管理成本是指企业对应收账款进行管理而耗费的开支，主要包括对客户的资信调查费用、收账费用和其他费用。

3. 坏账成本

应收账款基于商业信用而产生，存在无法收回的可能性，由此而给应收账款持有企业带来的损失，即为坏账成本。这一成本一般与应收账款数量同方向变动，即应收账款越多，坏账成本也越多。基于此，为规避发生坏账成本给企业生产经营活动的稳定性带来不利影响，企业应合理提取坏账准备。

三、信用政策

制定合理的信用政策，是加强应收账款管理，提高应收账款投资效益的重要前提。信用政策即应收账款的管理政策，是指企业为对应收账款投资进行规划与控制而确立的基本原则与行为规范，包括信用标准、信用条件和收账政策三部分内容。

（一）信用标准

信用标准是客户获得企业商业信用所应具备的最低条件。通常以预期的坏账损失率表示。如果企业把信用标准定得过高，将使许多客户因信用品质达不到所设的标准而被企业拒之门外，其结果尽管有利于降低违约风险及收账费用，但不利于企业市场竞争能力的提高和销售收入的扩大。相反，如果企业接受较低的信用标准，虽然有利于企业扩大销售，提高市场竞争力和占有率，但同时也会导致坏账损失风险加大和收账费用增加。

1. 影响信用标准的因素分析

企业在制定或选择信用标准时，应考虑三个基本因素：其一，同行业竞争对手的情况。面对竞争对手，企业首先考虑的是如何在竞争中处于优势地位，保持并不断扩大市场占有率。如果对手实力很强，企业欲取得或保持优势地位，就须采取较低（相对于竞争对手）的信用标准；反之，其信用标准可以相应严格一些。其二，企业承担违约的风险的能力。企业承担违约风险能力的强弱，对信用标准的选择也有着重要的影响。当企业具有较强的违约风险承担能力时，就可以以较低的信用标准提高竞争力，争取客户，扩大销售；反之，如果企业承担违约风险的能力比较弱，就只能选择严格的信用标准以尽可能降低违约风险的程度。其三，客户的资信程度。企业在制定信用标准时，必须对客户的资信程度进行调查、分析，然后在此基础上，判断客户的信用等级并决定是否给予客户信用优惠。客户资信程度的高低通常决定于五个方面，即客户的信用品质（Character）、偿付能力（Capacity）、资本（Capital）、抵押品（Collateral）、经济状况（Conditions）等，简称“5C”系统。

（1）信用品质。信用品质是指客户履约或赖账的可能性，这是决定是否给予客户信用的首要因素，主要通过了解客户以往的付款履约记录进行评价。

（2）偿付能力。客户偿付能力的高低，取决于资产特别是流动资产的数量、质量（变现能力）及其与流动负债的比率关系。一般而言，企业流动资产的数量越多，流动比率越大，表明其偿付债务的物质保证越雄厚；反之，则偿债能力越差。

（3）资本。资本反映了客户的经济实力与财务状况的优劣，是客户偿付债务的最终保证。

（4）抵押品。抵押品即客户提供的可作为资信安全保证的资产。能够作为信用担保的抵押财产，必须为客户实际所有，并且应具有较高的市场性，即变现能力。

（5）经济状况。经济状况是指不利经济环境对客户偿付能力的影响及客户是否具有较强的应变能力。

2. 确立信用标准的定量分析

对信用标准进行定量分析，旨在解决两个问题：一是确定客户拒付账款的风险，即坏账损失率；二是具体确定客户的信用等级，以作为给予或拒绝信用的依据。这主要通过以下三个步骤来完成：

（1）设定信用等级的评价标准

设定信用等级的评价标准即根据对客户信用资料的调查分析，确定评价信用优劣的数量标准，以一组具有代表性、能够说明付款能力和财务状况的若干比率作为信用风险指标，根据数年内最坏年景的情况，分别找出信用好和信用差两类顾客的上述比率的平均值，依此作为比较其他顾客的信用标准。按照上述方法确定的信用标准如表 5－3 所示。

表 5－3　　信用标准一览表

指标	信用标准	
	信用好	信用差
流动比率	2.5∶1	1.6∶1
速动比率	1.1∶1	0.8∶1
现金比率	0.4∶1	0.2∶1
产权比率	1.8∶1	4∶1
已获利息倍数	3.2∶1	1.6∶1
有形净值负债率	1.5∶1	2.9∶1
应收账款平均收账天数	26	40
存货周转率（次）	6	4
总资产报酬率（%）	35	20
赊购付款履约情况	及时	拖欠

（2）利用既有或潜在客户的财务报表数据，计算各自的指标值，并与上述标准比较

比较的方法是：若某客户的某项指标值等于或低于差的信用标准，则该客户的拒付风险系数（坏账损失率）增加 10 个百分点；若客户的某项指标值介于好与差的信用标准之间，则该客户的拒付风险系数（坏账损失率）增加 5 个百分点；当客户的某项指标值等于或高于好的信用标准时，则视该客户的这一指标无拒付风险，最后，将客

户的各项指标的拒付风险系数累加，即作为该客户发生坏账损失的总比率。

[案例5-4] 光明电器股份有限公司甲客户的各项指标值及累计风险系数如表5-4所示。

表5-4　客户信用状况评价表

指标	指标值	拒付风险系数（%）
流动比率	2.6∶1	0
速动比率	1.2∶1	0
现金比率	0.3∶1	5
产权比率	17∶1	0
已获利息倍数	3.2∶1	0
有形净值负债率	2.3∶1	5
应收账款平均收账天数	36	5
存货周转率（次）	7	0
总资产报酬率（%）	35	0
赊购付款履约情况	及时	0
累计拒付风险系数		15

在表5-4中，甲客户的流动比率、速动比率，产权比率、已获利息倍数、存货周转率、总资产报酬率、赊购付款履约情况等指标均等于或高于好的信用标准值，因此，这些指标产生拒付风险的系数为0；而现金比率、有形净值负债率、应收账款平均收账天数三项指标值则介于信用好与信用差标准值之间，各自发生拒付风险的系数为5%，累计15%。这样即可认为该客户预期可能发生的坏账损失率为15%。

(3) 进行风险排队，并确定各有关客户的信用等级

依据上述风险系数的分析数据，按照客户累计风险系数由小到大进行排序。然后，结合企业承受违约风险的能力及市场竞争的需要，具体划分客户的信用等级，如累计拒付风险系数在5%以内的为A级客户，在5%与10%之间的为B级客户等。对于不同信用等级的客户，分别采取不同的信用对策，包括拒绝或接受客户信用订单，给予不同的信用优惠条件或附加某些限制条款等。

(二) 信用条件

信用标准是企业评价客户等级，决定给予或拒绝客户信用的依据。一旦企业决定给予客户信用优惠时，就需要考虑具体的信用条件。因此，所谓信用条件就是指企业接受客户信用订单对所提出的付款要求，主要包括信用期限、折扣期限及现金折扣率等。信用条件的基本表现方式如“2/10，n/45”。它的意思是：若客户能够在发票开出后的10日内付款，可以享受2%的现金折扣；如果放弃折扣优惠，则全部款项必须在45日内付清。在此，45天为信用期限，10天为折扣期限，2%为现金折扣率。

1. 信用期限

信用期限是指企业允许客户从购货到支付货款的时间间隔。企业产品销售量与信用期限之间存在着一定的依存关系。通常，延长信用期限，可以在一定程度上扩大销售量，从而增加毛利。但不适当地延长信用期限，会给企业带来不良后果：一是使平均收账期延长，占用在应收账款上的资金相应增加，引起机会成本增加；二是引起坏

账损失和收账费用的增加。因此，企业是否给客户延长信用期限，应视延长信用期限增加的边际收入是否大于增加的边际成本而定。

2. 现金折扣和折扣期限

延长信用期限会增加应收账款占用的时间和金额。许多企业为了加速资金周转，及时收回货款，减少坏账损失，往往在延长信用期限的同时，采用一定的优惠措施。即在规定的时间内提前偿付货款的客户可按销售收入的一定比率享受折扣。如上例，（2/10，n/45）表示赊销期限为45天，若客户在10天内付款，则可享受2%的折扣。现金折扣实际上是对现金收入的扣减，企业决定是否提供以及提供多大程度的现金折扣，着重考虑的是提供折扣后所得的收益是否大于现金折扣的成本。

企业究竟应当核定多长的现金折扣期限，以及给予客户多大程度的现金折扣优惠，必须将信用期限及加速收款所得到的收益与付出的现金折扣成本结合起来考察。同延长信用期限一样，采取现金折扣方式在有利于刺激销售的同时，也需要付出一定的成本代价，即给予现金折扣造成的损失。如果加速收款带来的机会收益能够绰绰有余地补偿现金折扣成本，企业就可以采取现金折扣或进一步改变当前的折扣方针，如果加速收款带来的机会收益不能补偿现金折扣成本的话，现金优惠条件便被认为是不恰当的。

除上述表述的信用条件外，企业还可以根据需要，采取阶段性的现金折扣期与不同的现金折扣率，如“3/10，2/20，n/45”等。

3. 信用条件备选方案的评价

虽然企业在信用管理政策中已对可接受的信用风险水平作了规定，当企业的生产经营环境发生变化时，就需要对信用管理政策中的某些规定进行修改和调整，并对改变条件的各种备选方案进行认真的评价。

［案例5－5］光明电器股份有限公司北京分公司预测2010年度赊销额为2400万元。其信用条件是：n/30，变现成本率为65%，资金成本率（有价证券利息率）为20%。假设企业收款政策不变，固定成本总额不变。该企业准备了三个信用条件的备选方案：①维持n/30的信用条件；②将信用条件放宽到n/60；③将信用条件放宽到n/90。

为各种备选方案估计的赊销水平、坏账百分比和收账费用等有关数据如表5－5所示。

表5－5　**信用条件备选方案表**　单位：万元

	A	B	C
	n/30	n/60	n/90
年赊销额	2400	2640	2800
应收账款平均收账天数	30	60	90
应收账款平均余额	2400÷360×30＝200	2640÷360×60＝440	2800÷360×90＝700
维持赊销业务所需资金	200×65%＝130	440×65%＝286	700×65%＝455
坏账损失/年赊销额	2%	3%	5%
坏账损失	2400×2%＝48	2640×3%＝79.2	2800×5%＝140
收账费用	24	40	56

根据以上资料，可计算如下指标，如表5-6所示。

表5-6 信用条件分析评价表 单位：万元

	A	B	C
	n/30	n/60	n/90
年赊销额	2400	2640	2800
变动成本	1560	1716	1820
信用成本前收益	840	924	980
信用成本			
应收账款机会成本	130×20%=26	286×20%=57.20	455×20%=91
坏账损失	48	79.20	140
收账费用	24	40	56
小计	98	176.40	287
信用成本后收益	742	747.60	693

根据表5-6中的资料可知，在这三种方案中，B方案（n/60）的获利最大，它比A方案（n/30）增加收益5.6万元（747.60-742.00），比C方案（n/90）增加收益54.6万元（747.60-693.00）。因此，在其他条件不变的情况下，应选择B方案。

[案例5-6] 仍按上例，如果企业选择了B方案，但为了加速收回应收账款，决定将赊销条件改为"2/10，1/20，n/60"（D方案），估计约有60%的客户（按赊销额计算）会利用2%的折扣；15%的客户将利用1%的折扣。坏账损失率降为2%，收账费用降为30万元。根据上述资料，有关指标可计算如下：

应收账款平均收账天数=60%×10+15%×20+(1-60%-15%)×60=24（天）

应收账款平均余额=2640÷360×24=176（万元）

维持赊销业务所需要的资金=176×65%=114.40（万元）

应收账款机会成本=114.4×20%=22.88（万元）

坏账损失=2640×2%=52.80（万元）

现金折扣=2640×(2%×60%+1%×15%)=35.64（万元）

信用成本小计=22.88+52.80+35.64+30=141.32（万元）

信用成本后收益=924-141.32=782.68（万元）

计算结果表明，实行现金折扣以后，企业的收益增加35.08万元（782.68-747.60），因此，企业最终应选择D方案（2/10，1/20，n/60）作为最佳方案。

（三）收账政策

收账政策亦称收账方针，是指当客户违反信用条件，拖欠甚至拒付账款时企业所采取的收账策略与措施。

在企业向客户提供商业信用时，必须考虑三个问题：其一，客户是否会拖欠或拒付账款，程度如何；其二，怎样最大限度地防止客户拖欠账款；其三，一旦账款遭到拖欠甚至拒付，企业应采取怎样的对策。第一、二两个问题主要靠信用调查和严格信用审批制度；第三个问题则必须通过制定完善的收账方针，采取有效的收账措施予以解决。

从理论上讲，履约付款是客户不容置疑的责任与义务，债权企业有权通过法律途径要求客户履约付款。但如果企业对所有客户拖欠或拒付账款的行为均付诸法律解决，往往并不是最有效的办法，因为企业解决与客户账款纠纷的目的，主要不是争论谁是谁非，而在于怎样最有成效地将账款收回。实际上，各个客户拖欠或拒付账款的原因是不尽相同的。许多信用品质良好的客户也可能因为某些原因而无法如期付款。此时，如果企业直接向法院起诉，不仅需要花费相当数额的诉讼费，而且除非法院裁决客户破产，否则效果往往也不理想。所以，通过法院强行收回账款一般是企业不得已而为之的最后的办法。基于这种考虑，企业如果能够同客户商量出一种折中的方案，也许能够将大部分账款收回。

通常的步骤是：当账款被客户拖欠或拒付时，企业应当首先分析现有的信用标准及信用审批制度是否存在纰漏，然后重新对违约客户的资信等级进行调查、评价。将信用品质恶劣的客户从信用名单中删除，对其所拖欠的款项可先通过信函、电讯或者派员前往等方式进行催收，态度可以渐加强硬，并提出警告。当这些措施无效时，可考虑通过法院裁决。为了提高诉讼效果，可以与其他经常被该客户拖欠或拒付账款的企业联合向法院起诉，以增强该客户信用品质不佳的证据效力。对于信用记录一向正常的客户，在去电、去函的基础上，不妨派人与客户直接进行协商，彼此沟通意见，达成谅解妥协，既可密切相互间的关系，又有助于较为理想地解决账款拖欠问题，并且一旦将来彼此关系置换时，也有一个缓冲的余地。当然如果双方无法取得谅解，也只能付诸法律进行最后裁决。

企业对拖欠的应收账款，无论采用何种方式进行催收，都需要付出一定的代价，即收账费用，如收账所花的邮电通信费、派专人收款的差旅费和不得已时的法律诉讼费等。通常，企业为了扩大销售，增强竞争能力，往往对客户的逾期未付款项规定一个允许的拖欠期限，超过规定的期限，企业就应采取各种形式进行催收。如果企业制定的收款政策过宽，会导致逾期未付款项的客户拖延时间更长，对企业不利；收账政策过严，催收过急，又可能伤害无意拖欠的客户，影响企业未来的销售和利润。因此企业在制定收账政策时，要权衡利弊，掌握好宽严界限。

一般而言，企业加强收账管理，及早收回货款，可以减少坏账损失，减少应收账款上的资金占用，但会增加收账费用。因此，制定收账政策就是要在增加收账费用与减少坏账损失、减少应收账款机会成本之间进行权衡，若前者小于后者，则说明制定的收账政策是可取的。

[案例5－7] 光明电器股份有限公司成都分公司应收账款原有的收款政策和拟改变的收账政策如表5－7所示。

表5－7　　**收账政策备选方案资料**

项目	现行收账政策	拟改变的收账政策
年收账费用（万元）	6	10
平均收账天数（天）	60	30
坏账损失占赊销额的百分比（%）	3	2
赊销额（万元）	480	480
变动成本率（%）	60	60

假设资金利润率为20%，根据表5－7中的资料，计算两种方案的收账总成本如表5－8所示。

表5－8　　收账政策分析评价表　　金额单位：万元

项目	现行收账政策	拟改变的收账政策
赊销额	480	480
应收账款平均收账天数（天）	60	30
应收账款平均余额	480÷360×60＝80	480÷360×30＝40
应收账款占用的资金	80×60%＝48	40×60%＝24
应收账款机会成本	48×20%＝9.60	24×20%＝4.80
坏账损失	480×3%＝14.40	480×2%＝9.60
年收账费用	6	10
收账总成本	30	24.40

表5－8的计算结果表明，拟改变的收账政策相关的收账成本低于现行收账政策的收账成本。因此，改变收账政策的方案是可以接受的。

影响企业信用标准、信用条件及收账政策的因素有很多，如销售额、赊销期限、收账期限、现金折扣、坏账损失、过剩生产能力、信用部门成本、机会成本、存货投资等的变化。这就使得信用政策的制定更为复杂，一般来说，理想的信用政策就是企业采取或松或紧的信用政策时所带来的收益最大的政策。

四、应收账款日常管理

对于已经发生的应收账款，企业还应进一步强化日常管理工作。采取有力的措施进行分析、控制，及时发现问题，提前采取对策。这些措施主要包括应收账款追踪分析、应收账款账龄分析、应收账款收现保证率分析。

（一）应收账款追踪分析

应收账款一旦为客户所欠，赊销企业就必须考虑如何按期足额收回的问题。要达到这一目的，赊销企业就有必要在收账之前，对该项应收账款的运行过程进行追踪分析。既然应收账款是存货变现过程的中间环节，对应收账款实施追踪分析的重点就应放在赊销商品的销售与变现方面。客户以赊购方式购入商品后，迫于获利和付款信誉的动力与压力，必然期望迅速地实现销售并收回账款。如果这一期望能够顺利地实现，而客户又具有良好的信用品质，则赊销企业如期足额地收回客户欠款一般不会有多大的问题。然而，市场供求关系所具有的瞬变性，使得客户所赊购的商品不能顺利地销售与变现，经常出现的情形有两种——积压或赊销。但无论属于其中的哪种情形，对客户而言，都意味着与应付账款相对的现金支付能力匮乏。在这种情况下，客户能否严格履行赊销企业的信用条件，取决于两个因素：其一，客户的信用品质；其二，客户现金的持有量与调剂程度（现金用途的约束性、其他短期债务偿还对现金的要求等）。如果客户的信用品质良好，持有一定的现金余额，且现金支出的约束性较小，可调剂程度较大，客户大多是不愿以损失市场信誉为代价而拖欠赊销企业账款的。如果客户信用品质不佳，或者现金匮乏，或者现金的可调剂程度低下，那么，赊销企业的账款遭受拖欠也就在所难免。

（二）应收账款账龄分析

企业已发生的应收账款时间长短不一，有的尚未超过信用期，有的则已逾期拖欠。一般来讲，逾期拖欠时间越长，账款催收的难度越大，成为坏账的可能性也就越高。因此进行账龄分析，密切注意应收账款的回收情况，是提高应收账款收现效率的重要环节。

应收账款账龄分析就是考察研究应收账款的账龄结构。所谓应收账款的账龄结构，是指各账龄应收账款的余额占应收账款总计余额的比重。

[案例5-8] 已知光明电器股份有限公司成都分公司的账龄分析表如表5-9所示。

表5-9 **应收账款账龄分析表**

应收账款账龄	账户数量	金额（万元）	比重（%）
信用期内（设平均为三个月）	100	60	60
超过信用期1个月内	50	10	10
超过信用期2个月内	20	6	6
超过信用期3个月内	10	4	4
超过信用期4个月内	15	7	7
超过信用期5个月内	12	5	5
超过信用期6个月内	8	2	2
超过信用期6个月以上	16	6	6
应收账款余额总计	—	100	100

表5-9表明，该企业应收账款余额中，有60万元尚在信用期内，占全部应收账款的60%。过期数额为40万元，占全部应收账款的40%，其中逾期在1、2、3、4、5、6个月内的，分别为10%、6%、4%、7%、5%、2%。另有6%的应收账款已经逾期半年以上。此时，企业应分析逾期账款具体属于哪些客户，这些客户是否照常发生拖欠情况，发生拖欠的原因何在。

一般而言，账款的逾期时间越短，收回的可能性就越大，亦即发生坏账损失的程度相对越小；反之，收账的难度及发生坏账损失的可能性也就越大。因此，对不同拖欠时间的账款及不同信用品质的客户，企业应采取不同的收账方法，制定出经济可行的不同收账政策、收账方案；对可能发生的坏账损失，须提前有所准备，充分估计这一因素对企业损益的影响。对尚未过期的应收账款，也不能放松管理与监督，以防发生新的拖欠。

通过应收账款账龄分析，不仅能提示财务管理人员应把过期款项视为工作重点，而且有助于促进企业进一步研究与制定新的信用政策。

（三）应收账款收现保证率分析

由于企业当期现金支付需要量与当期应收账款收现额之间存在非对称性矛盾，并呈现出预付性与滞后性的差异特征（企业必须用现金支付与赊销收入有关的增值税和所得税，弥补应收账款资金占用等），这就决定了企业必须对应收账款收现水平制定一个必要的控制标准，即应收账款收现保证率。

应收账款收现保证率是为适应企业现金收支匹配关系的需要，所确定出的有效收现的账款应占全部应收账款的百分比，是二者应当保持的最低比例。公式为：

$$\text{应收账款收现保证率} = (\text{当期必要现金支付总额} - \text{当期其他稳定可靠的现金流入总额}) \div \text{当期应收账款总计金额} \quad (5-8)$$

式中，其他稳定可靠现金流入总额是指从应收账款收现以外的途径可以取得的各种稳定可靠的现金流入数额，包括短期有价证券变现净额、可随时取得的银行贷款额等。

应收账款收现保证率指标反映了企业既定会计期间预期现金支付数量扣除各种可靠、稳定性来源后的差额，必须通过应收款项有效收现予以弥补的最低保证程度。其意义在于：应收款项未来是否可能发生坏账损失对企业并非最为重要，更为关键的是实际收现的账项能否满足同期必需的现金支付要求，特别是满足具有刚性约束的纳税债务及偿付不得展期或调换的到期债务的需要。

企业应定期计算应收账款实际收现率，看其是否达到了既定的控制标准，如果发现实际收现率低于应收账款收现保证率，应查明原因，采取相应措施，确保企业有足够的现金满足同期必需的现金支付要求。

第四节　存货

一、存货功能与存货成本

存货是指企业在日常生产经营过程中为生产或销售而储备的物资。企业持有充足的存货，不仅有利于生产过程的顺利进行，节约采购费用与生产时间，而且能够迅速地满足客户各种订货的需要，从而为企业的生产与销售提供较大的机动性，避免因存货不足带来的机会损失。然而，存货的增加必然要占用更多的资金，将使企业付出更大的持有成本（存货的机会成本），而且存货的储存与管理费用也会增加，影响企业获利能力的提高。因此，如何在存货的功能（收益）与成本之间进行利弊权衡，在充分发挥存货功能的同时降低成本、增加收益、实现它们的最佳组合，成为存货管理的基本的目标。

（一）存货的功能

存货功能是指存货在企业生产经营过程中所具有的作用，主要表现在以下几方面：

1. 防止停工待料

适量的原材料存货和在制品、半成品存货是企业生产正常进行的前提和保障。就企业外部而言，供货方的生产和销售往往会因某些原因而暂停或推迟，从而影响企业材料的及时采购、入库和投产。就企业内部而言，有适量的半成品储备，能使各生产环节的生产调度更加合理，各生产工序步调更为协调，联系更为紧密，不至于因等待半成品而影响生产。可见，适量的存货能有效防止停工待料事件的发生，维持生产的连续性。

2. 适应市场变化

存货储备能增强企业在生产和销售方面的机动性以及适应市场变化的能力。企业有了足够的库存产成品，能有效地供应市场，满足顾客的需要；相反，若某种畅销产品库存不足，将会坐失目前的或未来的推销良机，并有可能因此而失去顾客。在通货膨胀时，适当地储存原材料存货，能使企业获得因市场物价上涨而带来的好处。

3. 降低进货成本

很多企业为扩大销售规模，对购货方提供较优厚的商业折扣待遇，即购货达到一定数量时，便在价格上给予相应的折扣优惠。企业采取批量集中进货，可获得较多的商业折扣。此外，通过增加每次购货数量，减少购货次数，可以降低采购费用支出。即便在推崇以零存货为管理目标的今天，仍有不少企业采取大批量订货方式，原因就在于这种方式有助于降低购货成本，只要购货成本的降低额大于因存货增加而导致的储存等各项费用的增加额，便是可行的。

4. 维持均衡生产

对于那些所生产产品属于季节性产品，生产所需材料的供应具有季节性的企业，为实行均衡生产，降低生产成本，就必须适当储备一定的半成品存货或保持一定的原材料存货；否则，这些企业若按照季节变动组织生产活动，难免会产生忙时超负荷运转，闲时生产能力得不到充分利用的情形，这也会导致生产成本的提高。其他企业在生产过程中，同样会因为各种原因导致生产水平的高低变化。拥有合理的存货可以缓冲这种变化对企业生产活动及获利能力的影响。

（二）存货成本

为充分发挥存货的功能，企业必须储备一定的存货，但也会由此而发生各项支出，这就是存货成本。它主要包含以下三个方面。

1. 进货成本

进货成本是指存货的取得成本，主要由存货的进价成本和进货费用两个方面构成。其中，进价成本又称购置成本，是指存货本身的价值，等于采购单价与采购数量的乘积。在一定时期进货总量既定的条件下，无论企业采购次数如何变动，存货的进价成本通常是保持相对稳定的（假设物价不变且无采购数量折扣），因而属于决策无关成本。进货费用又称订货成本，是指企业为组织进货而开支的费用，如与材料采购有关的办公费、差旅费、邮资、电话电报费、运输费、检验费、入库搬运费等支出。进货费用有一部分与订货次数有关，如差旅费、邮资、电话电报费等费用与进货次数成正比例变动，这类变动性进货费用属于决策的相关成本；另一部分与订货次数无关，如专设采购机构的基本开支等，这类固定性进货费用则属于决策的无关成本。

2. 储存成本

企业为持有存货而发生的费用即为存货的储存成本，主要包括：存货资金占用费（以贷款购买存货的利息成本）或机会成本（以现金购买存货而同时损失的证券投资收益等）、仓储费用、保险费用、存货残损霉变损失等。与进货费用一样，储存成本可以按照与储存数额的关系分为变动性储存成本和固定性储存成本两类。其中，固定性储存成本与存货储存数额的多少没有直接的联系，如仓库折旧费、仓库职工的固定工资等，这类成本属于决策的无关成本；而变动性储存成本则随着存货储存数额的增减成正比例变动关系，如存货资金的应计利息、存货残损、变质损失、存货的保险费用等，这类成本属于决策的相关成本。

3. 缺货成本

缺货成本是因存货不足而给企业造成的损失，包括由于材料供应中断造成的停工损失、成品供应中断导致延误发货的信誉损失及丧失销售机会的损失等。如果生产企业能够以替代材料解决库存材料供应中断之急的话，缺货成本便表现为替代材料紧急采购的额外开支。缺货成本能否作为决策的相关成本，应视企业是否允许出现存货短缺的不同情形而定。若允许缺货，则缺货成本便与存货数量反向相关，即属于决策的相关成本；反之，若企业不允许发生缺货情形，此时缺货成本为零，也就无须加以考虑。

二、经济进货批量模型

（一）经济进货批量的含义

经济进货批量是指能够使一定时期存货的相关总成本达到最低点的进货数量。通过上述对存货成本分析可知，决定存货经济进货批量的成本因素主要包括变动性进货费用（简称进货费用）、变动性储存成本（简称储存成本）以及允许缺货时的缺货成本。不同的成本项目与进货批量呈现着不同的变动关系。减少进货批量，增加进货次数，在影响储存成本降低的同时，也会导致进货费用与缺货成本的提高；相反，增加进货批量，减少进货次数，尽管有利于降低进货费用与缺货成本，但同时会影响储存成本的提高。因此，如何协调各项成本间的关系，使其总和保持最低水平，是企业组织进货过程须解决的主要问题。

（二）经济进货批量基本模式

经济进货批量基本模式以如下假设为前提：①企业一定时期的进货总量可能较为准确地予以预测；②存货的耗用或者销售比较均衡；③存货的价格稳定，且不存在数量折扣，进货日期完全由企业自行决定，并且每当存货量降为零时，下一批存货均能马上一次到位；④仓储条件及所需现金不受限制；⑤不允许出现缺货情形；⑥所需存货市场供应充足，不会因买不到所需存货而影响其他方面。

由于企业不允许缺货，即每当存货数量降至零时，下一批订货便会随即全部购入，故不存在缺货成本。此时与存货订购批量、批次直接相关的就只有进货费用和储存成本两项。

存货相关总成本 = 相关进货费用 + 相关存储成本

$$= \frac{\text{存货全年计划进货总量}}{\text{每次进货批量}} \times \text{每次进货费用} + \frac{\text{每次进货批量}}{2} \times \text{单位存货年储存成本} \qquad (5-9)$$

当相关进货费用与相关储存成本相等时，存货相关总成本最低，此时的进货批量就是经济进货批量。

假设：Q 为经济进货批量；A 为某种存货年度计划进货总量；B 为平均每次进货费用；C 为单位存货年度单位储存成本；P 为进货单价。则：

经济进货批量(Q) = $\sqrt{2AB/C}$　　(5－10)

经济进货批量的存货相关总成本(Tc) = $\sqrt{2ABC}$　　(5－11)

经济进货批量平均占用资金(W) = PQ/2 = P $\sqrt{AB/2C}$　　(5－12)

［案例 5－9］光明电器股份有限公司成都分公司每年须耗用甲材料 720 千克，该材料的单位采购成本为 20 元，单位储存成本为 4 元，平均每次进货费用为 40 元，则：

$Q = \sqrt{2AB/C} = \sqrt{2 \times 720 \times 40/4} = 120$（千克）

$T_C = \sqrt{2ABC} = \sqrt{2 \times 720 \times 40 \times 4} = 480$（元）

$W = PQ/2 = 120 \times 20/2 = 120$（元）

$N = A/Q = 720/120 = 6$（次）

上述计算表明，当进货批量为120千克时，进货费用和储存成本总额最低。

需要指出的是，实际工作中，通常还存在数量优惠（商业折扣或称价格折扣）以及一定程度的缺货等情形，企业必须同时结合价格折扣及缺货成本等不同的情况具体分析，灵活运用经济进货批量模式。

（三）存在数量折扣情况下的经济进货批量模型

为了鼓励顾客购买更多的商品，销售企业通常会给予不同程度的价格优惠，即实行商业折扣或称价格折扣。购买越多，所获得的价格优惠越大。此时，进货企业对经济进货批量的确定，除了考虑进货费用与储存成本外，还应考虑存货的进货成本，因为此时的存货进价成本已经与进货数量的大小有了直接的联系，属于决策的相关成本。

即在经济进货批量基本模式其他各种假设条件均具备的前提下，存在数量折扣时的存货相关总成本可按下式计算：

存货相关总成本 = 进货成本 + 相关进货费用 + 相关储存成本

实行数量折扣的经济进货批量具体确定步骤如下：

第一步，按照基本经济进货批量模式确定经济进货批量；

第二步，计算按经济进货批量进货时的存货相关总成本；

第三步，计算按给予数量折扣的进货批量进货时的存货相关总成本。

如果给予数量折扣的进货批量是一个范围，如进货数量在1000～1999千克之间可享受2%的价格优惠，此时按给予数量折扣的最低进货批量，即按1000千克计算存货相关总成本。

因为在给予数量折扣的进货批量范围内，无论进货量是多少，存货进价成本总额都是相同的，而相关总成本的变动规律是：进货批量越小，相关总成本就越低。即：

按1000千克计算存货相关总成本；

按1001千克计算存货相关总成本；

接1002千克计算存货相关总成本；

……

按1999千克计算存货相关总成本。

第四步，比较不同进货批量的存货相关总成本，最低存货相关总成本对应的进货批量，就是实行数量折扣的最佳经济进货批量。

[案例5－10] 某企业甲材料的年需要量为4000千克，每千克标准价为20元。销售企业规定：客户每批购买量不足1000千克的，按照标准价格计算；每批购买量1000千克以上，2000千克以下的，价格优惠2%；每批购买量2000千克以上的，价格优惠3%。已知每批进货费用为60元，单位材料的年储存成本为3元。

则按经济进货批量基本模式确定的经济进货批量为：

$Q = \sqrt{2 \times 4000 \times 60/3} = 400$（千克）

每次进货400千克时的存货相关总成本为：

$$\begin{aligned}存货相关总成本 &= 4000 \times 20 + 4000/400 \times 60 + 400/2 \times 3 \\ &= 81\ 200（元）\end{aligned}$$

每次进货1000千克时的存货相关总成本为：

存货相关总成本 $=4000\times20\times(1-2\%)+4000/1000\times60+1000/2\times3$

$=80\ 140$（元）

每次进货2000千克时的存货相关总成本为：

存货相关总成本 $=4000\times20\times(1-3\%)+4000/2000\times60+2000/2\times3$

$=80\ 720$（元）

通过比较发现，每次进货为1000千克时的存货相关总成本最低，所以此时最佳经济进货批量为1000千克。

三、存货ABC分类管理

企业存货品种繁多，尤其是大中型企业的存货往往多达上万种甚至数十万种。实际上，不同的存货对企业财务目标的实现具有不同的作用。有的存货尽管品种数量很少，但金额巨大，如果管理不善，将给企业造成极大的损失；相反，有的存货虽然品种数量繁多，但金额较小，即使管理当中出现一些问题，也不至于对企业产生较大的影响。因此，无论是从能力还是从经济角度，企业均不可能也没有必要对所有存货不分巨细地严加管理。ABC分类管理正是基于这一考虑而提出的，其目的在于使企业分清主次，突出重点，以提高存货资金管理的整体效果。

所谓ABC分类管理就是按照一定的标准，将企业的存货划分为A、B、C三类，分别实行分品种重点管理、分类别一般控制和按总额灵活掌握的存货管理方法。

（一）存货ABC分类的标准

分类的标准主要有两个；一是金额标准，二是品种数量标准。其中金额标准是最基本的，品种数量标准仅作为参考。

A类存货的特点是金额巨大，但品种数量较少；B类存货金额一般，品种数量相对较多；C类存货品种数量多，但价值金额却很小。如一个拥有上万种商品的百货公司，家用电器、高档皮货、家具、摩托车、大型健身器械等商品的品种数量并不很多，但价值额却相当大。大众化的服装、鞋帽、床上用品、布匹、文具用具等商品品种数量比较多，但价值额相对A类商品要小得多。至于各种小百货，如针线、纽扣、化妆品、日常卫生用品及其他日杂用品等品种数量非常多，但所占金额却很小。一般而言，三类存货的金额比重大致为A∶B∶C＝0.7∶0.2∶0.1，而品种数量比重大致为A∶B∶C＝0.1∶0.2∶0.7。可见，A类存货基本上就不会出现较大的问题。同时，由于A类存货品种数量较少，企业完全有能力按照每一个品种进行管理。B类存货金额相对较小，企业不必像对待A类存货那样花费太多的精力。同时，由于B类存货的品种数量远远多于A类存货，企业通常没有能力对每一具体品种进行控制，因此可以通过划分类别的方式进行管理。C类存货尽管品种数量多，但其所占金额却很小，对此，企业只要把握一个总金额也就可以。不过在此需要提醒的是，由于C类存货大多与消费者的日常生活息息相关。虽然这类存货的直接经济效益对企业并不重要，但如果企业能够在服务态度、花色品种、存货质量、价格方面加以重视的话，其间接经济效益将是无法估量的；相反，企业一旦忽视了这些方面的问题，其间接的经济损失同样也是无法估量的。

（二）A、B、C 三类存货的具体划分

具体过程可以分三个步骤（有条件的可通过计算机进行）：

（1）列示企业全部存货的明细表，并计算出每种存货的价值总额及占全部存货金额的百分比。

（2）按照金额标志由大到小进行排序并累加金额百分比。

（3）当金额百分比累加到 70% 左右，存货视为 A 类存货；百分比介于 70% ~90% 之间的存货为 B 类存货。其余则为 C 类存货。

［案例 5－11］某公司共有 20 种材料，总金额为 200 000 元，按金额多少的顺序排列并按上述原则将其分成 A、B、C 三类，如表 5－10 所示。

表 5－10　　ABC 分类表

材料编号	金额（元）	金额比重（%）	累计金额比重（%）	类别	各类存货数量和比重	各类存货金额和比重
1	80 000	40	40	A	2 10%	140 000 70%
2	60 000	30	70			
3	15 000	7.5	77.5	B	4 20%	40 000 20%
4	12 000	6	83.5			
5	8000	4	87.5			
6	5000	2.5	90			
7	3000	1.5	91.5	C	14 70%	20 000 10%
8	2500	1.25	92.75			
9	2200	1.1	93.85			
10	2100	1.05	94.9			
11	2000	1	95.9			
12	1800	0.9	96.8			
13	1350	0.675	97.475			
14	1300	0.65	98..125			
15	1050	0.525	98.65			
16	700	0.35	99			
17	600	0.3	99.3			
18	550	0.275	99.575			
19	450	0.225	99.8			
20	400	0.2	100			
合计	200 000	100	—	—	20 100%	200 000 100%

（三）ABC 分类法在存货管理中的运用

通过对存货进行 ABC 分类，可以使企业分清主次，采取相应的对策进行有效的管理、控制。企业在组织经济进货批量、储存期分析时，对 A、B 两类存货可以分别按品种、类别进行，对 C 类存货只需要加以灵活掌握即可，一般不必进行上述各方面的测算与分析。此外，还可以运用 ABC 分类法将企业区分为 A、B、C 三类，通过研究各类消费者的消费倾向、档次等，对各档次存货的需要量（额）加以估算，并购进相应数量的存货。这样能够使存货的购进与销售工作有效地建立在市场调查的基础上，从而收到良好的控制效果。

本章小结：

营运资金是指流动资产减去流动负债后的余额，公司为了从事生产经营活动，必须拥有一定数量的营运资金；营运资金的主要内容是流动资产，流动资产包括现金、应收账款和存货等。

现金是变现能力最强的资产，公司可以利用成本分析模型、存货模型等合理确定现金持有量，并加强对现金收入和现金支出的管理。

应收账款管理应正确衡量信用成本、信用风险，在综合分析应收账款机会成本、坏账成本、管理成本、收账费用的基础上制定合理的信用政策。信用政策包括信用标准、信用条件和收账政策三部分内容。

存货是公司在生产经营过程中为生产或销售而储备的物资，具有防止停工待料、适应市场变化、降低进货成本等功能，产生进货成本、储存成本、缺货成本等与存货水平相关的成本。为了将存货保持在一个合理的水平上，企业应进行经济批量分析，在日常管理中进行 ABC 分类管理。

本章推荐阅读书目：

1. 宋秋萍. 财务管理 [M]. 北京：高等教育出版社，2008.（第十章）

2. 刘云丽. 财务管理 [M]. 北京：机械工业出版社，2008.（第五章）

3. 财政部会计资格评价中心. 全国会计专业技术资格考试教材. 财务管理 [M]. 北京：中国财政经济出版社，2009.（第四章）

4. 郭涛. 财务管理 [M]. 北京：机械工业出版社，2009.（第六章）

5. 赵润华. 财务管理 [M]. 北京：北京交通大学出版社，2009.（第六章）

阅读资料：

海尔的营运资金管理

海尔的营运资金管理有其独到之处，也取得了辉煌的成就。这种独到之处主要体现在以下几个方面：

零库存、零距离、零营运成本是海尔营运资金管理的目标。海尔会通过具体措施实现这三个目标。

（1）海尔通过三个 JIT，实施零库存管理。①JIT 采购，就是需要多少，采购多少；通过国际化分供方，采购到完成订单最需要的零部件和原材料。②JIT 送料，在海尔，仓库只是一个配送站。海尔规定，在仓库存放的所有物料从采购进来到车间的制造系统不能超过7天，海尔立体库的零部件一般只存放3天。③JIT配送，海尔在全国建立物流中心系统，无论任何地方，海尔都可以送货。

（2）零距离，即根据用户的需求拿到订单，再以最快的速度满足需求。这与商流有关，商流是以空间消灭时间。用户在网上订货，海尔根据订单送货，流程便结束。如果没有零距离，不知道用户的需求，那么企业所有的工作都是徒劳。

企业在给分供方的付款期到来之前，会先把用户的贷款拿来，因为企业是根据用户的订单来制造的。这就使企业进入良性运作的过程。

（3）为实现零营运资本的管理目标，海尔着重从以下几个方面入手：

①现金管理方面。海尔有一个观念："现金流第一，利润第二。"

②存货管理方面。原材料的占用，中国家电企业一般为10天，三星中国能做到8.5天，而海尔可以做到7天。海尔成品库存的天数，约为20天，也低于中国家电一般企业。

③应收账款管理方面。海尔的做法是先有订单后有生产，现款现货，但给供应商的付款按惯例有一个账期，到期就在网上支付。张瑞敏每个月都要出国一次，去不同的国家，所做的事就扣准一条：减少国外的应收账款，加快国外资金周转。

同步测试

一、单项选择题

1. 持有过量现金导致的不良后果是（　　）。

A. 财务风险加大　　B. 收益水平下降

C. 偿债能力下降　　D. 资产流动性下降

2. 成本分析模式下的最佳现金持有量是指（　　）之和最小的现金持有量。

A. 机会成本和管理成本　　B. 机会成本和短缺成本

C. 机会成本和转换成本　　D. 机会成本、转化成本和短缺成本

3. 在企业应收账款管理中，明确规定了信用期限、折扣期限和现金折扣率等内容的是（　　）。

A. 客户资信程度　　B. 收账政策

C. 信用条件　　D. 信用等级

4. 企业将资金占用在应收账款上面放弃投资于其他方面的收益称为应收账款的（　　）。

A. 管理成本　　B. 坏账成本

C. 短缺成本　　D. 机会成本

5. 下列不属于变动储存成本的是（　　）。

A. 为购置存货借入资金的利息　　B. 存货占用资金的机会成本

C. 存货的变质破损损失　　D. 仓库折旧费

6. 企业的应收账款周转期为45天，应收账款的平均付款期为30天，平均存货期限为60天，则该企业的现金周转期为（　　）。

A. 135 天　　B. 75 天
C. 15 天　　D. 90 天

7. 对信用期限的表述，正确的是（　　）。
A. 信用期越长，企业坏账风险越小
B. 信用期越长，表明客户享受的信用条件越优越
C. 延长信用期，不利于销售收入的扩大
D. 信用期越长，应收账款的机会成本越低

8. 通常可以作为信用标准的指标是（　　）。
A. 未来收益率　　B. 未来损失率
C. 预计坏账损失率　　D. 账款收现率

9. 某企业 2008 年预计应收账款的总计金额为 5000 万元，必要的现金支付为 4500 万元，应收账款以外的其他稳定可靠的现金流入总额为 2000 万元，则该公司 2008 年的应收账款收现保证率为（　　）。
A. 90%　　B. 40%
C. 50%　　D. 44.44%

10. 采用 ABC 分类法对存货进行控制时，应当重点规划和控制的是（　　）。
A. 数量较多的存货　　B. 占用金额较多的存货
C. 品种较多的存货　　D. 库存时间较多的存货

二、多项选择题

1. 企业持有现金的动机有（　　）。
A. 预防动机　　B. 交易动机
C. 投资动机　　D. 投机动机

2. 下列项目中，与存货基本经济订货批量无关的是（　　）。
A. 变动储存成本　　B. 订货提前期
C. 年度计划订货总量　　D. 存货单价

3. 下列各项中，属于建立存货经济订货批量基本模型假设条件的有（　　）。
A. 一定时期的进货总量可以较为准确地预测
B. 允许出现缺货
C. 仓储条件不受限制
D. 存货的价格稳定

4. 下列有关信用期的表述中，正确的有（　　）。
A. 缩短信用期限可以增加当期的现金流量
B. 延长信用期限会扩大销售收入
C. 降低信用标准意味着延长信用期限
D. 延长信用期限将增加应收账款的机会成本

5. 确定最佳现金持有量的常见模式有（　　）。
A. 存货模式　　B. 成本分析模式
C. 现金周转期模式　　D. 存货周转期模式

三、判断题

1. 广义的营运资金又称净营运资金，是指流动资产与流动负债的差额。（ ）

2. 企业的营运资金数额越大，说明企业的风险越小。（ ）

3. 一般而言，企业存货需要量与企业生产及销售的规模成正比，与存货周转一次所需要的天数成反比。（ ）

4. 企业现金持有量过多会降低企业的收益水平。（ ）

5. 订货的经济批量大小与订货提前期无关。（ ）

6. 存货占用资金的应计利息属于变动储存成本，在存货决策时应加以考虑。（ ）

7. 企业花费的坏账费用越多，坏账损失就一定越少。（ ）

8. “5C”系统中的“条件”，是指可能影响顾客付款能力的经济环境。（ ）

9. 保险储备的存货在正常情况下不动用，只有当存货过量使用或送货延迟时才动用，这部分存货是以备应急之需的。（ ）

10. 应收账款的存在推迟了现金流入的时间，增加了坏账的可能性，因此，企业进行应收账款管理，应最大限度地减少应收账款。（ ）

四、计算分析题

1. 某公司现金收支平衡，预计全年（按 360 天计算）现金需要量为 250 000 元，现金与有价证券的转换成本为每次 500 元，有价证券年利率为 10%。求：

（1）计算最佳现金持有量；

（2）计算最佳现金总成本、转换成本、持有机会成本；

（3）计算有价证券交易次数、有价证券交易间隔期。

2. 某企业的原材料购买和产品销售均采用信用方式，其应收账款的平均收款期为 55 天，应收账款的平均付款期为 35 天，从原材料购买入库到产成品销售出库的期限平均为 80 天。求：

（1）计算该企业的现金周转期；

（2）计算该企业的现金率；

（3）若该企业现金年度需求总量为 576 万元，则最佳现金持有量为多少？

3. 某企业预计年耗用乙材料 60 000 千克，单位采购成本为 150 元，单位储存成本为 15 元，平均每次进货费用为 500 元，假设该材料不存在缺货情况。求：

（1）计算乙材料的经济进货批量；

（2）计算经济进货批量下的变动储存成本、变动订货成本和相关总成本；

（3）计算经济进货批量下的平均资金占用；

（4）计算年度最佳进货批次；

（5）如果每次采购量达到 5000 千克可以享受到 2% 的现金折扣，达到 10 000 千克可以获得 3% 的现金折扣，为该公司做出经济采购批量的决策。

案例分析

德隆营运资金管理失败案

2006年年初，健桥证券可能被关闭的传闻不胫而走。从2002年成立时手握8亿重金，到2005年的资不抵债，健桥证券只用了3年。而健桥证券的困顿，源自于德隆这个崩塌的资本帝国。

（一）公司背景

德隆作为民营企业，1986年创建于新疆乌鲁木齐。2000年初，德隆国际战略投资有限公司在上海浦东新区注册，注册资本为人民币5亿元。经过十多年发展，德隆逐步形成了以传统产业的区域市场、全球市场为目标的重组与整合能力，通过对企业的收购、兼并，引进新技术、新产品和先进的管理资源，增强其竞争能力，实现其结构升级与制度创新。德隆致力于通过产业整合的手段改善产业结构，整合中国传统产业，立足于资本市场与行业投资相结合，推动中国传统产业的振兴。

德隆在实施并购战略过程中，由于规模扩张过快，涉及行业过多，资金结构和融资安排失控，最终导致资金链断裂，并陷入财务危机。

显赫一时的德隆旗下公司林立，股权关系盘根错节，资产状况不清晰。德隆的资产主要分为两大部分：一是实业企业，有200多家，行业从番茄酱、水泥到重型汽车、铁合金，不一而足；二是金融企业，德隆控股参股了多家证券公司、租赁公司、信托公司、商业银行等。德隆危机后的200多家实业企业经营情况参差不齐，有的能维持经营，有的资不抵债，有的则经营困难。德隆大量设立表面上看来与德隆没有股权关系的“壳公司”，并把大量资产转移到这些“壳公司”及私人手中，这样的“壳公司”有几十家之多。至德隆被接管前，其总资产逾千亿元，涉及矿业、旅游、零售、汽车、农业、食品、银行、证券、信托等数十个行业，大部分都是通过下属子公司直接投资参股，或者以别人的名义间接出资等方式，这个以资本为纽带的庞大企业组织，就是所谓的“德隆模式”。

（二）基本案情

从20世纪90年代中后期开始，中国兴起了新一轮的“产业金融热”，产业资本又一次大规模进军金融业。在这股热潮中，德隆是一个突出的例子。

德隆的资金来源有如下4个渠道：

（1）上市公司再融资。

（2）利用持有的法人股抵押贷款。

（3）利用上市公司的信誉与其他公司互保贷款。

（4）利用金信信托、德恒证券和恒信证券3家金融机构作为融资平台进行融资。

2004年4月13日，德隆系老三股之一合金投资（000633）高台跳水，德隆开始步入危机。次日，新疆屯河和湘火炬也相距跌停。一周时间，德隆股票彻底崩盘，流通市值缩水高达60亿元以上。更为严重的是上海、湖南、新疆等地的众多银行曾对德隆系公司发放过大量信贷资金，随着德隆系的崩盘，这些信贷资金也将陷入难以收回的处境。从4月开始，各家商业银行开始申请冻结德隆资产。

德隆危机源于2000年12月“中科事件”和2001年4月“郎咸平炮轰德隆”后发生金信信托挤兑风波，随后这种风波又发生了3起，最终导致2004年4月13日德隆系股票崩盘，巨人倒下。

2002年1月~2003年3月是德隆历史上最为繁忙的阶段：友联管理的组建和运营揭开德隆金融混业经营战略序幕。金融领域的全面进入、畜牧产业的大举投入、农资超市大规模布网、旅游产业整合计划，这5件大事同时进行，消耗大量的人力、财力和物力，使德隆初现的危机进一步恶化，处于悬崖边上。

2004年4月13日，前身为陕西信托投资公司的健桥证券，首先抛售合金投资股票，当日合金投资股票跌停。第二天，“老三股”全线下挫跌停，德隆危机全面爆发。

2004年5月16日~28日，德隆开始积极自救：所有下属金融实业机构的负责人，查实德隆的资产和负债状况；资产重组，须找战略投资人；收缩战线，调整机构。

【评析】

（一）德隆进军金融市场的背景和动因

经济和金融的全球化、自由化和混业化的趋势，还有入世的机遇和压力，对金融业改革开放，对金融监管部门、金融机构、对大型国有企业、民营企业都形成很大的冲击，形成了一个开放的和求发展的大环境和大背景。

作为发展中国家的新兴市场，金融是一种垄断性、稀缺性的资源。金融相对于产业来说，有比较高的位势。20多年来，一直是产业追逐金融，这是新兴市场的特点决定的。

从产业需求来看，面对跨国公司及其附属金融公司的进入，产业集团有赶超国外巨头，进军世界500强的目标；有多元化经营、分散风险的动机；有分羹金融业的企图；甚至还有装点门面、提高企业形象的需求。

（二）德隆营运资金失败的原因

在这股产业金融热潮中，德隆投资金融机构的资本金来源并不符合向金融机构投资入股规定，公司和被投资的金融机构间存在不正当的关联交易和暗箱操作的情况；内部政策、利益的协调，治理机构的完善都是没有解决的问题。以为投资金融业就能获得丰富利润，风险意识弱，不曾想近两年资本市场低迷，证券业风险凸显，使得一些证券投资公司、基金公司的企业蒙受巨额损失，比如开篇提到的健桥证券。

1. 没有业绩支持的过于激进的发展速度

德隆属于“系族企业”，即在中国资本市场上，通过快速扩张控制多个公司并组成关联，这是一些企业快速成长的基本路径。但是，陆续涌现的“系族企业”经营失败的案例显示，其快速并购扩张赖以支撑的金融链条断裂，是造成其全面崩溃的直接原因。

2. 金融支持低效率

在我国直接融资渠道不畅、民营企业可以得到的融资支持力度较小的具体背景下，德隆的发展受到了客观的局限和制约。

在间接融资渠道上，出于特定的体制原因和转型期的特征，民营企业得到银行信贷支持相对来说难度较大。

融资途径的短缺极大地制约了民营企业的融资能力，而迫使其寻求其他的融资方式。德隆以高度控制复杂金融机构的方式，就是对当下制约其发展的金融市场体系的应对策略的体现。在整个金融体系中，长期融资渠道的缺乏，也是导致德隆在扩张过程中显著依赖短期融资来“借短用长”的重要原因。相当比率的融资是从民间融资市场获得的，这必然迫使企业支付更高的融资成本。这种资金转移格局的存在本身就是金融体系低效率的表现，其中也蕴含了企业快速扩张的资金成本高昂、融资风险难以及时被金融体系识别等重要隐患。这种高风险的融资结构实际上承受市场波动的能力很低，也是导致其在快速扩张时期容易出现资金链条断裂的关键原因之一。

3. 经营战略存在偏差

德隆战略定位模糊，整合框架过于庞大而带来资金链条的成倍放大。德隆在战略业务上的一个突出特点是没有主业，通过频繁的收购行为聚集了大量的公司。早期的多元化规模小、步伐慢，因此对企业未产生明显的负面效应；但德隆在进入老三股以后，开始了大规模的高速并购，不仅难度加大，这些公司在产能过剩、效率低下的背景下，又需要投入资金，这种经营战略的偏差引起被动的金融链条紧绷是其溃败的重要原因。

思考：

考察“德隆系”、“张海系”的发展历程，都近似地形成“初期发展—快速扩张—快速的短期资金融通—再扩张—资金链条紧张—危机—溃败”的路线。从宏观和微观上，该如何避免这种路线的继续发生？

资料来源：根据《财务管理案例教程》（朱清贞，颜晓燕，肖小玮编著；清华大学出版社 2006 年 9 月版）改编。

仿真实训

实训项目

实训目的：

了解营运资金管理的基本内容。应用营运资金管理的基本原理。为企业制定营运管理方案。

实训资料：

四川长虹的巨额应收账款

2001 年，退居二线的四川长虹原掌门人倪润峰复出了。长虹是四川省的利税大户，对四川经济增长指标的提升起着举足轻重的作用。因此，省政府对长虹的业绩寄予了很高的希望。面对业绩的压力和国内激烈竞争的家电市场，倪润峰把目光转向了美国市场。经过一段时间的考察，他选择了美国的 APEX 公司，并通过该公司将大量的长虹产品出口美国。

APEX 从一个名不见经传的小公司，到被中国台湾的《天下》杂志称为“似流星般地崛起”为美国 DVD 市场和彩电市场叱咤风云的公司，2002 年年底，它超越了 Sony 和 Panasonic，成为美国 DVD 市场的新霸主。这主要依赖于国内多家企业的产品赊销。其董事长季龙粉的伎俩就是先信誓旦旦地承诺，待货物到手后，便找种种理由不付款。虽然季龙粉由于“票据诈骗”已经被刑事拘留，但 APEX 拖欠长虹逾 40 亿人民币的货款是否能够如数收回却是个未知数。

实训要求：

（1）你认为长虹在对 APEX 公司进行赊销前的信用调查和分析工作做得如何？

（2）从长虹公司的应收账款案例中你获得了哪些启示？

第六章
筹资方式决策

◆ 学习目标

- 了解筹资渠道与筹资方式的种类，以及资金需要量的预测方法。
- 了解权益资金、债务资金筹集的各种方式。
- 认识和比较各种筹资方式的优点与不足。
- 掌握股票、债券的发行价格和融资租赁租金的计算方法。

第一节　筹资概述

企业筹资，是指企业根据其生产经营、对外投资以及调整资本结构等需要，通过一定的渠道，采取适当的方式，获取所需资金的一种行为。

一、企业筹资渠道与筹资方式

（一）企业筹资渠道

企业筹资渠道是指筹措资金来源的方向与通道，体现着资金的源泉和流量。企业维持正常的生产经营等活动对资金会产生一定的需求，筹资渠道则指明了客观存在的筹措资金的来源方向与途径。在筹资时应对这些筹资渠道进行分析，以了解各种筹资渠道资金的存量与流量大小；企业可以使用哪些筹资渠道；每种筹资渠道适于采用哪些筹资方式等，以便于企业充分开拓和正确、合理利用筹资渠道。

目前我国企业的筹资渠道主要包括国家资金、银行信贷资金、非银行金融机构资金、其他企业资金、居民个人资金、企业自留资金和外商资金七种。

1. 国家资金

国家对企业的直接投资是国有企业最主要的筹资渠道。特别是国有独资企业，其资本全部由国家投资形成。现有国有企业的资金来源中，资本部分大多是由国家财政以直接拨款方式形成的，除此以外，还有些是国家对企业“税前还贷”或减免各种税款而形成的。不管是何种形式形成的，从产权关系上看，它们都属于国家投入的资金，产权归国家所有。

2. 银行信贷资金

银行对企业的各种贷款，是我国目前各类企业最为重要的资金来源。我国银行分为商业银行和政策性银行两种。商业银行以营利为目的，主要从事信贷资金投放，为企业提供各种商业贷款；政策性银行则主要为特定企业提供政策性贷款。

3. 非银行金融机构资金

非银行金融机构主要指信托投资公司、保险公司、租赁公司、证券公司、企业集团所属的财务公司等。它们所提供的各种金融服务，既包括信贷资金投入，也包括物资的融通，还包括为企业承销证券等金融服务。企业通过参与这些金融服务活动，取得部分资金来源。

4. 其他企业资金

企业在生产经营过程中，往往形成部分暂时闲置的资金，并为一定的目的用该资金进行相互投资；除此以外，企业间的购销业务如果通过商业信用方式来完成，则会形成债务人对债权人的短期资金占用，从而形成企业间的债权债务关系。这种企业之间的相互投资和商业信用的存在，使其他企业资金成为企业资金的重要来源。

5. 居民个人资金

企业职工和居民个人手中持有的闲置货币，作为“游离”于银行及非银行金融机构等之外的个人资金，可通过购买企业债券或股票等多种形式对企业投资，从而形成企业的民间筹资渠道。

6. 企业自留资金

企业自留资金是来源于企业内部积累的资金，主要包括提取公积金和未分配利润及提取的固定资产折旧等。这类资金直接由企业内部自动生成或转移。

7. 外商资金

外商资金是外国投资者或我国港澳台地区投资者投入资金和借用外资，如进口物资延期付款、补偿贸易、国际租赁、在国外发行企业债券等。

（二）筹资方式

企业筹资方式是指筹措资金时所采取的具体方法和形式，体现着资金的属性。企业筹资时也要对筹资方式进行分析，以了解各种筹资方式的法律限制和金融限制，各种筹资方式的资本成本高低和财务风险大小，各种筹资方式对企业资本结构的影响程度等，以利于企业选择适宜的筹资方式和进行筹资组合。

目前我国企业的筹资方式主要有以下几种：①吸收直接投资；②发行股票筹资，包括普通股筹资和优先股筹资；③留存收益筹资；④银行借款；⑤商业信用；⑥发行公司债券；⑦融资租赁。其中，①~③方式筹措的资金为权益资金，④~⑦方式筹措的资金为债务资金。

（三）筹资渠道与筹资方式的关系

筹资渠道和筹资方式之间有密切的关系，筹资渠道说明了企业资金的来源，筹资方式则给出了取得资金的具体方法。如果说筹资渠道是客观存在的，那么筹资方式则取决于企业的主观行为，二者之间存在一定的对应关系。一般意义上讲，一定的筹资方式可能适用于多种筹资渠道，也可能只适用于某一特定的筹资渠道；但是，同一渠道的资金也往往可能采取不同的筹资方式取得。不同的筹资渠道与方式对企业的影响是不同的，因此，企业筹集资金时，还必须将二者结合在一起，研究并实现二者的合理配合。

二、企业筹资的基本原则

为了经济有效地筹集资金，企业筹资应遵循以下基本原则：

（一）效益性原则

企业筹资与投资在效益上应当相互权衡，只有通过投资收益与筹资成本的比较，才能判断项目是否具有投资可行性，从而决定是否需要追加筹资；而一旦采纳某项投资项目，其投资数量就决定了筹资数量。因此，企业在筹资活动中，一方面需要认真分析投资机会，讲究投资效益，避免不顾投资效益的盲目筹资；另一方面，由于不同筹资方式的资金成本不尽相同，企业也需要综合考虑各种筹资方式，寻求最优的筹资组合，以便降低资金成本，经济有效地筹集资金。

（二）合理性原则

企业筹资须在三个方面确定合理的数量。一是合理确定筹资的总量，企业应尽量确保筹资数量与投资需求量达到平衡，避免出现因筹资数量不足影响投资活动或筹资数量过剩影响筹资效益等不良状况。二是合理确定资金结构，既要避免债务资金过多，导致财务风险过高，偿债负担过重，又要有效地利用负债经营，提高权益资金的收益水平。三是合理确定长期资金与短期资金的结构，也就是合理确定企业全部资金的期限结构。该期限结构应与企业资产所需持有的期限相匹配。

（三）及时性原则

企业筹资必须根据企业资金的投放时间来安排筹划，使筹资与投资在时间上相协调。企业投资一般都有投放时间上的要求，筹资必须要与此相配合，避免筹资过早造成的资金闲置或筹资滞后导致的贻误投资有利时机。

（四）合法性原则

企业的筹资活动，影响着社会资本及资源的流向和流量，涉及相关利益主体的经济权益，为此，必须遵守国家有关法律法规，依法履行约定的责任，维护有关各方的合法权益，避免因非法筹资行为给企业本身及相关利益主体造成损失。

三、企业资金需要量预测

（一）资金需要量预测的基本依据

资金需要量预测的基本目的是为了保证企业生产经营业务的顺利进行，使筹集来的资金既能保证满足生产经营的需要，又不会有太多的闲置，从而促进企业财务管理目标的实现。

企业资金需要量预测的基本依据主要有以下几方面：

（1）法律依据。法律依据主要是指注册资本限额的规定和企业负债限额的规定。

（2）企业经营规模依据。一般而言，公司规模越大，所需资本就越多，反之则越少。

（3）其他因素。其他因素包括利率的高低、对外投资数额的多少、企业的信用状况等。

（二）资金需要量预测的销售百分比法

企业筹集资金应以需定筹，企业资金需要量的预测可通过销售百分比法进行。所谓销售百分比法是指以未来销售收入变动的百分比为主要参数，考虑随销售变动的资产负债项目及其他因素对资金需求的影响，从而预测未来需要追加的资金量的一种定量计算方法。

1. 销售百分比法的基本依据

销售百分比法是根据销售、资产负债表和利润表项目之间的比例关系，预测各项目短期资金需要量的方法。

运用销售百分比法，一般是借助预计利润表和预计资产负债表。企业通过预计利润表预测企业留用利润这种内部资金来源的增加额，通过预计资产负债表预测企业资金需要总额和外部筹资的增加额。

2. 编制预计利润表，预测留用利润

第一步，收集基年实际损益表资料，计算确定利润表各项目与销售额的百分比。

第二步，取得预测年度销售收入预计数，用此预计销售额和基年实际损益表各项目与实际销售额的比率，计算预测年度预计利润表各项目的预计数，并编制预测年度预计利润表。

第三步，利用预测年度税后利润预计数和预定的留用比例，测算留用利润的数额。

3. 编制预计资产负债表，预测外部筹资数额

企业通过编制预计资产负债表，预测资产、负债及留用利润有关项目的数额，进而预测企业需要外部筹资的数额。运用销售百分比法要选定与销售有基本不变比率关系的项目，这种项目被称为敏感项目。敏感资产项目一般包括现金、应收账款、存货等项目，敏感负债项目包括应付账款、应付费用等项目。

4. 预测外部筹资额

预计未来需要追加筹集的资金数额 = 未来销售收入增长率 ×（随销售额变动的资产项目基期金额 − 随销售额变动的负债项目基期金额）− 预计未来可以使用的留用利润　（6 − 1）

用符号表示为：

$$\Delta F = K \times (A - L) - R \quad (6-2)$$

式中，ΔF 表示预计未来需要追加的资金数额；K 表示未来销售收入增长率；A 表示随销售额变动的资产项目基期金额，如货币资金、应收账款、存货等流动资产项目；L 表示随销售额变动的负债项目基期金额，如应付账款、应交税金、其他应付款等流动负债项目；R 表示预计未来可以使用的留用利润（留存收益）。

[特别提示] 固定资产是否是敏感资产项目，要视销售增长的幅度与基期固定资产的利用程度而定。如基期固定资产的利用已经饱和，则增加销售必须追加固定资产，如基期固定资产的剩余生产能力足以满足销售增长的需要，则不必追加资金添置固定资产。

[案例 6 − 1] 某公司 2009 年实现销售额 300 000 元，销售净利率为 10%，并按净利润的 60% 发放股利，假定该公司的固定资产利用能力已经饱和。2009 年年底的简略式资产负债表如表 6 − 1 所示。

表 6 − 1　　资产负债表　　单位：元

资　　产	金　额	负债及所有者权益	金　额
1. 货币资金	80 000	负债：1. 应付账款	130 000
2. 应收账款	180 000	2. 应交税金	20 000

表 6-1（续）

资　产	金　额	负债及所有者权益	金　额
3. 存货	240 000	3. 长期负债	50 000
4. 固定资产（净值）	500 000	所有者权益：1. 实收资本	750 000
5. 无形资产	10 000	2. 留存收益	60 000
合　计	1 010 000	合　计	1 010 000

若该公司计划在 2010 年把销售额提高到 360 000 元，销售净利率、股利发放率仍保持在 2009 年的水平。要求：用销售百分比法预测该公司 2010 年追加资金的需要量。

解答：依上述资料计算如下：

$K=(360\ 000-300\ 000)/300\ 000\times100\%=20\%$

$A=80\ 000+180\ 000+240\ 000+500\ 000=1\ 000\ 000$（元）

$L=130\ 000+20\ 000=150\ 000$（元）

$R=360\ 000\times10\%\times(1-60\%)=14\ 400$（元）

$\Delta F=(1\ 000\ 000-150\ 000)\times20\%-14\ 400=155\ 600$（元）

所以，2010 年需追加筹集资金 155 600 元。

第二节　权益资金筹集

企业的全部资产由两部分构成：投资人提供的所有者权益和债权人提供的负债。所有者权益是企业资金的最主要来源，是企业筹集债务资金的前提与基础。企业通过吸收直接投资、发行股票、内部积累等方式筹集的资金都属于企业的所有者权益。

一、吸收直接投资

吸收直接投资是指非股份制企业按照“共同出资、共同经营、共担风险、共享利润”的原则直接吸收国家、法人、社会公众、外商投入资金的一种筹资方式。吸收直接投资与发行股票、留存收益同属于企业筹集权益资本的重要方式，其出资者都是企业的所有者，他们对企业享有经营管理权，并按出资比例分享利润和承担风险损失。由于吸收直接投资不以股票为媒介，无须公开发行证券，因而它是非股份制企业筹集权益资本的一种基本方式。

（一）吸收直接投资的种类

企业通过吸收直接投资方式筹集的资金可分为以下四类：

1. 吸收国家投资

国家投资是指有权代表国家投资的政府部门或者机构以国有资产投入企业，形成国有资本金，其产权归属于国家，但企业对其拥有经营权。吸收国家投资是国有企业筹集权益资本的主要方式。

2. 吸收法人投资

法人投资是指其他企业、事业等法人单位以其依法可支配的资产投入企业，形成法人资本金。在市场经济条件下，企业法人之间相互投资的情况比较普遍，这种融资形式使企业出现了法人股东，他们有权参与企业的经营决策。

3. 吸收社会公众投资

社会公众投资是指社会个人或本企业内部职工以个人合法财产投入企业，形成个人资本金。随着我国经济的发展和城乡居民收入水平的提高，社会公众的闲置货币资金逐年增加，为企业提供了一个重要的融资渠道，也提高了企业权益资本的社会性。

4. 吸收外商投资

外商投资是指外国投资者或我国港澳台地区投资者将资金投入企业，形成外商资本金。

（二）吸收直接投资的出资方式

1. 货币资金出资

货币资金出资是吸收直接投资的一种最重要的出资方式，所需投入货币资金的数额，取决于企业在投入的实物之外尚需多少资金来满足企业创建的开支和日常周转的需要。外国公司法或投资法对货币资金投资占资本总额的多少，一般都有规定，我国目前尚无这方面的规定，货币资金所占比例需要双方协商加以确定。

2. 实物出资

实物出资是指投资者以厂房、建筑物、设备等固定资产或原材料、商品等流动资产所进行的投资。企业吸收的实物投资应符合如下条件；①确为企业科研、生产、经营所需；②技术性能比较好；③作价公平合理。

3. 工业产权出资

工业产权出资是指投资者以专有技术、商标权、专利权等无形资产所进行的投资。企业吸收的工业产权投资应符合如下条件：①能帮助企业研究和开发新的高科技产品；②能帮助企业生产适销对路的高科技产品；③能帮助企业改进产品质量，提高生产效率；④能帮助企业大幅度降低各种能耗；⑤作价比较合理。

4. 土地使用权出资

土地使用权是指按有关法规和合同的规定使用土地的权利，投资者可以用土地使用权来进行投资。企业吸收土地使用权投资应符合以下条件：①为企业科研、生产、销售活动所需；②交通、地理条件比较适宜；③作价公平合理。

（三）吸收直接投资的评价

1. 吸收直接投资的优点

（1）有利于增强企业信誉。吸收直接投资所筹集的资本属于企业的权益资本，是企业从事生产经营活动的“本钱”，同时也是企业承担民事责任的物质基础。与债务融资方式相比，吸收直接投资能够提高企业的资信程度和借款能力。

（2）有利于尽快形成生产能力。吸收直接投资不仅可以取得一部分货币资金，而且通常能够直接获得企业所需要的先进设备和技术。与各种证券融资方式相比，吸收直接投资便于尽快形成生产能力。

（3）财务风险较低。吸收直接投资可以根据企业的经营状况向投资者支付报酬，企业经营状况好，可以向投资者多支付一些报酬，企业经营状况不好，则可以不向投资者支付报酬或少支付报酬，比较灵活。所以，相对于债务融资方式而言，吸收直接投资没有固定的还本付息压力，财务风险较小。

2. 吸收直接投资的缺点

(1) 筹资成本较高。吸收直接投资方式融资所需负担的筹资成本较高。一方面是由于该方式下向投资者支付的报酬须从税后净利中直接支付，企业实际负担相对于债务资金利息而言较重；另一方面源于企业向投资者支付报酬的数额很大程度上取决于企业的经营状况，当经营状况较好和盈利能力较强时，须支付的报酬较高，此时负担较重。

(2) 容易分散企业的控制权。采用吸收直接投资方式融资，投资者作为企业所有者一般都要求获得与投资份额相当的经营管理权。吸收直接投资越多，则原有股东对企业的控制权就越少，严重时甚至会失去对企业的控制，这是吸收直接投资的不利因素。

(3) 产权关系比较模糊。由于吸收直接投资融资方式没有以证券为媒介，所形成的企业产权关系有时不够明晰，也不便于产权交易。

二、股票筹资

(一) 股票的特点与种类

股票是股份公司为筹集权益资本而签发给股东的、证明股东所持股份的有价证券，它代表了股东对企业的所有权，是股东借以取得股利的一种所有权凭证。股票持有者即为该公司的股东，对该公司财产有要求权。发行股票是股份公司筹集权益资本最常见的方式。

1. 股票的特点

股票作为一种所有权凭证，体现着股东对发行公司净资产的所有权。股票具有以下基本特性：①永久性。永久性是指发行股票所筹集的资金属于权益资本，没有期限，不须归还。②流通性。股票作为一种有价证券，在资本市场上可以自由转让、买卖和流通，也可以继承、赠送或作为抵押品。③风险性。由于发行股票所筹资金的永久性，股东成为企业风险的主要承担者。这种风险的表现形式一般有：股票价格的波动性、股利的不确定性、破产清算时股东处于剩余财产分配的最后顺序等。④参与性，股东作为股份公司的所有者，拥有经营者选择权、重大决策权、财务监控权、获取收益权等权利，同时承载着有限责任，遵守公司章程等义务。

2. 股票的种类

(1) 按股东的权利和义务不同，股票分为普通股和优先股。

普通股是指股份公司发行的代表股东享有平等的权利和义务，不加特别限制，股利不固定的股票。普通股具备股票的最一般特征，是股份公司股权资本的最基本部分。

优先股是股份公司发行的在分配股利和剩余财产时比普通股具有优先权的股票。多数国家的公司法规定，优先股可以在公司设立时发行，也可以在公司增发新股时发行。从法律上讲，企业对优先股不承担法定的还本义务。

(2) 按股票是否记名，股票分为记名股票和无记名股票。

记名股票，是指在股票票面上记载股东的姓名或者名称，并将股东的姓名或名称记入公司股东名册的股票。记名股票的股权只限于股东本人使用，转让时必须按规定办理过户手续，对于股票受让人，公司要重新办理登记手续。

无记名股票，是指在股票票面上不记载股东的姓名或者名称，股东的姓名或名称也不记入公司股东名册的股票。公司只记载股票的数量、编号和发行日期。无记名股票的转让、继承无须办理过户手续。

我国《公司法》规定，股份公司发行的股票，可以为记名股票，也可以为无记名股票。股份公司向发起人、法人发行的股票，应当为记名股票。

（3）按股票票面有无金额，股票分为面值股票和无面值股票。

面值股票，是指股份公司发行的票面上标有金额的股票。票面金额代表股东对公司所投入的股本金额。持有该股票的股东在公司享有的权利和承担的义务按其所拥有的全部股票的票面金额之和占公司发行在外的股票总面额的比例大小来确定。我国《公司法》规定，股票应当标明票面金额。

无面值股票，是指不标明票面金额，只在股票上记载所占公司股本总额的比例或股份数，又称为“分权股份”或“比例股”。之所以采用无面值股票，是因为股票价值实际上是随公司财产的增减而变动的。

（4）按发行对象和上市地区不同，我国股票分为A股、B股、H股和N股等。

A股的正式名称是人民币普通股票，它是由我国境内的公司发行，供境内机构、组织或个人（不含我国台、港、澳投资者）以人民币认购和交易的普通股股票。

B股的正式名称是人民币特种股票，它是由我国境内的公司发行，以人民币标明面值，以外币认购和交易的普通股股票。它的投资人限于：外国的自然人、法人和其他组织，中国香港、中国澳门、中国台湾地区的自然人、法人和其他组织，定居在国外的中国公民，中国证监会规定的其他投资人。

A股和B股均在我国上海或深圳证券交易所上市交易。

H股是指注册地在内地、上市地在香港（Hong Kong）的外资股。

N股是指那些在中国大陆注册、在纽约（New York）上市的外资股。

（二）普通股筹资

1. 普通股及其股东权利

普通股是股份有限公司发行的无特别权利的股份，也是最基本的、标准的股份。通常情况下，股份有限公司只发行普通股。普通股股东主要有如下权利：

（1）出席或委托代理人出席股东大会，并依公司章程规定行使表决权。

（2）股份转让权。

（3）股利分配请求权。

（4）对公司账目和股东大会决议的审查权和对公司事务的质询权。

（5）分配公司剩余财产的权利。

（6）公司章程规定的其他权利。

2. 股票发行

股份有限公司在设立时要发行股票。此外，公司设立之后，为了扩大经营、改善资本结构，也会增资发行新股。股份的发行，实行公平、公正的原则，必须同股同权、同股同利。同次发行的股票，每股的发行条件和价格应当相同。任何单位或个人所认购的股份，每股应支付相同的价款；同时，发行股票还应接受国务院证券监督管理机构的管理和监督。股票发行具体应执行的管理规定主要包括股票发行条件、发行程序和方式、销售方式等。

(1) 股票发行的规定与条件

股份有限公司发行股票，应符合以下规定与条件：

①每股金额相等。同次发行的股票，每股的发行条件和价格应当相同。

②股票发行价格可以按票面金额，也可以超过票面金额，但不得低于票面金额。

③股票应当载明公司名称、公司登记日期、股票种类、票面金额及代表的股份数、股票编号等主要事项。

④向发起人、国家授权投资的机构、法人发行的股票，应当为记名股票；对社会公众发行的股票，可以为记名股票，也可以为无记名股票。

⑤公司发行记名股票的，应当置备股东名册，记载股东的姓名或者名称、住所、各股东所持股份、各股东所持股票编号、各股东取得其股份的日期；发行无记名股票的，公司应当记载其股票数量、编号及发行日期。

⑥公司发行新股，必须具备下列条件：

a. 具备健全且运行良好的组织结构；

b. 具有持续盈利能力，财务状态良好；

c. 最近3年财务会计文件无虚假记载，无其他重大违法行为；

d. 达到证券监督管理机构规定的其他条件。

⑦公司发行新股，应由股东大会作出有关下列事项的决议：新股种类及数额；新股发行价格；新股发行的起止日期；向原有股东发行新股的种类及数额。

(2) 股票发行方式和销售方式

公司发行股票筹资，应当选择适宜的股票发行方式和销售方式，并恰当地制定发行价格，以便及时募足资本。

①股票发行方式

股票发行方式，指的是公司通过何种途径发行股票。总的来讲，股票的发行方式可分为如下两类：

a. 公开间接发行。它指通过中介机构，公开向社会公众发行股票。我国股份有限公司采用募集设立方式向社会公开发行新股时，须由证券经营机构承销的做法，就属于股票的公开间接发行。这种发行方式的发行范围广、发行对象多，易于足额募集资本；股票的变现性强，流通性好。

b. 不公开直接发行。它指不公开对外发行股票，只向少数特定的对象直接发行，因而不须经中介机构承销。我国股份有限公司采用发起设立方式和以不向社会公开募集的方式发行新股的做法，即属于股票的不公开直接发行。这种发行方式弹性较大，发行成本低，但发行范围小，股票变现性差。

②股票销售方式

股票销售方式，指的是股份有限公司向社会公开发行股票时所采取的股票销售方法。股票销售方式有两类：自销和委托承销。

a. 自销方式。股票发行的自销方式，指发行公司自己直接将股票销售给认购者。这种销售方式可由发行公司直接控制发行过程，并可以节省发行费用，但往往筹资时间长，发行公司要承担全部发行风险。

b. 委托承销方式。股票发行的承销方式，指发行公司将股票销售业务委托给证券经营机构代理。这种销售方式是发行股票所普遍采用的。

（3）股票发行价格

股票发行价格是股票发行时所使用的价格，也就是投资者认购股票时所支付的价格。股票发行价格通常由发行公司根据股票面额、股市行情和其他有关因素决定。以募集设立方式设立公司首次发行的股票价格，由发起人决定；公司增资发行新股的股票价格，由股东大会作出决议。

股票的发行价格可以和股票的面额一致，但多数情况下不一致。股票的发行价格一般有以下三种：

①等价。等价就是以股票的票面额为发行价格，也称为平价发行。这种发行价格，一般在股票的初次发行或在股东内部分摊增资的情况下采用。等价发行股票容易推销，但无从取得股票溢价收入。

②时价。时价就是以本公司股票在流通市场上买卖的实际价格为基准确定的股票发行价格。其原因是股票在第二次发行时已经增值，收益率已经变化。选用时价发行股票，考虑了股票的现行市场价值，对投资者也有较大的吸引力。

③中间价。中间价就是以时价和等价的中间值确定的股票发行价格。

按时价或中间价发行股票，股票发行价格会高于或低于其面额。前者称溢价发行，后者称折价发行。如属溢价发行，发行公司所获得的溢价款列入资本公积。

我国《公司法》规定，股票发行价格可以等于票面金额（等价），也可以超过票面金额（溢价），但不得低于票面金额（折价）。因此，普通股的发行价格可以按照不同情况采取两种办法：一是按票面金额等价发行；二是按高于票面金额的价格发行，即溢价发行。

公司始发股的发行价格与票面金额通常是一致的，增发新股的发行价格则须根据公司盈利能力和资产增值水平加以确定，主要有以下三种：

a. 以未来股利计算

$$每股价格=\frac{预期股利}{利息率}=\frac{票面价值\times股利率}{利息率} \tag{6-3}$$

公式中的利息率最好使用金融市场平均利率，也可用投资者的期望报酬率。

b. 以市盈率计算

$$每股价格=每股税后利润\times合适的市盈率 \tag{6-4}$$

c. 以资产净值计算

$$每股价格=\frac{资产总额-负债总额}{普通股总股数}=\frac{所有者权益总额}{普通股总股数} \tag{6-5}$$

3. 股票上市

（1）股票上市的目的

股票上市，指的是股份有限公司公开发行的股票经批准在证券交易所进行挂牌交易。经批准在交易所上市交易的股票则称为上市股票。股份公司申请股票上市，一般出于以下的一些目的：

①资本大众化，分散风险。股票上市后，会有更多的投资者认购公司股份，公司则可将部分股份转售给这些投资者，再将得到的资金用于其他方面，这就分散了公司的风险。

②提高股票的变现力。股票上市后便于投资者购买，自然提高了股票的流动性和

变现力。

③便于筹措新资金。股票上市必须经过有关机构的审查批准并接受相应的管理，执行各种信息披露和股票上市的规定，这就大大增强了社会公众对公司的信赖，公众也就乐于购买公司的股票；同时，由于一般人认为上市公司实力雄厚，也便于公司采用其他方式（负债）筹措资金。

④提高公司知名度，吸引更多顾客。股票上市公司，为社会所知，并被认为经营优良，会带来良好声誉，吸引更多的顾客，从而扩大销售量。

⑤便于确定公司价值。股票上市后，公司股价有市价可循，便于确定公司的价值，有利于促进公司财富最大化。

（2）股票上市的条件

公司公开发行的股票进入证券交易所挂牌买卖（股票上市），需受严格的条件限制。我国《证券法》规定，股份有限公司申请其股票上市，必须符合下列条件：

①股票经国务院证券监督管理机构核准已公开发行；

②公司股本总额不少于人民币3000万元；

③公司发行的股份达到公司股份总数的25%以上；公司股本总额超过人民币4亿元的公开发行的比例为10%以上；

④公司最近3年无重大违法行为，财务会计报告无虚假记载。

此外，公司股票上市还应符合证券交易所规定的其他条件。

4. 普通股筹资的评价

（1）普通股融资的优点

①普通股股本没有固定的到期日，不须偿还。这对于保证公司资金的需求，促进公司长期、持续、稳定经营具有重要意义。

②普通股没有固定的股利负担。股利的支付与否和支付多少视公司盈利和经营情况而定。这样就可以使公司的现金收支有很大的灵活性，不会因为还本付息的原因而影响公司的正常生产、销售活动，因而筹资风险较小。

③发行普通股可以提高公司信誉，增强举债能力。发行普通股筹集的资本是公司权益资本的来源。权益资本的多少，反映了公司的实力，较多的权益资本为债权人提供了坚实的信用基础和保障，可以增强公司的举债能力。

（2）普通股融资的缺点

①筹资成本高。普通股股利要从税后净利中支付，使得股利不能像债券利息那样具有抵税作用，而且相对于债务资本，普通股的投资风险高，投资者要求的报酬率相应较高。

②容易分散公司的控制权。利用普通股筹资会增加新股东，从而稀释原有股东对公司的控制权，导致股权分散。

（三）优先股筹资

优先股是股份公司依法发行的在分配公司收益和剩余财产方面比普通股具有一定优先权的股票。优先股所筹集的资本属于公司股权资本，其股利必须从税后净利中支付，这一特征类似于普通股，同时优先股具有面值和固定的股利率，这一特征又类似于债券，因此优先股常被看成一种混合性证券。

1. 优先股的种类

（1）累积优先股和非累积优先股

累积优先股是指当年未支付的股利可累积到以后年度支付的优先股。这种股利积累对优先股股东形成一种利益上的保护，防止公司管理当局有意回避支付优先股股利而将大部分盈余留给普通股股东。

非累积优先股是指如果当年盈利不足以支付优先股股利，对所欠部分，股份公司不予累计计算，优先股股东也不能要求公司在以后年度予以补发。

（2）可转换优先股和不可转换优先股

可转换优先股是指按照发行契约的规定，可以在一定时期内按一定比例转换成普通股的优先股。转换比率是按普通股和优先股的现行价格确定的，到时是否转换，完全取决于投资者的意愿及当时普通股、优先股价格变化的程度。

不可转换优先股是指不能转换成普通股的优先股，该股票只能获得固定股利报酬，不能获得转换收益。

（3）参与优先股与不参与优先股

参与优先股是指不仅能取得固定股利，还有权与普通股一同参加利润分配的优先股。按照参与优先股在利润分配过程中参与程度的不同，又可将其分为部分参与优先股和全部参与优先股。

不参与优先股是指优先股股东对股份公司的税后利润，只是有权分得固定股利，对取得固定股利后的剩余利润无权参加分配的优先股。

（4）可赎回优先股与不可赎回优先股

可赎回优先股是指股份公司可以按一定价格收回的优先股股票。在订有回收条款的情况下，优先股可用现金收回，其回收价格高于票面值或原发行价格，并随着时间推移而递减。若没有订立回收条款，则须以高于股市价格的回收价格收回。至于是否收回、在什么时候收回，则由发行公司决定。

不可赎回优先股是指不能收回的优先股股票。由于优先股都有固定股利，因此不可赎回优先股的发行成为一项永久性财务负担。

2. 发行优先股融资的动机

（1）防止公司股权分散。公司增发普通股筹资，由于控制权分散，可能会导致股票价格下跌。而优先股股东在股东大会上一般没有表决权，发行优先股不会分散原有股东对公司的控制权。通过优先股筹资，公司既可以筹集到股权资本，避免财务风险升高，又可以避免普通股股东股权分散，因此对公司和普通股股东来说，优先股筹资具有普通股筹资和债券筹资所不具备的特别意义。

（2）调剂现金余缺。优先股没有固定的到期日，公司可以根据资本需求状况来决定发行可赎回优先股。在公司需要现金时，可以发行优先股筹集资本，当公司现金充足时，可以将可赎回优先股赎回，从而调剂现金余缺。因此，优先股筹资具有较大的弹性。

（3）改善公司资本结构。发行优先股所筹集的资本属于公司的股权资本，但优先股可以规定赎回条款，公司可以根据资本结构的实际情况，利用优先股这一特性来调整资本结构。

（4）降低筹资成本，控制财务风险。公司筹集资本，可以选择股权筹资或者负债筹资的方式。如果通过负债来筹集资本，虽然可以降低筹资成本，但会导致财务风险的增加；如果通过发行普通股筹集资本，虽然可以降低财务风险，但筹资成本较高。而通过发行优先股筹集资本，其筹资成本低于普通股，财务风险又较低，因而可以兼顾降低筹资成本和控制财务风险的双重要求。

3. 优先股筹资的评价

(1) 优先股筹资的优点

①优先股没有固定的到期日，不用偿还本金，又可以提前赎回，具有较大的灵活性。

②优先股的股利支付既固定，又有一定的灵活性。

③优先股具有一定的财务杠杆作用。由于优先股的股利是固定的，这一点上与债务资金的利息类似，因而优先股也具有一定的财务杠杆作用，有利于提高普通股的收益率。

(2) 优先股筹资的缺点

①筹资成本较高。优先股成本虽然低于普通股成本，但由于优先股股利要从税后利润中支付，不会使公司享有抵减所得税的好处，所以一般情况下其成本会高于债务资金成本。

②财务负担较重。优先股要求支付固定股利，但又不能在税前扣除，当盈利下降时，优先股的股利可能会成为公司一项较重的财务负担。尤其是对于不可赎回优先股来说，公司不得不长期支付固定的股利，这成为公司长期的财务负担。

(四) 留存收益筹资

留存收益也是权益资金的一种，是指企业的盈余公积金及未分配利润等，是企业税后利润留归企业所使用的资金。留存收益也是一种长期筹资方式，是企业资金的主要来源之一。

与其他权益资金相比，留存收益这种筹资方式既能节约成本，又能增强企业的信誉。如果采用其他长期筹资方式诸如长期借款、发行股票、公司债券等来进行筹资，都需支付大量筹资费用，而采用留存收益方式筹集资金，资金的取得将更为简便，并且无须开展筹资活动，也不须支付筹资费用。所以，依靠企业内部积累来筹集资金，这对于降低筹资成本无疑是有益的；同时，因为留存收益资金属于主权资金，其实质是投资者对企业的再投资，因而可以增加企业的信用度。但要注意的是，这种筹资方式受制于企业盈利的多寡及企业的分配政策。

采用留存收益筹集资金方式，多留盈余，少分股利，可以减少股东因收到股利所缴纳的个人所得税，也可使公司股票价格因少发股利而上涨，股东可以通过出售股票所得来代替其股利收入。

第三节 债务资金筹集

负债是企业所承担的能以货币计量、须以资产或劳务偿付的债务。企业通过银行借款、发行债券、融资租赁、商业信用等方式筹集的资金属于企业的负债。由于负债要归还本金和利息，因而将其称为企业的借入资金或债务资金。

一、银行借款

（一）短期借款

短期借款是指企业向银行和其他非银行金融机构借入的期限在一年以内的借款。我国目前的短期借款按照目的和用途分为若干种，主要有生产周转借款、临时借款、结算借款等。按照国际通行做法，短期借款还可依偿还方式的不同，分为一次性偿还借款和分期偿还借款；依利息支付方法的不同，分为收款法借款、贴现法借款和加息法借款；依有无担保，分为抵押借款和信用借款；等等。企业在申请借款时，应根据各种借款的条件和需要加以选择。

企业举借短期借款，首先必须提出申请，经审查同意后借贷双方签订借款合同，注明借款的用途、金额、利率、期限、还款方式、违约责任等；然后企业根据借款合同办理借款手续；借款手续完毕，企业便可取得借款。

1. 短期借款的信用条件

按照国际通行做法，银行发放短期借款往往带有一些信用条件，主要有：

（1）信贷限额。信贷限额是银行对借款人规定的无担保贷款的最高额。信贷限额的有效期限通常为一年，但根据情况也可延期一年。一般来讲，企业在批准的信贷限额内，可随时使用银行借款。但是，银行并不承担必须提供全部信贷限额的义务。如果企业信誉恶化，即使银行曾同意过按信贷限额提供贷款，企业也可能得不到借款。这时，银行不会承担法律责任。

（2）周转信贷协定。周转信贷协定是银行具有法律义务地承诺提供不超过某一最高限额的贷款协定。在协定的有效期内，只要企业的借款总额未超过最高限额，银行必须满足企业任何时候提出的借款要求。企业享用周转信贷协定，通常要就贷款限额的未使用部分付给银行一笔承诺费（Commitment Fee）。

[案例 6－2] 某周转信贷额为 1000 万元，承诺费率为 0.5%，借款企业年度内使用了 600 万元，余额 400 万元，借款企业该年度就要向银行支付承诺费 2 万元（400 × 0.5%）。这是银行向企业提供此项贷款的一种附加条件。

周转信贷协定的有效期通常超过一年，但实际上贷款每几个月发放一次，所以这种信贷具有短期和长期借款的双重特点。

（3）补偿性余额。补偿性余额是银行要求借款企业在银行中保持按贷款限额或实际借用额一定百分比（一般为 10% ~20%）的最低存款余额。从银行的角度讲，补偿性余额可降低贷款风险，补偿遭受的贷款损失。对于借款企业来讲，补偿性余额则提高了借款的实际利率。

[案例 6－3] 某企业按年利率 8% 向银行借款 10 万元，银行要求维持贷款限额 15% 的补偿性余额，那么企业实际可用的借款只有 8.5 万元，该项借款的实际利率则为：

$$\frac{10\times 8\%}{8.5}\times 100\% = 9.4\%$$

（4）借款抵押。银行向财务风险较大的企业或对其信誉不甚有把握的企业发放贷款，有时需要有抵押品担保，以减少自己蒙受损失的风险。短期借款的抵押品经常是借款企业的应收账款、存货、股票、债券等。银行接受抵押品后，将根据抵押品的面值决定贷款金额，一般为抵押品面值的30%～90%。这一比例的高低，取决于抵押品的变现能力和银行的风险偏好。抵押借款的成本通常高于非抵押借款，这是因为银行主要向信誉好的客户提供非抵押贷款，而将抵押贷款看成一种风险投资，故而收取较高的利率；同时银行管理抵押贷款要比管理非抵押贷款困难，为此往往另外收取手续费。

企业向贷款人提供抵押品，会限制其财产的使用和将来的借款能力。

（5）偿还条件。贷款的偿还有到期一次偿还和在贷款期内定期（每月、每季）等额偿还两种方式。一般来讲，企业不希望采用后一种偿还方式，因为这会提高借款的实际利率；而银行不希望采用前一种偿还方式，是因为这会加重企业的财务负担，增加企业的拒付风险，同时会降低实际贷款利率。

（6）其他承诺。银行有时还要求企业为取得贷款而作出其他承诺，如及时提供财务报表、保持适当的财务水平（特定的流动比率），等等。如企业违背所作出的承诺，银行可要求企业立即偿还全部贷款。

2. 借款利息的支付方式

一般来讲，借款企业可以用三种方法支付银行贷款利息。

（1）收款法。收款法是在借款到期时向银行支付利息的方法。银行向工商企业发放的贷款大都采用这种方法收息。

（2）贴现法。贴现法是银行向企业发放贷款时，先从本金中扣除利息部分，而到期时借款企业则要偿还贷款全部本金的一种计息方法。采用这种方法，企业可利用的贷款额只有本金减去利息部分后的差额，因此贷款的实际利率高于名义利率。

［案例6－4］某企业从银行取得借款10 000元，期限为1年，年利率（名义利率）为8%，利息额为800元（10 000×8%）。按照贴现法付息，企业实际可利用的贷款为9200元（10 000－800），该项贷款的实际利率为：

$$\frac{800}{10\ 000-800}\times 100\%=8.7\%$$

（3）加息法。加息法是银行发放分期等额偿还贷款时采用的利息收取方法。在分期等额偿还贷款的情况下，银行要将根据名义利率计算的利息加到贷款本金上，计算出贷款的本息和，要求企业在贷款期内分期偿还本息之和的金额。由于贷款分期均衡偿还，借款企业实际上只平均使用了贷款本金的半数，却支付全额利息。这样，企业所负担的实际利率便高于名义利率大约一倍。

［案例6－5］某企业借入（名义）年利率为12%的贷款20 000元，分12个月等额偿还本息。该项借款的实际利率为：

$$\frac{20\ 000\times 12\%}{20\ 000\div 2}\times 100\%=24\%$$

3. 短期借款筹资的特点

在短期负债筹资中，短期借款的重要性仅次于商业信用。短期借款可以随企业的需要安排，便于灵活使用，且取得亦较简便。但其突出的缺点是短期内要归还，特别是在带有诸多附加条件的情况下更是使风险加剧。

（二）长期借款

长期借款是指企业向银行或其他非银行金融机构借入的使用期超过一年的借款，

主要用于购建固定资产和满足长期流动资金占用的需要。

1. 长期借款的种类

长期借款的种类很多，各企业可根据自身的情况和各种借款条件选用。我国目前各金融机构的长期借款主要有：

（1）按照用途，长期借款分为固定资产投资借款、更新改造借款、科技开发和新产品试制借款等。

（2）按照提供贷款的机构，长期借款分为政策性银行贷款、商业银行贷款等。此外，企业还可从信托投资公司取得实物或货币形式的信托投资贷款，从财务公司取得各种中长期贷款，等等。

（3）按照有无担保，长期借款分为信用贷款和抵押贷款。信用贷款指不须企业提供抵押品，仅凭其信用或担保人信誉而发放的贷款。抵押贷款指要求企业以抵押品作为担保的贷款。长期贷款的抵押品常常是房屋、建筑物、机器设备、股票、债券等。

2. 长期借款的保护性条款

由于长期借款的期限长、风险大，按照国际惯例，银行通常对借款企业提出一些有助于保证贷款按时足额偿还的条件。这些条件写进贷款合同中，形成了合同的保护性条款。归纳起来，保护性条款大致有如下两类：

（1）一般性保护条款

一般性保护条款应用于大多数借款合同，但根据具体情况会有不同内容，主要包括：

①对借款企业流动资金保持量的规定，其目的在于保持借款企业资金的流动性和偿债能力；

②对支付现金股利和再购入股票的限制，其目的在于限制现金外流；

③对资本支出规模的限制，其目的在于减小企业日后不得不变卖固定资产以偿还贷款的可能性，仍着眼于保持借款企业资金的流动性；

④限制其他长期债务，其目的在于防止其他贷款人取得对企业资产的优先求偿权；

⑤借款企业定期向银行提交财务报表，其目的在于及时掌握企业的财务情况；

⑥不准在正常情况下出售较多资产，以保持企业正常的生产经营能力；

⑦如期缴纳税费和清偿其他到期债务，以防被罚款而造成现金流失；

⑧不准以任何资产作为其他承诺的担保或抵押，以避免企业过重的负担；

⑨不准贴现应收票据或出售应收账款，以避免或有负债；

⑩限制租赁固定资产的规模，其目的在于防止企业负担巨额租金以致削弱其偿债能力，还在于防止企业以租赁固定资产的办法摆脱对其资本支出和负债的约束。

（2）特殊性保护条款

特殊性保护条款是针对某些特殊情况而出现在部分借款合同中的条款，主要包括：

①贷款专款专用；

②不准企业投资于短期内不能收回资金的项目；

③限制企业高级职员的薪金和奖金总额；

④要求企业主要领导人在合同有效期间担任领导职务；

⑤要求企业主要领导人购买人身保险等。

3. 长期借款筹资的特点

与其他长期负债筹资相比，长期借款筹资具有如下优缺点：

（1）长期借款筹资的优点

①借款筹资速度快。企业利用长期借款筹资的手续比发行债券简单得多，得到借款所花费的时间较短，程序较为简单，可以快速获得现金。

②借款成本较低。利用长期借款筹资，其利息可在所得税前列支，故可减少企业实际负担的成本，因此比股票筹资的成本要低得多；与债券相比，借款利率一般低于债券利率；此外，由于借款属于间接筹资，筹资费用也极少。

③借款弹性较大。在借款时，企业与银行直接商定贷款的时间、数额和利率等；在用款期间，企业如因财务状况发生某些变化，亦可与银行再行协商，变更借款数量及还款期限等。

④财务杠杆作用。企业利用借款筹资，与债券一样可以发挥财务杠杆的作用。

（2）长期借款筹资的缺点

①筹资风险较高。借款通常有固定的利息负担和固定的偿付期限，故借款企业的筹资风险较高。

②限制条件较多。长期借款的限制性条款比较多，制约着借款的使用，也可能会影响到企业以后的筹资和投资活动。

③筹资数量有限。一般不如股票、债券那样可以一次筹集到大笔资金。

二、发行债券

债券是经济主体为筹集资金而发行的，用以记载和反映债权债务关系的有价证券。由企业发行的债券称为企业债券或公司债券。这里所说的债券，指的是期限超过一年的公司债券，其发行目的通常是建设大型项目。

（一）债券的种类

公司债券有很多形式，大致有如下分类：

（1）按债券上是否记有持券人的姓名或名称，公司债券分为记名债券和无记名债券。这种分类类似于记名股票与无记名股票的划分。在公司债券上记载持券人姓名或名称的为记名公司债券；反之为无记名公司债券。两种债券在转让上的差别也与记名股票、无记名股票相似。

（2）按能否转换为公司股票，公司债券分为可转换债券和不可转换债券。若公司债券能转换为本公司股票，为可转换债券；反之为不可转换债券。

（3）按有无特定的财产担保，公司债券分为抵押债券和信用债券。发行公司以特定财产作为抵押品的债券为抵押债券；没有特定财产作为抵押，凭信用发行的债券为信用债券。

（4）按是否参加公司盈余分配，公司债券分为参加公司债券和不参加公司债券。债权人除享有到期向公司请求还本付息的权利外，还有权按规定参加公司盈余分配的债券，为参加公司债券；反之为不参加公司债券。

（5）按利率的不同，公司债券分为固定利率债券和浮动利率债券。将利率明确记载于债券上，按这一固定利率向债权人支付利息的债券，为固定利率债券；债券上明确利率，发放利息时利率水平按某一标准（政府债券利率、银行存款利率）的变化而同方向调整的债券，为浮动利率债券。

（6）按能否上市，公司债券分为上市债券和非上市债券。可在证券交易所挂牌交易的债券为上市债券；反之为非上市债券。上市债券信用度高，价值高且变现速度快，故而容易吸引投资者；但其上市条件严格，并要承担上市费用。

（7）按照偿还方式，公司债券分为到期一次债券和分期债券。发行公司于债券到期日一次集中清偿本息的，为到期一次债券；一次发行而分期、分批偿还的债券为分期债券。

（二）发行债券的条件

我国《证券法》规定，发行公司债券的公司必须具备以下条件：

（1）股份有限公司的净资产额不低于人民币3000万元，有限责任公司的净资产额不低于人民币6000万元。

（2）累计债券总额不超过公司净资产额的40%。

（3）最近3年平均可分配利润足以支付公司债券1年的利息。

（4）所筹集资金的投向符合国家产业政策。

（5）债券的利率不得超过国务院限定的利率水平。

（6）国务院规定的其他条件。

另外，发行公司债券所筹集的资金，必须用于核准的用途，不得用于弥补亏损和非生产性支出，否则会损害债权人的利益。

（三）债券的发行价格

公司债券的发行价格通常有三种：平价、溢价和折价。平价指以债券的票面金额为发行价格，溢价指以高出债券票面金额的价格为发行价格，折价指以低于债券票面金额的价格为发行价格。

债券发行价格的形成受诸多因素的影响，其中主要是票面利率与市场利率的一致程度。债券的票面金额、票面利率在债券发行前即已参照市场利率和发行公司的具体情况确定下来，一并载明于债券之上。但在发行债券时已确定的票面利率不一定与当时的市场利率一致。为了协调债券购销双方在债券利息上的利益，就要调整发行价格，即：当票面利率高于市场利率时，以溢价发行债券；当票面利率低于市场利率时，以折价发行债券；当票面利率与市场利率一致时，则以平价发行债券。

债券发行价格的计算公式为：

$$\text{债券发行价格} = \frac{\text{票面金额}}{(1+\text{市场利率})^{n}} + \sum_{t=1}^{n} \frac{\text{票面金额} \times \text{票面利率}}{(1+\text{市场利率})^{t}} \qquad (6-6)$$

式中，n表示债券期限；t表示付息期数。

（四）债券筹资的特点

与其他长期负债筹资方式相比，发行债券的突出优点在于筹资对象广、市场大。但是，这种筹资方式成本高、风险大、限制条件多，是其不利的一面。

三、融资租赁

（一）融资租赁的概念

租赁是承租人向出租人交付租金，出租人在契约或合同规定的期限内将资产的使用权让渡给承租人的一种经济行为。租赁的种类很多，按租赁的性质可分为经营性租赁和融资性租赁两大类。

经营性租赁，又称服务性租赁。它是由承租人向出租人交付租金，由出租人向承租人提供资产使用及相关的服务，并在租赁期满时由承租人把资产归还给出租人的租赁。

融资性租赁，又称财务租赁、资本租赁。它是承租人为融通资金而向出租人租用由出租人出资按承租人要求购买的租赁物的租赁。它是以融物为形式，融资为实质的经济行为，是出租人为承租人提供信贷的信用业务。融资性租赁通常为长期租赁，其特点是：

（1）资产所有权形式上属于出租方，但承租方能实质性地控制该项资产，并有权在承租期内取得该项资产的所有权。承租方应把融资租入资产作为自有资产对待，如要在资产账户上作记录，要计提折旧。

（2）融资租赁是一种不可解约的租赁，租赁合同比较稳定，在租赁期内，承租人必须连续缴纳租金，非经双方同意，中途不得退租。这样既能保证承租人长期使用该项资产，又能保证出租人收回投资并有所得益。

（3）租赁期长，租赁期一般是租赁资产使用寿命期的绝大部分。

（4）出租方一般不提供维修、保养方面的服务。

（5）租赁期满，承租人可选择留购、续租或退还，通常由承租人留购。

（二）融资租赁的形式

融资租赁有以下三种形式：

1. 直接租赁

直接租赁是指承租人直接向出租人租入所需要的资产。直接租赁的出租人主要是制造厂商、租赁公司。直接租赁是融资租赁中最为普遍的一种，是融资租赁的典型形式。

2. 售后回租

售后回租是指承租人先把其拥有所有权的资产出售给出租人，然后再将该项资产租回的租赁。这种租赁方式既使承租人通过出售资产获得一笔资金，以改善其财务状况，满足企业对资金的需要；又使承租人通过回租而保留了企业对该项资产的使用权。

3. 杠杆租赁

杠杆租赁是由资金出借人为出租人提供部分购买资产的资金，再由出租人购入资产租给承租人的方式。因此，杠杆租赁涉及出租人，承租人和资金出借人三方。从承租人的角度来看，它与其他融资租赁形式并无多大区别。从出租人的角度来看，它只支付购买资产的部分资金（20%～40%），其余部分（60%～80%）是向资金出借人借来的。在杠杆租赁方式下，出租人具有三重身份，即资产所有权人、出租人、债务人。出租人既向承租人收取租金，又向借款人偿还本息，其间的差额就是出租人的杠杆收益。

（三）融资租赁的程序

1. 做出租赁决策。

2. 选择租赁公司。

3. 办理租赁委托。

4. 签订购货协议。

5. 签订租赁合同。

6. 办理验货及投保。

7. 交付租金。

8. 租赁期满的设备处理。

（四）融资租赁租金的计算

融资租赁租金是承租企业支付给租赁公司让渡租赁设备的使用权或价值的代价。租金的数额大小、支付方式对承租企业的财务状况有直接的影响，也是租赁决策的重要依据。

1. 租金的构成

（1）租赁资产的价款。租赁资产的价款包括设备的买价、运杂费及途中保险费等。

（2）利息。利息即租赁公司所垫资金的应计利息。

（3）租赁手续费。租赁手续费包括租赁公司承办租赁业务的营业费用及应得到的利润。租赁手续费的高低由租赁公司与承租企业协商确定，一般以租赁资产价款的某一百分比收取。

2. 租金的支付方式

（1）按支付时期长短，支付方式可分为年付、半年付、季付、月付。

（2）按每期支付租金的时间，支付方式可分为先付租金和后付租金。先付租金指在期初支付，后付租金指在期末支付。

（3）按每期支付金额，支付方式可分为等额支付和不等额支付。

3. 租金的计算方法

融资租赁租金计算方法较多，常用的有平均分摊法和等额年金法。

（1）平均分摊法。平均分摊法是指先以商定的利息率和手续费率计算出租赁期间的利息和手续费，然后连同租赁设备的购置成本的应该摊销总额按租金支付次数平均计算出每次应付租金的数额的方法。

平均分摊法下，每次应付租金数额的计算公式为：

$$R=\frac{(C-S)+I+F}{N} \tag{6-7}$$

式中，R 表示每次应付租金数额；C 表示租赁设备的购置成本；S 表示期满时由租入方留购，支付给出租方的转让价；I 表示租赁期间利息；F 表示租赁期间手续费；N 表示租赁期间租金支付次数。

［案例 6－6］某企业向租赁公司租入一套设备，设备原价为 100 万元，租期为 5 年，预计租赁期满租入企业支付的转让价为 5 万元。年利率为 10%，手续费为设备原价的 2%，租金每年年末支付一次。

要求：计算该企业每年应付租金的数额。

解答：

$$R=\frac{(100-5)+[100\times(1+10\%)^5-100]+100\times2\%}{5}$$

$$=31.61\text{（万元）}$$

（2）等额年金法。等额年金法是运用年金现值的计算原理计算每次应付租金的方法。在这种方法下，要将利息率和手续费率综合在一起确定一个租费率，作为贴现率。

这种方法与平均分摊法比，计算是复杂了，但因为考虑了资金的时间价值，结论更具客观性。

等额年金法下，每次应付租金数额的计算公式为：

$$R=\frac{C-S\cdot(P/F,i,n)}{(P/A,i,n)} \quad (6-8)$$

式中，R 表示每次期末应付租金数额；C 表示租赁设备的购置成本；S 表示期满时由租入方留购，支付给出租方的转让价；i 表示租费率；n 表示租赁期间支付租金的次数。

关于这一公式的正确使用应注意如下三点：

第一，这一公式假定每期租金是期末支付的，即租金是普通年金。假如每期租金是期初支付的，即租金是即付年金，那么计算公式应是：

$$R=\frac{C-S\times(P/F,i,n)}{(P/A,i,n-1)+1} \quad (6-9)$$

第二，公式中的 i 是租费率，它是综合了资金利息率和租赁手续费率后由租赁双方认可的，它比纯粹的借款利率要大些。当租赁手续费是租赁开始一次付清的，也即各期租金不含手续费时，租费率与租金利息率相同。

第三，公式中分子、分母的 i 是一致的，都是租费率，否则会造成租赁期结束时账面余额与预计残值不一致。

［案例 6-7］仍用［案例 6-6］的资料。

要求：分别对以下三种情况用等额年金法计算该企业每年应付租金额。

①租费率为 12%，租金在每年年末支付。

②租费率为 12%，租金在每年年初支付。

③租金在每年年末支付，但租赁手续费在租入设备时一次性付清。

解答：设三种情况的每年应付租金额分别为 R_1，R_2，R_3，则：

$$R_1=\frac{100-5\times(P/F,12\%,5)}{(P/A,12\%,5)}=\frac{100-5\times0.5674}{3.6048}\approx26.95\text{（万元）}$$

$$R_2=\frac{100-5\times(P/F,12\%,5)}{(P/A,12\%,4)+1}=\frac{100-5\times0.5674}{3.0373+1}\approx24.07\text{（万元）}$$

$$R_3=\frac{100-5\times(P/F,10\%,5)}{(P/A,10\%,5)}=\frac{100-5\times0.6209}{3.7908}\approx25.56\text{（万元）}$$

（五）融资租赁筹资的评价

1. 融资租赁筹资的优点

（1）融资租赁的实质是融资，当企业资金不足，举债购买设备困难时，更能显示其“借鸡生蛋，以蛋还鸡”办法的优势。

（2）融资租赁的资金使用期限与设备寿命周期接近，比一般借款期限要长，使承租企业偿债压力较小；在租赁期内租赁公司一般不得收回出租设备，使用有保障。

（3）融资与融物的结合，减少了承租企业直接购买设备的中间环节和费用，有助于迅速形成生产能力。

2. 融资租赁筹资的缺点

（1）资金成本高。融资租赁的租金比举债利息高，因此总的财务负担重。

（2）不一定能享有设备残值。

四、商业信用

商业信用是指在商品交易中由于延期付款或预收货款所形成的企业间的借贷关系。商业信用产生于商品交换之中，是所谓的“自发性筹资”。它运用广泛，在短期负债筹资中占有相当大的比重。商业信用的具体形式有应付账款、应付票据、预收账款等，下面主要介绍应付账款。

（一）应付账款的成本

应付账款是企业购买货物暂未付款而欠对方的账项，即卖方允许买方在购货后一定时期内支付货款的一种形式。与应收账款相对应，应付账款也有付款期、折扣等信用条件。应付账款可以分为：免费信用，即买方企业在规定的折扣期内享受折扣而获得的信用；有代价信用，即买方企业放弃折扣付出代价而获得的信用；展期信用，即买方企业超过规定的信用期推迟付款而强制获得的信用。

倘若买方企业购买货物后在卖方规定的折扣期内付款，便可以享受免费信用，这种情况下企业没有因为享受信用而付出代价。

倘若买方企业放弃折扣，在折扣期后信用期内付款，企业便要承受因放弃折扣而造成的隐含利息成本。一般而言，放弃现金折扣的成本可由下式求得：

$$\text{放弃现金折扣成本}=\frac{\text{折扣百分比}}{1-\text{折扣百分比}}\times\frac{360}{\text{信用期}-\text{折扣期}} \qquad (6-10)$$

公式表明，放弃现金折扣的成本与折扣百分比的大小、折扣期的长短同方向变化，与信用期的长短反方向变化。可见，如果买方企业放弃折扣而获得信用，其代价是较高的。

［案例6-8］某企业按“2/10、n/30”的条件购入货物10万元。如果该企业在10天内付款，便享受了10天的免费信用期，并获得折扣0.2万元（10×2%），免费信用额为9.8万元（10-0.2）。如果企业没有在折扣期内付款，运用上式，该企业放弃折扣所负担的成本为：

$$\frac{2\%}{1-2\%}\times\frac{360}{30-10}=36.7\%$$

然而，企业在放弃折扣的情况下，推迟付款的时间越长，其成本便会越低。比如，如果企业延至50天付款，其成本则为：

$$\frac{2\%}{1-2\%}\times\frac{360}{50-10}=18.4\%$$

（二）利用现金折扣的决策

在附有信用条件的情况下，因为获得不同信用要负担不同的代价，买方企业便要在利用哪种信用之间做出决策。一般说来：

如果能以低于放弃折扣的隐含利息成本（实质是一种机会成本）的利率借入资金，便应在现金折扣期内用借入的资金支付货款，享受现金折扣。比如，与［案例6-8］同期的银行短期借款年利率为12%，则买方企业应利用更便宜的银行借款在折扣期内偿还应付账款；反之，企业应放弃折扣。

如果在折扣期内将应付账款用于短期投资，所得的投资收益率高于放弃折扣的隐含利息成本，则应放弃折扣而去追求更高的收益。当然，假使企业放弃折扣优惠，也应将付款日推迟至信用期内的最后一天（如［案例6－8］中的第30天），以降低放弃折扣的成本。

如果企业因缺乏资金而欲展延付款期（如［案例6－8］中将付款日推迟到第50天），则须在降低了的放弃折扣成本与展延付款带来的损失之间作出选择。展延付款带来的损失主要是指因企业信誉恶化而丧失供应商乃至其他贷款人的信用，或日后招致苛刻的信用条件。

如果面对两家以上提供不同信用条件的卖方，应通过衡量放弃折扣成本的大小，选择信用成本最小（或所获利益最大）的一家。比如，［案例6－8］中另有一家供应商提出“1/20、n/30”的信用条件，其放弃现金折扣的成本为：

$$\frac{1\%}{1-1\%}\times\frac{360}{30-20}=36.4\%$$

与［案例6－8］中“2/10、n/30”信用条件的情况相比，后者的成本较低。

（三）商业信用筹资的特点

商业信用筹资最大的优越性在于容易取得。首先，对于多数企业来说，商业信用是一种持续性的信用形式，且无须正式办理筹资手续。其次，如果没有现金折扣或使用不带息票据，商业信用筹资不负担成本。其缺陷在于期限较短，在放弃现金折扣时所付出的成本较高。

本章小结：

企业筹集资金是资金运动的起点，它会影响乃至决定企业资金运动的规模及效果。企业资金可用不同方式筹措，但适时适量是共同的要求，可以用销售百分比法预测企业资金需要量。

企业资金总的来说有两种来源：一部分是投资者提供的，称为权益资金；另一部分是债权人提供的，称为负债资金。

权益资金包括吸收直接投资、发行股票、内部积累等。股票按股东权利和义务的不同，有普通股和优先股之分。普通股是股份公司发行的具有管理权而股利不固定的股票，是股份制企业筹集权益资金的最主要方式。普通股股票可按面值发行，也可按溢价发行，但不能按折价发行。优先股是股份公司发行的具有一定优先权的股票。优先股有优先分配股利权，有优先分配剩余财产权。

负债资金包括银行借款、发行债券、融资租赁、商业信用。债券是企业依照法定程序发行的、承诺按一定利率定期支付利息，并到期偿还本金的有价证券，是持券人拥有公司债券的凭证。债券可按折价、平价、溢价发行。融资性租赁是承租人为融通资金而向出租人租用由出租人出资按承租人要求购买的租赁物的租赁。它是以融物为形式，融资为实质的经济行为，是出租人为承租人提供信贷的信用业务。商业信用是指商品交易中的延期付款、预收货款或延期交货而形成的借贷关系，是企业之间的直接信用行为，是自然性融资。

本章推荐阅读书目：

1. 陈琦伟．公司金融[M]．2版．北京：中国金融出版社，2003.（第七章）
2. 薛斐．公司金融［M］．上海：立信会计出版社，2005.（第五章、第六章）

阅读资料：

金蝶软件科技公司的融资之路

深圳金蝶软件科技有限公司是我国财务软件产业的卓越代表，是中国最大的财务软件及企业管理软件的开发者、供应商之一；是中国Windows版财务软件和决策支持型财务软件的开创者，是最早成功地研制出制造业管理系统（VMRP－II）的财务软件公司。而这一切的迅速取得，和风险投资的介入是密不可分的。

（一）公司背景

金蝶公司的总裁徐少春是中国第一批会计电算化硕士研究生，从师于我国著名会计理论家杨纪琬教授。他毕业后到深圳蛇口中华会计师事务所工作，1991年辞去公职创办了深圳爱普电脑公司，1992年7月成功地开发了爱普财务软件。为了扩大经济规模，1993年8月，徐少春的深圳爱普电脑公司、香港招商局社会保险公司及美籍华人3方合资，成立了现在的深圳金蝶软件科技有限公司，注册资本为500万人民币。公司以“突破传统会计核算，跨进全新财务管理”为目标，进行产品创新，力图把金蝶公司建成国际性的财务软件公司。以现金和技术入股的总裁徐少春，当时并非最大的股东。正是这种经历和体验，使徐少春很早就拥有了“容纳百川、借助资本运营”的企业发展思路。而这种兼容并蓄的企业家襟怀，也就成了金蝶公司成功走上风险资本创业之路的深层根据。

1997年，金蝶公司率先推出32种决策知识型财务软件。1998年2月，金蝶公司宣布与微软公司在开发、技术等方面进一步合作，并推出国内第一家3层结构技术基于大型数据库（C/S）版本的财务软件。金蝶公司所处的软件产业作为一种高效益、高投入、高风险的行业，其商品化需要大量的资金不断地投入。企业在开发软件过程中，需要召集大量的人才。在软件向市场的推介中，需要大量的市场宣传和售后服务。而这一切，都需要一定资金的先期投入。随着改革的深入，国内的财务制度与国际标准逐步接轨，国内在几年内先后成立了200余家大大小小的财务软件公司。如何在众多的财务软件公司中脱颖而出，使用户了解并使用自己的产品是金蝶公司的当务之急。金蝶公司为了抓紧战略时机，扩大自身规模，实现规模化、产业化，1997年前后在国内先后设立了20家分支机构。自1993年金蝶公司成立以来，其营业收入和利润等主要经济指标以每年300%的速度增长。随着规模的扩大，仅仅靠金蝶公司自身的积累已不能实现金蝶的战略需要和可持续增长，金蝶公司必须实现依靠资本市场来完成高效率的积累。

5年来，金蝶公司数次主动向银行申请，也有几次银行上门来洽谈，最终却只获得

80 万元贷款，原因就在于没有足够的资产作抵押，也缺乏担保，因为此时金蝶公司只有区区 500 万元固定资产。事实证明，金蝶公司向银行贷款这条路走不通。

（二）风险投资的介入

1998 年，对金蝶公司来说，极具历史转折意义。此时，IDG 广州太平洋技术创业投资基金正在广州、深圳两地寻找投资项目。对风险投资基金而言，寻找投资项目是通过多种渠道来完成的，如可以通过公布投资项目指南，由风险企业提交项目投资申请，或者风险投资者采取主动出击的方式去搜寻投资项目。对各个渠道搜寻来的项目，再由风险投资公司进行考察、评审和筛选。在美国，由风险投资公司或基金的上级机构、贸易伙伴或合作伙伴介绍项目给风险投资者，占最后达成风险投资协议的 65%，通过中介组织或中间人达成投资协议的，如亚信公司那种情况的占 25%，而通过网络关系、贸易活动、讨论会等方式而达成风险投资协议的只占百分之十几。通过深圳市科技局，IDG 广州太平洋技术创业投资基金总经理王树了解到金蝶公司的基本情况，就对金蝶公司进行登门造访。作为金蝶公司来说，IDG 广州太平洋技术创业投资基金的介入正是时候。没有经历国外风险投资申请的那种复杂程式，即不存在中介服务机构的介入，又没有提交过项目建议书，这笔投资竟然是主动找上门的。短短 3 个月闪电般的接触，双方就达成了合作协议。

1998 年 5 月 18 日，享誉世界的国际数据集团（IDG）在中国的风险投资公司——广东太平洋技术创业有限公司向金蝶公司投资 2000 万元人民币，以支持该公司的科研开发和国际性市场开拓工作，这是 IDG 对华软件产业风险投资中最大的一笔投资，也是继四通利方之后，国内 IT 业接受的数额最高的风险投资。

IDG 广州太平洋技术创业投资基金对金蝶公司进行考察时，十分注重对风险企业家和他的管理团队的评估。被投资人的能力、知识、经验、个人人品和团体协作能力是风险投资者所特别看重的。IDG 广州太平洋技术创业投资基金很欣赏以思想开放的徐少春总裁为首的管理团队。这个团队的特点是具备超前的战略眼光和企业战略设计能力，始终保持着稳固的务实风格和创新精神。1998 年 3 月，IDG 董事长麦戈文先生亲自到金蝶进行考察，他对金蝶公司总裁徐少春先生给予了高度的评价，并认为金蝶公司是一个有远见、有潜力的高新技术企业，金蝶公司的队伍是一支年轻而优秀的人才队伍。另外，IDG 看中了金蝶是一个典型的民营企业，企业机制灵活，在思想观念上比较开放、善于接受新事物，同时也非常欢迎这种形式的投资注入。

IDG 广州太平洋技术创业投资基金以参股形式对金蝶公司进行投资后，折价入股，成为金蝶公司的股东之一，享有股东的权利，但对金蝶公司不控股，不参与经营，只是通过不断地做一些有益的辅助工作，如介绍和引进专家做报告、开研讨会、帮助企业做决策咨询、提供开发方向的建议等方式来施加影响。第一笔资金到位后，IDG 委派王树担任金蝶的董事，对金蝶公司进行监控，王树不过问金蝶公司的经营。但是在这看似宽松的合作之下，风险投资带给金蝶公司的风险意识和发展压力陡然增加。因为按照金蝶公司与 IDG 的合作协议，金蝶公司必须在获得第一笔投资后的一年间，达到双方规定的目标，即在 1997 年的基础上，1998 年取得 200% 的增长，才有资格获得 IDG 的第二笔 1000 万元的投资。正是这种风险压力，促使金蝶公司迅速地调整自己。

（三）风险投资引起的冲击

风险投资资金进入风险企业后，对企业的战略、决策等方面会产生深刻的影响。

IDG 的风险投资资金注入金蝶公司后，使金蝶发生了深刻的变化。

第一，公司的发展战略重新确定。金蝶公司在 1998 年底完成了财务软件领域向企业管理软件领域的战略性拓展，并提出了跨入国际管理软件十强之列的宏伟战略目标。这个战略目标的确定，对金蝶公司的整个管理层产生了深远的影响。因为，要进入国际管理软件的十强，就势必要进入国际市场，势必要成为国际化的公司；而要成为国际化的公司，又必须匹配世界级的人才；要吸引和留住优势人才，则必须使企业自身具有先进的用人制度、管理制度等。这一切新的要求，使金蝶公司的管理层从思维方式到行为准则，都进行了一些改变。

第二，金蝶公司过去对软件的开发高度重视，而对市场占有率却相对忽视。风险投资资金进入后，提出一定的收入和利润增长指标，都需要依靠市场来实现，于是市场占有率便成了金蝶公司的营销重点和宣传重点。这就如同催化剂一般，加速了整个公司的成长，金蝶的分支机构由 21 家猛增到 52 家，代理商达到 360 家，员工从 300 人增加到 800 人，销售额增长了 200%，1998 年销售额约为 1.5 亿元，可见风险投资的影响是潜移默化的。1998 年金蝶公司有着出色的市场作为，根据国家信息产业部信息中心的统计数据指出，金蝶公司在财务软件市场上的份额由 1997 年的 8% 提升到 1998 年的 23%，为财务软件行业成长性最好的企业。预计在 1999 年将达到 35%，成为中国财务软件市场的第一。

另外，IDG 广州太平洋技术创业投资基金不仅仅是给金蝶带来了 2000 万的投资，还通过帮助金蝶公司与国际大公司进行交流，把国外一些全新的观点带给了金蝶，使金蝶走上了一条向国际化发展的道路；同时，金蝶可借助 IDG 集团的商业资源，与毗邻的香港优势互补，从而进一步拓展金蝶产品的国际性销售渠道，使金蝶公司在成为国际性的财务软件公司的成长中更上一层楼。

金蝶公司以超前的意识和大胆创新的精神著称于业界，始终扮演着市场领导者的角色，从"突破传统核算，迈入全新财务管理"到会计信息化再到数字化管理，从 1996 年率先推出 Windows 版财务软件到决策支持型财务软件再到 1999 年全面向 Internet 进军的网络财务软件，金蝶公司不断引领行业的思想变革并保持行业的技术领先地位。

在管理软件市场上，金蝶公司立足于中国企业的实际情况，开发成功的 K/3 企业管理软件，受到了同行及广大企业的较高评价，并拥有了如中山衡器、宁波海天等一批成功的用户，前景看好。金蝶公司在财务软件领域内取得的骄人成绩以及在管理软件领域的扩张势头，使得金蝶公司被认为是中国最具实力的管理软件公司。公司的长远发展目标是在 2005 年进入世界财务和管理软件十强。按国内会计准则，预测该公司 1999 年销售额约为 3 亿元人民币。公司原定在 1999 年内，实现同行业中顾客满意度最高的目标基本实现，金蝶公司的"顾客满意度"始终呈上升趋势。经香港一家专业调查机构调查，金蝶公司的"顾客满意率"比 1998 年上升了 5 个百分点。

1999 年 8 月 17 日，金蝶公司发布了其面向 21 世纪的 Internet 战略——i100 计划，现场通过浏览器远程演示在 WWW. KINGDEE. COM 的金蝶 2000 网络财务软件，标志着网络财务软件产品的首次公开上市，其优质的产品、先进的技术再次成为各方面的焦点。

出于保护原始股东利益的考虑，金蝶公司实际上已不可能再接受 IDG 新的投资。

利用风险资本创业的高新技术企业，由于企业自身的快速成长，往往需要可持续性的融资和即时的融资。这样，风险企业需要的常常不是一个融资对象，而是更为广阔的融资渠道，由此来保证融资的源源不断和及时有效。目前，深圳金蝶软件科技有限公司正在争取1999年11月份在香港创业板（GEM）上市，一方面为后续研究发展增强融资能力，另一方面，风险投资企业最终还是要靠上市来实现价值。上市不仅为风险投资的退出提供了可能，而且金蝶公司实行的员工持股计划的激励效果将充分发挥出来，这有助于金蝶公司吸引和留住优势人才。

（四）点评

（1）金蝶公司之所以能如此顺利地吸引到风险投资资金，和其优秀的素质不无关系。财务及企业管理软件行业是中国软件产业结构中所占份额最大的一个产业，处在开创期，市场潜力巨大，加之国家政策的扶持，整个行业前景看好。而金蝶公司从事开发生产的财务软件和管理软件，是软件业的主流，有比较大的发展前景。金蝶公司在这个行业中处于领头羊的地位，其对新技术和市场的敏锐、超前的意识，优秀的战略眼光和战略设计能力，稳定、优秀及不断充实的人才队伍，数字化的管理思想和激情管理模式，无不打动风险投资者，以至于IDG董事局主席麦戈文说道："没有哪一家我投资的公司能让我这么骄傲！在你们前进的路上，不但会得到我的全力支持，还将得到IDG全球12 000多员工的支持。"由此，风险企业在吸引风险投资时，一定要突出自己的优势所在。

（2）在我国众多的风险投资企业中，风险投资家自己找上门来，要求投资，而且对创业者如此高评价的企业为数甚少，而处在发展期快速增值阶段的金蝶公司，正是这样不可多得的好企业。但就是这样的企业，在我国现有的信贷体制和资本市场下，仍融资无门，而把大好的投资机会转让给他人，这不能不说是一种悲哀。有人说，在中国现在的买方市场下，什么都不缺，缺的是好的投资机会，而金蝶的例子足以说明我国现在的经济体制的弊病所在，即分配给民营经济的各方面资源太少了。同样是软件企业，国有的可以上市融资，而民营的只能寻找风险投资这种昂贵的资本。但被扶持的，并不一定能变得强大。在我国软件行业中，金蝶公司和用友公司所占的份额便是明证。

资料来源：根据《世界经理人周刊》改编。

同步测试

一、单项选择题

1. 下列各项中属于优先股的优先权的是（　　）。

A. 优先配股权　　B. 优先转让权

C. 优先经营决策权　　D. 优先分配股利权

2. 吸收直接投资的优点是（　　）。

A. 资金成本低　　B. 控制权集中

C. 产权关系明晰　　D. 较快形成生产能力

3. 融资性租赁实质上是由出租人提供给承租人使用固定资产的一种（　　）。

A. 信用业务　　B. 买卖活动
C. 租借业务　　D. 服务活动

4. 根据我国的有关规定，股票不得（　　）。
A. 平价发行　　B. 溢价发行
C. 折价发行　　D. 市价发行

5. 当股份公司由于破产进行清算时，优先股的索赔权应位于（　　）的持有者之前。
A. 债券　　B. 商业汇票
C. 借据　　D. 普通股

6. 下列各项中，不属于商业信用的是（　　）。
A. 应付账款　　B. 应付工资
C. 应付票据　　D. 预收账款

7. 下列各项中，不能作为银行借款抵押品的是（　　）。
A. 无形资产　　B. 固定资产
C. 原材料　　D. 债券

8. 普通股每股净资产反映了普通股的（　　）。
A. 票面价值　　B. 市场价值
C. 投资价值　　D. 账面价值

9. 发行普通股股票是一种（　　）。
A. 筹资方式　　B. 销售方式
C. 投资方式　　D. 借债行为

10. 商业信用是（　　）之间的信用行为。
A. 企业与国家　　B. 企业与企业
C. 企业与员工　　D. 企业与银行

二、多项选择题

1. 企业筹集资金应遵循的原则包括（　　）。
A. 合理性　　B. 及时性
C. 效益性　　D. 优化资本结构

2. 企业权益性筹资方式有（　　）。
A. 吸收直接投资　　B. 发行债券
C. 发行优先股　　D. 发行普通股

3. 以杠杆租赁方式进行融资租赁，要涉及的当事人有（　　）。
A. 承租人　　B. 出租人
C. 资金出借人　　D. 中介人

4. 向银行借款筹资的优点有（　　）。
A. 筹资金额多　　B. 筹资速度快
C. 筹资灵活性大　　D. 筹资成本低

5. 融资租赁租金的构成内容有（　　）。
A. 租赁设备的价款　　B. 利息
C. 租赁手续费　　D. 租赁设备维修费

三、判断题

1. 吸收投资中的出资者都是企业的所有者，但他们对企业并不一定具有经营管理权。（　　）

2. 所有者权益是企业可以使用的资本，因此所有者权益就是资本金。（　　）

3. 普通股股东不具有审查公司账目的权利。（　　）

4. 发行普通股股票可以按票面金额等价发行，也可以偏离票面金额按溢价、折价发行。（　　）

5. 票据贴现是一种担保贷款，因此企业把应收票据贴现后是没有任何风险的。（　　）

6. 经营性租赁和融资性租赁都是租赁，它们在会计处理上是没有区别的。（　　）

7. 企业资金的来源只有两种：投资人提供的权益资金，债权人提供的负债资金。（　　）

8. 吸收直接投资按投资主体的不同可将资本金分为国家资本金、法人资本金、个人资本金、外商资本金。（　　）

9. 债券面值应包括两个基本内容：币种和票面金额。（　　）

10. 债券利息和优先股股利都作为财务费用在所得税前支付。（　　）

四、计算题

1. 某企业赊购一批原材料，价款为40 000元，供应商为了早日收到货款，开出了“2/10，n/30”的付款条件。假设当时银行短期贷款利率为10%，问该企业是否应该放弃现金折扣?

2. W公司去年普通股每股税后利润为0.25元，今年W公司打算增发新股筹资，以市盈率为20计算。

要求：确定该股票发行价格。

3. 某企业股本总额为1000万元，负债总额为4000万元，资产总额为8000万元，企业发行的普通股每股面值为10元。

要求：确定新股发行价格。

4. 企业拟发行面值为100元的债券一批。该债券期限为5年，单利计息，票面利率为5%，到期一次还本付息。

要求：计算市场利率分别为4%、5%、6%时的发行价格。

5. 企业向租赁公司租赁一套设备，设备原价为500万元，租赁期为10年，期满时企业支付的转让价为10万元，借款年利率按8%计算，租赁手续费为设备原价的3%，租金在每年年末支付一次。

要求：按下列情况分别计算每年应交租金的金额数（答案精确到0.01万元）。

（1）采用平均分摊法。

（2）采用等额年金法，手续费在租入时一次性付清。

（3）采用等额年金法，手续费摊入租金，租赁双方商定租费率为10%。

（4）采用等额年金法，条件同（2），但每年租金要求在年初支付。

案例分析

中国宝安企业（集团）股份有限公司是一个以房地产业为龙头、工业为基础、商业贸易为支柱的综合性股份制企业集团，为解决业务发展所需要的资金，1992 年年底向社会发行 5 亿元可转换债券，并于 1993 年 2 月 10 日在深圳证券交易所挂牌交易。宝安可转换债券是我国资本市场第一张 A 股上市可转换债券。

（一）宝安可转换债券的主要发行条件

发行总额为 5 亿元人民币，按债券面值每张 5000 元发行，期限是 3 年（1992 年 12 月～1995 年 12 月），票面利率为年息 3%，每年付息一次。债券载明两项限制性条款，其中可转换条款规定债券持有人自 1993 年 6 月 1 日起至债券到期日前可选择以每股 25 元的转换价格转换为宝安公司的人民币普通股 1 股；推迟可赎回条款规定宝安公司有权利但没有义务在可转换债券到期前半年内以每张 5150 元的赎回价格赎回可转换债券。债券同时规定，若在 1993 年 6 月 1 日前该公司增加新的人民币普通股股本，按下列公式调整转换价格：

$$\frac{(\text{调整前的转换价格}-\text{股息})\times\text{原股本}+\text{新股发行价格}\times\text{新增股本}}{\text{增股后人民币普通股总股本}}$$

（二）宝安可转换债券发行时的有关情况

由中国人民银行规定的三年期银行储蓄存款利率为 8.28%，三年期企业债券利率为 9.94%，1992 年发行的三年期国库券的票面利率为 9.5%，并享有规定的保值贴补。根据发行说明书，可转换债券所募集的 5 亿元资金主要用于房地产开发业和工业投资项目，支付购买武汉南湖机场及其附近工地 270 平方米土地款及平整土地费，开发兴建高中档商品住宅楼；购买上海浦东陆家嘴金融贸易区土地 1.28 万平方米，兴建综合高档宝安大厦；开发生产专用集成电路，生物工程基地建设等。

（三）宝安可转换债券发行条件具有以下几个特点

（1）溢价转股：可转换债券发行时宝安公司 A 股市价为 21 元左右，转换溢价为 20% 左右。

（2）票面利率较低：3% 的票面利率相对于同期的企业债券利率低了近 7 个百分点，可使宝安公司的资本成本率下降了 200%。与国外同类企业可转换债券票面利率相比也低了 1～2 个百分点。

（3）期限较短：宝安可转换债券的期限设计为 3 年，而其资金投向却主要是超过三年的中长期项目。若债券到期时未能实现转股，而资金投入又尚未有回报，发行公司将面临偿还巨额本金的资金压力。

（4）未规定债券赎回的转股价格上限：虽然按发行条件，宝安公司有权在最后半年内以每股 5150 元的溢价赎回债券，但在转股价格上无上限规定，因此在理论上说，债券持有人在两年的可自由转股的期限内，随公司股票价格上涨所能获取的收益不受限制。

（5）转股价格的合理调整规定有时间限制：按国际惯例，可转换债券的转换价格在当基准股票受诸如分红送股、低价配股、股票拆细与合并等情况下的人为稀释时，可按既定的规则调整股票价格。但是，宝安公司可转换债券的设计规定，在可转换债券发行半年内（1993 年 6 月 1 日之前），公司增发新股可按给定的调整公式进行价格调整，而对此段期间以后新发股票的价格调整，发行公告未作说明与规定。实际上，宝安公司在 1993 年上半年曾派发股利每股 0.9 元，并按 1：1.3 送红股，按上述公式，可转换债券的转换价格调整为{(25 - 0.09)元 ×26 403 万股 +1 元 ×0.3 ×26 403 万股}/(1.3 ×26 403 万股) =19.392 元；而在 1993 年和 1994 年宝安公司分红方案分别是 10 送 7 股派 1.22 元和 10 送 2.5 股派 1 元，其可转换债券的转换价格则没作相应调整。

宝安公司可转换债券上述的设计特点，应该说归因于当时股票市场持续的大牛市行情和高涨的房地产项目开发的热潮以及宝安可转换债券设计者对转股形势和公司经营业绩过于乐观的估计。从 1993 年下半年和 1994 年起，由于宏观经济紧缩，大规模的股市扩容及由此引发的长时间低迷行情、房地产业进入调整阶段等一系列的形势变化，使宝安公司的可转换债券在转股中遇到的困难就不足为奇了。

宝安可转换债券从上市到摘牌，转换为股票的共计 1350.75 万股。按每股 19.392 元的转换价格计算，转换为宝安 A 股 691 584 股，实现转换部分占发行总额的 2.7%。如此低的比率恐怕大大出乎当初宝安可转换债券发行决策者的意料，亦是与宝安公司经营者的意图和最初愿望背道而驰，毫无疑问，宝安可转换债券的转股结果是一个彻底的失败。

转换失败以及由此带来的巨额资金的偿还给宝安公司经营的压力和负面影响是不言而喻的。在短时期内拿出 5 亿多元的现金，对于一个企业来说，是相当困难的。据宝安公司 1995 年度的财务报告反映，为了这笔巨资的偿还，该公司不得不提前一年着手准备，确保资金到位，其间不得不放弃许多的投资获利机会。宝安公司在经营上也被迫作出了很大的调整。这些都成为宝安公司该年度利润下降的直接原因。但宝安公司最终是经受住了考验，顺利完成了可转换债券的还本付息工作，按期将现金兑付给了宝安可转换债券的持有人，避免了任何债务违约纠纷的出现。这对于企业的信誉具有积极的作用。

宝安可转换债券的转股虽然是失败的，但对于宝安公司而言，从总体上看，这次发行可转换债券的尝试并不意味着完全的损失。毕竟宝安可转换债券为该公司提供了利率仅为 3% 的三年期资金来源，如果不是完全投资于那些长期性的项目，公司应该能从这笔低成本资金获得较高的投资回报。但对投资者来说，损失是确定无疑的。对于以面值认购的投资者，持有宝安可转换债券就有直接的利息损失，而对于那些在宝安可转换债券上市初期从市场上以高于面值甚至以两倍以上的价格购买可转换债券的投资者来说，损失就更大。这种结局的原因，除了前面所涉及的诸如股市异常波动、可转换债券设计缺陷等因素外，投资者本身对可转换债券性质的认识不足也是其一。投资者在近乎疯狂的投机气氛中，根本不顾及可转换债券本身特定的收益与风险特征，当然也不可能理会宝安可转换债券设计本身存在的缺陷。因此，当股市下跌风潮渐息之后，随即便是所蒙受的投资损失，这直接反映了投资者投资理念和金融意识的不足。

宝安可转换债券作为的中国第一张可转换债券，其产生的过程充满“中国特色”，它是市场化与行政化结合的产物，它的实践为我国证券市场提供了大量的经验与教训，总结这一实践，将给后来者提供有益的帮助。

思考：

(1) 宝安可转换债券发行成功、转换失败所引发的经验与教训是什么？假如你是宝安公司的总经理，你将采取什么措施改进可转换债券设计与发行中的失误？

（2）企业发行可转换债券时应考虑哪些因素？如果你是宝安公司的财务经理，你将会向总经理提出何种建议筹措资金？

（3）可转换债券投资者在购买此类债券时应注意什么问题？

实训项目

实训目的：

掌握资金需要量预测的销售百分比法。

实训资料：

光明电器股份有限公司成都分公司2009年度实现销售收入1000万元，获得税后净利80万元，发放股利60万元。年末资产负债表如表6－2所示。

表6－2　资产负债表

2009年12月31日　单位：万元

资　　产		负债及所有者权益	
现金	20	短期借款	10
应收账款	80	应付账款	80
存货	140	长期债券	60
固定资产净值	150	实收资本	150
无形资产	10	留存收益	100
资产合计	400	权益合计	400

该公司预计2010年销售收入增长到1200万元，现有设备足以满足生产增长需要，销售净利率、股利发放率仍保持在2009年的水平。

实训要求：

用销售百分比法预测光明电器股份有限公司成都分公司2010年需要追加多少资金。

第七章
资本结构决策

◆ 学习目标

- 正确理解资本成本的概念和作用。
- 掌握各种资本成本的计算方法。
- 理解和掌握杠杆原理的概念与计算方法。
- 掌握资本结构的概念及最优资本结构的确定方法。

第一节 资本成本

一、资本成本概述

（一）资本成本的含义

资本成本，又称资金成本，是指企业为筹集和使用长期资金（资本）而付出的代价。资本成本通常包括资金筹集费和资金占用费两部分。

1. 资金筹集费（筹资费用）

资金筹集费是指企业在筹集资本过程中为取得资金而发生的各项费用，如向银行支付的借款手续费，向证券承销商支付的发行股票、债券的发行费，发行股票、债券等证券的印刷费、评估费、公证费、宣传费及承销费等。筹资费用在企业筹集资本时一次性发生，其数额多少与筹资总额关系不大，属相对固定费用。它的发生会导致企业实际使用资金减少，因而可作为筹集资本的一个扣除项目。

2. 资金占用费（用资费用）

资金占用费是指在使用所筹资本的过程中向出资者支付的有关报酬，主要包括资金时间价值和投资者要考虑的投资风险报酬两部分，如向银行借款所支付的利息、发放债券的利息、发放股票的股利等。用资费用在企业使用资金过程中经常发生，其数额会因使用资金数量多少和占用时间长短而不同，属相对变动费用。

（二）资本成本的作用

概括地讲，资本成本是企业选择筹资来源和方式，拟定筹资方案的依据，也是评价投资项目可行性的衡量标准。具体地说，资本成本的作用主要有以下三个方面：

1. 资本成本是选择筹资方式、进行资本结构决策和选择追加筹资方案的依据

（1）个别资本成本是比较各种筹资方式的依据。随着我国金融市场的逐步完善，

企业的筹资方式日益多元化。评价各种筹资方式的标准是多种多样的，如对企业控制权的影响，对投资者的吸引力大小，财务风险的大小，资本成本的高低等。其中，资本成本是一个极为重要的因素。在其他条件基本相同或对企业影响不大时，应选择资本成本最低的筹资方式。

（2）加权平均资本成本是衡量资本结构是否合理的依据。西方财务理论认为，加权平均资本成本最低时的资本结构是最优的资本结构，此时企业价值达到最大，因而衡量资本结构是否最优的标准主要是衡量加权平均资本成本是否达到最低。

（3）边际资本成本是选择追加筹资方案的依据。为了扩大生产规模，企业需要增大资本投入量。这时，企业不论维持原有资本结构还是希望达到新的目标资本结构，都可以通过计算边际资本成本的大小来选择是否追加筹资。

2. 资本成本是评价投资方案、进行投资决策的重要标准

企业在投资决策中经常面临着投资方案是否具有财务可行性的判断问题，而判断投资方案是否可行主要应考察其是否能为股东增加财富，投资项目的预期收益能否超过其资本成本。若投资收益弥补资本成本后还有剩余，则该项目可行；否则不可行。因而资本成本往往成为投资项目取舍的标准。

3. 资本成本是评价企业经营业绩的重要依据

资本成本是用资企业支付给资金出让方的报酬，是使用资本应获得收益的最低界限。一定时期资本成本的高低不仅反映了财务经理的管理水平，还可用于衡量企业整体的经营业绩。更进一步，资本成本还可以促进企业增强和转变观念，充分挖掘资本的潜力，节约资本的占用，提高资本的使用效益。

二、资本成本的计算

（一）资本成本的通用计算模型

资本成本通常用相对数表示，即资本成本率，它是资金占用费与筹资净额的比率，反映了每一元资金的资本成本。其计算公式为：

$$资本成本率=\frac{资金占用费}{筹资总额-资金筹集费}\times 100\% \qquad (7-1)$$

由于资金筹集费一般以筹资总额的某一百分比计算，因此，上述计算公式也可表示为：

$$资本成本率=\frac{资金占用费}{筹资总额\times(1-筹资费率)}\times 100\% \qquad (7-2)$$

$$筹资费率=筹资费用\div 筹资总额\times 100\% \qquad (7-3)$$

企业以不同方式筹集的资金所付出的代价一般是不同的，企业总的资本成本是由各项个别资本成本及资金比重所决定的。对资本成本的计算必须从个别资本成本开始。

（二）个别资本成本的计量

个别资本成本是指各种筹资方式所筹资金的成本，主要包括长期借款资本成本、债券资本成本、优先股资本成本、普通股资本成本和留存收益资本成本。

1. 长期借款资本成本

长期借款的筹资总额为借款本金，筹资费用为借款时支付给银行的手续费等，借款的利息在缴纳所得税前支付，具有抵税作用。长期借款资本成本的计算公式为：

$$K_1=\frac{I_1(1-t)}{P_1(1-f_1)}=\frac{i_1(1-t)}{1-f_1} \tag{7-4}$$

式中，K_1 表示长期借款资本成本；I_1表示长期借款年利息；P_1 表示长期借款筹资总额；t 表示所得税税率；f_1 表示长期借款筹资费率；i_1 表示长期借款年利息率。

[案例 7-1] 光明电器股份有限公司欲从银行取得一笔长期借款 1000 万元，手续费为 0.1%，年利率为 5%，期限为 3 年，每年结息一次，到期一次还本。公司所得税率为 33%。这笔借款的资本成本率测算如下：

$$K_1=\frac{1000\times5\%\times(1-33\%)}{1000\times(1-0.1\%)}=3.35\%$$

如果长期借款的筹资费用很少，可以忽略不计。这时长期借款资本成本率可按下式测算：

$$K_1=i_1(1-t) \tag{7-5}$$

2. 债券资本成本

债券发行价格不同，筹集资金总额会有所差异，所以企业通过发行债券所筹资金的总额应该根据债券的发行价格计量。债券资本成本的计算公式为：

$$K_2=\frac{I_2(1-t)}{P_2(1-f_2)}=\frac{B\cdot i_2(1-t)}{P_2(1-f_2)} \tag{7-6}$$

式中，K_2 表示债券资本成本；I_2表示债券年利息；P_2 表示债券筹资总额；t 表示所得税税率；f_2 表示债券筹资费率；B 表示债券面值总额；i_2 表示债券年利息率。

[案例 7-2] 光明电器股份有限公司平价发行债券 1000 万元，筹资费率为 2%，债券利息率为 10%，所得税率为 30%。要求：计算该债券资本成本率。

解答：

$$\text{债券资本成本率 } K_2=\frac{10\%\times(1-30\%)}{1-2\%}\approx7.14\%$$

[案例 7-3] 光明电器股份有限公司发行债券 1000 万元，面额 1000 元，按溢价 1050 元发行，票面利率为 10%，所得税率为 30%，发行筹资费率为 1%。要求：计算该债券资本成本率。

解答：

$$\text{债券资本成本率 } K_2=\frac{1000\times10\%\times(1-30\%)}{1050\times(1-1\%)}\approx6.73\%$$

3. 优先股资本成本

优先股的股利通常是固定的，公司利用优先股筹资须花费发行费用，因此，优先股资本成本率的测算类似于固定股利政策的普通股。优先股资本成本的计算公式为：

$$K_3=\frac{D}{P_3(1-f_3)} \tag{7-7}$$

式中，K_3 表示优先股资本成本；D 表示优先股年股利额；P_3 表示优先股筹资总额；f_3 表示优先股筹资费率。

[案例 7-4] 光明电器股份有限公司发行优先股，每股 10 元，年支付股利 1 元，发行费率为 3%。要求：计算该优先股资本成本率。

解答：

优先股资本成本率 $K_3 = \frac{1}{10 \times (1-3\%)} \approx 10.31\%$

4. 普通股资本成本

按照资本成本率实质上是投资必要报酬率的思路，普通股的资本成本率就是普通股投资的必要报酬率。其测算方法一般有两种：股利折现模型和资本资产定价模型。

（1）股利折现模型

股利折现模型的基本形式是：

$$P_o = \sum_{t=1}^{n} \frac{D_t}{(1+K_4)^t} \qquad (7-8)$$

式中，P_o 表示普通股用资净额，即发行价格扣除发行费用；D_t 表示普通股第 t 年的股利；K_4 表示普通股投资必要报酬率，即普通股资本成本率。

运用上列模型测算普通股资本成本率，因具体的股利政策而有所不同。

①如果公司采用固定股利政策，即每年分派现金股利 D 元，则资本成本率可按下式测算：

$$K_4 = \frac{D}{P_o} \qquad (7-9)$$

[案例 7-5] 光明电器股份有限公司拟发行一批普通股，发行价格为 12 元，每股发行费用为 2 元，预计每年分派现金股利每股 1.2 元。其资本成本率测算为：

$$K_4 = \frac{1.2}{12-2} = 12\%$$

②如果公司采用固定增长股利的政策，股利固定增长率为 G，则资本成本率须按下式测算：

$$K_4 = \frac{D}{P_o} + G \qquad (7-10)$$

[案例 7-6] 光明电器股份有限公司准备增发普通股，每股发行价格为 15 元，发行费用为 3 元，预定第一年分派现金股利每股 1.5 元，以后每年股利增长 2.5%。其资本成本率测算为：

$$K_4 = \frac{1.5}{15-3} + 2.5\% = 14\%$$

（2）资本资产定价模型

按照“资本资产定价模型”，普通股资本成本的计算公式为：

$$K_4 = R_s = R_F + \beta(R_m - R_F) \qquad (7-11)$$

式中，R_F 表示无风险报酬率；β 表示股票的 β 系数；R_m 表示平均风险股票必要报酬率。

[案例 7-7] 2005 年，市场无风险报酬率为 10%，平均风险股票必要报酬率为 14%，光明电器股份有限公司普通股 β 值为 1.2。普通股资本成本为：

$$K_s = 10\% + 1.2 \times (14\% - 10\%) = 14.8\%$$

5. 留存收益资本成本

一般企业都不会把盈利以股利形式全部分给股东，且在宏观政策上也不允许这样做，因此，企业只要有盈利，总会有留存收益。留存收益是企业缴纳所得税后形成的，是企业的可用资金，其所有权属于普通股股东。普通股股东将这一部分未分派的税后利润留存于企业，其实质是普通股股东对企业的追加投资。

留存收益资本成本的估算通常与普通股资本成本相同，只是不须考虑筹资费用。

［案例7－8］光明电器股份有限公司普通股目前市价为56元。估计股利年增长率为12%，本年发放股利2元，则留存收益资本成本为：

$$K_s = \frac{2 \times (1 + 12\%)}{56} + 12\% = 16\%$$

（三）综合资本成本的计量

在实际工作中，由于受多种因素的制约，企业筹措资金不可能只使用某种单一的筹资方式，而往往需要同时采用几种不同的方式来筹集所需资本。为进行筹资决策，就要计算确定企业全部长期资金的总成本——综合资本成本。

综合资本成本就是指一个企业各种不同筹资方式总的平均资本成本，它一般是以各种资本占全部资本的比重为权数，对各种个别资本成本进行加权平均计算出来的，所以又称加权平均资本成本。其计算公式为：

$$K_W = \sum_{j=1}^{n} K_j W_j \tag{7-12}$$

式中，K_W 表示综合资本成本（加权平均资本成本）；K_j 表示第 j 种资金的个别资本成本；W_j 表示第 j 种资金占全部资金的比重（权数）。

［案例7－9］光明电器股份有限公司西安分公司账面反映的资本共500万元。其中借款100万元，长期债券50万元，普通股250万元，保留盈余100万元；其成本分别为6.7%、9.17%、11.26%、11%。该公司的加权平均资本成本为：

$$6.7\% \times \frac{100}{500} + 9.17\% \times \frac{50}{500} + 11.26\% \times \frac{250}{500} + 11\% \times \frac{100}{500} = 10.09\%$$

上述综合资本成本率的计算中所用权数（个别资本占全部资本的比重）是按账面价值确定的。使用账面价值权数容易从资产负债表上取得数据资料，但当资本的账面价值与市场价值差别较大时，如股票、债券的市场价格发生较大变动的话，计算得到的综合资本成本就显得不客观。为了克服上述缺陷，计算综合资本成本也可选择采用市场价值权数和目标价值权数，即个别资本占全部资本比重的确定还可以按市场价值或目标价值确定，分别称为市场价值权数、目标价值权数。

市场价值权数是指企业的股票、债券等以其当前市场价格为基础来确定权数（个别资本占全部资本的比重）。这样计算的加权平均资本成本比较能反映企业目前的实际情况。目标价值权数是指企业的股票、债券等以未来预计的目标市场价值为基础来确定权数（个别资本占全部资本的比重）。这种权数能体现期望的资本结构而不是像账面价值权数和市场价值权数那样只反映过去和现在的资本结构，所以按目标价值权数计算的加权平均资本成本更适用于企业筹措新资金。

（四）边际资本成本的计算

边际资本成本是指资金每增加一个单位而增加的成本。企业当需要追加筹措资金时应考虑边际资本成本的高低。企业追加筹资，可以只采用某一种筹资方式，但这对保持或优化资本结构不利。当筹资数额较大，资本结构又有既定目标时，企业应通过边际资本成本的计算，确定最优的筹资方式的组合。

下面举例说明边际资本成本的计算和应用。

[案例7－10] 光明电器股份有限公司成都分公司现有资金1000万元，其中长期借款100万元，长期债券200万元，普通股700万元。公司考虑扩大经营规模，拟筹集新的资金。经分析，认为目前的资本结构是最优的，希望筹集新资金后能保持目前的资本结构。经测算，随筹资额的增加，各种资本成本的变动情况如表7－1所示。

表7－1 **光明电器股份有限公司成都分公司筹资资料**

资金种类	目标资本结构	新筹资的数量范围（元）	资本成本
长期借款	10%	0～50 000 大于50 000	6% 7%
长期债券	20%	0～140 000 大于140 000	8% 9%
普通股	70%	0～210 000 210 000～630 000 大于630 000	10% 11% 12%

1. 计算筹资总额的分界点（突破点）

根据目标资本结构和各种个别资本成本变化的分界点（突破点），计算筹资总额的分界点（突破点）。其计算公式为：

$$BP_j = \frac{TF_j}{W_j} \qquad (7-13)$$

式中，BP_j 表示筹资总额的分界点；TF_j 表示第j种个别资本成本的分界点；W_j 表示目标资本结构中第j种资金的比重。

光明电器股份有限公司成都分公司的筹资总额分界点如表7－2所示。

表7－2 **筹资总额分界点计算表**

资金种类	资本结构	资金成本	新筹资的数量范围（元）	新筹资总额分界点（元）
长期借款	10%	6% 7%	0～50 000 大于50 000	0～500 000 大于500 000
长期债券	20%	8% 9%	0～140 000 大于140 000	0～700 000 大于700 000
普通股	70%	10% 11% 12%	0～210 000 210 000～630 000 大于630 000	0～300 000 300 000～900 000 大于900 000

在表7－2中，新筹资总额分界点是指引起某资金种类资本成本变化的分界点。如长期借款，筹资总额不超过50万元，资本成本为6%；超过50万元，资本成本就要增加到7%。那么筹资总额约在50万元左右时，尽量不要超过50万元。然而要维持原有资本结构，必然要多种资金按比例同时筹集，单考虑某个别资本成本是不成立的，必须考虑综合的边际资本成本。

2. 计算各筹资总额范围的边际资本成本

根据表7－2的计算结果，可知有4个分界点，应有5个筹资范围。计算5个筹资范围的边际资本成本，结果如表7－3所示。

表 7－3　　　　　　　　　　　　边际资本成本计算表

序号	筹资总额范围	资金种类	资本结构	资本成本	边际资本成本	备注
1	0～300 000	长期借款 长期债券 普通股	10% 20% 70%	6% 8% 10%	0.6% 1.6% 7%	边际资本成本＝9.2%
2	300 000～500 000	长期借款 长期债券 普通股	10% 20% 70%	6% 8% 11%	0.6% 1.6% 7.7%	边际资本成本＝9.9%
3	500 000～700 000	长期借款 长期债券 普通股	10% 20% 70%	7% 8% 11%	0.7% 1.6% 7.7%	边际资本成本＝10%
4	700 000～900 000	长期借款 长期债券 普通股	10% 20% 70%	7% 9% 11%	0.7% 1.8% 7.7%	边际资本成本＝10.2%
5	900 000 以上	长期借款 长期债券 普通股	10% 20% 70%	7% 9% 12%	0.7% 1.8% 8.4%	边际资本成本＝10.9%

光明电器股份有限公司成都分公司可以按照表 7－3 的结果规划追加筹资，尽量不要由一段范围突破到另一段范围。

第二节　杠杆原理

财务管理用杠杆原理来描述一个量的变动会引起另一个量的更大变动。财务管理中的杠杆有经营杠杆、财务杠杆、复合杠杆。杠杆利益与风险是公司资本结构决策的一个重要因素。

一、经营杠杆

（一）经营杠杆效应

企业在生产经营中会有这么一种现象：在单价和成本水平不变的条件下，销售量的增长会引起息税前利润以更大的幅度增长，这就是经营杠杆效应。经营杠杆效应产生的原因是固定成本，当销售量增加时，变动成本将同比增加，销售收入也同比增加，但固定成本总额不变，单位固定成本以反比例下降，这就导致单位产品成本降低，每单位产品利润增加，于是利润比销量增加得更快。

[案例 7－11] 考察光明电器股份有限公司成都分公司连续 3 年的销量、利润资料，如表 7－4 所示。

表 7-4　光明电器股份有限公司成都分公司盈利情况资料　金额单位：元

项　目	第一年	第二年	第三年
单价	150	150	150
单位变动成本	100	100	100
单位边际贡献	50	50	50
销售量	10 000	20 000	30 000
边际贡献	500 000	1 000 000	1 500 000
固定成本	200 000	200 000	200 000
息税前利润（EBIT）	300 000	800 000	1 300 000

由表 7-4 可见，从第一年到第二年，销售量增加了原来的 100%，息税前利润增加了原来的 166.67%；从第二年到第三年，销售量增加了原来的 50%，息税前利润增加了原来的 62.5%。利用经营杠杆效应，企业在可能的情况下适当增加产销量会取得更多的盈利，这就是经营杠杆利益。但我们也必须认识到，当企业遇上不利而销售量下降时，息税前利润会以更大的幅度下降，即经营杠杆效应也会带来经营风险。

（二）经营杠杆系数

经营杠杆系数，也称经营杠杆率（DOL），是指息税前利润的变动率相对于销售量变动率的倍数。其定义公式为：

$$经营杠杆系数（DOL）=\frac{息税前利润变动率}{销售量变动率}=\frac{\frac{\Delta EBIT}{EBIT_0}}{\frac{\Delta x}{x_0}} \quad (7-14)$$

根据表 7-4 的资料，可以算得第二年经营杠杆系数为 1.6667，第三年经营杠杆系数为 1.25。利用上述 DOL 的定义公式计算经营杠杆系数必须掌握息税前利润变动率与销售量变动率，这是事后反映，不便于利用 DOL 进行预测。因此，推导出一个只需用基期数推算经营杠杆系数的公式。

$$DOL=\frac{基期边际贡献}{基期息税前利润} \quad (7-15)$$

根据表 7-4 资料，第四年的经营杠杆系数 $DOL=\frac{1\ 500\ 000}{1\ 300\ 000}=1.1538$。

[案例 7-12] 光明电器股份有限公司成都分公司生产 A 产品，固定成本为 60 万元，变动成本率为 40%，当企业的销售额分别为 400 万元、200 万元、100 万元时，经营杠杆系数分别为：

$$DOL_{(1)}=\frac{400-400\times40\%}{400-400\times40\%-60}=1.33$$

$$DOL_{(2)}=\frac{200-200\times40\%}{200-200\times40\%-60}=2$$

$$DOL_{(3)}=\frac{100-100\times40\%}{100-100\times40\%-60}\rightarrow\infty$$

以上计算结果说明这样一些问题：

第一，在固定成本不变的情况下，经营杠杆系数说明了销售额增长（减少）所引起利润增长（减少）的幅度。比如，$DOL_{(1)}$ 说明在销售额为 400 万元时，销售额的增长（减少）会引起利润 1.33 倍的增长（减少）；$DOL_{(2)}$ 说明在销售额为 200 万元时，销售额的增长（减少）将引起利润 2 倍的增长（减少）。

第二，在固定成本不变的情况下，销售额越大，经营杠杆系数越小，经营风险也就越小；反之，销售额越小，经营杠杆系数越大，经营风险也就越大。比如，当销售额为 400 万元时，$DOL_{(1)}$ 为 1.33；当销售额为 200 万元时，$DOL_{(2)}$ 为 2。显然后者利润的不稳定性大于前者，故而后者的经营风险大于前者。

企业一般可以通过增加销售额、降低产品单位变动成本、降低固定成本比重等措施使经营杠杆系数下降，降低经营风险，但这往往要受到条件的制约。

（三）经营杠杆与经营风险

经营风险，亦称营业风险，是指与公司经营有关的风险，尤其是指公司在经营活动中利用经营杠杆而导致营业利润下降的风险。由于经营杠杆的作用，当营业总额下降时，营业利润下降得更快，从而给公司带来经营风险。

二、财务杠杆

（一）财务杠杆效应

企业在核算普通股每股利润时会有这么一种现象：在资金构成不变的情况下，息税前利润的增长会引起普通股每股利润以更大的幅度增长，这就是财务杠杆效应。财务杠杆效应产生的原因是当息税前利润增长时，债务利息不变，优先股股利不变，这就导致普通股每股利润比息税前利润增加得更快。

［案例 7－13］光明电器股份有限公司成都分公司年债务利息为 100 000 元，所得税率为 30%，普通股为 100 000 股，连续 3 年普通股每股利润资料如表 7－5 所示。

表 7－5　光明电器股份有限公司成都分公司普通股每股利润资料　　金额单位：元

项　目	第一年	第二年	第三年
息税前利润（EBIT）	300 000	800 000	1 300 000
债务利息	100 000	100 000	100 000
税前利润	200 000	700 000	1 200 000
所得税	60 000	210 000	360 000
税后利润	140 000	490 000	840 000
普通股每股利润（EPS）	1.4	4.9	8.4

由表 7－5 可见，从第一年到第二年，EBIT 增长了 166.67%，EPS 增长了 250%；从第二年到第三年，EBIT 增长了 62.5%，EPS 增长了 71.43%。利用财务杠杆效应，企业适度负债经营，在盈利条件下可能给普通股股东带来更多的收益，这就是财务杠杆利益。但我们也必须认识到，当企业盈利下降时，普通股股东的收益会以更大幅度减少，即财务杠杆效应也会带来财务风险。

（二）财务杠杆系数

财务杠杆系数，也称财务杠杆率（DFL），是指普通股每股利润的变动率相对于息税前利润变动率的倍数。其定义公式为：

$$财务杠杆系数(DFL)=\frac{普通股每股利润变动率}{息税前利润变动率}=\frac{\Delta EPS/EPS_0}{\Delta EBIT/EBIT_0} \tag{7-16}$$

按表7－5的资料，可以算得第二年财务杠杆系数为1.5，第三年财务杠杆系数为1.1429。利用上述DFL的定义公式计算财务杠杆系数必须掌握普通股每股利润变动率与息税前利润变动率，这是事后反映，不便于利用DFL进行预测。为此，推导出一个只需用基期数据计算财务杠杆系数的公式：

$$DFL=\frac{基期息税前利润}{基期息税前利润-债务利息-\dfrac{优先股股利}{1-所得税税率}} \qquad (7-17)$$

对于无优先股的股份制企业或非股份制企业，上述财务杠杆系数的计算公式可简化为：

$$DFL=\frac{EBIT_0}{EBIT_0-I}=\frac{基期息税前利润}{基期税前利润} \qquad (7-18)$$

根据表7－5的资料，第四年的财务杠杆系数为：

$$DFL=\frac{1\ 300\ 000}{1\ 300\ 000-100\ 000}=1.0833$$

[案例7－14] A、B、C为三家经营业务相同的公司，它们的有关情况如表7－6所示。

表7－6　A、B、C三家公司的财务杠杆系数计算表　单位：元

项目＼公司	A	B	C
普通股本	2 000 000.00	1 500 000.00	1 000 000.00
发行股数	20 000.00	15 000.00	10 000.00
债务（利率8%）	0.00	500 000.00	1 000 000.00
资本总额	2 000 000.00	2 000 000.00	2 000 000.00
息税前盈余	200 000.00	200 000.00	200 000.00
债务利息	0.00	40 000.00	80 000.00
税前盈余	200 000.00	160 000.00	120 000.00
所得税（税率33%）	66 000.00	52 800.00	39 600.00
税后盈余	134 000.00	107 200.00	80 400.00
财务杠杆系数	1.00	1.25	1.67
每股普通股收益	6.70	7.15	8.04
息税前盈余增加	200 000.00	200 000.00	200 000.00
债务利息	0.00	40 000.00	80 000.00
税前盈余	400 000.00	360 000.00	320 000.00
所得税（税率33%）	132 000.00	118 800.00	105 600.00
税后盈余	268 000.00	241 200.00	214 400.00
每股普通股收益	13.40	16.08	21.44

表7－6说明：

第一，财务杠杆系数表明的是息税前盈余增长所引起的每股收益的增长幅度。比如，A公司的息税前盈余增长1倍时，其每股收益也增长1倍（13.4÷6.7－1）；B公

司的息税前盈余增长1倍时，其每股收益增长1.25倍（16.08÷7.15－1）；C公司的息税前盈余增长1倍时，其每股收益增长1.67倍（21.44÷8.04－1）。

第二，在资本总额、息税前盈余相同的情况下，负债比率越高，财务杠杆系数越高，财务风险越大，但预期每股收益也会相应较高。比如，B公司比起A公司来，负债比率高（B公司资本负债率为500 000÷2 000 000×100%＝25%，A公司资本负债率为0），财务杠杆系数高（B公司为1.25，A公司为1），财务风险大，但每股收益也高（B公司为7.15元，A公司为6.7元）；C公司比起B公司来负债比率高（C公司资本负债率为1 000 000÷2 000 000×100%＝50%），财务杠杆系数高（C公司为1.67），财务风险大，但每股收益也高（C公司为8.04元）。

负债比率是可以控制的，企业可以通过合理安排资本结构，适度负债，使财务杠杆利益抵消风险增大所带来的不利影响。

（三）财务杠杆与财务风险

一般地讲，企业在经营中总会发生借入资本。企业负债经营，不论利润多少，债务利息是不变的。于是当利润增大时，每1元利润所负担的利息就会相对地减少，从而使投资者收益有更大幅度地提高。这种债务对投资者收益的影响称为财务杠杆。

财务风险，亦称融资风险或筹资风险，是指公司在经营活动中与筹资有关的风险，尤其是指在筹资活动中利用财务杠杆可能导致公司权益资本所有者收益下降的风险，甚至可能导致公司破产的风险。由于财务杠杆的作用，当息税前利润下降时，税后利润下降得更快，从而给公司权益资本所有者造成财务风险。

财务风险是指全部资本中债务资本比率的变化带来的风险。当债务资本比率较高时，投资者将负担较多的债务成本，并经受较多的负债作用所引起的收益变动的冲击。从而加大财务风险；反之，当债务资本比率较低时，财务风险就小。

三、复合杠杆

（一）复合杠杆效应

复合杠杆，亦称总杠杆，是指经营杠杆和财务杠杆的综合。由于存在固定的生产经营成本，会产生经营杠杆效应，即销售量的增长会引起息税前利润以更大的幅度增长。经营杠杆就是利用公司经营成本中固定成本的作用而影响息税前利润。由于存在固定的财务成本（债务利息和优先股股利），会产生财务杠杆效应，即息税前利润的增长会引起普通股每股利润以更大的幅度增长。财务杠杆就是利用公司资本成本中债务资本固定利息的作用影响税后利润或普通股每股税后利润。

经营杠杆和财务杠杆二者最终都影响到公司税后利润或普通股每股税后利润。一个企业会同时存在固定的生产经营成本和固定的财务成本，那么两种杠杆效应会共同发生，会有连锁作用，形成销售量的变动使普通股每股利润以更大幅度变动。复合杠杆效应就是经营杠杆和财务杠杆的综合效应。因此，复合杠杆综合了经营杠杆和财务杠杆的共同影响作用。一个公司同时利用经营杠杆和财务杠杆，这种影响作用会更大。

（二）复合杠杆系数

复合杠杆系数，也称综合杠杆系数，又称总杠杆系数（DTL），是指普通股每股利润的变动率相对于销售量变动率的倍数。其定义公式为：

$$复合杠杆系数（DTL）=\frac{普通股每股利润变动率}{销售量变动率}=\frac{\frac{\Delta EPS}{EPS_0}}{\frac{\Delta x}{x_0}} \quad (7-19)$$

或：

$$DTL=\frac{基期边际贡献}{基期边际贡献-固定成本-债务利息-\frac{优先股股利}{1-所得税税率}} \quad (7-20)$$

可见，复合杠杆系数可以由经营杠杆系数与财务杠杆系数相乘得到，也可以由基期数据直接计算得到。根据表7－4和表7－5资料，计算各年DTL如下：

第二年：

$DTL=1.6667\times1.5=2.5$

或：

$$DTL=\frac{500\ 000}{300\ 000-100\ 000}=2.5$$

第三年：

$DTL=1.25\times1.1429=1.4286$

或：

$$DTL=\frac{1\ 000\ 000}{800\ 000-100\ 000}=1.4286$$

第四年：

$DTL=1.1538\times1.0833=1.25$

或：

$$DTL=\frac{1\ 500\ 000}{1\ 300\ 000-100\ 000}=1.25$$

（三）复合杠杆与复合风险

如前所述，经营杠杆通过扩大销售影响息税前盈余，而财务杠杆通过扩大息税前盈余影响每股收益。如果两种杠杆共同起作用，那么销售稍有变动就会使每股收益产生更大的变动。通常把这两种杠杆的连锁作用称为复合杠杆作用。

复合杠杆系数（DTL）就是用来表示复合杠杆作用程度的。复合杠杆系数反映了每股收益变动率相当于产销量变动率的倍数。由此可见，固定性费用在给企业带来复合杠杆利益的同时，也加剧了每股收益变动幅度和破产风险。在其他因素不变的前提下，固定性费用越多，复合杠杆系数越大，复合风险就越大。

第三节　资本结构

从某种意义上讲，企业筹资决策的核心是资本结构决策。合理的资本结构可以使企业充分发挥财务杠杆作用，获取更大的自有资本收益率（或每股收益），而不合理的资本结构将使企业背负沉重的债务负担，面临巨大的财务风险。

一、资本结构的概念

资本结构是指企业各种来源资本的构成和比例关系。资本结构有广义和狭义之分。

广义资本结构是指企业全部资本的构成与比例，即企业全部债权资本与股权资本之间的构成及比例关系。其实质是企业资产负债表中右方所有项目之间的构成及其比例关系。因此，资本结构也称为财务结构。狭义的资本结构特指企业长期债权资本与股权资本之间的构成与比例，即长期负债与所有者权益（股东权益）之间的构成及其比例关系。这是由于企业的短期资金的需求与筹集经常处于变化中，在整个资金中比重也不稳定，因而不将其纳入资本结构范畴，而是作为营运资金的一部分来进行管理。现代财务理论大多是以狭义资本结构为研究对象。

企业的资本结构是由于企业采用不同的筹资方式而形成的。各种筹资方式及其不同组合类型决定着企业的资本结构及其变化。可以说，资本结构的实质是研究借入资本与自有资本之间的比例构成，或借入资本在全部资本中的比例构成问题。适度增加债务可能会降低企业资本成本，获取财务杠杆利益，同时也会给企业带来财务风险。

二、资本结构决策的影响因素

企业进行资本结构决策时应考虑各有关因素的影响。

（一）政府税收

因为利息费用可以在应税所得额中合法抵扣，即举债可以获得减税利益。因此，所得税税率越高，负债的好处越多；反之，如果税率很低，则采用举债方式的减税利益就不十分明显。

（二）利率水平的变动趋势

利率水平的变动趋势也会影响到企业的资本结构。如果公司财务管理人员认为利息率暂时较低，但不久的将来有可能上升的话，便会大量举借长期债务，从而在若干年内把利率固定在较低水平上。

（三）行业因素与企业规模

不同行业，资本结构有很大差别。财务经理必须考虑本企业所处的行业，以便考虑最佳的资本结构。一般而言，企业规模越大，筹集资金的方式就越多，负债比率越低。而中小型企业筹资方式比较单一，主要依靠向银行借款来解决资金需求，因而这些企业的负债率一般较高。

（四）企业销售的稳定性

销售是否稳定对资本结构有着重要影响。如果企业的销售比较稳定，则有能力负担较多的财务费用，此时可以选择债务比例较高的资本结构；如果销售和盈余有周期性，则负担固定的财务费用将冒较大的财务风险，此时应选择债务比重较小的资本结构。

（五）企业的财务状况

盈利能力越强、财务状况越好、变现能力越强的公司，就越有能力负担财务上的风险。因而，随着企业变现能力、财务状况和盈利能力的增强，举债融资就越有吸引力。当然，有些企业，因为财务状况不好，无法顺利发行股票，所以只好以高利率发行债券来筹集资金。

（六）资产结构

资产结构会以多种方式影响企业的资本结构：①拥有大量固定资产的企业主要通过长期负债和发行股票筹集资金；②拥有较多流动资产的企业，更多依赖流动负债来筹集资金；③资产适用于抵押贷款的公司举债额较多，如房地产公司的抵押贷款就相当多；④以技术研究开发为主的公司则负债很少。

（七）企业决策者的态度

资本结构决策最终由企业所有者和管理人员作出，他们的态度对资本结构会产生重要影响。偏好风险的决策者，可能会安排较高的债务比例；反之，稳健的决策者则会安排较低的债务比例。

（八）企业信用等级与债权人的态度

企业能否以借债的方式筹资和能筹集到多少资本，不仅取决于企业经营者和所有者的态度，而且取决于企业的信用等级和债权人的态度。如果企业的信用等级不高，而且负债率已经较高，债权人将不愿意向企业提供信用，从而使企业无法达到它所希望达到的负债水平。

三、最优资本结构的确定方法

所谓最优资本结构，是指公司在一定时期内，使其加权平均资本成本最低、公司价值最大时的资本结构。其判断标准有如下三条：①有利于最大限度地增加股东财富，使公司价值最大化；②使公司加权平均资本成本达到最低，这是一条主要标准；③保持资本的流动性，使公司的资本结构具有一定的弹性。

资本结构的优化意在寻求最优资本结构，使企业综合资本成本最低、企业风险最小、企业价值最大。资本结构确定的任务在于在众多的资本结构方案中，根据企业的具体情况进行比较、分析和选择，以确定适合于企业的资本结构。

（一）比较资本成本法

比较加权平均资本成本法，就是通过计算不同资本结构（筹资方案）的加权平均成本，并进行比较、分析，加以确定企业最佳资本结构的一种方法。该法认为在众多资本结构方案（筹资方案）中，加权平均资本成本最低的方案为最佳。

[案例7－15] 光明电器股份有限公司成都分公司计划年初的资本结构如表7－7所示。

表7－7　光明电器股份有限公司成都分公司计划年初的资本结构

资　金　来　源	金　额
普通股6万股（筹资费率2%）	600万元
长期债券年利率10%（筹资费率2%）	400万元
长期借款年利率9%（无筹资费用）	200万元
合　　计	1 200万元

普通股每股面额100元，今年期望股息为10元，预计以后每年股利将增长3%。该公司所得税率为40%。该公司现拟增资300万元，有以下两个方案可供选择：

甲方案：发行长期债券300万元，年利率为11%，筹资费率为2%。普通股每股股息增加到12元，以后每年须增长4%。

乙方案：发行长期债券150万元，年利率为11%，筹资费率为2%，另以每股150元发行股票150万元，筹资费率为2%，普通股每股股息增加到12元，以后每年增长3%。

要求：(1) 计算年初综合资本成本；

(2) 试做出增资决策。

解答：

(1) 年初综合资本成本：

$$普通股资本成本 = \frac{10}{100 \times (1 - 2\%)} + 3\% \approx 13.20\%$$

$$长期债券资本成本 = \frac{10\% \times (1 - 40\%)}{1 - 2\%} \approx 6.12\%$$

$$长期借款资本成本 = 9\% \times (1 - 40\%) = 5.4\%$$

$$综合资本成本 = 13.20\% \times \frac{600}{1200} + 6.12\% \times \frac{400}{1200} + 5.4\% \times \frac{200}{1200} = 9.54\%$$

(2) 甲方案：

$$普通股资本成本 = \frac{12}{100 \times (1 - 2\%)} + 4\% \approx 16.24\%$$

旧债券资本成本≈6.12%

长期借款资本成本＝5.4%

$$新债券资本成本 = \frac{11\% \times (1 - 40\%)}{1 - 2\%} \approx 6.73\%$$

$$综合资本成本 = 16.24\% \times \frac{600}{1500} + 6.12\% \times \frac{400}{1500} + 5.4\% \times \frac{200}{1500} + 6.73\% \times \frac{300}{1500} \approx 10.19\%$$

乙方案：

$$旧普通股资本成本 = \frac{12}{100 \times (1 - 2\%)} + 3\% \approx 15.24\%$$

旧债券资本成本≈6.12%

长期借款资本成本＝5.4%

$$新债券资本成本 = \frac{11\% \times (1 - 40\%)}{1 - 2\%} \approx 6.73\%$$

$$新普通股资本成本 = \frac{12}{150 \times (1 - 2\%)} + 3\% \approx 11.16\%$$

$$综合资本成本 = 15.24\% \times \frac{600}{1500} + 6.12\% \times \frac{400}{1500} + 5.4\% \times \frac{200}{1500} + 6.73\% \times \frac{150}{1500} + 11.16\% \times \frac{150}{1500} = 10.24\%$$

由以上计算结果可知，甲方案的综合资本成本低于乙方案，应采用甲方案增资。

(二) 每股收益无差别点分析法

判断资本结构合理与否的一种方法是分析每股收益的变化。这种方法假定能提高每股收益的资本结构是合理的，反之则不够合理。所谓每股收益的无差别点，指每股收益不受融资方式影响的销售水平。根据每股收益无差别点，可以分析判断在什么样的销售水平下适于采用何种筹资方式。

每股收益无差别点可以通过计算得出。每股收益 EPS 的计算为：

$$EPS=\frac{(S-VC-F-I)(1-T)}{N}=\frac{(EBIT-I)(1-T)}{N} \tag{7-21}$$

式中，S 表示销售额；VC 表示变动成本；F 表示固定成本；I 表示债务利息；T 表示所得税税率；N 表示流通在外的普通股股数；EBIT 表示息税前利润。

1. 比较普通股每股利润

从普通股股东的得益这一角度考虑资本结构的优化可以采用比较普通股每股利润的方法。

[案例 7-16] 光明电器股份有限公司西安分公司现有权益资金 500 万元（普通股 50 万股，每股面值为 10 元）。企业拟再筹资 500 万元，现有三个方案可供选择：A 方案，发行年利率为 9% 的长期债券；B 方案，发行年股息率为 8% 的优先股；C 方案，增发普通股 50 万股。预计当年可实现息税前盈利 100 万元，所得税率为 30%。要求：选择最优资本结构。

解答：

$$EPS_A=\frac{(100-500\times 9\%)\times(1-30\%)}{50}=0.77\text{（元）}$$

$$EPS_B=\frac{100\times(1-30\%)-500\times 8\%}{50}=0.60\text{（元）}$$

$$EPS_C=\frac{100\times(1-30\%)}{50+50}=0.70\text{（元）}$$

由以上计算结果可知，A 方案的每股利润最大，应采用 A 方案筹资。

2. 无差别点分析法

无差别点分析是对不同资本结构的获利能力分析。所谓无差别点，是指使不同资本结构的每股收益（EPS）相等时的息税前利润（EBIT）点。这一点是两种资本结构优劣的分界点，在此点上则无所谓哪一种资本结构最佳。当企业的息税前利润低于此点时，则借入资本较少的资本结构最佳；反之，借入资本较多的资本结构最佳。所谓无差别点分析法就是通过分析计算不同资本结构的无差别点来确定最佳资本结构的一种方法。由于无差别点分析法主要是研究 EBIT 与 EPS 之间的关系，故也可称其为 EBIT—EPS 分析法。

计算公式如下：

$$\frac{(\overline{EBIT}-I_1)(1-T)-DP_1}{N_1}=\frac{(\overline{EBIT}-I_2)(1-T)-DP_2}{N_2} \tag{7-22}$$

式中，$\overline{EBIT}$ 为息税前利润平衡点，即每股收益无差别点。

利用上式即可求出普通股每股收益相等时的息税前利润。根据企业现有或预计的息税前利润水平，即可进行资本结构决策。如果企业有多个可供参考的方案，可采用两两对比的方法分别求出多个无差别点，再进行决策。

[案例 7-17] 光明电器股份有限公司重庆分公司现有资本结构全部为普通股 100 万元，每股 10 元，折合 10 万股。现拟增资 20 万元，有甲、乙两种筹资方案可供选择。甲方案：发行普通股 2 万股，每股 10 元。乙方案：发行普通股 1 万股，每股 10 元；另发行债券 10 万元，债券年利率为 10%。该企业所得税率为 40%。要求：作 EBIT—EPS 分析。

解答：设 x 为该企业的息税前利润

$$EPS_{甲}=\frac{x\cdot(1-40\%)}{10+2}$$

$$EPS_{乙}=\frac{(x-10\times10\%)\times(1-40\%)}{10+1}$$

令 $EPS_{甲}=EPS_{乙}$，得：

$$\frac{x\times0.6}{12}=\frac{(x-1)\times0.6}{11}$$

X=12（万元），此时 $EPS_{甲}=EPS_{乙}=0.6$（元）。

则当企业息税前利润小于12万元时选择甲方案增资，大于12万元时选择乙方案增资。

在每股收益无差别点上，无论是采用负债融资，还是采用权益融资，每股收益都是相等的。若以 EPS_1 代表负债融资，以 EPS_2 代表权益融资，有：

$$EPS_1=EPS_2$$

$$\frac{(S_1-VC_1-F_1-I_1)(1-T)}{N_1}=\frac{(S_2-VC_2-F_2-I_2)(1-T)}{N_2} \qquad (7-23)$$

在每股收益无差别点上，$S_1=S_2$，则：

$$\frac{(S-VC_1-F_1-I_1)(1-T)}{N_1}=\frac{(S-VC_2-F_2-I_2)(1-T)}{N_2} \qquad (7-24)$$

能使得上述条件公式成立的销售额（S）为每股收益无差别点销售额。

[案例7-18] 光明电器股份有限公司成都分公司原有资本700万元，其中债务资本200万元（每年负担利息24万元），普通股资本500万元（发行普通股10万股，每股面值50元）。由于扩大业务，须追加筹资300万元，其筹资方式有两种：

一是全部发行普通股：增发6万股，每股面值为50元；

二是全部筹借长期债务：债务利率仍为12%，利息为36万元。

公司的变动成本率为60%，固定成本为180万元，所得税税率为33%。

将上述资料中的有关数据代入条件公式：

$$\frac{(S-0.6S-180-24)(1-33\%)}{10+6}=\frac{(S-0.6S-180-24-36)(1-33\%)}{10}$$

S=750（万元）

此时的每股收益额为：

$$\frac{(750-750\times0.6-180-24)(1-33\%)}{16}=4.02\text{（元）}$$

上述每股收益无差别分析如图7-1所示。

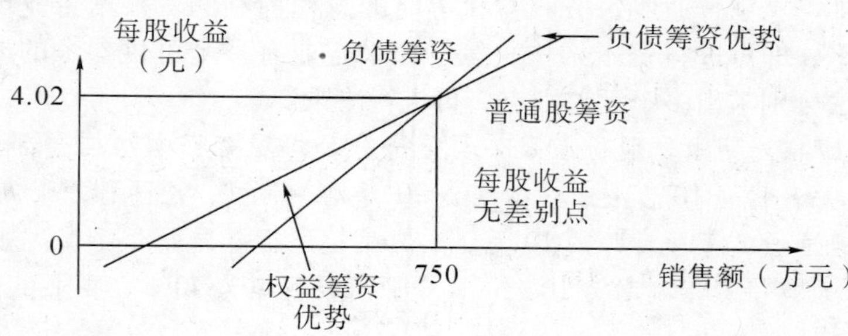

图7-1　每股收益无差别分析图

从图 7－1 可以看出，当销售额高于 750 万元（每股收益无差别点的销售额）时，运用负债筹资可获得较高的每股收益；当销售额低于 750 万元时，运用权益筹资可获得较高的每股收益。

上述两种优化资本结构的方法都有一定的局限性。首先，它们都仅对有限个方案选出最优方案，因此只能是“较优”，不可能是“最优”。其次，它们与财务管理的总目标——股东财富最大化不可能完全一致：在第一种方法下，综合资本成本低，并不能保证股东财富最大化；在第二种方法下，假定普通股每股利润越大，则普通股股价越高，从而股东财富越大，但事实上普通股股价并不仅取决于每股利润，而受很多因素的影响。以每股收益的高低作为衡量标准对筹资方式进行选择，缺陷还在于没有考虑风险因素。

本章小结：

资本成本是企业筹资和用资的代价，是企业选择资金来源、拟定筹资方案的依据，也是企业用资效益的最低尺度。资本成本的计算包括个别资本成本及综合资本成本的计算。

个别资本成本是指各种筹资方式所筹资金的成本，主要包括长期借款成本、债券成本、优先股成本、普通股成本和留存收益成本。

综合资本成本就是指一个企业各种不同筹资方式总的平均资本成本，它一般是以各种资本占全部资本的比重为权数，对各种个别资本成本进行加权平均计算出来的，所以又称加权平均资本成本。其计算公式为：

$$K_W = \sum_{j=1}^{n} K_j W_j$$

经营杠杆效应是指在在单价和成本水平不变的条件下，销售量的增长会引起息税前利润以更大的幅度增长。描述经营杠杆效应大小的指标是经营杠杆系数（DOL）。

$$DOL = \frac{\frac{\Delta EBIT}{EBIT_0}}{\frac{\Delta x}{x_0}} = \frac{Tcm_0}{EBIT_0}$$

财务杠杆效应是指在资金构成不变的情况下，息税前利润的增长会引起普通股每股利润以更大的幅度增长。描述财务杠杆效应大小的指标是财务杠杆系数（DFL）。

$$DFL = \frac{\Delta EPS/EPS_0}{\Delta EBIT/EBIT_0} = \frac{EBIT_0}{EBIT_0 - I - \frac{E}{1-t}}$$

复合杠杆效应是经营杠杆和财务杠杆的综合效应。描述复合杠杆效应大小的指标是复合杠杆系数（DTL）。

$$DTL = \frac{\Delta EPS/EPS_0}{\Delta x/x_0} = DOL \times DFL = \frac{Tcm_0}{EBIT_0 - I - \frac{E}{1-t}}$$

资本结构是指企业各种长期资金的构成比例，是筹资质量的集中表现，资本结构的优化方法有比较综合资本成本、比较普通股每股利润及无差别点分析。这些方法适用于不同的情况，从不同的角度优化资本结构。

本章推荐阅读书目：

1. 陈琦伟. 公司金融［M］. 2版. 北京：中国金融出版社，2003.（第六章）
2. 薛斐. 公司金融［M］. 上海：立信会计出版社，2005.（第四章）

阅读资料：

增发回购　捆绑筹资——青岛啤酒的筹资策略

目前中国上市公司仍将配股作为主要的融资手段，进而又将增发新股作为筹资的重要手段，这与发达国家"内源融资优先，债务融资次之，股权融资最后"的融资顺序大相径庭。其原因主要在于以下几点：

(1) 中国上市公司股利发放率低，股票发行成本低廉，与境外市场高昂的发行成本相比，在与市盈率相适应的条件下，境外市场的筹资成本大概是A股市场的5~6位，A股市场融资效率较高。与此同时，对上市公司经营者没有形成有效的激励和约束机制，上市公司成了大股东"圈钱"的提款机。

(2) 金融监管力度的日趋加强和银行信贷终身负责制度的实施，使得银行极为惜贷，从而使得企业获取长期贷款比较困难，并且贷款利率相对较高。

(3) 经营者对负债融资到期还本付息这种硬性约束感到有极大的压力，因而不愿意冒险进行负债融资，致使上市公司争相增发新股，成为除配股之外的又一主要的筹资渠道。

然而就在此经济环境之下，青岛啤酒股份有限公司突破陈规，勇于创新，创造性地采取了增发与回购捆绑式操作的筹资策略。

2001年2月5日至20日，青岛啤酒公司上网定价增发社会公众公司普通A股1亿股，每股7.87股，筹集资金净额为7.59元。筹额效率较高，其筹资主要投向收购部分异地中外合资啤酒生产企业的外方投资者权，以及对公司全资厂和控股子公司实施技术改造等，由此可以大大提高公司的盈利能力。2001年6月，青岛啤酒股份公司召开股东大会，作出了关于授权公司董事会于公司次年会前最多可回购公司发行在外的境外上市外资股10%的特别决议。公司董事会计划回购H股股份的10%，即3468.5万股，虽然这样做将会导致公司注册资本的减少，但是当时H股股价接近于每股净资产值，若按每股净资产值2.36元计算，两地市场存在明显套利空间，仅仅花去了8185.66万元，却可以缩减股本比例3.46%，而且可以在原来预测的基础上增加每股盈利。把这与公司2月5日至20日增发的1亿股A股事件联系起来分析，可以看出，回购H股和增发A股进行捆绑式操作，是公司的一种筹资策略组合，这样股本扩张的"一增一缩"，使得青岛啤酒股份公司的股本仅扩大约3.43%，但募集资金却增加了将近7亿元，其融资效果十分明显，这种捆绑式筹资策略值得关注。

(一) 动因分析

青岛啤酒股份公司之所以采取此种筹资策略，主要是基于增发新股及股份回购等动因来考虑的。

1. 增发新股的动因

(1) 融通资金，持续发展。从资本运作角度出发，上市公司为了今后的可持续发展，必须寻找并培植新的利润增长点，这就需要大量的资金来保证企业项目的顺利实施。上市公司通过配股筹资面临着困境，其主要原因是拥有绝大多数股份的国有持股者普遍资金匮乏，无货币资金参与配股，难以满足上市公司（特别是大股东）筹资的要求；再加上国家和法人股不能上市流通，缺乏一个畅通的流通转让渠道，其参与配股的积极性不高，如果放弃配股，又会使国有法人处于不利的投资地位，甚至造成国有资产流失。因此，需增发新股。

(2) 调整股权结构。目前，中国大多数上市公司股权结构不合理，普遍存在国有股比例过大、社会公众股比例偏小的现象。据统计，在2000年上报的沪深两市A股公司中，国有股、国有法人股在总股本的比例超过50%的公司有498家，占全部1040家公司的47.88%，超过75%的公司有406家，占上市公司总数的39.04%，有的甚至达到93%以上。形成事实上的“一股独占”或“一股独大”。增发新股由于全部为社会公众股，相对提高了社会公众股的比重，有利于发挥社会股东的监督和决策作用，有利于建立健全完善的公司管理结构。

2. 股份回购的动因和作用

(1) 实现经营目标。企业的经营目标是实现企业利润最大化及股东财富最大化。对于资金大量闲置、一时又没有投资项目投入的公司来说，与其闲置资金不用从而增加企业资产增值压力，还不如将资金用来回购部分股票，以减轻公司未来的分红压力，同时提升股票内在品质，为股价上涨创造空间。股票回购不仅在选择分配过剩资金的方式上提供了灵活性，而且在何时分配资金方面也提供了弹性，这一点对公司非常有利，因为可以在股票价值被低估时进行回购。因为内部管理者与股东之间的信息不对称可能导致股票定价错位；如果管理体制者认为股票的价值已被低估，那么公司回购股票就意味着对市场传递出它要回购定价错位股票的信息暗示，积极的反应应该是纠正定价错位，从而推动股票价格上涨。特别是股票在不同的、被分割的交易所进行交易时，如果存在较大的价差，公司进行股份回购还可以实现在不同市场间的套利，进而实现公司不同股票价格的平稳和上扬，从而又提高了公司的市场价值。

(2) 改善股权结构，使公司符合绝对控制企业（股权比例底线为30%）的规范。通过回购并注销国有股，能迅速有效地降低国有法人股在全部股本中的比重，改善股本结构。

(3) 优化资本结构，增强盈利能力。通过股份回购可以适当提高资产负债率，更充分地发挥“财务杠杆”的作用，增强公司的未来盈利能力，从而提升公司股价，使股东财富最大化，给公司股东更高的回报，同时增大其他公司对本公司收购的难度。

(4) 增强上市公司的持续筹资能力。从资本运营的角度出发，上市公司为了今后的可持续发展，必须培育并不断加强公司持续的筹资能力，重视证券市场的再筹资能力。

（二）捆绑筹资策略的财务效果

上述筹资策略，将给上市公司带来显著的财务效果，主要表现在以下几个方面：

(1) 取得了生产经营及扩张规模所必需的资金。上市公司股权融资具有筹资额最大、财务风险小、筹集资金质量高等优点，通过上述筹资组合策略，在市盈率较高的资本市场上发行股票，公司既可以筹集大量资金，又没有增加公司的分红压力，可以说是一举两得。

(2) 调整了公司的股权结构。中国上市公司股权结构设计极不合理，非流通股份占绝对控制地位，通过增发社会公众股和回购非流通股，可以大大降低国有股东的持股比例，同时以满足国家绝对控制和相对控制企业的目的，有利于建立健全完善的公司治理结构。

(3) 提高了公司的融资效率。上市公司增发新股大多采用上网定价发行方式，该方式发行费用高、融资速度快，并且在中国发行失败的可能性极小，通过股份回购可优化公司的资本结构，可使公司的筹资成本最小，两方面都对公司提高融资效率起到了积极作用。

(4) 提高了公司每股的收益并提升了公司的市场价值，有利于实现企业价值最大化。股份公司的每股盈余是衡量公司管理当局经营业绩的重要标准。通过筹资组合扩大了企业经营规模，培育了公司新的利润增长点，提高了企业的盈利能力。通过股份回购缩减了公司股本总额，两方面都对增加每股盈余起到了积极的促进作用，其结果大大增加了每股收益，吸引市场投资者作出积极的反映，推动股价的大幅上扬，在投资者中树立了良好的市场形象，公司的发展前景也可被投资者所认同。

(5) 优化了财务杠杆，提高了企业竞争能力，增大了其他公司的收购成本，进而有效防止了被其他公司恶意兼并或收购。

(6) 从纳税的角度考虑，股利应征收20%的个人所得税，而资本所得税的税率远低于股利所得税率，将股份回购看成一种替代现金股利的股利分配形式，无疑会受到投资者的青睐。

（三）点评

资本运作的时代中，企业的筹资是必要而且重要的，市场经济条件下，瞬息万变的市场要求企业不断地对自己的筹资策略进行创新，并要合理解决筹资与效率效果的问题。在中国由于现阶段金融市场存在的一些特殊性，上市公司均以配股作为主要的融资手段，但处于此大环境下的青岛啤酒股份有限公司却大胆探索，勇于创新，通过对市场及公司自身情况的详细分析，做出了回购H股和增发A股捆绑式融资决策。其增发新股突破了配股单一模式，完善了公司的股权结构，增强了公司的盈利能力和筹资能力；股份回购实现了公司股票价格的平稳和上扬，优化了公司的股本结构。二者的捆绑操作达到了优势互补的效果，并给上市公司带来了显著的财务效果，值得我们对现阶段中国企业适用的筹资方式加以深思。

资料来源：根据《财务管理案例集》改编。

同步测试

一、单项选择题

1. 具有简便易行、成本相对较低、限制较少等优点的筹资方式是（　　）。

A. 商业信用　　B. 发行股票

C. 发行债券　　D. 长期借款

2. 在计算资本成本时，与所得税有关的资金来源是下述情况中的（　　）。

A. 普通股　　B. 优先股

C. 银行借款　　D. 留存收益

3. 经营杠杆效应产生的原因是（　　）。

A. 不变的固定成本　　B. 不变的产销量

C. 不变的债务利息　　D. 不变的销售单价

4. 债券的资本成本率一般低于股票的资本成本率，其主要原因是（　　）。

A. 债券的筹资费用较少　　B. 债券的发行量少

C. 债券的利息率固定　　D. 债券利息在税前支付

5. 息税前利润变动率一般比产销量变动率（　　）。

A. 小　　B. 大

C. 相等　　D. 不一定

6. 当经营杠杆系数是5，财务杠杆系数是1.1，则综合杠杆系数是（　　）。

A. 5.5　　B. 6.5

C. 3.9　　D. 7.2

7. 每股利润变动率相对于息税前利润变动率的倍数，即为（　　）。

A. 经营杠杆系数　　B. 财务杠杆系数

C. 综合杠杆系数　　D. 边际资本成本

8. 息税前利润的变动率相对于销售量变动率的倍数，即为（　　）。

A. 经营杠杆系数　　B. 财务杠杆系数

C. 综合杠杆系数　　D. 边际资本成本

9. 每股利润变动率相对于销售额变动率的倍数，即为（　　）。

A. 经营杠杆系数　　B. 财务杠杆系数

C. 综合杠杆系数　　D. 边际资本成本

10. 某企业长期资本总额为1000万元，借入资金占总资本的40%，借入资金的利息率为10%。当企业销售额为1000万元，息税前利润为240万元时，则财务杠杆系数为（　　）。

A. 1.2　　B. 1.25

C. 1.04　　D. 1.4

二、多项选择题

1. 影响财务杠杆系数的因素有（　　）。

A. 息税前利润　　B. 固定成本

C. 优先股股利　　D. 所得税税率

2. 财务杠杆效应产生的原因是（　　）。

A. 不变的债务利息　　B. 不变的固定成本

C. 不变的优先股股利　　D. 不变的销售单价

3. 计算综合资本成本时的权数，可选择（　　）。

A. 账面价值　　B. 票面价值

C. 市场价值　　D. 目标价值

4. 同综合杠杆系数成正比例变化的是（　　）。

A. 销售额变动率　　B. 每股利润变动率

C. 经营杠杆系数　　D. 财务杠杆系数

5. 资金筹集费是指企业为筹集资金付出的代价，下列属于资金筹集费的有（　　）。

A. 发行广告费　　B. 股票、债券印刷费

C. 债券利息　　D. 股票股利

三、判断题

1. 资本成本与资金时间价值是既有联系，又有区别的。（　　）

2. 在筹资额和利息（股息）率相同时，企业借款筹资与发行优先股筹资的财务杠杆作用是相同的。（　　）

3. 留存收益是企业经营中的内部积累，这种资金不是向外界筹措的，因而它不存在资本成本。（　　）

4. 当预计的息税前利润大于每股利润无差别的息税前利润时，负债筹资的普通股每股利润大。（　　）

5. 经营杠杆影响息税前利润，财务杠杆影响息税后利润。（　　）

6. 如果企业的债务资金为零，则财务杠杆系数必等于1。（　　）

7. 一个企业的经营杠杆系数和财务杠杆系数都有可能等于1。（　　）

8. 企业负债比例越高，财务风险越大，因此负债对企业总是不利的。（　　）

9. 在个别资本成本一定的情况下，企业综合资本成本的高低取决于资金总额。（　　）

10. 在优化资本结构的过程中，综合资本成本最小的方案一定是普通股每股利润最大的方案。（　　）

四、计算题

1. 某企业发行面值为500元，票面利率为10%，偿还期为5年的长期债券。该债券的筹资费率为2%，所得税率为30%。要求：计算此债券的资本成本率。

2. 某企业发行面值为50元，年股利率为15%的优先股股票，发行该优先股股票的筹资费率为4%。要求：计算优先股的资本成本率。

3. 某企业发行普通股股票，每股发行价格为10元，筹资费率为5%，预计第一年年末股利为1元，年股利增长率为2%。要求：计算普通股的资本成本率。

4. 某企业共有资金2000万元，其中银行借款为100万元，长期债券为500万元，普通股为1000万元，留存收益为400万元；以上四种资金的资本成本率依次为5%、6%、12%、11%。

要求：计算该企业的综合资本成本率。

5. 已知某公司2002年产销A产品10万件，单价为100元，单位变动成本为80元，固定成本总额为100万元、公司负债总额为1000万元，年利率为5%，所得税率为40%。求：

（1）计算边际贡献；

（2）计算息税前利润；

（3）计算经营杠杆系数；

（4）计算财务杠杆系数；

（5）计算综合杠杆系数。

6. 某企业年初的资本结构如表7-8所示。

表7-8　　年初资本结构表

资金来源	金　额（万元）
长期债券年利率6%	500
优先股年股息率10%	100
普通股（8万股）	400
合　计	1000

普通股每股面值为50元，今年期望每股股息为5元，预计以后每年股息率将增加2%，发行各种证券的筹资费率均为1%，该企业所得税率为30%。

该企业拟增资500万元，有两个备选方案可供选择：方案一，发行长期债券500万元，年利率为8%，此时企业原普通股每股股息将增加到6元，以后每年的股息率仍可增加2%。方案二，发行长期债券200万元，年利率为7%，同时以每股60元发行普通股300万元，普通股每股股息将增加到5.5元，以后每年的股息率仍将增长2%。

求：

（1）计算该企业年初综合资本成本率。

（2）分别计算方案一、方案二的综合资本成本率并做出决策。

7. 某企业计划年初的资本结构如表7-9所示。

表7-9　　计划年初资本结构表

资金来源	金　额（万元）
长期借款（年利率10%）	200
长期债券（年利率12%）	300
普通股（5万股，面值100元）	500
合　计	1 000

本年度该企业拟考虑增资200万元，有两种筹资方案：甲方案，发行普通股2万股，面值100元；乙方案，发行长期债券200万元，年利率13%。增资后预计计划年度息税前利润可达到120万元，所得税税率为40%，问该企业应采用哪一种方案筹资？

求：分别采用比较每股利润及无差别点分析两种方法决策。

案例分析

大宇资本结构的神话

韩国第二大企业集团大宇集团1999年11月1日向新闻界正式宣布，该集团董事长金宇中以及14名下属公司的总经理决定辞职，以表示“对大宇的债务危机负责，并为推行结构调整创造条件”。韩国媒体认为，这意味着“大宇集团解体进程已经完成”，“大宇集团已经消失”。

大宇集团于1967年开始奠基立厂，其创办人金宇中当时是一名纺织品推销员。经过30年的发展，通过政府的政策支持、银行的信贷支持和在海内外的大力购并，大宇成为直逼韩国最大企业——现代集团的庞大商业帝国：1998年年底，总资产高达640亿美元，营业额占韩国GDP的5%；业务涉及贸易、汽车、电子、通用设备、重型机械、化纤、造船等众多行业；国内所属企业曾多达41家，海外公司数量创下过600家的纪录，鼎盛时期，海外雇员多达几十万，大宇成为国际知名品牌。大宇是“章鱼足式”扩张模式的积极推行者，认为企业规模越大，就越能立于不败之地，即所谓的“大马不死”。据报道，1993年金宇中提出“世界化经营”战略时，大宇在海外的企业只有15家，而到1998年年底已增至600多家，“等于每3天增加一个企业”。还有更让韩国人为大宇着迷的是：在韩国陷入金融危机的1997年，大宇不仅没有被危机压垮，反而在国内的集团排名中由第4位上升到第2位，金宇中本人也被美国《幸福》杂志评为亚洲风云人物。

1997年年底韩国发生金融危机后，其他企业集团都开始收缩，但大宇仍然我行我素，结果债务越背越重。尤其是1998年年初，韩国政府提出“五大企业集团进行自律结构调整”方针后，其他集团把结构调整的重点放在改善财务结构方面，努力减轻债务负担。大宇却认为，只要提高开工率，增加销售额和出口就能躲过这场危机。因此，它继续大量发行债券，进行“借贷式经营”。1998年大宇发行的公司债券达7万亿韩元(约为58.33亿美元)。1998年第4季度，大宇的债务危机已初露端倪，在各方援助下才避过债务灾难。此后，在严峻的债务压力下，大梦方醒的大宇虽作出了种种努力，但为时已晚。1999年7月中旬，大宇向韩国政府发出求救信号；7月27日，大宇因“延迟重组”，被韩国4家债权银行接管；8月11日，大宇在压力下屈服，割价出售两家财务出现问题的公司；8月16日，大宇与债权人达成协议，在1999年年底前，将出售盈利最佳的大宇证券公司以及大宇电器、大宇造船、大宇建筑公司等，大宇的汽车项目资产免遭处理。“8月16日协议”的达成，表明大宇已处于破产清算前夕，遭遇“存”或“亡”的险境。由于在此后的几个月中，经营依然不善，资产负债率仍然居高不下，大宇终不得不走向本文开头所述的那一幕。

大宇集团为什么会倒下？在其轰然坍塌的背后，存在的问题固然是多方面的，但不可否认有财务杠杆的消极作用在作怪。大宇集团在政府政策和银行信贷的支持下，走上了一条“举债经营”之路。试图通过大规模举债，达到大规模扩张的目的，最后实现“市场占有率至上”的目标。1997年亚洲金融危机爆发后，大宇集团已经显现出经营上的困难，其销售额和利润均不能达到预期目的，而与此同时，债权金融机构又开始收回短期贷款，政府也无力再给它更多支持。1998 年年初韩国政府提出“五大企业集团进行自律结构调整”方针后，其他集团把结构调整的重点放在改善财务结构方面，努力减轻债务负担。但大宇却认为，只要提高开工率，增加销售额和出口就能躲过这场危机。因此，它继续大量发行债券，进行“借贷式经营”。正由于经营上的不善，加上资金周转上的困难，韩国政府于 7 月 26 日下令债权银行接手对大宇集团进行结构调整，以加快这个负债累累的集团的解散速度。由此可见，大宇集团的举债经营所产生的财务杠杆效应是消极的，不仅难以提高企业的盈利能力，反而因巨大的偿付压力使企业陷于难于自拔的财务困境。从根本上说，大宇集团的解散，是其财务杠杆消极作用影响的结果。

分析提示：

财务杠杆是一把双刃剑，利用财务杠杆，可能产生好的效果，也可能产生坏的效果。当息税前利润率大于债务利息率时，能取得财务杠杆利益；当息税前利润率小于债务利息率时，会产生财务风险。能使企业价值最大化的资本结构才是最优的，企业财务管理人员应合理安排资本结构，适度负债，来取得财务杠杆利益，控制财务风险，实现企业价值最大化。过度负债要负担较多的债务成本，相应地要经受财务杠杆作用所引起的普通股收益变动较大的冲击。一旦企业息税前利润下降，企业的普通股收益就会下降得更快，当息税前利润不足以支付固定利息支出时，就会出现亏损，如果不能及时扭亏为盈，可能会引起破产。亚洲金融危机是大宇扛不下去的导火索，而真正的危机是其债台高筑、大举扩张。

思考：

（1）对“财务杠杆效应是一把双刃剑”这句话进行评述。

（2）取得财务杠杆利益的前提条件是什么？

（3）何为最优资本结构？其衡量的标准是什么？

实训项目

实训目的：

学会综合利用资金筹集、资金成本与资本结构的理论知识与方法进行筹资决策，了解资金筹集、资金成本与资本结构的基本理论知识与决策方法，掌握最佳资本结构的选择方法、财务杠杆系数的计算、无差别点息税前盈余的计算并进行筹资决策。

实训资料：

实训项目［一］

［资料］甲、乙两个企业除资本结构外，其余条件均相同，甲企业资本为 100 万元，其中普通股每股面值 100 元；乙企业资本为 100 万元，其中普通股为 50 万元，每股面值 100 元，负债为 50 万元，年利率为 8%，息税前盈余均为 10 万元，所得税率均为 30%。

实训项目［二］

［资料］某公司年息税前盈余为 200 万元，资金全部为普通股组成，股票面值为

1000 万元，假设所得税率为 40%。该公司认为目前的资本结构不够合理，准备用发行债券购回股票的办法予以调整。经咨询调查，目前的债务利率、股票β值、无风险报酬率、平均风险股票必要报酬率的基本情况如表 7－10 所示（假定债券以平价发行）。

表 7－10　某公司债务利率、股票报酬率基本情况表

债券市场价值（万元）	税前债务成本	股票β值	无风险报酬率	平均风险股票必要报酬率
0		1.20	10%	12%
100	10%	1.30	10%	12%
200	12%	1.40	10%	12%
300	14%	1.55	10%	12%

实训要求：

阅读上述资料，请学生通过对实训案例项目进行课堂讨论及小组汇报的方式，计算、分析、思考和讨论以下问题：

（1）根据实训项目［一］资料，就以下问题通过计算作出回答：

①甲、乙两企业的息税前盈余分别增加到 20 万元，其财务杠杆系数各为多大？

②若乙企业在现有资本基础上追加筹资 50 万元，有两个方案：

a. 按原面值发行普通股 5000 股；

b. 以 12% 的利率发行债券。

预计增资后的息税前盈余将达到 40 万元，以哪种方式增资更为有利？

（2）根据实训项目［二］资料，试确定该公司的最佳资本结构。

第八章 收益分配决策

◆ 学习目标

- 掌握几种常用的股利分配政策、现金股利与股票股利的基本内容。
- 理解我国公司制企业利润分配的一般程序、影响股利分配的因素。
- 了解利润分配原则和股利支付程序。

第一节　收益分配概述

利润分配是企业按照国家有关法律法规以及企业章程的规定，在兼顾股东与债权人等其他利益相关者的利益关系基础上，将实现的利润在企业与企业所有者之间、企业内部的有关部门之间进行分配的活动。利润分配关系着国家、企业、职工及所有者各方面的利益，是一项政策性较强的工作，必须严格按照国家的法规和制度执行。

一、利润分配的基本原则

（一）依法分配原则

企业利润分配的对象是企业缴纳所得税后的净利润，这些利润是企业的权益，企业有自主分配权。为保障企业利润分配的有序进行，维护企业、所有者、债权人以及职工的合法权益，促使企业增加积累，增强风险防范能力，国家制定和颁布了若干法规，这些法规规定了企业利润分配的基本原则、一般程序和重大比例。利润分配在企业内部属于重大事项，企业的章程必须在不违背国家有关规定的前提下，对本企业利润分配的原则、方法、决策程序等内容作出具体而明确的规定。企业的利润分配必须依法进行，这是正确处理企业各项财务关系的关键。

（二）资本保全原则

资本保全是责任有限的现代企业制度的基础性原则之一，企业在分配中不能侵蚀资本。利润的分配是对经营中资本增值额的分配，不是对资金的返还。按这一原则，一般情况下，企业如果存在尚未弥补的亏损，应首先弥补亏损，再进行其他分配。

（三）充分保护债权人利益原则

债权人的利益按照风险承担的顺序及其合同契约的规定，企业必须在利润分配之前偿清所有债权人到期的债务，否则不能进行利润分配；同时，在利润分配之后，企业还应保持一定的偿债能力，以免产生财务危机，危及企业生存。此外，企业在与债权人签订某些长期债务契约的情况下，其利润分配政策还应征得债权人的同意或审核方能执行。

（四）利益兼顾原则

利润分配涉及投资者、经营者、职工等多方面的利益，企业必须兼顾各方利益，并尽可能地保持稳定的利润分配。投资者因投资行为，以出资额依法享有利润分配权，就要求企业在向投资者分配利润时，要遵守公开、公平、公正的“三公”原则，不搞幕后交易，不帮助大股东侵蚀小股东利益，一视同仁地对待所有投资者，任何人不得以在企业中的其他特殊地位谋取私利，这样才能从根本上保护投资者的利益。企业的利润分配，还要正确处理长期利益和近期利益这二者的关系，坚持分配与积累并重。企业除按规定提取法定盈余公积金以外，可适当留存一部分利润作为积累，这部分未分配利润仍归企业所有者所有。这部分积累的净利润不仅可以为企业扩大生产筹措资金，增强企业发展能力和抵抗风险的能力；同时，还可以供未来年度进行分配，起到以丰补歉、平抑利润分配数额波动、稳定投资报酬率的作用。

二、利润分配的一般程序

利润是收入弥补成本费用后的余额。由于成本费用包括的内容与表现的形式不同，利润所包含的内容与形式也有一定的区别。若成本费用不包括利息和所得税，则利润表现为息税前利润；若成本费用包括利息而不包括所得税，则利润表现为利润总额；若成本费用包括了利息和所得税，则利润表现为净利润。

需要说明的是，本章所指利润分配是指对净利润的分配。根据我国公司法及相关法律制度的规定，公司净利润的分配应按照下列顺序进行：

（一）计算可供分配的利润

将本年净利润（或亏损）与年初未分配利润（或亏损）合并，计算出可供分配的利润。如果可供分配的利润为负数（亏损），则不能进行后续分配；如果可供分配的利润为正数（本年累计盈利），则进行后续分配。企业在提取法定公积金之前，应先用当年利润弥补亏损。企业年度亏损可以用以下年度的税前利润弥补，下一年度不足弥补的，可以在五年之内用税前利润连续弥补，连续五年未弥补的亏损则用税后利润弥补。其中，税后利润弥补亏损可以用当年实现的净利润，也可以用盈余公积转入。

（二）计提法定公积金

根据公司法的规定，法定公积金的提取比例为当年税后利润（弥补年初累计亏损后）的10%。提取公积金的基数，不一定是可供分配的利润，也不一定是本年的税后利润。只有不存在年初累计亏损时，才能按本年税后利润计算应提取数。

（三）提取任意盈余公积金

根据公司法的规定，公司从税后利润中提取法定公积金后，经股东会或股东大会决议，还可以从税后利润中提取任意盈余公积。这是为了满足企业经营管理的需要，控制向投资者分配利润的水平，调整各年度利润分配的波动。

（四）向股东（投资者）分配股利（利润）

根据公司法的规定，公司弥补亏损和提取公积金后所余税后利润，可以向股东

（投资者）分配股利（利润）。其中，有限责任公司股东按照实缴的出资比例分取红利，全体股东约定不按照出资比例分取红利的除外；股份有限公司按照股东持有的股份比例分配，但股份有限公司章程规定不按照持股比例分配的除外。

第二节　股利分配政策

一、股利政策与企业价值

股利政策是指在法律允许的范围内，企业是否发放股利、发放多少股利以及何时发放股利的方针及对策。

股利政策的最终目标是使公司价值最大化。股利往往可以向市场传递一些信息，股利的发放多寡、是否稳定、是否增长等，往往是大多数投资者推测公司经营状况、发展前景优劣的依据。因此，股利政策关系到公司在市场上、在投资者中间的形象，成功的股利政策有利于提高公司的市场价值。

（一）股利分配理论

企业的股利分配方案既取决于企业的股利政策，又取决于决策者对股利分配的理解与认识，即股利分配理论。股利分配理论是指人们对股利分配的客观规律的科学认识与总结，其核心问题是股利政策与公司价值的关系问题。市场经济条件下，股利分配要符合财务管理目标。人们对股利分配与财务目标之间关系的认识存在不同的流派与观念，目前还没有一种被大多数人所接受的权威观点和结论。但主要有以下两种较流行的观点：

1. 股利无关论

股利无关论认为，在一定的假设条件限制下，股利政策不会对公司的价值或股票的价格产生任何影响，投资者不关心公司股利的分配。公司市场价值的高低，是由公司所选择的投资决策的获利能力和风险组合所决定，而与公司的利润分配政策无关。

2. 股利相关理论

与股利无关理论相反，股利相关理论认为，企业的股利政策会影响股票价格和公司价值。主要观点有以下几种：

（1）信号理论。该理论认为，在信息不对称的情况下，公司可以通过股利政策向市场传递有关公司未来获利能力的信息，从而会影响公司的股价。一般来讲，预期未来获利能力强的公司，往往愿意通过相对较高的股利支付水平吸引更多的投资者。对于市场上的投资者来讲，股利政策的差异或许是反映公司预期获利能力的有价值的信号。如果公司连续保持较为稳定的股利支付水平，那么投资者会对公司未来的盈利能力与现金流量抱有乐观的预期。如果公司的股利支付水平突然发生变动，那么股票市价也会对这种变动作出反应。

（2）“手中鸟”理论。该理论认为，用留存收益再投资给投资者带来的收益具有较大的不确定性，并且投资的风险随着时间的推移会进一步加大，因此，厌恶风险的投资者会偏好确定的股利收益，而不愿将收益留存在公司内部，去承担未来的投资风险。该理论认为公司的股利政策与公司的股票价格是密切相关的，即当公司支付较高的股利时，公司的股票价格会随之上升，公司价值将得到提高。

(3) 所得税差异理论。该理论认为，由于普遍存在的税率和纳税时间的差异，资本利得收入比股利收入更有助于实现收益最大化目标，公司应当采用低股利政策。一般来说，对资本利得收入征收的税率低于对股利收入征收的税率；再者，即使二者没有税率上的差异，由于投资者对资本利得收入的纳税时间选择更具有弹性，投资者仍可以享受延迟纳税带来的收益差异。

(4) 代理理论。该理论认为，股利政策有助于减缓管理者与股东之间的代理冲突，即股利政策是协调股东与管理者之间代理关系的一种约束机制。该理论认为，股利的支付能够有效地降低代理成本。首先，股利的支付减少了管理者对自由现金流量的支配权，这在一定程度上可以抑制公司管理者的过度投资或在职消费行为，从而保护外部投资者的利益；其次，较多的现金股利发放，减少了内部融资，导致公司进入资本市场寻求外部融资，从而使公司接受资本市场上更多、更严格的监督，这样便通过资本市场的监督减少了代理成本。因此，高水平的股利政策降低了企业的代理成本，但同时增加了外部融资成本，理想的股利政策应当使两种成本之和最小。

(二) 股利分配政策

股利分配政策的核心问题是确定支付股利与留用利润的比例，即股利支付率问题。股利决策也是内部筹资决策。目前企业财务管理中，常用的股利政策主要有以下几种类型：

1. 剩余股利政策

股利分配与公司的资本结构相关，而资本结构又是由投资所需资金构成的，因此实际上股利政策要受到投资机会及资本成本的双重影响。剩余股利政策主张，企业未来有良好的投资机会时，根据企业设定的最佳资本结构，确定未来投资所需的权益资金，先最大限度地使用留用利润来满足投资方案所需的权益资本，然后将剩余部分作为股利发放给股东。

采用剩余股利政策时，应遵循四个步骤：

(1) 设定目标结构，即确定权益资本与债务资本的比率，在此资本结构下，加权平均资本成本将达到最低水平；

(2) 确定目标资本结构下投资所需的股东权益数额；

(3) 最大限度地使用保留盈余来满足投资方案所需的权益资本数额；

(4) 投资方案所需权益资本已经满足后若有剩余盈余，再将其作为股利发放给股东。

[案例8-1] 光明电器股份有限公司成都分公司遵循剩余股利政策，其目标资本结构为权益资本占60%。

要求：(1) 如果该年的税后利润为60万元，在没有增发新股的情况下，企业可以从事的最大投资支出是多少？

(2) 如果企业下一年拟投资100万元，企业将支付股利多少？

解答：(1) 企业最大的投资支出 $=60/(1-60\%)=150$ (万元)

(2) 企业支付股利 $=60-100\times(1-60\%)=20$ (万元)

剩余股利政策的优点是：可以最大限度地满足企业对再投资的权益资金需要，保持理想的资本结构，并能使综合资本成本最低。它的缺点是：忽略了不同股东对资本利得与股利的偏好，损害那些偏好现金股利的股东利益，从而有可能影响股东对企业的信心。此外企业采用剩余股利政策是以投资的未来收益为前提的，由于企业管理层与股东之间存在信息不对称，股东不一定了解企业投资未来收益水平，也会影响股东对企业的信心。

2. 固定股利政策

固定股利政策表现为每股股利支付额固定的形式。其基本特征是，不论经济情况如何，也不论企业经营好坏，不降低股利的发放额，将企业每年的每股股利支付额，稳定在某一特定水平上保持不变，只有企业管理当局认为企业的盈利确已增加，而且未来的盈利足以支付更多的股利时，企业才会提高每股股利支付额。

稳定的股利政策的实行比较广泛。如果企业的盈利下降，而股利并未减少，那么，投资者会认为企业未来的经济情况会有所好转。因此，一般的投资者都比较喜欢投资于稳定的股利支付政策的企业。而稳定的股利政策则有助于消除投资者心中的不确定感，对于那些期望每期有固定数额收入的投资者，则更喜欢比较稳定的股利政策。因此，许多企业都在努力促使其股利的稳定性。固定股利政策的缺点主要在于，股利的支付与盈利相脱节，当盈利较低时仍要支付固定股利，这可能会出现资金短缺、财务状况恶化，影响企业的长远发展。这种股利政策适用于盈利稳定或处于成长期的企业。

3. 固定股利支付率政策

固定股利支付率政策，是将每年盈利的某一固定百分比作为股利分配给股东。实行这一政策的企业认为，只有维持固定股利支付率，才能使股利与公司盈利紧密结合，体现多盈多分、少盈少分、不盈不分的原则，这样才算真正做到公平地对待每一位股东。这一政策的问题在于，如果企业的盈利各年间波动不定，则其股利也随之波动。由于股利随盈利而波动，会影响股东对企业未来经营的信心，不利于企业股票的市场价格的稳定与上涨。因此大多数企业并不采用这一股利政策。

4. 低正常股利加额外股利政策

低正常股利加额外股利政策介于固定股利与固定股利支付率之间的一种股利政策。其特征是：企业一般每年都支付较低的固定股利，当盈利增长较多时，再根据实际情况加付额外股利。即当企业盈余较低或现金投资较多时，可维护较低的固定股利，而当企业盈利有较大幅度增加时，则加付额外股利。这种政策既能保证股利的稳定性，使依靠股利度日的股东有比较稳定的收入，从而吸引住这部分股东，又能做到股利和盈利有较好的配合，使企业具有较大的灵活性。这种股利政策适用于盈利与现金流量波动不够稳定的企业，因而也被大多数企业所采用。

二、利润分配制约因素

企业采用何种股利政策虽然是由管理层决定的，但是企业分配股利并不是无所限制，总是要受到一些因素的影响，一般认为，企业股利政策的影响因素主要有法律因素、公司因素、股东意愿及其他因素等几个方面：

（一）法律因素

为了保护债权人、投资者和国家的利益，有关法规对企业的股利分配有如下限制：

1. 资本保全限制

资本保全限制规定，企业不能用资本发放股利。如我国法律规定：已实现的资本公积只能转增股本，不能分派现金股利；盈余公积主要用于弥补亏损和转增股本，一般情况下不得用于向投资者分配利润或现金股利。

2. 资本积累限制

企业积累限制规定，企业必须按税后利润的一定比例和基数，提取法定公积金。企业当年出现亏损时，一般不得给投资者分配利润。

3. 偿债能力限制

偿债能力限制是指企业按时足额偿付各种到期债务的能力。如果企业已经无力偿付到期债务或因支付股利将使其失去偿还能力，则企业不能支付现金股利。

4. 超额累积利润的限制

由于股东接受股利缴纳的所得税高于其进行股票交易的资本利得税，于是许多国家规定公司不得超额累积利润，一旦公司的保留盈余超出法律认可的水平，将被加征额外税额。我国法律对公司累积利润尚未作出限制性规定。

（二）公司因素

公司资金的灵活周转，是公司生产经营得以正常进行的必要条件。因此公司长期发展和短期经营活动对现金的需求，便成为对股利的最重要的限制因素。其相关因素主要有：

1. 投资机会

有着良好投资机会的企业需要有强大的资金支持，因而往往少发现金股利，将大部分盈余留存下来进行再投资；缺乏良好投资机会的企业，保留大量盈余的结果必然是大量资金闲置，于是倾向于支付较高的现金股利。所以，处于成长中的企业，因一般具有较多的良好投资机会而多采取低股利政策，许多处于经营收缩期的企业，则因缺少良好的投资机会而多采取高股利政策。

2. 资产的流动性

企业现金股利的分配，应以一定资产流动性为前提。如果企业的资产流动性越好，说明其变现能力越强，股利支付能力也就越强。高速成长的盈利性企业，其资产可能缺乏流动性，因为，它们的大部分资金投资在固定资产和永久性流动资产上了，这类企业当期利润虽然多但资产变现能力差，企业的股利支付能力就会削弱。

3. 举债能力

如果企业规模大、经营好、利润丰厚，其筹资能力一般很强，那么在决定股利支付数额时，有较大的选择余地。但对那些规模小、新创办、风险大的企业，其筹资能力有限，这类企业应尽量减少现金股利支付，而将利润更多地留存在企业，作为内部筹资。

4. 盈利的稳定性

企业的现金股利来源于税后利润。盈利相对稳定的企业，有可能支付较高股利，而盈利不稳定的企业，一般采用低股利政策。这是因为，对于盈利不稳定的企业，低股利政策可以减少因盈利下降而造成的股利无法支付、企业形象受损、股价急剧下降的风险，还可以将更多的盈利用于再投资，以提高企业的权益资本比重，减少财务风险。

5. 资本成本

留用利润是企业内部筹资的一种重要方式，同发行新股或举借债务相比，不但筹资成本较低，而且具有很强的隐蔽性。企业如果一方面大量发放股利，而另一方面又以支付高额资本成本为代价筹集其他资本，那么，这种舍近求远的做法无论如何是不恰当的，甚至有损于股东利益。因而从资本成本考虑，如果企业扩大规模，需要增加权益资本时，不妨采取低股利政策。

6. 其他因素。由于股利的信号传递作用，公司不宜经常改变其利润分配政策，应保持一定的连续性和稳定性。此外，利润分配政策还会受到其他公司的影响，比如不同发展阶段、不同行业的公司股利支付比例会有差异，这就要求公司在进行政策选择时要考虑发展阶段以及所处的行业状况。

（三）股东意愿

公司的股利政策最终由代表股东利益的董事会决定，因此，股东的要求不可忽视。股东在避税、规避风险、稳定收入和股权稀释等方面的意愿，也会对企业的股利政策产生影响。毫无疑问，企业的股利政策不可能使每个股东财富最大化，企业制定股利政策的目的在于，对绝大多数股东的财富产生有利影响。

1. 避税考虑

企业的股利政策不得不受到股东的所得税负影响。在我国，由于现金股利收入的税率是20%，而股票交易尚未征收资本利得税，因此，低股利支付政策，可以给股东带来更多的资本利得收入，达到避税目的。

2. 规避风险

“双鸟在林，不如一鸟在手”。在一部分投资者看来，股利的风险小于资本利得的风险，当期股利的支付解除了投资者心中的不确定性。因此，他们往往会要求企业支付较多的股利，从而减少股东投资风险。

3. 稳定收入

如果一个企业拥有很大比例的富有股东，这些股东多半不会依赖企业发放的现金股利维持生活，它们对定期支付现金股利的要求不会显得十分迫切；相反，如果一个企业的绝大部分股东，属于低收入阶层以及养老基金等机构投资者，他们需要企业发放的现金股利来维持生活或用于发放养老金等，因此，这部分股东特别关注现金股利，尤其是稳定的现金股利发放。

4. 股权稀释

现有股东往往将股利政策作为维持其控制地位的工具。企业支付较高的股利导致留存收益的减少，当企业为有利可图的投资机会筹集所需资金时，发行新股的可能性增大，新股东的加入必然稀释公司的控制权。所以，股东会倾向于较低的股利支付水平，以便从内部的留存收益中取得所需资金。

（四）其他因素

影响股利政策的其他因素主要包括，不属于法律规范的债务合同约束、政府对机构投资者的投资限制以及因通货膨胀带来的企业对重置实物资产的特殊考虑等。

1. 债务契约

一般来说，股利支付水平越高，留存收益越少，企业的破产风险越大，就越有可能损害到债权人的利益。因此，为了保证自己的利益不受侵害，债权人通常都会在债务契约、租赁合同中加入关于借款企业股利政策的限制条款。

2. 通货膨胀

在通货膨胀的情况下，企业固定资产折旧的购买水平会下降，会导致没有足够的资金来源重置固定资产。这时较多的留存利润就会被当成弥补固定资产折旧购买力水平下降的资金来源，因此，在通货膨胀时期，企业股利政策往往偏紧。

三、股利支付的方式

企业通常以多种形式发放股利，股利支付形式一般有现金股利、股票股利、财产股利和负债股利，其中最为常见的是现金股利和股票股利。在现实生活中，我国上市公司的股利分配广泛采用一部分股票股利和一部分现金股利的做法。其效果是股票股利和现金股利的综合。

（一）现金股利

现金股利是以现金支付的股利，它是股利支付的最常见的方式。公司选择发放现金股利除了要有足够的留存收益外，还要有足够的现金，而现金充足与否往往会成为公司发放现金股利的主要制约因素。因此，企业在支付现金前，必须做好财务上的安排，以便有充足的现金支付股利。因为，企业一旦向股东宣告发放股利，就对股东承担了支付的责任，必须如期履约；否则，不仅会丧失企业信誉，而且会带来不必要的麻烦。

（二）股票股利

股票权利，是公司以增发股票的方式所支付的股利，我国实务中通常也称其为“红股”。股票股利对公司来说，并没有现金流出企业，也不会导致公司的财产减少，而只是将公司的留存收益转化为股本。但股票权利会增加流通在外的股票数量，同时降低股票的每股价值。它不改变公司股东权益总额，但会改变股东权益的构成。以股票作为股利，一般都是按在册股东持有股份的一定比例来发放，对于不满一股的股利仍采用现金发放。股票股利最大的优点就是节约现金支出，因而常被现金短缺的企业所采用。

发放股票股利时，在企业账面上，只需在减少未分配利润项目金额的同时，增加股本和资本公积等项目金额，并通过中央清算登记系统增加股东持股数量。显然，发放股票股利是一种增资行为，须经股东大会同意，并按法定程序办理增资手续。但发放股票股利与其他的增资行为不同的是，它不增加股东财富，企业的财产价值和股东的股权结构也不会改变，改变的只是股东权益内部各项目的金额。

[案例 8－2] 光明电器股份有限公司成都分公司在发放股票股利前，股东权益情况如表 8－1 所示。

表 8－1　　发放股票股利前的股东权益情况　　单位：元

项　　目	金　额
普通股股本（面值 1 元，已发行 200 000 股）盈余公积	200 000
资本公积	400 000
盈余公积	400 000
未分配利润	2 000 000
股东权益合计	3 000 000

假定该公司宣布发放 10% 的股票股利，即发放 20 000 股普通股股票，现有股东每持 100 股可得 10 股新发股票。如该股票当时市价为 20 元，发放股票股利以市价计

算。则：

未分配利润划出的资金 = 20 × 200 000 × 10%　= 400 000（元）

普通股股本增加 = 1 × 200 000 × 10%　= 20 000（元）

资本公积增加 = 400 000 − 20 000 = 380 000（元）

发放股票股利后，企业股东权益各项目如表 8 − 2 所示。

表 8 − 2　　发放股票股利后的股东权益情况　　单位：元

项　　目	金　额
普通股股本（面值 1 元，已发行 220 000 股）	220 000
盈余公积	400 000
资本公积	780 000
未分配利润	1 600 000
股东权益合计	3 000 000

可见，发放股票股利，不会对企业股东权益总额产生影响，但会发生资金在各股东权益项目之间的再分配。

[特别提示] 上例中以市价计算股票股利价格的做法，是很多西方国家通行的；我国股票股利价格是以股票面值计算的。发放股票股利后，如果盈利总额不变，会由于普通股股数增加而引起每股盈余和每股市价的下降，但股东所持股票的市场价值总额仍保持不变。

[案例 8 − 3] 假定上述企业本年盈利 440 000 元，某股东持有 20 000 股普通股，发放股票股利对该股东的影响如表 8 − 3 所示。

表 8 − 3　　发放股票股利后对股东的影响　　单位：元

项　　目	发 放 前	发 放 后
每股盈余	440 000/200 000 = 2.2	2.2/（1 + 10%）= 2
每股市价	20	20/（1 + 10%）= 18.18
持股比例	20 000/200 000 = 10%	22 000/220 000 = 10%
所持股总价值	20 × 20 000 = 400 000	8.18 × 22 000 = 400 000

发放股票股利后每股盈余和每股市价的计算公式为：

$$发放股票股利后的每股盈余 = \frac{EPS_0}{1 + D} \qquad (8-1)$$

$$发放股票股利后的每股市价 = \frac{M}{1 + D} \qquad (8-2)$$

式中，EPS_0 表示发放股票股利前的每股盈余；M 表示股利分配权转移日的每股市价；D 表示股票股利发放率。

[案例 8 − 4] 某公司年终利润分配前的有关资料如表 8 − 4 所示。

表 8－4　**某公司资料**

项　　目	金　额
年初未分配利润	1000 万元
本年税后利润	2000 万元
普通股股本（500 万股，每股 1 元）	500 万元
资本公积金	100 万元
盈余公积金	400 万元
所有者权益合计	4000 万元
每股市价	40 元

该公司决定：本年按规定比例15%提取盈余公积金（含任意盈余公积），发放股票股利10%，并且按发放股票股利的股数派发现金股利，每股0.1元。

要求：假设股票的每股市价与每股净资产成正比例，计算利润分配后的盈余公积金、股本、股票股利、资本公积金、现金股利、未分配利润数额和预计的普通股每股市价。

解答：由于本年可供分配的利润$(1000+2000)>0$，可按本年税后利润计提盈余公积金。

盈余公积金余额$=400+2000\times15\%=400+300=700$（万元）

股本余额$=500(1+10\%)=550$（万元）

股票股利$=40\times500\times10\%=2000$（万元）

资本公积金余额$=100+(40-1)\times500\times10\%=2050$（万元）

现金股利$=500(1+10\%)\times0.1=55$（万元）

未分配利润余额$=1000+(2000-300-2000-55)=645$（万元）

利润分配后所有者权益合计$=645+2050+700+550=3945$（万元）

或　　　　　　　　　　　　$=4000-55=3945$（万元）

利润分配前每股净资产$=4000/500=8$（元）

利润分配后每股净资产$=3945/550=7.17$（元）

利润分配后预计每股市价$=40\times7.17/8=35.85$（元）

尽管股票股利不直接增加股东的财富，也不增加企业的价值，但对股东和企业都有好处。对股东的意义在于：

（1）有时企业发行股票股利后，股价并不成同比例下降，这样便增加了股东的财富。因为股票股利通常为成长中的企业所采用。投资者可能会认为，企业的盈余将会有大幅度增长，并能抵消增发股票所带来的消极影响，从而使股价稳定不变或略有上升。

（2）股东在需要现金时，可以将分得的股票股利出售，从中获得纳税上的好处。

对企业的意义在于：

（1）能达到节约现金的目的。企业采用股票股利或股票股利与现金股利相互配合的政策，既能使股东满意，又能使企业留存一定现金，便于进行再投资，有利于企业长期发展。

（2）在盈余和现金股利不变的情况下，发放股票股利可以降低公司股票的市场价格，既有利于促进股票的交易和流通，又有利于吸引更多的投资者成为公司股东，进而使股权更为分散，有效地防止公司被恶意控制。

（三）财产股利

财产股利，是以现金以外的其他资产支付的股利，主要是以公司所拥有的其他公司的有价证券，如债券、股票等，作为股利支付给股东。

（四）负债股利

负债股利，是以负债方式支付的股利，通常以公司的应付票据支付给股东，有时也以发放公司债券的方式支付股利。

财产股利和负债股利实际上是现金股利的替代，但这两种股利支付形式在我国公司实务中很少使用。

四、股利支付程序

企业通常在年度末，计算出当期盈利之后，才决定向股东发放股利。但是，在资本市场中，股票可以自由交换，公司的股东也经常变换。那么，哪些人应该领取股利，对此，公司必须事先确定与股利支付相关的时间界限。这个时间界限包括：

1. 股利宣告日

股利一般是按每年度或每半年进行分配。一般来说，分配股利首先要由公司董事会向公众发布分红预案，在发布分红预案的同时或之后，公司董事会将公告召开公司股东大会的日期。股利宣告日是指董事会将股东大会决议通过的分红方案（发放股利情况）予以公告的日期。在公告中将宣布每股股利、股权登记日、除息日和股利支付日等事项。

2. 股权登记日

股权登记日即有权领取本期股利的股东资格登记截止日期。凡是在此指定日期收盘之前取得公司股票，成为公司在册股东的投资者都可以作为股东享受公司分派的股利。在这一天之后取得股票的股东则无权领取本次分派的股利。

3. 除息日

除息日是指领取股利的权利与股票相互分离的日期。在除息日前，股利权从属于股票，持有股票者即享有领取股利的权利；从除息日开始，股利权与股票相分离，新购入股票的人不能享有股利。除息日的确定是证券市场交割方式决定的。因为股票买卖的交接、过户需要一定的时间。在美国，当股票交割方式采用例行日交割时，股票在成交后的第五个营业日才办理交割，也即在股票登记日的四个营业日以前购入股票的新股东，才有资格领取股利。在我国，由于采用次日交割方式，则除息日与登记日差一个工作日。

4. 股利发放日

股利发放日即公司按照公布的分红方案向股权登记日在册的股东实际支付股利的日期。

某股份公司董事会在股东大会召开后公布最后分红方案的公告中称：“在 2003 年 3 月 10 日 M 公司在某地召开的股东大会上，通过了董事会关于每股普通股分派股息 0.4 元的 2002 年度股息分配方案。股权登记日是 2003 年 4 月 17 日，除息日是 2003 年 4 月 18 日，股利支付日为 2003 年 4 月 24 日，特此公告。”此例中，股利宣告日是 3 月 10 日；股权登记日是 4 月 17 日；除息日是 4 月 18 日；股利发放日为 4 月 24 日。

五、股票分割与股票回购

（一）股票分割

股票分割又称拆股，即将一股股票拆分成多股股票的行为。股票分割一般只会增加发行在外的股票总数，但不会对公司的资本结构产生任何影响。股票分割与股票股利非常相似，都是在不增加股东权益的情况下增加了股份的数量，所不同的是，股票股利虽不会引起股东权益总额的改变，但股东权益的内部结构会发生变化，而股票分割之后，股东权益总额及其内部结构都不会发生任何变化，变化的只是股票面值。

股票分割的作用如下：

（1）降低股票价格。股票分割会使每股市价降低，买卖该股票所需资金量减少，从而可以促进股票的流通和交易。流通性的提高和股东数量的增加，会在一定程度上加大对公司股票恶意收购的难度。此外，降低股票价格还可以为公司发行新股作准备，因为股价太高会使许多潜在投资者力不从心而不敢轻易对公司股票进行投资。

（2）向市场和投资者传递“公司发展前景良好”的信号，有助于提高投资者对公司股票的信心。

与股票分割相反，如果公司认为其股票价格过低，不利于其在市场上的声誉和未来的再筹资时，为提高股票的价格，会采取反分割措施。反分割又称股票合并或逆向分割，是指将多股股票合并为一股股票的行为。反分割显然会降低股票的流通性，提高公司股票投资的门槛，它向市场传递的信息通常都是不利的。

（二）股票回购

1. 股票回购的含义及方式

股票回购是指上市公司出资将其发行在外的普通股以一定价格购买回来予以注销或作为库存股的一种资本运作方式。公司不得随意收购本公司的股份。只有满足相关法律规定的情形才允许股票回购。

股票回购的方式主要包括公开市场回购、要约回购和协议回购三种。其中，公开市场回购是指公司在公开交易市场上以当前市价回购股票，要约回购是指公司在特定期间向股东发出的以高出当前市价回购股票，要约回购是指公司在特定期间向股东发出的以高于当前市价的某一价格回购既定数量股票的要约，协议回购则是指公司以协议价格直接向一个或几个主要股东回购股票。

2. 股票回购的动机

在证券市场上，股票回购的动机多种多样，主要有以下几点：

（1）现金股利的替代。现金股利政策会对公司产生未来的派现压力，而股票回购不会。当公司有富余资金时，通过回购股东所持股票将现金分配给股东，这样，股东就可以根据自己的需要选择继续持有股票或出售获得现金。

（2）改变公司的资本结构。无论是现金回购还是举债回购股份，都会提高公司的财务杠杆水平，改变公司的资本结构。公司认为权益资本在资本结构中所占比例较大时，为了调整资本结构而进行股票回购，可以在一定程度上降低整体资金成本。

（3）传递公司信息。由于信息不对称和预期差异，证券市场上的公司股票价格可能被低估，而过低的股价将会对公司产生负面影响。一般情况下，投资者会认为股票回购意味着公司认为其股票价值被低估而采取的应对措施。

（4）基于控制权的考虑。控股股东为了保证其控制权，往往采取直接或间接的方式回购股票，从而巩固既有的控制权。另外，股票回购使流通在外的股份数变少，股价上升，从而可以有效地防止敌意收购。

3. 股票回购的影响

股票回购对上市公司的影响主要表现在以下几个方面：

（1）股票回购需要大量资金支付回购成本，容易造成资金紧张，降低资产流动性，影响公司的后续发展。

（2）股票回购无异于股东退股和公司资本的减少，也可能会使公司的发起人股东更注重创业利润的实现，从而不仅在一定程度上削弱了对债权人利益的保护，而且忽视了公司的长远发展，损害了公司的根本利益。

（3）股票回购容易导致公司操纵股价。公司回购自己的股票容易导致其利用内幕消息进行炒作，加剧公司行为的非规范化，损害投资者的利益。

本章小结：

财务管理中的利润分配，主要指企业的净利润分配，利润分配的实质就是确定给投资者分红与企业留用利润的比例。为了正确处理企业与各方面的财务关系，企业利润分配必须遵循依法分配原则、分配与积累并重原则、兼顾职工利益原则和投资与收益对等原则。

利润分配程序是指公司制企业根据适用法律、法规或规定，对企业一定期间实现的净利润进行分派必须经过的先后步骤。根据我国《公司法》等有关规定，非股份制企业当年实现的利润总额应按国家有关税法的规定作相应的调整，然后依法缴纳所得税。缴纳所得税后的净利润按下列顺序进行分配：①弥补以前年度的亏损；②提取法定盈余公积金；③提取任意盈余公积金；④向投资者分配利润。

股利分配政策是指企业管理层对与股利有关的事项所采取的方针策略，其核心问题是确定股利支付率。目前财务管理中，常用的股利政策主要有以下几种类型：①剩余股利政策；②固定股利政策；③固定股利支付率政策；④正常股利加额外股利政策。

企业股利政策的影响因素主要有法律因素、企业因素、股东意愿及其他因素等。

企业股利支付形式一般有现金股利、股票股利、财产股利和负债股利，其中最为常见的是现金股利和股票股利。现金股利是指企业用现金的方式向股东支付股利，也称为红利。现金股利是企业使用最多的、也是最易被投资者接受的股利支付方式。现金股利支付，会使企业的现金与未分配利润同时减少。股票股利是指应分给股东的股利以额外增发股票形式来发放。股票股利发放，只涉及所有者权益内部结构的调整，但所有者权益总额不变。

本章推荐阅读书目：

1. 刘芳乐．财务管理理论与实务［M］．北京：清华大学出版社，2009.（第九章）
2. 孔德兰．财务管理实务［M］．北京：中国人民大学出版社，2010.（项目8）
3. 赵国忠．财务管理实务［M］．北京：高等教育出版社，2009.（第七章）

阅读资料：

FPL公司：在股利与成长中作取舍

20世纪90年代初期的美国处于历史上的一个黄金时期，GDP和人口的增长增加了对电力的需求，为电力公司提供了一个良好的发展契机。但美国政府和各州放松管制，打破了电力公司的垄断地位，加剧了电力公司之间的竞争。例如，1992年通过的全美能源政策法案（National Energy Policy Act），要求电力公司与其他电力公司享用同等质量和成本的电力运输系统，即电力公司可以跨州经营。由于这些输电系统原来主要属于一些大的电力公司，无形中削弱了它们的垄断地位和竞争能力，增加了竞争成本。特别是从1994年开始，部分州开始尝试对电力输送解除管制，赋予用户选择电力供应商的权力，而不是像以前那样必须通过固定的电力输送系统享受某一个大的电力公司的供电。这一措施解除了以往地区电力公司独享电力输送系统的垄断权，真正威胁了电力公司的垄断地位，给了一些私人投资者拥有的电力公司与一些独立发电厂进入市场的机会，地区电力市场竞争趋向全国化。市场竞争不断加剧，很多原本对公司构不成威胁的竞争对手浮出水面，增加了电力公司经营风险。

（一）FPL公司概况

FPL为佛罗理达电力和照明公司（Florida Power & Light Company）的简称，是佛罗理达州最大、全美第四大的电力公司，在经历了近70年的发展后，成为规模庞大和信誉良好的大型企业。公司成立初期主要得益于垄断的巨大优势，在没有强有力的竞争对手的情况下，公司发展顺利，构建了发电、输电等完整的电力经营系统，建立了一套严格的质量控制程序。公司一直是全美管理得最好的电力公司之一，1989年还获得了日本唯一授给外国企业的“戴明质量奖”。

针对电力管制放松和竞争加剧，FPL公司采取加大投资强度的扩张战略，以提高电力运营效率，降低成本，改善服务，增强竞争优势，扩大用户和增加盈利。1990—1994年，公司在电力基础设施方面投资了58亿美元，融资来源包括：发行长期债券37亿美元，增发新股19亿美元，内部留存收益2亿美元。扩张战略取得预期成效。例如，公司原子能发电厂的有效性升至83%，火力发电厂的有效性升至89%，均高于行业标准。另外，公司用户增加，达到340万，覆盖28 000平方英里（1英里≈1.609千米，全书同）。在用户构成中，个人用户占56%，商业用户达36%，工业和公用事业用户占8%。与其他同行公司相比，FPL个人用户比重最大。

FPL公司经营利润一直稳定增长，但由于1989年以来开始加大投资和竞争加剧，利润率、总资产收益率、净资产收益率等财务收益率指标有不同程度的下降。

FPL公司经营现金流稳定，负债比率较低，资信等级长期维持在A级以上。公司现金红利支付率一直在75%以上，每股现金红利（DPS）稳中有升，这种情况延续了47年。即使在亏损的1990年，每股仍然派发现金红利$2.34。1993年，现金红利支付率达到107.39%（当年电力行业上市公司平均现金红利支付率为80%）。显然，FPL公司是一个典型的价值型公司。

（二）公司面临的红利决策问题

1994年，面对电力市场日益加剧的竞争环境，FPL公司决定继续采用扩张战略，并制定了未来5年39亿的投资计划。但公司感到需要减少非投资方面的现金流出，增强财务能力和流动性，保持A级以上的资信等级，降低财务风险，增加留存收益和内部融资能力。而公司近期的发展并不能立即大幅度提升每股收益（EPS），继续维持高的现金红利支付率的经营压力很大。为以积极主动的态度来应对日益变化的竞争环境，保证公司长远发展目标，1994年5月初，FPL公司考虑在其季报（美国上市公司通常以季度为单位公布经营业绩和红利政策）中宣布削减30%的现金红利，此举可以使公司减少1.5亿美元的现金支出，尽管相对于公司未来五年39亿美元的资本支出计划来说，这笔钱似乎杯水车薪（公司计划通过发行高等级债券来筹集39亿美元），但有助于增强公司减轻今后的经营压力，增加股利政策方面的灵活性，使现金红利在今后几年中有较大的上升空间。

但大幅度削减现金红利不可避免导致公司股票价格大幅下跌。因为当时股票市场将价值型公司的现金红利支付状况视为公司经营状况的重要信号，保持稳定的现金红利有助于维护公司在股票市场中的一贯形象。而且，公司长期稳定和高现金红利支付率已经吸引了和形成了比较稳定的价值型投资群体。其中，个人投资者占51.9%，养老基金、共同基金、保险公司等机构投资者占36.9%，公司经理层只占0.1%。显著削减现金红利很可能伤害这些投资者，迫使他们弃而远之，从而影响公司的投资者基础和公司与这些投资者的战略关系。

历史经验也证实了这种负面影响。每当成熟发展的价值型公司宣布削减现金红利时，都会引起股市利空反应，公司股价暴跌。因为股票市场上把稳定的股利看成公司财务状况良好的信号标志。一旦公司宣布削减股利，往往导致信心危机。这方面的实例不胜枚举。例如，1974年，纽约的Con Ed公司由于宏观环境原因而宣布削减股利时，股价从18元跌到了12元；1992年，Sierra Pacific Resources公司为了使其现金红利支付率低于100%而削减了39%的股利，股价下跌了23%，并且不久公司就被股东们因不真实和误导的财务状况而告上了法庭。

大多数投资银行分析家也预期FPL公司将削减30%的现金红利。因此，相继调低了对公司股票评级。例如，美林证券的分析家认为，FPL公司难以继续保持高速增长的发展势头，如果不削减过高的现金红利，会给公司带来经营上的困难。但美林证券分析家仍然希望FPL公司保持每股2.48美元的现金红利支付水平。Donaldson，Lufkin & Jenrette投资银行家的分析报告认为，由于电力行业中的竞争压力增强，FPL公司很难增加现金红利。5月5日，Prudential证券公司分析报告调低了对FPL公司的投资等级。投资分析家的这些言论确实导致FPL公司尚未宣布红利政策，股票价格已下跌了6%。

（三）公司的最终决定、股票市场反应及实际发展状况

FPL 公司 1994 年 5 月中旬公布了最终的分红方案，把该季度现金红利由以往每股 0.62 美元调低到 0.42 美元，削减了 32.3%。公司同时宣布了在以后三年内回购 1000 万股普通股计划，其中，1995 年至少回购 400 万股。并且，公司承诺以后每年的现金红利增长率不会低于 5%。

尽管在宣布削减红利的同时，FPL 公司在给股东信中说明了调低现金红利的原因，并且作出回购和现金红利增长的承诺，但股票市场仍然视削减现金红利为利空信号。当天公司股价下跌了 14%。反映了股票市场对 FPL 公司前景很不乐观的预期。但几个月后，股价随大势上涨回升并超过了宣布削减现金红利以前的价格。

1994 年以来，FPL 公司的扩张战略奏效，EPS 和 DPS 继续保持了增长势头，基本上兑现了当初给股东的诺言。公司股价大幅度增长，最高时比 1994 年翻了近 5 倍。

同步测试

一、单项选择题

1. 极易造成股利的支付与企业盈余相脱节的股利政策是（　　）。
   A. 固定股利政策　　B. 剩余股利政策
   C. 固定股利支付率政策　　D. 正常股利加额外股利政策
2. 公司为了稀释流通在外的本公司股票价格，对股东支付股利的形式采用（　　）。
   A. 现金股利　　B. 财产股利
   C. 负债股利　　D. 股票股利
3. 制定股利政策时，应考虑的股东因素是（　　）。
   A. 资本保全　　B. 筹资成本
   C. 通货膨胀　　D. 股权稀释
4. 若要保持目标资本结构，应采用的股利政策是（　　）。
   A. 剩余股利政策　　B. 固定股利政策
   C. 固定股利支付率政策　　D. 正常股利加额外股利政策
5. 只有在（　　）这一天登记在册的股东，才有资格领取本期股利。
   A. 股利宣告日　　B. 股权登记日
   C. 除息日　　D. 股利发放日
6. 下列各项中，（　　）不能用于弥补亏损。
   A. 税后利润　　B. 盈余公积金
   C. 资本公积金　　D. 税前利润
7. 我国公司常采用（　　）两种股利分配方式。
   A. 现金股利和财产股利　　B. 现金股利和股票股利
   C. 现金股利和负债股利　　D. 财产股利和股票股利
8. 企业在（　　）情况下，才能按本年税后利润计提法定盈余公积金。
   A. 存在年初累计亏损　　B. 本年税后利润与计划相同
   C. 本年税后利润与上年相同　　D. 不存在年初累计亏损

9. 某公司提取了公积金的税后利润为50万元，公司的目标资本结构为1:1，假定该公司第二年投资计划需要资金60万元，当年流通在外普通股10万股，若采用剩余股利政策，该年度股东可获每股股利为（　　）。

A. 1元　　B. 2元

C. 3元　　D. 5元

10. 某公司现有发行在外的普通股100万股，每股面值1元，资本公积为300万元，未分配利润为800万元，股票市价为20元，若按10%的比例发放股票股利并按市价折算，公司资本公积的报表列示将为（　　）。

A. 190万元　　B. 290万元

C. 490万元　　D. 300万元

二、多项选择题

1. 股份有限公司股利支付的程序包括（　　）。

A. 除息日　　B. 股权登记日

C. 股利宣告日　　D. 股利发放日

2. 影响利润分配政策的股东因素有（　　）。

A. 控制权考虑　　B. 资本保全约束

C. 避税考虑　　D. 规避风险

3. 企业发放股票股利其意义在于（　　）。

A. 企业盈利的资本化　　B. 可节约企业的现金

C. 股票价格不至于太高　　D. 会使企业财产价值增加

4. 现行法律法规对公司股利分配方面的限制有（　　）。

A. 资本保全　　B. 不允许股权稀释

C. 保持资产的流动性　　D. 按比例提取法定盈余公积

5. 发放股票股利后，不会（　　）。

A. 改变股东的股权比例

B. 增加企业的资产

C. 引起每股盈余和每股市价发生变化

D. 引起股东权益各项目的结构发生变化

6. 从企业的角度看，制约股利分配的因素有（　　）。

A. 控制权稀释　　B. 筹资能力大小

C. 盈利变化　　D. 未来投资机会

7. 采用正常股利加额外股利政策的理由是（　　）。

A. 有利于保持最优资本结构

B. 使企业具有较大的灵活性

C. 保持理想的资本结构，降低资本成本

D. 吸引住那些依靠股利度日的股东

三、判断题

1. 固定股利支付率政策，能使股利与公司盈余紧密结合，以体现多盈多分、少盈少分的原则。（　　）

2. 成长中的企业，一般采用低股利政策；处于经营收缩期的企业，则可能采用高

股利政策。（ ）

3. 由于发放股票股利后，增加了市场流通的股票股数，从而使每位股东所持股票的市场价值总额增加。（ ）

4. 一个新股东要想取得本期股利，必须在除权日之前购入股票，否则即使持有股票也无权领取股利。（ ）

5. 资本公积和盈余公积均可用于转增资本和弥补亏损。（ ）

6. 财务风险大、资金结构不合理的企业追加投资时，应尽可能从企业内部融资，以调整资金结构降低风险。（ ）

7. 企业发放股票股利将使同期每股盈余下降。（ ）

8. 股份有限公司利润分配的一个主要特点是，提取任意盈余公积在支付优先股股利之后但在分配普通股股利之前。（ ）

9. 股东为防止控制权稀释，往往希望公司提高股利支付率。（ ）

10. 企业不能用资本发放股利，但可以在没有累计盈余的情况下提取盈余公积金。（ ）

四、计算分析题

1. N公司2001年的税后利润为260万元，目前最佳资本结构为资产负债率45%，执行20%的固定股利支付率政策，因产品销路稳定，2002年拟投资600万元扩大生产能力。

要求计算：

（1）公司须留存的利润；

（2）公司外部权益资本筹资额。

2. 某公司的本年税后利润为300万元，下年拟投资一新项目，需投资400万元，公司的目标资本结构负债与权益之比为2:3，公司流通在外的普通股为200万股，公司采用剩余股利政策。

要求计算：

（1）公司本年可发放的股利额；

（2）股利支付率；

（3）每股股利。

3. 某企业2002年实现销售收入2480万元，全年固定成本为570万元，变动成本率为55%，所得税率为33%。2002年应用税后利润弥补上年度亏损40万元，按10%提取盈余公积金，按5%提取任意盈余公积金，向投资者分配利润的比率为可供投资者分配利润的40%。

要求计算：

（1）2002年税后利润；

（2）2002年提取的盈余公积金和未分配利润。

4. F公司2002年全年实现净利润1000万元，年末在分配股利前的股东权益账户余额如表8－5所示。

表 8－5　　F 公司股东权益情况表

股本（面值 1 元）	1000 万元
盈余公积	500 万元
资本公积	4000 万元
未分配利润	1500 万元
合　　计	7000 万元

若公司决定发放 10% 的股票股利，并按发放股票股利后的股数支付现金股利，每股 0.1 元，该公司股票目前市价为 10 元。

要求：

（1）发放股利后该公司股东权益结构有何变化（计算各账户余额）？

（2）预计 2003 年净利润将增长 5%，若保持 10% 的股票股利发放率与固定股利支付率，则 2003 年发放多少股利？

案例分析

光明电器股份有限公司的高派现分析

某交易所上市公司光明电器由某市电器照明公司、某市务庄彩釉砖厂和某市潘阳印刷实业公司共同发起，于 1992 年 10 月 20 日以定向募集方式设立。1993 年 10 月，公司以 10.23 元/股的发行价格向社会公开发行 A 股 1930 万股，发行后总股本为 7717 万股。公司的主要经营范围为：研究、开发、生产电光源产品、电光源设备、电光源配套器件及有关工程咨询服务。其灯泡总产量居全国第二，是国内最大的电光源生产企业。主要电光源产品外销比例占 40%，内销市场辐射全国，外销市场集中在北美、欧洲、东南亚等地。

从该公司的基本财务数据（表 8－6）可见，公司的主营业务突出且每年有稳定的增长，主营业务盈利能力强。其净资产收益率符合配股条件，但公司的每股收益和净资产收益率均呈下降趋势。

表 8－6　　光明电器股份有限公司主要财务指标

项目＼年份	1994	1994	1996	1997	1998	1999	2000
每股收益	1.26	0.92	0.64	0.49	0.54	0.57	0.45
净资产收益率（%）	22	16.6	16.5	12.3	13.1	13.4	8.6
主营业务收入（亿元）	4.5	4.2	4	4.5	5	6	6.9
毛利率（%）	47	40	40	36	36	34	31
总资产（亿元）	9	13	14	14	14	15	22

自1993年在深交所上市以来，光明电器历经配股、发行B股、增发A股等，融资规模不断扩大，总资产和股本不断增加，见表8-7。公司的股权相对集中，截至2002年6月30日，公司第一大股东为某市国有资产办公室，持有国家法人股8592.21万股，占总股本的23.97%，而第二大股东广东佑昌灯光器材贸易有限公司仅持有法人A股700万股，占总股本的1.95%，第二至第十大股东合计持股仅5.63%。因此，公司中小股东的股权相当分散。

表8-7　　光明电器公司股本变动情况

项目＼年份	1994	1994	1996	1997	1998	1999	2000
尚未流通股							
1. 发起人股份	4490	4490	6734	6734	6734	6734	8839.7
国家股	4340	4340	6509	6509	6509	6509	8592.2
境内法人股	150	150	225	225	225	225	247.5
2. 募集法人股	2456	2456	3683	3683	3683	3683	4051.6
3. 内部职工股	1157	14.3	0	0	0	0	0
4. 法人转配股	0	889.2	1334	1334	1334	1334.	0
尚未流通股合计	8102	7849	11 751	11 751	11 751	11 751	12 891
已流通股份							
1. A股	3474	5542	8335	8335	8335	8335	14 704
其中，高管持股	14.3	16.7	25	23.3	25	25	19.3
2. B股	0	5000	7500	7500	7500	7000	8250
已流通股合计	3474	10 542	15 835	15 835	15 835	15 835	22 954
股份总数	11 576	18 391	27 586	27 586	27 586	27 586	35 845

光明电器自1993年上市以来，每年派发高额现金股利（见表8-8）。

表8-8　　光明电器股份有限公司历年派发现金股利情况表

项目＼年份	1993	1994	1995	1996	1997	1998	1999	2000	2001
派发情况	10派3	10派8.1	10派6.8	10派4.77	10派4	10派4.02	10派3.5	10派3.8	10派6
派现总额（万元）	2315	10 845	12 506	13 159	11 034	11 090	9655	13 621	21 507
当年净利润（万元）	9472	14 575	16 944	17 563	13 406	14 781	15 837	16 115	17 335
现金股利支付率(%)	24	74	74	75	82	75	61	85	124

截至2001年年末，公司累计发放现金股利超过10亿元。公司的这种表现曾一度被媒体誉为“现金奶牛”。另外，光明电器一面发放现金股利，总额约为10亿元，一面又在IPO以后进行再融资，总额约为11亿元（见表8-9）。

表8-9 **光明电器股份有限公司历年发行股票情况表**

年份	股票种类	发行日期	发行价格（元/股）	发行数量（万股）	上市日期	上市交易量（万股）	融资额（万元）
1993	发行A股	1993.10	10.23	1930	1993.11	1930	19 744
1994	A股配股	1995.01	8	1815	1995.02	1815	14 520
1995	发行B股	1995.07	6.02(HK$5.61)	500	1995.08	500	30 100
2000	A股增发	2000.12	12.65	5500	2000.12	5500	69 575

假设你是一家证券公司的分析师，公司正在对光明电器的财务情况进行研究，你的两位助手分别向你提交了两份研究报告，内容如下：

助手A：

（1）股利分配的信号传递理论认为，在信息不对称的情况下，公司可以通过股利政策向市场传递有关公司未来盈利能力的信息。一般说来，高质量的公司往往愿意通过相对较高的股利支付率把自己同低质量的公司区别开来，以吸引更多的投资者。对市场上的投资者来说，股利政策的差异或许是反映公司质量差异的极有价值的信号。如果公司连续保持较为稳定的股利支付率，那么，投资者就可能对公司未来的盈利能力与现金流量抱有较为乐观的预期，从而可以提高公司价值。至于公司股价在二级市场上却表现平平，流通股的股东似乎并不认可公司的高股利政策，是一种反常现象，反映了我国广大流通股股东投资理念的不成熟。

（2）西方主流观点融资优序理论认为，公司在融资中，优先使用内部融资（未分配利润及折旧），内部融资不足以弥补投资缺口时，才利用外部融资。在利用外部融资时，优先使用债权融资，最后才是股权融资。其原因主要在于内部融资成本最低，而债权融资可以有避税的优势，并且在信息不对称的市场条件下，发行新股会向市场传递不好的信息，从而导致股价下降，因此发行股票要忍受低估股价所导致的成本。而光明电器一面发放现金股利，总额约为10亿元，一面又在IPO以后进行再融资，总额约为11亿元（见表8-9）。这一点显然与“融资优序理论”不符，这一点表明我国上市公司在财务运作方面缺乏经验，财务决策缺少理论支持，从而影响了公司价值。

助手B：

（1）我国上市公司的股权结构存在明显的流通股和非流通股并存的特点。这主要是因为在股份制改革初期，政府将“维护社会主义公有制地位，保障国家资产不受侵害”作为改制的指导原则。因此，公司在改制后仍以国家或代表国家的公司作为最大股东。这一方面出于保持国家股股东控股地位的考虑，另一方面也由于受到上市额度的限制。国有股或代表国家持股的国有企业，其持有的法人股不能流通，这一特殊性直接导致了不同性质的股东拥有不同构成的投资收益。流通股股东可直接享有资本利得和股利收入；非流通股（国家股和法人股）因不能流通而无法直接享有资本利得，但国家股与法人股往往代表着更多的控制权（除了可以获得与控制权有关的收益外，还可利用控制权优势，寻求对自身较为有利的股利政策安排）。值得注意的是，这两类不同性质的股权投资成本相差悬殊：流通股股东在公司股票公开发行时按溢价后的价格申购；而国家股和法人股是按原企业上市改组时的净资产，依照一定的比例折合而成。这对投资者实质上的投资收益产生了重大影响，导致不同性质的股东对其投资回报方式有明显不同的偏好，且两类性质的股东之间也存在利益冲突的制度基础。其中，国有股权由于一般是由政府部门来代表或控制，往往有着经济利益以外的多重政策目标，此时，两类性质的股东之间的利益冲突并不十分明显。在市场缺乏对广大中小股东足够保护的情况下，中小股东的利益将被无偿侵占。

公司第一大股东为某市国有资产办公室，持有国家法人股8592.21万股，占总股本的23.97%，而第二至第十大股东合计持股仅5.63%。因此，公司中小股东的股权相当分散，实际上处于国有股“一股独大”的状态。而又由于两类不同性质的股权投资成本相差悬殊：流通股股东在公司股票公开发行时按溢价后的价格申购；而国家股和法人股是按原企业上市改组时的净资产，依照一定的比例折合而成，这往往会导致流通股股价数倍甚至数十倍于国有股和法人股股价。在“同股同权”下，流通股的股东与非流通股的股东每一股所获得的先进股利势必是相等的，而这将不可避免地使得流通股股东的投资收益率将仅仅是国有股股东投资收益率的几分之一甚至更低。这也就部分地解释了为什么二级市场投资者并不认同“现金奶牛”挤出牛奶的决定。

（2）据初步统计，公司第一大股东某市委国资办从1993年至2001年累计从光明电器近10亿的派现金额中分去了1/3，累计达3亿。而公司同时又在IPO以后进行数次再融资，总额约为11亿元，尽管这种选择使得公司每股收益和净资产收益率连年下降，但公司仍乐此不疲。我们不难在事后看出公司的控股股东存在着套取现金的嫌疑。而且稍加分析，我们也不难发现公司的控股股东也确实存在着这样的动机。因为第一大股东国资办所持的股份是非流通的，缺少明确的市场价格，通过派发高额现金股利合法“套现”，同时又避免了摊薄股份，控制权不至于丧失，从而保证了未来更大的分红收益。而又由于国资办与地方政府的关系密切，地方政府是有意从上市公司得到更多的资源，补充地方财政的，于是就出现了一边是连年发放高额股利，而另一边又是数次再融资。这种行为毫无疑问伤害了中小投资者的利益，这也就更加印证了为什么二级市场并不认同公司的股利政策。

根据案例有关资料，回答如下两个问题：

（1）你认为你的两位助手的研究报告符合实际情况吗？（分析提示：从光明电器的股权结构、我国中小股东的偏好等方面分析。）

（2）你的看法是什么？

仿真实训

实训项目

实训目的：

初步理解股利分配的政策的影响因素及决策。

实训资料：

光明电器股份有限公司于2001年5月18日上市，2002年4月28日，股东大会审议通过2001年年度分配方案为10股派6元（含税），共计派发现金股利6000万元。刚刚上市一年即大比例分红，一时间市场上众说纷纭。

2001年，公司实现主营业务收入32 707万元，主营业务利润30 444万元，与去年同期相比，分别增长了56.2%和55.9%，主要财务数据见表8－10。

表8－10　　光明电器股份有限公司1999—2002年中期主要财务数据

项目	2002年中期	2001年末期	2000年末期	1999年末期
主营业务收入（万元）	20 490.44	33 348.32	21 288.53	18 514.36
主营业务利润（万元）	18 561.04	30 443.66	19 523.85	16 740.18
其他业务利润（万元）	7.55	1.25	18.85	40.86
营业利润（万元）	2821.98	5010.51	2632.84	4226.28
投资收益（万元）			－61.14	6.95
补贴收入（万元）	1781.47	3132.90	2030.18	118.13
营业外收支（万元）	7.36	－110.94	85.83	－14.31
利润总额（万元）	4429.54	7923.94	4687.70	4337.05
所得税（万元）	504.82	916.12	689.73	827.5
净利润（万元）	4011.88	7040.06	4004.29	3506.56
获利能力指标：				
销售毛利率（%）	92.56	93.21	93.37	94.03
主营业务利润率（%）	90.58	91.29	91.71	90.42
销售净利润（%）	19.58	21.11	18.81	18.94
总资产报酬率（%）	3.56	6.03	24.64	27.04
净资产收益率（%）	3.85	7.02	47.76	45.22
营运能力指标：				
应收账款周转率（次）	6.85	12	9.09	11.33
存货周转率（次）	5.54	9.74	7.20	7.85
固定资产周转率（次）		5.59	3.66	3.17
股东权益周转率（次）	0.20	0.61	2.64	2.38
总资产周转率（次）	0.18	0.50	1.46	1.40
偿债能力指标：				
流动比率	12.46	6.60	1.13	1.12
速动比率	12.43	6.58	1.11	1.07
资产负债率（%）	7.27	13.82	48.17	39.96
股东权益比率（%）	92.44	85.82	51.60	59.80
固定资产比率（%）	6.61	5.49	33.99	47.02
发展能力指标：				
主营业务收入增长率（%）	53.66	56.65	14.98	43.81
营业利润增长率（%）	31.54	90.31	－37.70	60.40

表 8-10（续）

项目	2002 年中期	2001 年末期	2000 年末期	1999 年末期
税后利润增长率（%）	37.69	75.81	14.19	60.00
净资产增长率（%）	2.09	1095.45	8.11	-0.99
总资产增长率（%）	4.78	618.69	25.31	-3.98
现金流量指标：				
现金及现金等价物净增额（万元）	-9024.47	67 300.56	1724.52	
经营活动现金流量（万元）	1543.79	10 329.34	4764.64	
销售商品收到的现金（万元）	23 153.14	40 116.22	24 163.62	
销售商品收到的现金占主营收入比例（%）	112.99	120.29	113.51	

备注：由于根据合并报表数据计算，所以股东权益比率中的分子数（股东权益比率）未包含少数股东权益在内，致使资产负债率与股东权益比率相加并不等于1。

2001 年，光明电器公司的大部分投资项目仍在运作中，项目资金陆续投入。

实训要求：

试分析光明电器股份有限公司的高额现金股利分配政策。

第九章
财务预算与控制

◆ 学习目标

● 理解财务预算的概念、具体内容和编制程序。
● 掌握财务预算编制的具体方法。
● 理解财务控制、责任中心和内部转移价格的含义和类型。
● 掌握成本中心、利润中心和投资中心的基本内容和考核指标。

第一节　财务预算

一、财务预算的概念及特征

“凡事预则立，不预则废”。预算是企业在预测、决策的基础上，以数量和金额的形式反映企业未来一定时期内经营、投资、财务等活动的具体计划，是为实现企业目标而对各种资源和企业活动的详细安排。具体包括特种决策预算、日常业务预算和财务预算三大类内容。其中，财务预算是一系列专门反映企业未来一定预算期内预计财务状况、经营成果以及现金收支等价值指标的各种预算总称。它具体包括反映现金收支活动的现金预算、反映企业财务状况的预计资产负债表、反映企业财务成果的预计损益表和预计现金流量表等内容。

预算具有两个特征：首先，编制预算的目的是促成企业以最经济有效的方式实现预定目标，因此，预算必须与企业的战略目标保持一致；其次，预算作为一种数量化的详细计划，它是对未来活动的细致、周密安排，是未来经营活动的依据，数量化和可执行性是预算最主要的特征。因此，预算是一种可据以执行和控制经济活动的、最为具体的计划，是对目标的具体化，是将企业活动导向预定目标的有力工具。

二、财务预算的作用

企业预算是各级部门工作的奋斗目标、协调工具、控制标准、考核依据，在经营管理中发挥着重大作用。财务预算是企业全面预算体系中的组成部分，它在全面预算体系中具有重要的作用，主要表现在：

（一）预算通过引导和控制经济活动，使企业经营达到预期目标

财务预算使决策目标具体化、系统化和定量化。通过预算指标可以控制实际活动

过程，随时发现问题，采取必要的措施，纠正不良偏差，避免经营活动的漫无目的、随心所欲，通过有效的方式实现预期目标。因此，预算具有规划、控制、引导企业经济活动有序进行、以最经济有效的方式实现预定目标的功能。编制财务预算，并建立相应的预算管理制度，可以指导与控制企业的财务活动，提高预见性，减少盲目性，使企业的财务活动有条不紊地进行。

（二）预算可以实现企业内部各个部门之间的协调

从系统论的观点来看，局部计划的最优化，对全局来说不一定是最合理的。为了使各个职能部门向着共同的战略目标前进，它们的经济活动必须密切配合，相互协调，统筹兼顾，全面安排，搞好综合平衡，通过各部门预算的综合平衡，能促使各部门管理人员清楚地了解本部门在全局中的地位和作用，尽可能地做好部门之间的协调工作。各级各部门因其职责不同，往往会出现相互冲突的现象。各部门之间必须协调一致，才能最大限度地实现企业的整体目标。例如，企业的销售、生产、财务等各部门可以分别编制出对自己来说是最好的计划，而该计划在其他部门却不一定能行得通。销售部门根据市场预测提出了一个庞大的销售计划，生产部门可能没有那么大的生产能力。生产部门可能编制一个充分利用现有生产能力的计划，但销售部门可能无力将这些产品销售出去。销售部门和生产部门都认为应该扩大生产能力，财务部门却认为无法筹到必要的资金。全面预算经过综合平衡后可以提供解决各级各部门冲突的最佳办法，代表企业的最优方案，可以使各级各部门的工作在此基础上协调进行。

（三）预算可以作为业绩考核的标准

现代化生产是许多共同劳动的过程，不能没有责任制度，而有效的责任制度离不开对工作成绩的考核。预算作为企业财务活动的行为标准，使各项活动的实际执行有章可循。预算标准可以作为各部门责任考核的依据。经过分解落实的预算规划目标能与部门、责任人的业绩考评结合起来，成为奖勤罚懒、评估优劣的准绳。

三、预算的分类与预算体系

（一）预算的分类

企业预算可以按不同标准进行多种分类：

1. 根据预算内容不同，企业预算可以分为业务预算（经营预算）、专门决策预算和财务预算

业务预算是指与企业日常经营活动直接相关的经营业务的各种预算。它主要包括销售预算、生产预算、材料采购预算、直接材料消耗预算、直接人工预算、制造费用预算、产品生产成本预算、经营费用和管理费用预算等。专门决策预算是指企业不经常发生的、一次性的重要决策预算。专门决策预算直接反映相关决策的结果，是实际中选方案的进一步规划。如资本支出预算，其编制依据可以追溯到决策之前搜集到的有关资料，只不过预算比决策估算更细致、更准确一些。例如，企业对一切固定资产购置都必须在事先做好可行性分析的基础上来编制预算，具体反映投资额需要多少，何时进行投资，资金从何筹得，投资期限多长，何时可以投产，未来每年的现金流量多少。财务预算是指企业在计划期内反映有关预计现金收支、财务状况和经营成果的预算。财务预算作为全面预算体系的最后环节，它是从价值方面总括地反映企业业务预算与专门决策预算的结果，也就是说，业务预算和专门决策预算中的资料都可以用

货币金额反映在财务预算内，这样一来，财务预算就成为了各项业务预算和专门决策预算的整体计划，故亦称为总预算，其他预算则相应称为辅助预算或分预算。显然，财务预算在全面预算中占有举足轻重的地位。

2. 从预算指标覆盖的时间长短划分，企业预算可以分为长期预算和短期预算

通常将预算期在1年以内（含1年）的预算称为短期预算，预算期在1年以上的预算则称为长期预算。预算的编制时间可以视预算的内容和实际需要而定，可以是1周、1月、1季、1年或若干年等。在预算编制过程中，往往应结合各项预算的特点，将长期预算和短期预算结合使用。一般情况下，企业的业务预算和财务预算多为1年期的短期预算，年内再按季或月细分，而且预算期间往往与会计期间保持一致。

（二）预算体系

各种预算是一个有机联系的整体。一般将由业务预算、专门决策预算和财务预算组成的预算体系，称为全面预算体系。其结构如图9－1所示。

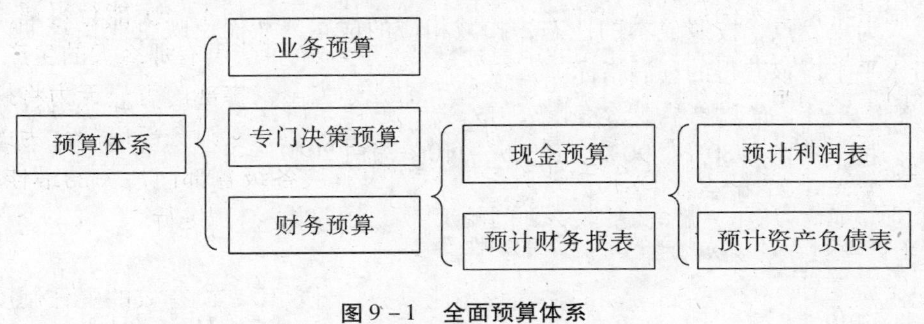

图9－1 全面预算体系

四、财务预算的编制方法

（一）固定预算与弹性预算

1. 固定预算

固定预算，又称静态预算，是根据预算期内正常的、可实现的某一既定业务量水平为基础来编制的预算。一般适用于固定费用或者数额比较稳定的预算项目。

固定预算的缺点表现在：一是过于呆板，因为编制预算的业务量基础是实现假定的某个业务量。在这种方法下，不论预算期内业务量水平实际可能发生哪些变动，都只按事先确定的某一个业务量水平作为编制预算的基础。二是可比性差。当实际的业务量与编制预算所依据的业务量发生较大差异时，有关预算指标的实际数与预算数就会因业务量基础不同而失去可比性。例如，编制财务预算时，预计业务量为生产能力的90%，其成本预算总额为40 000元，而为实际能力的110%，其成本预算总额为55 000元，实际成本与预算业务量为生产比，则超支很大，但是，实际成本脱离预算成本的差异包括了因业务量增长而增加的成本差异，而业务量差异对成本分析来说是无意义的。

2. 弹性预算

弹性预算是固定预算的对称，它关键在于把所有的成本按其性态划分为变动本与固定成本两大部分。在编制预算时，变动成本随业务量的变动而予以增减，固定成本则在相关的业务量范围内稳定不变。它是分别按一系列可能达到的预计业务量水平编

制的能适应企业在预算期内任何生产经营水平的预算。由于这种预算是随着业务量的变动作机动调整，适用面广，具有弹性，故它被称为弹性预算或变动预算。

由于未来业务量的变动会影响到成本费用和利润各个方面，因此，弹性预算理论适用于全面预算中与业务量有关的各种预算。但从实用角度看，主要用于编制制造费用、销售及管理费用等半变动成本（费用）的预算和利润预算。

制造费用与销售及管理费用的弹性预算，均可按下列弹性预算公式进行计算：

$$成本的弹性预算 = 固定成本预算数 + \sum（单位变动成本预算数 \times 预计业务量） \tag{9-1}$$

但二者略有区别：制造费用的弹性预算是按照生产业务量（生产量、机器工作小时等）来编制，销售及管理费用的弹性预算是按照销售业务量（销售量、销售收入）来编制。

成本的弹性预算编制出来以后，就可以编制利润的弹性预算。它是以预算的各种销售收入为出发点，按照成本的性态，扣减相应的成本，从而反映企业预算期内各种业务量水平上应该获得的利润指标。

[案例9-1] 光明电器股份有限公司八分厂第一车间，生产能力为20 000机器工作小时，按生产能力80%、90%、100%、110%编制2010年9月份该车间制造费用弹性预算，如表9-1所示。

表9-1　弹性预算

部门：第一车间　　单位：元

预算期：2010年9月　　生产能力：20 000机器工作小时

费用项目	变动费用率（元/小时）	生产能力（机器工作小时）			
		80%	90%	100%	110%
		16 000	18 000	20 000	22 000
变动费用					
间接材料	0.5	8000	9000	10 000	11 000
间接人工	1.5	24 000	27 000	30 000	33 000
维修费用	2	32 000	36 000	40 000	44 000
电　力	0.45	7200	8100	9000	9900
水　费	0.3	4800	5400	6000	6600
电话费	0.25	4000	4500	5000	5500
小　计	5	80 000	90 000	100 000	110 000
固定费用					
间接人工		4000	4000	4000	4500
维修费用		5000	5000	5000	5500
电话费		1000	1000	1000	1000
折　旧		10 000	10 000	10 000	14 000
小　计		20 000	20 000	20 000	25 000
合　计		100 000	110 000	120 000	135 000
小时费用率		6.25	6.11	6	6.14

从表9－1可知，当生产能力超过100%达到110%时，固定费用中的有些费用项目将发生变化，间接人工、维修费用各增加500元，折旧增加4000元。这就说明固定成本超过一定的业务量范围，成本总额也会发生变化，并不是一成不变的。

从弹性预算中也可以看到，当生产能力达到100%时，小时费用率为最低6元，它说明企业充分利用生产能力，且产品销路没有问题时，应向这个目标努力，从而使成本降低，利润增加。

假定该企业9月份的实际生产能力达到90%，有了弹性预算，就可以据以与实际成本进行比较，衡量其业绩，并分析其差异。

实际成本与预算成本的差异，可通过编制弹性预算执行报告进行比较分析，如表9－2所示。

表9－2　　弹性预算执行报告

部门：第一车间　　　　正常生产能力（100%）20 000机器工作小时

预算期：2010年9月份　　　　实际生产能力（90%）18 000机器工作小时

费用项目	预算	实际	差异
间接材料	9000	9500	500
间接人工	31 000	30 000	－1000
维修费用	41 000	39 000	－2000
电　力	8100	8500	400
水　费	5400	6000	600
电话费	5500	5600	100
折旧费	10 000	10 000	0
合　计	110 000	108 600	－1400

［案例9－2］光明电器股份有限公司八分厂2010年9月份利润弹性预算如表9－3所示。

表9－3　　利润弹性预算

预算期：2010年9月份　　　　单位：元

销售收入百分比	90%	100%	110%
销售收入	810 000	900 000	990 000
变动生产成本	330 750	367 500	404 250
变动销售及管理费用	115 830	128 700	141 570
边际贡献	363 420	403 800	444 180
固定制造费用	250 000	250 000	250 000
固定销售及管理费用	83 000	83 000	83 000
利润	30 420	70 800	111 180

从表9－3中可知，利润的弹性预算，是以成本的弹性预算为其编制的基础。现假定实际销售收入为900 000元，为了考核利润预算完成情况，评价工作成绩，还须编制利润弹性预算执行报告，如表9－4所示。

表9-4 **利润弹性预算执行报告**

预算期：2010年9月份 单位：元

项目	预算	实际	差异
销售收入	900 000	900 000	0
变动生产成本	367 500	372 300	4800
变动销售及管理费用	128 700	123 600	-5100
边际贡献	403 800	404 100	300
固定制造费用	250 000	248 000	-2000
固定销售及管理费用	83 000	83 000	0
利润	70 800	73 100	2300

弹性预算的优点在于：一方面能够适应不同经营活动情况的变化，扩大了预算的适用范围，更好地发挥预算的控制作用；另一方面能够对预算的实际执行情况进行评价与考核，使预算能真正起到为企业经营活动服务。

（二）增量预算与零基预算

1. 增量预算

增量预算是指以基期成本费用水平为基础，结合预算期业务量水平及有关降低成本的措施，通过调整有关费用项目而编制预算的方法。增量预算以过去的费用发生水平为基础，主张不需在预算内容上作较大的调整，它的编制遵循如下假定：

第一，企业现有业务活动是合理的，不需要进行调整；

第二，企业现有各项业务的开支水平是合理的，在预算期予以保持；

第三，以现有业务活动和各项活动的开支水平，确定预算期各项活动的预算数。

增量预算编制方法的缺陷是可能导致无效费用开支项目无法得到有效控制，因为不加以分析地保留或接受原有的成本费用项目，可能使原来不合理的费用继续开支而得不到控制，形成不必要开支合理化，造成预算上的浪费。

2. 零基预算

零基预算的全称为“以零为基础的编制计划和预算方法”，它是在编制费用预算时，不考虑以往会计期间所发生的费用项目或费用数额，而是一切以零为出发点，从实际需要逐项审议预算期内各项费用的内容及开支标准是否合理，在综合平衡的基础上编制费用预算的方法。

零基预算编制的程序是：首先，根据企业在预算期内的总体目标，对每一项业务说明其性质、目的，以零为基础，详细提出各项业务所需要的开支或费用；其次，按“成本—效益分析”方法比较分析每一项预算费用是否必要，能否避免，它所产生的效益，以便区别对待；第三，对不可避免费用项目优先分配资金，对可延缓成本则根据可动用资金情况，按轻重缓急，以及每项项目所需经费的多少分成等级，逐项下达费用预算。

零基预算的优点是不受现有条条框框限制，对一切费用都以零为出发点，这样不仅能压缩资金开支，而且能切实做到把有限的资金，用在最需要的地方，从而调动各部门人员的积极性和创造性，量力而行，合理使用资金，提高效益。其缺点是由于一切支出均以零为起点进行分析、研究，势必带来繁重的工作量，有时甚至得不偿失，难以突出重点。为了弥补零基预算这一缺点，企业不是每年都按零基预算来编制预算，而是每隔若干年进行一次零基预算，以后几年内略作适当调整，这样既减轻了预算编制的工作量，又能适当控制费用。

（三）定期预算与滚动预算

1. 定期预算

定期预算就是以会计年度为单位编制的各类预算。这种定期预算有三大缺点。第一，盲目性。因为定期预算多在其执行年度开始前两三个月进行，难以预测预算期后期情况，特别是在多变的市场下，许多数据资料只能估计，具有盲目性。第二，不变性。预算执行中，许多不测因素会妨碍预算的指导功能，甚至使之失去作用，而预算在实施过程中又往往不能进行调整。第三，间断性。预算的连续性差，定期预算只考虑一个会计年度的经营活动，即使年中修订的预算也只是针对剩余的预算期，对下一个会计年度很少考虑，形成人为的预算间断。

2. 滚动预算

滚动预算又称连续预算，是指在编制预算时，将预算期与会计期间脱离开，随着预算的执行不断地补充预算，逐期向后滚动，使预算期始终保持为一个固定长度（一般为 12 个月）的一种预算方法。

滚动预算的基本做法是使预算期始终保持 12 个月，每过 1 个月或 1 个季度，立即在期末增列 1 个月或 1 个季度的预算，逐期往后滚动，因而在任何一个时期都使预算保持为 12 个月的时间长度，故又叫连续预算或永续预算。这种预算能使企业各级管理人员对未来始终保持整整 12 个月时间的考虑和规划，从而保证企业的经营管理工作能够稳定而有序地进行。

如某企业 2010 年月 1 月份和 2 月份滚动预算的编制方式如图 9－2 所示。

2010 年预算（一）											
1 月	2 月	3 月	4 月	5 月	6 月	7 月	8 月	9 月	10 月	11 月	12 月

预算调整和修订因素		
预算与实际差异分析	客观条件变化	经营方针调整

2010 年预算（二）											2011 年
2 月	3 月	4 月	5 月	6 月	7 月	8 月	9 月	10 月	11 月	12 月	1 月

图 9－2　滚动预算的编制方式

滚动预算可以保持预算的连续性和完整性。企业的生产经营活动是连续不断的，因此，企业的预算也应该全面地反映这一连续不断的过程，使预算方法与生产经营过程相适应；同时，企业的生产经营活动是复杂的，而滚动预算便于随时修订预算，确保企业经营管理工作秩序的稳定性，充分发挥预算的指导与控制作用。滚动预算能克服传统定期预算的盲目性、不变性和间断性，从这个意义上说，编制预算已不再仅仅是每年年末才开展的工作了，而是与日常管理密切结合的一项措施。当然，滚动预算采用按月滚动的方法，预算编制工作比较繁重，所以，也可以采用按季度滚动来编制预算。

五、现金预算与预计财务报表的编制

（一）现金预算的编制

现金预算又称为现金收支预算，是反映预算期企业全部现金收入和全部现金支出的预算。完整的现金预算，一般包括以下四个组成部分：①现金收入；②现金支出；③现金收支差额；④资金的筹集与运用。

现金收入主要指经营业务活动的现金收入，主要来自于现金余额和产品销售现金收入。现金支出除了涉及有关直接材料、直接人工、制造费用、销售及管理费用、缴纳税金、股利分配等方面的经营性现金支出外，还包括购买设备等资本性支出。现金收支差额反映了现金收入合计与现金支出合计之间的差额。差额为正说明现金有多余，可用于偿还过去向银行取得的借款，或用于购买短期证券；差额为负，说明现金不足，要向银行取得新的借款。资金的筹集和运用主要是反映了预算期内向银行借款还款、支付利息、进行短期投资及投资收回等内容。

现金预算实际上是其他预算有关现金收支部分的汇总，以及收支差额平衡措施的具体计划。它的编制，要以其他各项预算为基础，或者说其他预算在编制时要为现金预算作好数据准备。

下面分别介绍各项预算的编制，为现金预算的编制提供数据以及编制依据。

（二）销售预算

销售预算是整个预算的编制起点，其他预算的编制都以销售预算作为基础，根据预算期现销收入与回收赊销货款的可能情况反映现金收入，以便为编制现金收支预算提供信息。

［案例9－3］光明电器股份有限公司八分厂生产和销售甲产品，根据2010年各季度的销售量及售价的有关资料编制“销售预算表”，如表9－5所示。

表9－5　光明电器股份有限公司八分厂销售预算表

2010年度　　单位：元

项　目	第一季度	第二季度	第三季度	第四季度	合计
预计销售量（件）	5000	7500	10 000	9000	31 500
预计单位售价（元/件）	20	20	20	20	20
销售收入	100 000	150 000	200 000	180 000	630 000

在实际工作中，产品销售往往不是现购现销的，即产生了很大数额的应收账款，所以，销售预算中通常还包括预计现金收入的计算，其目的是为编制现金预算提供必要的资料。

［案例9－4］假设上例中，每季度销售收入在本季收到现金60%，其余赊销在下季度收账。光明电器股份有限公司八分厂2010年预计现金收入表如表9－6所示。

表 9 – 6　　光明电器股份有限公司八分厂预计现金收入表

2010 年度　　单位：元

项 目	本期发生额	现金收入			
		第一季度	第二季度	第三季度	第四季度
期初数	31 000	31 000			
第一季度	100 000	60 000	40 000		
第二季度	150 000		90 000	60 000	
第三季度	200 000			120 000	80 000
第四季度	180 000				108 000
期末数	（72 000）				
合　计	589 000	91 000	130 000	180 000	188 000

（三）生产预算

生产预算是根据销售预算编制的。通常，企业的生产和销售不能做到“同步量”，生产数量除了满足销售数量外，还需要设置一定的存货，以保证能在发生意外需求时按时供货，并可均衡生产，节省赶工的额外开支。预计生产量可用下列公式计算。

预计生产量 = 预计销售量 + 预计期末存货量 – 预计期初存货量　　（9 – 2）

［案例 9 – 5］假设［案例 9 – 4］中，光明电器股份有限公司八分厂希望能在每季末保持相当于下季度销售量 10% 的期末存货，上年末产品的期末存货为 500 件，单位成本为 8 元，共计 4000 元。预计下年第一季度销售量为 10 000 件，光明电器股份有限公司八分厂 2010 年生产预算如表 9 – 7 所示。

表 9 – 7　　光明电器股份有限公司八分厂生产预算表

2010 年度　　单位：件

项　目	第一季度	第二季度	第三季度	第四季度	全年合计
预计销售量	5000	7500	10 000	9000	31 500
加：期末存货	750	1000	900	1000	1000
合　计	5750	8500	10 900	10 000	32 500
减：期初存货	500	750	1000	900	500
预计生产量	5250	7750	9900	9100	32 000

1. 直接材料预算

在生产预算的基础上，我们可以编制直接材料预算，但同时还要考虑期初、期末原材料存货的水平。直接材料生产上的需要量同预计采购量之间的关系可按下列公式计算：

预计采购量 = 生产需要量 + 期末库存量 – 期初库存量　　（9 – 3）

期末库存量一般是按照下期生产需要量的一定百分比来计算的。

生产需要量 = 预计生产量 × 单位产品材料耗用量　　（9 – 4）

［案例 9 – 6］根据［案例 9 – 5］的资料，假设甲产品只耗用一种材料，光明电器股份有限公司八分厂期望每季末材料库存量分别为 2100 千克、3100 千克、3960 千克、

3640 千克。上年年末库存材料为 1500 千克。

光明电器股份有限公司八分厂 2010 年直接材料预算如表 9－8 所示。

表 9－8　　光明电器股份有限公司直接材料预算

2010 年度　　单位：元

项　　目	第一季度	第二季	第三季度	第四季度	全年合计
预计生产量（件）	5250	7750	9900	9100	32 000
单位产品材料用量(千克/件)	2	2	2	2	2
生产需用量（千克）	10 500	15 500	19 800	18 200	64 000
加：预计期末存量	2100	3100	3960	3640	3640
合　　计	12 600	18 600	23 760	21 840	67 640
减：预计期初存量	1500	2100	3100	3960	1500
预计采购量	11 100	16 500	20 660	17 880	66 140
单价（元/千克）	2.5	2.5	2.5	2.5	2.5
预计采购金额（元）	27 750	41 250	51 650	44 700	165 350

材料的采购与产品的销售有相类似处，即货款也不是马上用现金全部支付的，这样就可能存在一部分应付款项，所以，对于材料采购我们还须编制现金支出预算，目的是便于编制现金预算。

［案例 9－7］根据［案例 9－6］的资料，假设材料采购的货款有 50% 在本季度内付清，另外 50% 在下季度付清。光明电器股份有限公司八分厂 2010 年度预计现金支出表如表 9－9 所示。

表 9－9　　光明电器股份有限公司八分厂预计现金支出表

2010 年度　　单位：元

项　　目	本期发生额	现金支出			
		第一季度	第二季度	第三季度	第四季度
期初数	11 000	11 000			
第一季度	27 750	13 875	13 875		
第二季度	41 250		20 625	20 625	
第三季度	51 650			25 825	25 825
第四季度	44 700				22 350
期末数	(22 350)				
合　　计	154 000	24 875	34 500	46 450	48 175

2. 直接人工预算

直接人工预算也是以生产预算为基础编制的。其主要内容有预计生产量、单位产品工时、人工总工时、每小时人工成本和人工总成本。直接人工预算也能为编制现金预算提供资料。

［案例9－8］光明电器股份有限公司八分厂2010年直接人工预算如表9－10所示。

表9－10　　光明电器股份有限公司八分厂直接人工预算

2010年度　　单位：元

项　目	第一季度	第二季度	第三季度	第四季度	全年合计
预计生产量（件）	5250	7750	9900	9100	32 000
单位产品工时（小时）	0.2	0.2	0.2	0.2	0.2
人工总工时（小时）	1050	1550	1980	1820	6400
每小时人工成本（元）	10	10	10	10	10
人工总成本（元）	10 500	15 500	19 800	18 200	64 000

3. 制造费用预算

制造费用预算指除了直接材料和直接人工预算以外的其他一切生产成本的预算。制造费用按其成本性态可分为变动制造费用和固定制造费用两部分。变动制造费用以生产预算为基础来编制，即根据预计生产量和预计的变动制造费用分配率来计算；固定制造费用是期间成本直接列入损益作为当期利润的一个扣减项目，与本期的生产量无关，一般可以按照零基预算的编制方法编制。

［案例9－9］光明电器股份有限公司八分厂2010年制造费用预算如表9－11所示。

表9－11　　光明电器股份有限公司八分厂制造费用预算

2010年度　　单位：元

项　目	每小时费用分配率（元/小时）	第一季度	第二季度	第三季度	第四季度	全年合计
预计人工总工时（小时）		1050	1550	1980	1820	6400
变动制造费用						
间接材料	1	1050	1550	1980	1820	6400
间接人工	0.6	630	930	1188	1092	3840
修理费	0.4	420	620	792	728	2560
水电费	0.5	525	775	990	910	3200
小　计	2.5	2625	3875	4950	4550	16 000
固定制造费用						
修理费		3000	3000	3000	3000	12 000
水电费		1000	1000	1000	1000	4000
管理人员工资		2000	2000	2000	2000	8000
折　旧		5000	5000	5000	5000	20 000
保险费		1000	1000	1000	1000	4000
小　计		12 000	12 000	12 000	12 000	48 000
合　计		14 625	15 875	16 950	16 550	64 000
减：折旧		5000	5000	5000	5000	20 000
现金支出费用		9625	10 875	11 950	11 550	44 000

在制造费用预算中，除了折旧费以外都须支付现金。为了便于编制现金预算，需要预计现金支出，将制造费用预算额扣除折旧费后，调整为“现金支出的费用”。

（四）产品生产成本预算

为了计算产品的销售成本，必须先确定产品的生产总成本和单位成本。产品产成本预算是生产预算、直接材料预算、直接人工预算、制造费用预算的汇总。

［案例9－10］光明电器股份有限公司八分厂2010年度产品生产成本预算见表9－12。

表9－12　**光明电器股份有限公司八分厂产品生产成本预算**

2010年度　单位：元

成本项目	全年生产量32000（件）			
	单耗（千克/件或小时/件）	单价（元/千克或元/小时）	单位成本（元/件）	总成本
直接材料	2	2.5	5	160 000
直接人工	0.2	10	2	64 000
变动制造费用	0.2	2.5	0.5	16 000
合　计			7.5	240 000
产成品存货	数量（件）	单位成本（元）	总成本	
年初存货	500	8	4000	
年末存货	1000	7.5	7500	
本年销售	31 500		236 500	

由于期初存货的单位成本为8元，而本年生产产品的单位成本为7.5元，二者不一致，所以，存货流转采用先进先出法。

（五）销售及管理费用预算

销售及管理费用预算，是指为了实现产品销售和维持一般管理业务所发生的各项费用。它是以销售预算为基础，按照成本的性态分为变动销售及管理费用和固定销售及管理费用。其编制方法与制造费用预算相同。

［案例9－11］光明电器股份有限公司八分厂2010年度销售及管理费用预算如表9－13所示。

表9－13　**光明电器股份有限公司八分厂销售及管理费用预算**

2010年度　单位：元

项目	变动费用率	第一季度	第二季度	第三季度	第四季度	全年合计
预计销售收入		100 000	150 000	200 000	180 000	630 000
变动销售及管理费用						
销售佣金	1%	1000	1500	2000	1800	6300
运输费	1.60%	1600	2400	3200	2880	10 080
广告费	5%	5000	7500	10 000	9000	31 500
小　计	7.60%	7600	11 400	15 200	13 680	47 880

表9-13（续）

项目	变动费用率	第一季度	第二季度	第三季度	第四季度	全年合计
固定销管费用						
薪金		5000	5000	5000	5000	20 000
办公用品		4500	4500	4500	4500	18 000
杂项		3500	3500	3500	3500	14 000
小计		13 000	13 000	13 000	13 000	52 000
合计		20 600	24 400	28 200	26 680	99 880

（六）现金预算

现金预算的编制，是以各项日常业务预算和特种决策预算为基础来反映各预算的收入款项和支出款项。其目的在于资金不足时筹措资金，资金多余时运用资金，并且提供现金收支的控制限额，以便发挥现金管理的作用。

［案例9-12］根据［案例9-4］至［案例9-11］所编制的各种预算提供的资料，并假设光明电器股份有限公司八分厂每季度末应保持现金余额10 000元，若资金不足或多余，可以以2000元为单位进行借入或偿还，借款年利率为8%，于每季初借入，每季末偿还，借款利息与偿还本金时一起支付。同时，在2002年度光明电器股份有限公司准备投资100 000元购入设备，于第二季度与第三季度分别支付价款50%；每季度预交所得税20 000元；预算在第三季度发放现金股利30 000元；第四季度购买国库券10 000元。

依上述资料编制光明电器股份有限公司八分厂2010年度现金预算表如表9-14所示。

表9-14 **光明电器股份有限公司八分厂现金预算表**

2010年度

单位：元

项目	第一季度	第二季度	第三季度	第四季度	全年合计
期初现金余额	8000	13 400	10 125	11 725	8000
加：销货现金收入	91 000	130 000	180 000	188 000	589 000
可供使用现金	99 000	143 400	190 125	199 725	597 000
减：现金支出					
直接材料	24 875	34 500	46 450	48 175	154 000
直接人工	10 500	15 500	19 800	18 200	64 000
制造费用	9625	10 875	11 950	11 550	44 000
销售及管理费用	20 600	24 400	28 200	26 680	99 880
预交所得税	20 000	20 000	20 000	20 000	80 000
购买国库券				10 000	10 000
发放股利			30 000		30 000
购买设备		50 000	50 000		100 000
支出合计	85 600	155 275	206 400	134 605	581 880

表 9－14（续）

项　　目	第一季度	第二季度	第三季度	第四季度	全年合计
现金收支差额	13 400	（11 875）	（16 275）	65 120	15 120
向银行借款		22 000	28 000		50 000
归还银行借款				50 000	50 000
借款利息（年利率 8%）				2440	2440
期末现金余额	13 400	10 125	11 725	12 680	12 680

（七）预计财务报表的编制

预计的财务报表是财务管理的重要工具，包括预计利润表、预计资产负债表和预计现金流量表。

1. 预计利润表

［案例 9－13］根据前述的各种预算，光明电器股份有限公司八分厂 2010 年度的预计损益表如表 9－15 所示。

表 9－15　　光明电器股份有限公司八分厂预计损益表

2010 年度　　单位：元

项　　目	第一季度	第二季度	第三季度	第四季度	全年合计
销售收入	100 000	150 000	200 000	180 000	630 000
减：变动生产成本	37 750[①]	56 250	75 000	67 500	236 500
变动销售及管理费用	7600	11 400	15 200	13 680	47 880
边际贡献	54 650	82 350	109 800	98 820	345 620
减：固定制造费用	12 000	12 000	12 000	12 000	48 000
固定销售及管理费用	13 000	13 000	13 000	13 000	52 000
利息支出				2440	2440
税前利润	29 650	57 350	84 800	71 380	243 180
减：所得税费用（40%）	11 860	22 940	33 920	28 552	9 7272
税后利润	17 790	34 410	50 880	42 828	145 908

变动生产成本（第一季度）$=500\times 8+4500\times 7.5=37\ 750$（元）。

2. 预计资产负债表

预计资产负债表是以货币单位反映预算期期末财务状况的总括性预算。编制时，以期初资产负债表为基础，根据销售、生产、资本等预算的有关数据加以调整编制。

［案例 9－14］光明电器股份有限公司八分厂 2010 年度的预计资产负债表如表 9－16 所示。

表 9－16　　光明电器有限公司八分厂预计资产负债表

2010 年度　　单位：元

资产	期初数	期末数	负债和权益	期初数	期末数
流动资产			流动负债		
现金	8000	12 680	应付账款	11 000	22 350
应收账款	31 000	72 000	应付所得税		17 272③
原材料	3750	9 100			
产成品	4000	7500	流动负债合计	11 000	39 622
短期投资		10 000	长期负债		
流动资产合计	46 750	111 280	长期借款	40 000	40 000
固定资产原值	270 000	370 000①	股东权益		
减：累计折旧	32 250	52 250②	普通股	200 000	200 000
固定资产净值	237 750	317 750	留存收益	33 500	149 408④
资产总计	284 500	429 030	负债和权益总计	284 500	429 030

①＝270 000＋100 000（表 9－14）；②＝32 250＋20 000（表 9－11）；③＝97 272－80 000（表 9－14、表 9－15）；④＝33 500＋145 908－30 000（表 9－14、表 9－15）。

3. 预计现金流量表

现金流量表以现金的流入和流出来反映企业一定时期内的经营活动、投资活动和筹资活动的动态情况。该表能说明企业一定期间内现金流入和流出的原因、偿债能力和支付股利的能力，能够为企业管理部门控制财务收支和提高经济效益提供有用的信息。

现金流量表的编制方法有直接法与间接法两种，本教材以直接法编制现金流量表。

[案例 9－15] 光明电器有限公司八分厂 2010 年度预计现金流量表如表 9－17 所示。

表 9－17　　光明电器股份有限公司八分厂预计现金流量表

2010 年度　　单位：元

项　目	金　额	备　注
一、经营活动产生的现金流量		
销售商品、提供劳务收到的现金	589 000	表 9－6
收到的其他与经营活动有关的现金		
现金流入小计	589 000	
购买商品、接受劳务支付现金	198 000	表 9－9、表 9－11
支付给职工以及为职工支付的现金	64 000	表 9－10
支付的其他与经营活动有关的现金	99 880	表 9－13
支付预交的所得税	80 000	表 9－14
现金流出小计	441 880	
经营活动产生的现金流量净额	147 120	
二、投资活动产生的现金流量		

表9－17（续）

项　　目	金　额	备　　注
收回投资所收到的现金		
收回的其他与投资活动有关的现金		
现金流入小计	0	
购建固定资产、无形资产和其他长期资产支付的现金	100 000	表9－14
支付的其他与投资活动有关的现金	10 000	
现金流出小计	110 000	
投资活动产生的现金流量净额	－110 000	
三、筹资活动产生的现金流量		
吸收权益性投资所收到的现金		
发行债券所支付的现金		
借款所收到的现金	50 000	表9－14
收到的其他与筹资活动有关的现金		
现金流入小计	50 000	
偿还债务所支付的现金	50 000	表9－14
分配股利或利润所支付的现金	30 000	表9－14
偿还利息所支付的现金	2440	表9－14
支付的其他与筹资活动有关的现金		
现金流出小计	82 440	
筹资活动产生的现金流量净额	－32 440	
现金流量净增加额	4680	

第二节　财务控制

一、企业财务控制概念与特征

企业财务控制是指利用有关信息和特定手段，对企业财务活动实施影响或调节，以保证其财务预算实现的全过程。财务控制作为企业财务管理工作的重要环节，具有以下特征：

（一）价值控制

财务控制对象是以实现财务预算为目标的财务活动，它是企业财务管理的重要内容，财务管理以资金运动为主线，以价值管理为特征，决定了财务控制必须实行价值控制。

（二）综合控制

财务控制以价值为手段，可以将不同部门、不同层次和不同岗位的各种业务活动综合起来，实行目标控制。

二、财务控制的原则

（一）经济原则

实施财务控制总是有成本发生的，企业应根据财务管理目标要求，有效地组织企业日常财务控制，只有当财务控制所取得的收益大于其代价时，这种财务控制措施才是必要的、可行的。

（二）目标管理及责任落实原则

企业的目标管理要求已纳入财务预算，将财务预算层层分解，明确规定有关方面或个人应承担的责任控制义务，并赋予其相应的权利，使财务控制目标和相应的管理措施落到实处，成为考核的依据。

（三）例外管理原则

企业日常财务控制涉及企业经营的各个方面，财务控制人员要将注意力集中在那些重要的、不正常、不符合常规的预算执行差异上。通过例外管理，一方面可以分析实际脱离预算的原因来达到日常控制的目的，另一方面可以检验预算的制定是否科学与先进。

三、责任中心

责任中心是指具有一定的管理权限，并承担相应经济责任的企业内部责任单位，是一个责、权、利相统一的实体。划分责任中心的标准是：凡是可以划清管理范围，明确经济责任，能够单独进行业绩考核的内部单位，无论大小都可成为责任中心。

责任中心按其责任权限范围及业务活动的特点不同，可分为成本中心、利润中心和投资中心三大类。

（一）成本中心

成本中心是指对成本或费用承担责任的责任中心。成本中心往往没有收入，其职责是用一定的成本去完成规定的具体任务。一般包括产品生产的生产部门、提供劳务的部门和有一定费用控制指标的企业管理部门。

成本中心是责任中心中应用最为广泛的一种责任中心形式。任何发生成本的责任领域，都可以确定为成本中心，上至企业，下至车间、工段、班组，甚至个人都可以划分为成本中心。成本中心的规模不一，一个成本中心可以由若干个更小的成本中心组成，因而在企业可以形成一个逐级控制，并层层负责的成本中心体系。

1. 成本中心的类型

广义的成本中心有两种类型：标准成本中心和费用中心。

标准成本中心是以实际产出量为基础，并按标准成本进行成本控制的成本中心。通常，制造业工厂、车间、工段、班组等是典型的标准成本中心。在产品生产中，这类成本中心的投入与产出有着明确的函数对应关系，它不仅能够计量产品产出的实际数量，而且每个产品因有明确的原材料、人工和制造费用的数量标准和价格标准，从而对生产过程实施有效的弹性成本控制。实际上，任何一项重复性活动，只要能够计量产出的实际数量，并且能够建立起投入与产出之间的函数关系，都可以作为标准成本中心。

费用中心是指产出物不能以财务指标衡量，或者投入与产出之间没有密切关系的有费用发生的单位，通常包括一般行政管理部门、研究开发部门及某些销售部门。一般行政管理部门的产出难以度量，研究开发和销售活动的投入量与产出量没有密切的联系。费用中心的费用控制应重在预算总额的审批上。

狭义成本中心是将标准成本中心划分为基本成本中心和复合成本中心两种。前者是指没有下属的成本中心，它是属于较低层次的成本中心；后者是指有若干个下属成本中心，它是属于较高层次的成本中心。

2. 成本中心的责任成本与可控成本

由成本中心承担责任的成本就是责任成本，它是该中心的全部可控成本之和。基本成本中心的责任成本就是其可控成本，复合成本中心的责任成本既包括本中心的责任成本，也包括下属成本中心的责任成本，各成本中心的可控成本之和即是企业的总成本。

可控成本是指责任单位在特定时期内，能够直接控制其发生的成本。作为可控成本必须同时具备以下条件：

第一、责任中心能够通过一定的方式预知成本的发生；

第二、责任中心能够对发生的成本进行计量；

第三、责任中心能够通过自己的行为对这些成本加以调节和控制；

第四、责任中心可以将这些成本的责任分解落实。

凡不能同时满足上述条件的成本就是不可控成本。对于特定成本中心来说，它不应当承担不可控成本的相应责任。

正确判断成本的可控性是成本中心承担责任成本的前提。从整个企业的空间范围和较长时间来看，所有的成本都是人的某种决策或行为的结果，都是可控的。但是，对于特定的人或时间来说，则有些是可控的，有些是不可控的。

3. 成本中心的责任成本与产品成本

作为产品制造的标准成本中心，必然会同时面对责任成本和产品成本两个问题，承担责任成本还必须了解这两个成本的区别与联系。责任成本和产品成本的主要区别是：

（1）成本归集的对象不同。责任成本是以责任成本中心为归集对象；产品成本则以产品为对象。

（2）遵循的原则不同。责任成本遵循“谁负责谁承担”的原则，承担责任成本的是“人”；产品成本则遵循“谁受益谁负担”的原则，负担产品成本的是“物”。

（3）核算的内容不同。责任成本的核算内容是可控成本；产品成本的构成内容是指应归属于产品的全部成本，它既包括可控成本，又包括不可控成本。

（4）核算的目的不同。责任成本的核算目的是为了实现责、权、利的协调统一，考核评价经营业绩，调动各个责任中心的积极性；产品成本的核算目的是为了反映生产经营过程的耗费，规定配比的补偿尺度，确定经营成果。

责任成本和产品成本的联系是：二者内容同为企业生产经营过程中的资金耗费。就一个企业而言，一定时期发生的广义产品成本总额应当等于同期发生的责任成本总额。

4. 成本中心考核指标

由于成本中心只对成本负责，对其评价和考核的主要内容是责任成本，即通过各责任成本中心的实际成本与预算责任成本的比较，以此评价各成本中心责任预算的执行情况。成本中心考核指标包括成本（费用）变动额和变动率两个指标，其计算公式是：

成本(费用)变动额 = 实际责任成本(或费用) - 预算责任成本(或费用)　(9-5)

成本(费用)变动率 = 成本(费用)变动额/预算责任成本(费用)×100%　(9-6)

在进行成本中心指标考核时，如果预算产量与实际产量不一致时，应按弹性预算的方法先行调整预算指标，然后再按上述指标进行计算。

[案例9-16] 光明电器股份有限公司八分厂一车间为成本中心，生产甲产品，预算产量为4000件，单位成本为100元；实际产量为5000件，单位成本为95元。求：计算该成本中心的成本变动额和变动率。

解答：成本变动额 = 95×5000 - 100×5000 = -25 000（元）

成本变动率 = -25 000/(100×5000)×100% = -5%

5. 成本中心责任报告

成本中心责任报告是以实际产量为基础，反映责任成本预算实际执行情况，揭示实际责任成本与预算责任成本差异的内部报告。成本中心通过编制责任报告，以反映、考核和评价责任中心责任成本预算的执行情况。

[案例9-17] 表9-18是光明电器股份有限公司某成本中心责任报告。

表9-18　某成本中心责任报告　单位：元

项　目	实　际	预　算	差　异
下属责任中心转来的责任成本			
甲班组	11 400	11 000	+400
乙班组	13 700	14 000	-300
合　计	25 100	25 000	+100
本成本中心的可控成本			
间接人工	1580	1500	+80
管理人员工资	2750	2800	-50
设备维修费	1300	1200	+100
合　计	5630	5500	+130
本责任中心的责任成本合计	30 730	30 500	+230

由表中计算可知，该成本中心实际责任成本较之预算责任成本增加230元，上升了0.8%，主要是本成本中心的可控成本增加130元和下属责任中心转来的责任成本增加100元所致，究其主要原因，是设备维修费超支100元和甲班组责任成本超支400元，没有完成责任成本预算。乙班组责任成本减少300元，初步表明责任成本控制有成效。

（二）利润中心

利润中心是既能控制成本，又能控制收入，对利润负责的责任中心，它是处于比成本中心高一层次的责任中心，其权利和责任都相对较大。利润中心通常是那些具有产品或劳务生产经营决策权的部门。

1. 利润中心类型

利润中心分为自然利润中心和人为利润中心两种。

自然利润中心是指能直接对外销售产品或提供劳务取得收入而给企业带来收益的利润中心。这类责任中心一般具有产品销售权、价格制定权、材料采购权和生产决策权，具有很大的独立性。

人为利润中心是不能直接对外销售产品或提供劳务，只能在企业内部各责任中心之间按照内部转移价格相互提供产品或劳务而形成的利润中心。大多数成本中心都可以转化为人为利润中心。这类责任中心一般也具有相对独立的经营管理权，即能够自主决定本利润中心生产的产品品种、产品产量、作业方法、人员调配和资金使用等。但这些部门提供的产品或劳务主要在企业内部转移，很少对外销售。

2. 利润中心考核指标

由于利润中心既是对其发生的成本负责，又对其发生的收入和实现的利润负责。所以，利润中心业绩评价和考核的重点是边际贡献和利润，但对于不同范围的利润中心来说，其指标的表现形式也不相同。如某公司采用事业部制，其考核指标可采用以下几种形式：

部门边际贡献 = 部门销售收入总额 - 部门变动成本总额

部门经理可控利润 = 部门边际贡献 - 部门经理可控固定成本

部门可控利润 = 部门经理边际贡献 - 部门经理不可控固定成本

部门税前利润 = 部门边际贡献 - 分配的公司管理费用

指标一，部门边际贡献是利润中心考核指标中的一个中间指标。指标二，它反映了部门经理在其权限范围内有效使用资源的能力，部门经理可控制收入、变动成本和部分固定成本，因而可以对可控利润承担责任。该指标主要用于评价部门经理的经营业绩。这里的主要问题是，要将各部门的固定成本进一步区分为可控成本和不可控成本，这是因为有些费用虽然可以追溯到有关部门，却不为部门经理所控制，如广告费、保险费等。因此在考核部门经理业绩时，应将其不可控成本从中剔除。指标三主要用于对部门的业绩评价和考核，用以反映该部门补偿共同性固定成本后对企业利润所作的贡献。如果要决定该部门的取舍，部门可控利润是有重要意义的信息。指标四用于计算部门提供的可控利润必须抵补总部的管理费用等，否则企业作为一个整体就不会盈利。这样，部门经理可集中精力增加收入并降低可控成本，为企业实现预期的利润目标作出应有的贡献。

[案例 9-18] 光明电器股份有限公司事业部（利润中心）的有关资料如下：

部门销售收入	100 万元
部门销售产品的变动生产成本和变动性销售费用	74 万元
部门可控固定成本	6 万元
部门不可控固定成本	8 万元
分配的公司管理费用	5 万元

该部门的各级利润考核指标分别是：

（1）部门边际贡献 = 100 - 74 = 26（万元）

（2）部门经理可控利润 = 26 - 6 = 20（万元）

（3）部门可控利润 = 20 - 8 = 12（万元）

（4）部门税前利润 = 12 − 5 = 7（万元）

3. 利润中心责任报告

利润中心通过编制责任报告，可以集中反映利润预算的完成情况，并对其产生的差异的原因进行具体分析。

［案例9－19］光明电器股份有限公司某利润中心责任报告如表9－19所示。

表9－19　某利润中心责任报告　单位：万元

项　目	实际	预算	差异
销售收入	250	240	+10
变动成本			
变动生产成本	154	148	+6
变动销售成本	34	35	−1
变动成本合计	188	183	+5
边际贡献	62	57	+5
固定成本			
直接发生的固定成本	16.4	16	+0.4
上级分配的固定成本	13	13.5	−0.5
固定成本合计	29.4	29.5	−0.1
营业利润	32.6	27.5	+5.1

由表中计算可知，该利润中心的实际利润超额完成预算5.1万元，如果剔除上级分配来的固定成本这一因素，利润超额完成4.6万元。

（三）投资中心

投资中心是指既要对成本、利润负责，又要对投资效果负责的责任中心。投资中心与利润中心的主要区别是：利润中心没有投资决策权，需要在企业确定投资方向后组织具体的经营；而投资中心则不仅在产品生产和销售上享有较大的自主权，而且具有投资决策权，能够相对独立地运用其所掌握的资金，有权购置或处理固定资产，扩大或削减现有的生产能力。投资中心是最高层次的责任中心，它具有最大的决策权，也承担最大的责任。一般而言，大型集团所属的子公司、分公司、事业部往往都是投资中心。

投资中心拥有投资决策权和经营决策权，同时各投资中心在资产和权益方面应划分清楚，以便准确地算出各投资中心的经济效益，对其进行正确的评价和考核。

1. 投资中心的考核指标

投资中心评价与考核的内容是利润及投资效果，反映投资效果的指标主要是投资报酬率和剩余收益。

（1）投资报酬率

投资报酬率是投资中心所获得的利润占投资额（或经营资产）的比率，可以反映投资中心的综合盈利能力。其计算公式为：

投资报酬率 = 净利润（或营业利润）/ 投资额（或经营资产）×100%　　（9－7）

投资报酬率指标可分解为：

投资报酬率 = 投资（或经营资产）周转率×销售利润率　　（9－8）

上述公式中，投资额（或经营资产）应按平均投资额（或平均经营资产）计算。

投资报酬率是个相对数正指标，数值越大越好。

目前，有许多企业采用投资报酬率作为评价投资中心业绩的指标。该指标的优点是：投资报酬率能反映投资中心的综合盈利能力，且由于剔除了因投资额不同而导致的利润差异的不可比因素，因而具有横向可比性，有利于判断各投资中心经营业绩的优劣；此外，投资利润率可作为选择投资机会的依据，有利于优化资源配置。

这一评价指标的不足之处是缺乏全局观念。当一个投资项目的投资报酬率低于某投资中心的投资报酬率而高于整个企业的投资报酬率时，虽然企业希望接受这个投资项目，但该投资中心可能拒绝它；当一个投资项目的投资报酬率高于该投资中心的投资报酬率而低于整个企业的投资报酬率时，该投资中心可能只考虑自己的利益而接受它，而不顾企业整体利益是否受到损害。

假设某个部门现有资产200万元，年净利润44万元，投资报酬率为22%。部门经理目前面临一个投资报酬率为17%的投资机会，投资额为50万元，每年净利为8.5万元。企业投资报酬率为15%。尽管对整个企业来说，由于该项目投资报酬率高于企业投资报酬率，应当利用这个投资机会，但是它却使这个部门的投资报酬率由过去的22%下降到21%。

投资报酬率 = (44 + 8.5)/(200 + 50) = 21%

同样道理，当情况与此相反，假设该部门现有一项资产价值为50万元，每年获利8.5万元，投资报酬率为17%，该部门经理倾向于放弃该项资产，以提高部门的投资报酬率。

投资报酬率 = (44 − 8.5)/(200 − 50) = 23.67%

当使用投资报酬率作为业绩评价标准时，部门经理可以通过加大公式分子或减少公式的分母来提高这个比率。这样做会失去不是最有利但可以扩大企业总净利的项目。从引导部门经理采取与企业总体利益一致的决策来看，投资报酬率并不是一个很好的指标。

因此为了使投资中心的局部目标与企业的总体目标保持一致，弥补投资报酬率这一指标的不足，还可以采用剩余收益指标来评价、考核投资中心的业绩。

（2）剩余收益

剩余收益是指投资中心获得的利润扣减投资额按预期最低投资报酬率计算的投资报酬后的余额。其计算公式为：

剩余收益 = 利润 − 投资额 × 预期最低投资报酬率　　(9 − 9)

剩余收益 = 投资额(投资利润率 − 预期最低投资报酬率)　　(9 − 10)

以剩余收益作为投资中心经营业绩评价指标，各投资中心只要投资利润率大于预期最低投资报酬率，即剩余收益大于零，该项投资项目就是可行的。剩余收益是个绝对数正指标，这个指标越大，说明投资效果越好。

[案例9 − 20] 光明电器股份有限公司有若干个投资中心，平均投资报酬率为15%，其中甲投资中心的投资报酬率为20%，该中心的经营资产平均余额为150万元。预算期甲投资中心有一个追加投资的机会，投资额为100万元，预计利润为16万元。投资报酬率为16%。

要求：（1）假定预算期甲投资中心接受了上述投资项目，分别用投资报酬率和剩余收益指标来评价考核甲投资中心追加投资后的工作业绩。

(2) 分别从整个企业和甲投资中心的角度，说明是否应当接受这一追加投资项目。

解：(1) 甲投资中心接受投资后的评价指标分别为：

投资报酬率 = (150 × 20% + 16) / (150 + 100) = 18.40%

剩余收益 = 16 − 100 × 15% = 1（万元）

从投资报酬率指标看，甲投资中心接受投资后的投资报酬率为 18.40%，低于该中心原有的投资报酬率 20%，追加投资使甲投资中心的投资报酬率指标降低了。从剩余收益指标看，甲投资中心接受投资后可增加剩余收益 1 万元，大于零，表明追加投资使甲投资中心有利。

(2) 如果从整个企业的角度看，该追加投资项目的投资报酬率为 16%，高于企业的投资报酬率 15%；剩余收益为 1 万元，大于零。结论是：无论从哪个指标看，企业都应当接受该项追加投资。

如果从甲投资中心看，该追加投资项目的投资报酬率为 16%，低于该中心的投资报酬率 20%，若仅用这个指标来考核投资中心的业绩，则甲投资中心不会接受这项追加投资（因为这将导致甲投资中心的投资报酬率指标由 20% 降低为 18.40%）；但若以剩余收益指标来考核投资中心的业绩，则甲投资中心会因为剩余收益增加了 1 万元，而愿意接受该项追加投资。

通过上例可以看出，利用剩余收益指标考核投资中心的工作业绩，能使个别投资中心的局部利益与企业整体利益达到一致，避免投资中心本位主义倾向。

需要注意的是，以剩余收益作为评价指标，所采用的投资报酬率的高低对剩余收益的影响很大，通常应以整个企业的平均投资报酬率作为最低报酬率。

2. 投资中心责任报告

投资中心责任报告的结构与成本中心和利润中心类似。通过编制投资中心责任报告，可以反映该投资中心投资业绩的具体情况。

[案例 9 − 21] 光明电器股份有限公司某投资中心责任报告如表 9 − 20 所示。

表 9 − 20　某投资中心责任报告　单位：万元

项目	实际	预算	差异
营业利润(1)	600	450	+150
平均经营资产(2)	3000	2 500	+500
投资报酬率(3) = (1)/(2)	20%	18%	+2%
(4) = (2) × 15%	450	375	+75
剩余收益(5) = (1) − (4)	150	75	+75

注：投资报酬率按最低投资报酬率 15% 计算。

由表中计算可知，该投资中心的投资报酬率和剩余收益指标都超额完成了预算，表明该投资中心投资业绩比较好。

四、内部转移价格

企业内部各责任单位，既相互联系又相互独立开展各自的活动，它们经常相互提供产品和劳务，为了正确评价企业内部各责任中心的经营业绩，明确区分各自的经济

责任，使各责任中心的业绩考核，建立在客观而可比的基础上，企业必须根据各自责任中心业务活动的具体特点，正确制定企业内部的转移价格。

（一）内部转移价格的含义

内部转移价格是指企业内部各责任中心之间转移中间产品或相互提供劳务，而发生内部结算和进行内部责任结转所使用的计价标准。例如，上道工序加工完成的产品转移到下道工序继续加工；辅助生产部门为基本生产车间提供劳务等，都是一个责任中心向另一个责任中心“出售”产品或提供劳务，都必须采用内部转移价格进行结算。又如，某工厂生产车间与材料采购部门是两个成本中心，若生产车间所耗用的原材料由于质量不符合原定标准，而发生的超过消耗定额的不利差异，也应由生产车间以内部转移价格结转给采购部门。

在任何企业中，各责任中心之间的相互结算，责任成本的转账业务都是经常发生的，它们都需要依赖一个公正、合理的内部转移价格作为计价的标准。由于内部转移价格对于提供产品或劳务的生产部门来说表示收入，对于使用这些产品或劳务的购买部门来说则表示成本，所以，这种内部转移价格有两个明显的特征：

第一、在内部转移价格一定的情况下，卖方（产品或劳务的提供方）必须不断改善经营管理，降低成本和费用，以其收入抵偿支出，取得更多利润。买方（产品或劳务的接受方）则必须在一定的购置成本下，千方百计降低再生产成本，提高产品或劳务的质量，争取较高的经济效益。

第二、内部转移价格所影响的买卖双方都存在于同一企业中，在其他条件不变的情况下，内部转移价格的变化会使买卖双方的收入或内部利润向相反方向变化，但就企业整体来看，内部转移价格无论怎样变化，企业总利润是不变的，变动的只是内部利润在各责任中心之间的分配份额。

（二）内部转移价格种类

内部转移价格主要有市场价格、协商价格、双重价格和以“成本”作为内部转移价格四种。

1. 市场价格

市场价格是根据产品或劳务的市场供应价格作为计价基础。以市场价格作为内部转移价格的责任中心，应该是独立核算的利润中心。通常是假定企业内部各责任中心都处于独立自主的状态，即有权决定生产的数量、出售或购买的对象及其相应的价格。在西方国家，通常认为市场价格是制定内部转移价格的最好依据。因为市场价格客观公正，对买卖双方无所偏袒，而且还能激励卖方努力改善经营管理，不断降低成本，在企业内部创造一种竞争的市场环境，让每个利润中心都成为名副其实的独立生产经营单位，以利于相互竞争，最终通过利润指标来考核和评价其工作成果。

在采用市价作为计价基础时，为了保证各责任中心的竞争建立在与企业的总目标相一致的基础上，企业内部的买卖双方一般应遵守以下的基本原则：①如果卖方愿意对内销售，且售价不高于市价时，买方有购买的义务，不得拒绝；②如果卖方售价高于市价，买方有改向外界市场购入的自由；③若卖方宁愿对外界销售，则应有不对内销售的权利。

然而，以市场价格作为内部转移价格的计价基础，也有其自身的局限性。这是因为企业内部相互转让的产品或提供的劳务，往往是本企业专门生产的，具有特定的规格，或须经过进一步加工才能出售的中间产品，因而往往没有相应的市价作为依据。

2. 协商价格

协商价格，简称“议价”，它是指买卖双方以正常的市场价格为基础，定期共同协商，确定出一个双方都愿意接受的价格作为计价标准。成功的协商价格依赖于两个条件：①要有一个某种形式的外部市场，两个部门的经理可以自由地选择接受或是拒绝某一价格。如果根本没有可能从外部取得或销售中间产品，就会使一方处于垄断状态，这样的价格不是协商价格，而是垄断价格。②当价格协商的双方发生矛盾不能自行解决，或双方谈判可能导致企业的非最优决策时，企业的高一级管理阶层要进行必要的干预，当然这种干预是有限的、得体的，不能使整个谈判变成上级领导裁决一切问题。

协商价格的上限是市价，下限是单位变动成本，具体价格应由买卖双方在其上下限范围内协商议定，这是由于：①外部售价一般包括销售费、广告费及运输费等，这是内部转移价格中所不包含的，因而内部转移价格会低于外部售价；②内部转移的中间产品一般数量较大，故单位成本较低；③售出单位大多拥有剩余生产能力，因而议价只需略高于单位变动成本就行。

采用协商价格的缺陷是：在双方协商过程中，不可避免地要花费很多人力、物力和时间，当买卖双方的负责人协商相持不下时，往往需要企业高层领导进行裁定。这样就丧失了分权管理的初衷，也很难发挥激励责任单位的作用。

3. 双重价格

双重价格是由买卖双方分别采用不同的内部转移价格作为计价的基础。如对产品（半成品）的“出售”部门，可按协商的市场价格计价；而对“购买”部门，则按“出售”部门的单位变动成本计价；其差额由会计部门进行调整。西方国家采用的双重价格通常有两种形式：①双重市场价格，即当某种产品或劳务在市场上出现几种不同价格时，买方采用最低的市价，卖方则采用最高的市价。②双重转移价格，即卖方按市价或协议价作为计价基础，而买方则按卖方的单位变动成本作为计价基础。

采用双重价格的好处是：既可较好地满足买卖双方不同的需要，也便于激励双方在生产经营上充分发挥其主动性和积极性。

4. 以“成本”作为内部转移价格

以产品或劳务的成本作为内部转移价格，是制定转移价格的最简单方法。由于成本的概念不同，以“成本”作为内部转移价格也有多种不同形式，如标准成本法、标准成本加成法、标准变动成本法。

本章小结：

财务预算是一系列专门反映企业未来一定预算期内预计财务状况、经营成果以及现金收支等价值指标的各种预算总称，包括现金预算、预计利润表、预计资产负债表和预计现金流量表。

固定预算是针对某一特定业务量编制的，弹性预算是针对一系列可能达到的预计业务量水平编制的，增量预算是以基期成本费用水平为基础，零基预算是一切从零开始。定期预算和滚动预算的特点：定期预算一般以会计年度为单位定期编制；滚动预算的要点在于不将预算期与会计年度挂钩，而是始终保持在12个月。

现金预算的内容包括：现金收入、现金支出、现金收支差额和资金的筹集及应用。现金预算实际上是销售预算、生产预算、直接材料预算、直接人工预算、制造费用预算、产品生产成本预算、销售及管理费用预算等预算中有关现金收支部分的汇总。现金预算的编制，要以其他各项预算为基础。

企业财务控制是指利用有关信息和特定手段，对企业财务活动实施影响或调节，以保证其财务预算实现的全过程。财务控制要遵循讲求效益、目标管理、责任落实和例外管理原则。

责任中心是指具有一定的管理权限，并承担相应经济责任的企业内部责任单位。划分责任中心的标准是：凡是可以划清管理范围，明确经济责任，能够单独进行业绩考核的内部单位，无论大小都可成为责任中心。责任中心按其责任权限范围及业务活动的特点不同，可分为成本中心、利润中心和投资中心三大类。

内部转移价格是指企业内部各责任中心之间转移中间产品或相互提供劳务，而发生内部结算和进行内部责任结转所使用的计价标准。内部转移价格主要有市场价格、协商价格、双重价格和以“成本”作为内部转移价格四种。

本章推荐阅读书目：

1. 张海平．财务管理实务［M］．武汉：华中科技大学出版社，2009．（第二章、第七章）
2. 李岚．财务管理实务［M］．长沙：中南大学出版社，2009．（第九章）
3. 吴宗奎．财务管理［M］．北京：中国人民大学出版社，2009．（第二部分任务3）

阅读资料：

深圳航空公司成功实施全面预算管理系统案例

（一）深圳航空公司风采

深圳航空有限责任公司于1992年11月成立，1993年9月开航，是一家由广东广控（集团）公司、中国国际航空公司、全程物流（深圳）有限公司、深圳鼎协实业有限公司、深圳众甫地有限责任公司5家企业共同投资经营的股份制航空运输企业，主要经营航空客货运输业务。它目前拥有24架B737系列飞机，总资产达36.2亿元，员工共有1900多人，下辖2个分公司、5个子公司、30多个驻外营业部，经营国内航线80多条。

（二）深航低成本竞争策略

“深航的管理者对企业发展和航空运输有独到的认识，通过认真分析外部经营环境，找准市场定位，实施有效战略，为企业确定了正确的前进方向。”

深航人认为，市场竞争取胜之道无非两条：一是“巧取”，二是“豪夺”。深航本身规模实力不具备“豪夺”的条件，只能巧取，尤其是在涉及企业长远利益的战略目标、方针的设计上，必须做到“巧”、“准”、“稳”。为此，他们全面分析国内各航空企业的战略选择和战略布局，注意避开国企在战略选择上的一些失误、失策以及其他欠缺之处；同时他们以美国西南航空公司低成本运作模式作为参照系，科学地确定公司的战略目标和方针，为公司的长远发展奠定坚实可靠的基础，从根本上确立公司在市场竞争中的优势。

深航总经理董力加曾说过：“我认为，低成本战略是竞争战略中最具有杀伤力的战略，看似简单，却需要严谨地分析各种竞争因素，才可能找到一条可执行的低成本道路。在现实情况下，我们要对低成本战略的内涵加以丰富，坚持核心理念，把成本优势转化为消费诱因与动因，才是实现我们目标的正确方向。”

（三）实施用友全面预算管理解决方案

如何让航线成本核算成为航空公司制定有效营销策略的重要依据？如何有效控制企业经营成本？如何实现低成本战略，在市场竞争中脱颖而出？为此，深航找到了国内最大的ERP软件制造商用友公司。根据深航的战略目标及经营管理的具体情况，用友采用NC全面预算系统的费用计划及财务计划，并结合应收、应付、报账中心、总账等系统对运营成本与费用进行全面计划与控制。用友NC预算管理解决方案为深航走出中国特色的低成本航空发展道路奠定了坚实的基础。

1. 预算体系

有限责任公司的计划/预算管理工作由财务部负责，财务部每年10月下达预算样表，两周内集团本部的各部门及下级二级公司根据自身情况安排编制本公司预算。根据深航的管理需求，按照各部门的费用项目进行预警控制、部分费用项目要求进行事前控制。预算体系为以下两部分：财务预算，按照会计科目、辅助项制定预算样表；费用预算，按照收支项目、部门制定预算样表。

2. 预算编制

按照费用最大集合、虚拟部门制定预算样表；垂直分解样表到各部门，各部门填制计划。

对于应该由专项归口部门管理的预算须由归口部门操作员根据各部门填制的计划，按垂直汇总生成预算汇总部门专项预算的合计数。

3. 预算控制

费用计划控制方案：费用计划通过NC应付、报账中心系统控制。

控制对象为：收支项目及部门。

各部门通过权限设置实时查询自己部门的预算执行情况，并进行分析，不能看到其他无业务权限的部门的预算及执行情况。

4. 预算分析

以预算为基准，对照实际执行的结果，考察预算差异和预算执行进度。

在进行分析的过程中，考虑到异常因素，提供了异常因素剔除的分析；可以针对预算数据或者实际数据进行剔除；预算分析中，最经常用到的就是预算数据与实际执行数据的差异分析，包括分析差异率和差异额；此外，用户还可以进行更进一步的分析，包括因素分析、多维OLAP分析等。

（四）实施效果

从2001年开始，深航开始实行全面预算管理，坚持以降低成本作为预算管理的总体指导思想，将一切经济业务纳入预算管理，做到“事前有预测，事中有控制，事后有反馈考核”。由于采用用友NC系统预算管理模块，深航做到了对预算实行实时监控，把预算控制落实到各个部门的各项工作之中，对生产经营链条中每一环节进行财务成本控制，确定一个标准来核定预算指标，确保一切业务活动受控于预算。深航通过全方位的预算控制，将成本控制落实到公司生产经营的各个方面，最大限度地降低公司成本水平，从而大大提高了公司的经济效益。

全程管理：通过NC预算的实施，配合NC财务的实施，帮助该集团完成了从预算编制到预算控制、预算分析、预算调整的一个完整流程。

流程透明：不仅使得编制过程清晰透明，而且大大缩短了编制时间。

预算准确：在编制预算时，可以参考查询到大量的相关数据，并与多种预算编制方法相结合，通过预测和模拟，使得预算编制的准确性大大提高。

实时监控：预算系统与财务系统的集成应用，可实时按照部门及费用类别进行预警、控制，加大了控制的力度。

全面分析：可通过预算分析账表方便快捷地进行大量的分析工作，可随时获得实时费用执行情况，使得预算分析工作真正对以后的工作产生指导作用。

现代企业发展离不开规范、严格、有效的财务管理，深航在实际工作中以财务管理为核心，科学的预算和有效的财务监督渗透到公司运营的各个方面，使深航低成本战略落地生根，开花结果。

同步测试

一、单项选择题

1. 须按成本性态分析的方法将企业划分为固定成本和变动成本的预算编制方法是（　　）。

A. 固定预算　　B. 零基预算

C. 滚动预算　　D. 弹性预算

2. 生产预算的编制依据是（　　）。

A. 现金预算　　B. 资本预算

C. 成本预算　　D. 销售预算

3. 增量预算的对称是（　　）。

A. 静态预算　　B. 滚动预算

C. 零基预算　　D. 弹性预算

4. 企业的直接材料、直接人工和制造费用预算是根据（　　）直接确定的。

A. 销售预算　　B. 成本预算

C. 现金预算　　D. 生产预算

5. 某企业编制“直接材料预算”，预计第四季度期初存量为456千克，季度生产需要量为2120千克，预计期末存量为350千克，材料单价为10元，若材料采购货款有

50%在本季度内付清，另外50%在下季度付清，假设不考虑其他因素，则该企业预计资产负债表年末“应付账款”项目为（ ）元。

A. 11 130　　B. 14 630
C. 10 070　　D. 13 560

6. 下列各项预算中，作为全面预算体系中最后环节的是（ ）。

A. 财务预算　　B. 日常业务预算
C. 销售预算　　D. 特种决策预算

7. 具有最大的决策权，承担最大的责任，处于最高层次的责任中心是（ ）。

A. 成本中心　　B. 人为利润中心
C. 自然利润中心　　D. 投资中心

8. 成本中心控制和考核的内容是（ ）。

A. 目标成本　　B. 责任成本
C. 产品成本　　D. 直接成本

9. 在投资中心的主要指标考核中，（ ）指标能使个别投资中心的局部利益与企业整体利益相一致。

A. 投资利润率　　B. 利润总额
C. 剩余收益　　D. 责任成本

10. 对于任何一个成本中心来说，其责任成本应等于该中心的（ ）。

A. 产品成本　　B. 固定成本之和
C. 可控成本之和　　D. 不可控成本之和

二、多项选择题

1. 预算的编制方法主要有（ ）。

A. 弹性预算　　B. 零基预算
C. 全面预算　　D. 滚动预算

2. 在实际工作中，弹性预算主要适用于编制与业务量有关的各种预算，因而主要用于编制（ ）等。

A. 直接材料预算　　B. 直接人工预算
C. 制造费用预算　　D. 销售管理费用预算

3. 财务预算包括（ ）。

A. 现金预算　　B. 业务预算
C. 预计损益表　　D. 预计资产负债表

4. 为编制现金预算提供依据的预算有（ ）。

A. 销售预算　　B. 预计现金流量表
C. 成本预算　　D. 资本支出预算

5. 在下列各项预算中，（ ）是编制产品生产成本预算的基础。

A. 支付各项利息　　B. 生产预算
C. 直接材料消耗及采购预算　　D. 直接人工预算

6. 责任中心一般可分为（ ）。

A. 成本中心　　B. 生产中心
C. 利润中心　　D. 投资中心

7. 考核投资中心投资效果的主要指标有（　　）。

A. 责任成本　　B. 营业收入

C. 剩余收益　　D. 投资报酬率

8. 内部转移价格的主要类型有（　　）。

A. 市场价格　　B. 协商价格

C. 双重价格　　D. 成本转移价格

9. 下列项目中，属于责任中心考核指标的有（　　）。

A. 剩余收益　　B. 可控成本

C. 利润　　D. 投资报酬率

10. 投资报酬率可分解为（　　）。

A. 边际贡献率　　B. 投资周转率

C. 销售利润率　　D. 销售成本率

三、判断题

1. 在编制制造费用预算时，应将固定资产折旧费剔除。（　　）

2. 财务预算是关于企业在未来一定期间内财务状况和经营成果以及现金收支等价值指标的各种预算总称。（　　）

3. 在编制零基预算时，应以企业现有的费用水平为基础。（　　）

4. 能够克服固定预算缺点的预算方法是滚动预算。（　　）

5. 销售管理费用预算是根据生产预算来编制的。（　　）

6. 滚动预算的主要特点是预算期永远保持十二个月。（　　）

7. 预计资产负债表是以本期期初实际资产负债表各项目的数字为基础，作必要的调整来进行编制的。（　　）

8. 内部转移价格只能用于企业内部各责任中心之间由于进行产品（半成品）或劳务的流转而进行的内部结算。（　　）

9. 同一成本项目，对有的部门来说是可控的，而对另一个部门则可能是不可控的。也就是说，成本的可控与否是相对的，而不是绝对的。（　　）

10. 在其他因素不变的条件下，一个投资中心的剩余收益的大小与企业最低投资报酬率呈反向变动。（　　）

四、计算分析题

1. 企业生产 A 产品，年生产能力为 20 000 件，每件产品工时定额为 2 小时，2010 年制造费用资料如表 9－21 所示。

表 9－21　某企业制造费用资料

项　目	每小时变动费用率（元）	全年预算固定成本（元）	全年实际费用（元）(18 000 件)
间接材料	0.5	10 000	28 800
间接人工	0.25	2000	10 700
电　力	0.1	1000	5000
修理费	0.15	3000	7400
折　旧		8000	8000

表9－21（续）

项 目	每小时变动费用率（元）	全年预算固定成本（元）	全年实际费用(元)(18 000 件)
其 他		2000	1800
合 计	1.00	26 000	61 700

如果产量达到正常生产能力的120%，则固定成本中的间接材料将增加2%，修理费用增加10%，折旧增加5%。

要求：(1) 根据上列资料，按正常生产能力的70%、90%、100%、120%分别编制制造费用弹性预算。

(2) 编制弹性预算执行报告。

2. 某企业第三季度销售预算如表9－22所示。

表9－22　**某企业第三季度销售预算**　单位：元

项　目	预计销售金额	预期现金收入		
		7 月份	8 月份	9 月份
期初应收账款	52 500	(1)	(2)	
7 月份销售收入	100 000	(3)	(4)	(5)
8 月份销售收入	150 000		(6)	(7)
9 月份销售收入	170 000			(8)
期末应收账款	(9)			
合　计	(10)	(11)	(12)	(13)

该企业销售货款当月可收回55%，次月收回30%，第三个月收回余额。

期初应收账款为52 500元，其中5月份销售的应收账款为12 000元，6月份销售的应收账款为40 500元。

要求：(1) 计算5月份与6月份的销售收入。

(2) 计算第三季度的预期现金收入，填入上表各栏。

(3) 计算第三季度末的应收账款。

3. 某企业有关预算资料如下：

(1) 该企业3～7月的销售收入分别为40 000元、50 000元、60 000元、70 000元、80 000元。每月销售收入中，当月收到现金30%，下月收到现金70%。

(2) 各月直接材料采购成本按下月销售收入的60%计算，所购材料款于当月支付现金50%，下月支付现金50%。

(3) 该企业4～6月份的制造费用分别为4000元、4500元、4200元，每月制造费用中包括折旧费1000元。

(4) 该企业4月份购置固定资产，需要现金15 000元。

(5) 该企业在现金不足时，向银行借款（为1000元的倍数）；现金有多余时，归还银行借款（为1000元的倍数）。借款在初期，还款在期末，借款年利率为12%，利随本清。

(6) 该企业期末现金余额最低为6000元，其他资料见现金预算。

要求：根据以上资料，完成该企业4～6月份现金预算的编制工作，如表9－23所示。

表9－23　　现金预算　　单位：元

月　份	4	5	6
(1) 期初现金余额	7000		
(2) 经营现金收入			
(3) 直接材料采购支出			
(4) 直接工资支出	2000	3500	2800
(5) 制造费用支出			
(6) 其他费用支出	800	900	750
(7) 预交所得税			8000
(8) 购置固定资产			
(9) 现金余缺			
(10) 向银行借款			
(11) 归还银行借款			
(12) 支付借款利息			
(13) 期末现金余额			

4. 某公司下设A、B两个分公司，其中A分公司2002年营业利润为60万元，平均经营资产为200万元，总公司决定于2003年追加投资100万元扩大A分公司经营规模，预计当年可增加营业利润24万元，总公司规定的最低投资报酬率为20%。

要求：(1) 计算A分公司2002年的投资报酬率和剩余收益。

(2) 计算A分公司2003年追加投资后的投资报酬率和剩余收益。

(3) 根据以上计算结果，分别以投资报酬率和剩余收益指标评价A分公司的经营业绩，并说明A分公司接受该追加投资是否有利。

5. A公司下设甲、乙两个投资中心。甲投资中心的投资额为200万元，投资报酬率为15%；乙投资中心的投资报酬率为17%，剩余收益为20万元。A公司要求的平均最低投资报酬率为12%。A公司决定追加投资100万元，若投向甲投资中心，每年可增加利润20万元；若投向乙投资中心，每年可增加利润15万元。

要求：(1) 计算追加投资前甲投资中心的剩余收益。

(2) 计算追加投资前乙投资中心的投资额。

(3) 计算追加投资前A公司的投资报酬率。

(4) 若甲投资中心接受追加投资，计算其剩余收益。

(5) 若乙投资中心接受追加投资，计算其投资报酬率。

案例分析

武钢动态预算管理

武钢1999年开始推行预算管理，首先在组织结构上进行了配套改革，成立了公司预算管理委员会，并利用机构改革之机，把公司的年度生产经营计划和公司财务管理部门合并，组建了计划财务部，优化了预算管理的组织结构。利用计划财务部这个组织结构平台，不断吸纳生产、销售、设备、运输、能源等各个专业的管理专家，使预算管理真正超越财务管理的范畴，使预算管理部门成为了一个综合性的管理部门。预算委员会成员由公司董事长或总经理任免，董事长或总经理对公司预算的管理工作负总责。预算委员会制定公司总体预算目标及保障措施，审定公司总预算、分预算和专项预算。预算委员会设预算管理办公室，集团公司总会计师兼任办公室主任，负责全面预算管理工作的日常事宜。委员会下各单位成立相应的预算管理组织，一般设在财务部门，由多个部门参加，负责本单位内部的预算编制和监督执行。预算委员会建立例会制度，定期分析预算的执行情况，督促检查预算的实施。

武钢预算管理作为企业内部控制的重要方式，它由预算编制、预算执行、预算分析和考核等环节构成。预算管理的内容贯穿在企业的整个生产经营活动中，对管理的各个层面、环节及总体目标进行系列、统一地规划和控制。预算管理按企业生产经营的经济内容和层次关系可划分为经营预算、资本支出预算和财务预算三部分。在实际的预算编制过程中，按照预算管理的对象可把预算管理的内容分为总预算、分预算和专项预算三个部分。总预算是以企业总体经济运行为对象制定的预算，分预算是以企业所属或受控制的生产经营为对象制定的预算，专项预算是为企业的生产经营预算提供专业支持、反映企业某一方面的经济活动而制定的预算。

为了比较准确地编制未来年度的预算，一般在每年的9月初开始就要对未来年度的情况进行广泛的调查研究和预测，尤其是对经营预算中的生产、销售、采购、设备和资源的平衡配置等相关情况的了解，对资本支出预算中投资项目对生产经营的影响、对集团损益的影响的了解。在充分了解未来年度生产经营的环境、条件后，由预算管理办公室起草年度的《预算编制大纲》，报预算委员会审批后，作为预算编制的基本原则和总体要求。

《预算编制大纲》是编制年度预算的起点，要体现集团企业的经营思想和战略目标，明确提出预算编制的原则、要求，预算编制的具体内容、责任单位和明细分工以及上报时间等。

各责任单位、相关专业预算编制部门在预算管理办公室的组织下，按预算管理责任分工，根据《预算编制大纲》和专业预算目标要求编制各分预算及专项预算，并按时上报预算管理办公室。

预算管理办公室将各单位、各部门上报的分预算及专项预算草案进行分析汇总编制，在综合平衡基础上，编制企业完整的总预算，并报公司预算委员会审定、颁发。此过程一般要经过几个来回，经历两个月时间，最终以公司文件形式下发。

总体来说，武钢集团企业的预算是先“自下而上”，再“自上而下”。在这种预算编制方式下，集团先确定预算目标，包括一些关键性的指标，然后将指标分解后由各成员企业编制预算草案，草案上报后由集团预算管理办公室加以汇总、协调、调整，形成预算方案，报预算委员会审定后，下达给成员企业和有关职能部门。事实上，这种模式下预算的编制往往不是一个过程就可以完成，而要经过多次的循环，让集团和成员企业间进行充分的信息沟通和了解，既能顾及集团的整体目标，又充分考虑到成员企业的个体差异。这样使最终的预算成为具有较强的科学性，同时有较强的可操作性的预算；同时在全资子公司的利润预算指标，专项费用、归口费用、可控费用、预算保证措施的增效指标，主要的技术经济指标等专项预算指标上采用联合确定基数法来编制预算。

资料来源：易迈管理咨询网。

思考：

(1) 你怎样评价武钢动态预算管理的特点？

(2) 从武钢动态预算管理中你得到哪些启示？

仿真实训

实训项目

实训目的：

初步了解销售预算和经营现金收入预算的编制。

实训资料：

光明电器股份有限公司一分厂生产经营甲、乙两种产品，2010 年度年初应收账款数据和各季度预测的销售价格和销售数量等资料如表 9－24 所示。

表 9－24　2010 年度光明电器股份有限公司一分厂预计销售单价、预计销售量和其他资料　　金额单位：元

季度		1	2	3	4	年初应收账款	增值税率	收现率	
								首期	二期
甲产品	销售单价（元/件）	65	65	65	70	19 000	17%	60%	40%
	预计销售量（件）	800	1000	1200	1000				
乙产品	销售单价（元/件）	80	80	80	75	12 000			
	预计销售量（件）	500	800	1000	1200				

资料显示，到第四季度甲、乙两种产品的单价都比前三个季度有所变动；每种产品每季的销售中有 60% 能于当季收到现金，其余 40% 要到下季收讫。

实训要求：

为光明电器股份有限公司一分厂编制 2010 年度的销售预算和经营现金收入预算表（平均单价保留两位小数，其他计算结果保留整数）。

第十章 财务分析

◆ 学习目标

- 熟悉和理解财务分析的意义与内容。
- 熟悉和掌握财务分析的基本方法。
- 掌握主要财务指标及其分析要点。
- 了解财务状况综合分析方法。

第一节 财务分析的意义与内容

一、财务分析的意义

狭义的财务分析指的是财务报表分析，即以财务报表为主要依据，比照科学的评价标准，遵循规范的分析程序，采用专门的评价方法，通过一系列的评判指标，揭示企业经营中存在的问题和评价企业经营中取得的成绩，同时对企业未来发展中需要注意的事项，以及决策中需要考虑的问题等进行分析的一项工作和技术。

广义的财务分析则是充分利用企业内外部资料，分析和梳理各种与财务管理相关的数据，包括企业财务管理全过程中所涉及的数据以及行业相关数据，设计和确定合理的比照指标，采用各种传统的和现代的方法，对企业生产经营过程中的利弊得失进行分析评价，为企业进行科学预测和决策提供重要的财务信息的一项管理工作。

财务分析的意义表现在以下多个方面：

（1）为企业投资者或股东提供关于企业资本保值增值或资本变动的情况。根据财务分析所得出的指标和结论，企业投资者或股东可以全面和深入地了解企业的经营成果、资产状况、资本结构、债权债务关系、现金流等，评价企业管理人员受托责任的履行情况，以及资产收益和投资风险情况。

（2）为企业经营或管理者提供企业生产经营和财务报告的更深层次的信息。借助这些信息，企业经营者或管理者可以发现和了解企业经营管理中的问题，通过横向和纵向的比较，考核计划完成情况，评价理财成果，预测企业未来走向，科学制定决策。

（3）为企业的债权人和担保人提供企业资产的充裕情况、利用情况和变动情况。利用财务分析数据，企业的债权人和担保人可以了解企业的资产收益能力、短期和长期债务偿还能力、现金流动能力、企业资本结构和财务风险，评价企业的理财环境，为债权人和担保人掌控资产投向和把握授信额度提供决策依据。

(4) 为雇员和工会组织提供企业生产经营和财务分析信息。据此可以分析和判断企业内各级生产与管理人员的薪酬、福利、保险等是否与企业同步增长或匹配，以及个人贡献对企业的影响等。

(5) 为上级资产管理部门和税务机关提供企业财务分析数据和利税指标。据此可以了解企业经营状况和财务状况，核查企业财税申报的执行情况，了解企业资产配置和利用情况，以及其对行业和地方经济的影响情况。微观数据的收集和整理，有助于政府进行宏观管理和制定更加有效的经济政策。

(6) 为中介机构提供企业财务分析数据。据此可以让中介机构在审计、评估，以及其他依法办理的事项中全面、真实地了解企业情况，有利于中介机构对其进行准确的判断和确定工作的重点。

(7) 为社会公众和学者提供企业，特别是对国计民生有重要影响的企业的相关财务信息。让更多的人了解企业，知晓企业现实发展状况，促进更多的人参与经济建设和经济发展规划的制定工作。

二、财务分析的内容

财务分析的内容包括工作内容和评价内容，前者指从工作或程序角度安排财务分析的内容，包括收集数据资料，确定评价指标，选择分析方法，完善和提交分析报告等内容；后者则指从评价的事项方面规范财务分析的内容。它具体包括：

(一) 偿债能力分析

偿债能力包括短期偿债能力和长期偿债能力。

短期偿债能力指企业以短期资产偿付短期债务的能力。一般地，短期偿债能力可以用流动资产与流动负债的比例关系来进行评价，或用流动资产的变现能力来表达。

长期偿债能力指企业偿还长期债务本金和债息的能力。一般地，长期偿债能力可以用资本结构或资产收益水平的分析来进行评价。

(二) 运营能力分析

运营能力指企业运用资产发挥效用的能力。一般地，运营能力可以通过分析资产的流转速度来进行评价。

(三) 盈利能力分析

盈利能力指企业赢取利润的能力。分析中，通过分析利润的数量、利润与资产或收入的比例关系来进行评价。

(四) 发展能力分析

发展能力指企业在现有的条件下，资本积累和收入增长的能力，以及其所具备的扩大资产或经营规模的能力。通常是通过对企业前后不同时期的收入或权益的变化数据来进行评价。

视企业情况和需要，财务分析的内容还可以有现金流分析、企业市值与股票估值分析以及其他综合分析等。

三、财务分析的基本依据

财务分析的依据包括来自企业内外部的有关财务数据，其基本依据为企业的财务报表。

（一）资产负债表

资产负债表反映企业在某一特定时日资产、负债与股东权益的状况，属于静态报表。表中按会计科目项罗列出企业全部资产与负债的在该时日的余额数据，表间数据体现了“资产＝负债＋所有者权益”的平衡关系。

下面列出了光明电器股份有限公司2009年年末的资产负债表，如表10－1所示。

表10－1　　光明电器股份有限公司资产负债表

编制单位：光明电器股份有限公司　　2009年12月31日　　单位：元

项　目	期末数	年初数	项　目	期末数	年初数
流动资产			流动负债		
货币资金	219 768 475.24	272 168 522.11	短期借款	214 890 000.00	96 590 000.00
交易性金融资产		1 000 000.00	交易性金融负债		
应收票据	106 828 475.55	24 165 000.00	应付票据	44 202 010.00	27 462 243.00
应收账款	226 728 789.20	93 684 987.35	应付账款	201 354 567.25	104 728 475.21
预付账款	9 965 000.00	9 620 000.00	预收账款	28 980 147.13	13 270 000.00
应收利息			应付职工薪酬	3 701 952.64	58 045 567.55
应收股利			应交税费	5 336 545.29	8 652 145.27
其他应收款	33 141 166.88	51 865 147.39	应付利息		
存货	93 032 789.07	83 569 975.68	应付股利		
待摊费用	9 687 575.65	13 134 721.26	其他应付款	29 687 224.58	27 085 798.34
一年内到期的非流动资产			预提费用		
其他流动资产			预计负债		
流动资产合计	699 152 271.59	549 208 353.79	一年内到期的非流动负债		450 000.00
非流动资产			其他流动负债		
可供出售金融资产			流动负债合计	528 152 446.89	336 284 229.37
持有至到期投资			非流动负债		
投资性房地产			长期借款	86 960 000.00	119 600 000.00
长期股权投资	199 143 784.57	129 155 234.04	应付债券		
长期应收款			长期应付款	8 375 444.88	
固定资产	58 527 564.98	69 619 852.55	递延所得税负债		
在建工程	103 720 088.00	173 720 088.00	其他非流动负债		
工程物资			非流动负债合计	95 335 444.88	119 600 000.00
固定资产清理			负债合计	623 487 891.77	455 884 229.37
无形资产	18 304 784.26	9 706 542.38	所有者权益		
长期待摊费用	8 781 542.00	1 100 000.00	股本	214 900 000.00	214 900 000.00
递延所得税资产			资本公积	186 089 446.24	186 089 446.24
其他非流动资产			盈余公积	18 403 517.17	15 822 252.71
非流动资产合计	388 477 763.81	383 301 716.97	未分配利润	44 749 180.22	30 122 014.94
			所有者权益合计	464 142 143.63	446 933 713.89
资产总计	1 087 630 035.40	932 510 070.76	负债和所有者权益总计	1 087 630 035.40	902 817 943.26

单位负责人：　　会计主管：　　编制人：

（二）利润表

利润表反映企业在某一特定期间的经营成果或损益，属于动态报表。表中按会计科目项列示出企业在该期间的收入、成本（费用）等项目的数据，表间数据体现了利润、收入和成本（费用）间的勾稽关系。

下面列出了光明电器股份有限公司2009年度的利润表，如表10－2所示。

表10－2　　光明电器股份有限公司利润表

编制单位：光明电器股份有限公司　　2009年12月　　单位：元

项　　目	行次	本月数	本年累计数
一、营业收入	1		818 128 095. 36
减：营业成本	2		703 182 456. 99
营业税费	3		2 164 989. 57
销售费用	4		34 219 542. 01
管理费用	5		66 300 904. 62
财务费用	6		5 584 583. 29
资产减值损失	7		
加：公允价值变动净收益（损失以“－”号填列）	8		
投资收益（损失以“－”号填列）	9		14 648 970. 48
二、营业利润（亏损以“－”号填列）	13		21 324 589. 36
加：营业外收入	14		3 704 550. 00
减：营业外支出	15		1 084 566. 37
三、利润总额（亏损以“－”号填列）	16		23 944 572. 99
减：所得税费用	17		6 736 143. 25
四、净利润（净亏损以“－”号填列）	18		17 208 429. 74

单位负责人：　　会计主管：　　编制人：

第二节　财务分析的方法

根据不同的指标评价要求，以及能够收集到的数据资料，可以选择采用不同的财务分析方法。较为常用的财务分析方法有趋势分析法、比率分析法和因素分析法。

一、趋势分析法

趋势分析法即对企业各期（通常是连续数期）会计报表及其他财务数据进行整理，将这些数据转化为时间序列，通过数理方法消除其短期和异常（偶发情况）数据的影响，估计和预测出隐藏在数据中的趋势，并通过该趋势的分析揭示出企业财务状况和经营成果的变化及其原因、性质的一种方法。

趋势分析通常采用比较的方式，即将连续几期报表的同一类型的数据加以比较。实际进行比较时，应注意可以是原始数据的比较，也可以是加工后数据的比较；可以是实际数据之间的比较，也可以是实际数据与计划数据或其他标准数据之间的比较；

可以是绝对值数据之间的比较，也可以是比率或百分比数据之间的比较。

趋势分析法在使用中应遵循延续原则和相关原则。所谓延续原则，指的是事物发展都具有一定的延续性，过去和现在经济活动中的某种规律，在将来一段时期内将继续存在。所谓相关原则，指的是在经济发展过程中，某些经济变量之间往往存在一定的相互联系和相互影响，即经济变量之间存在着一定的相关性。

数据发展趋势的估计和模拟，可以采用多种方法。方法的选择中要注意原始数据的数量，注意原始数据的基本特征。

（一）平均数法

平均数法是一种简便易行的趋势分析方法，它以一定观察期内数据序列的平均值作为某个未来时期的趋势，并以此对分析对象加以评价。平均数法适合数据序列变化比较平稳、起伏不大的情况。当只需要作大致估计时，采用此法非常简便。平均数法又分为简单算术平均法和加权算术平均法两种。

1. 简单算术平均法

它是将一定观察期内数据序列的各期数据加总进行简单平均，以其平均数作为观察期的趋势值。采用该法进行分析需要一定的条件，即数据的时间序列应表现出无显著的长期趋势与季节变动。

设时间序列为 Y_1，Y_2，Y_3，…，Y_n，则简单算术平均数公式为：

$$\bar{Y} = \frac{\sum_{t=1}^{n} Y_t}{n} \quad (t = 1, 2, \cdots, n) \qquad (10-1)$$

式中，$\bar{Y}$ 为观察期内时间序列平均数；Y_t 为观察期内时间序列各期数据；n 为观察期的时期数。

用简单算术平均法进行趋势分析时，就以算术平均数作为下期趋势值或预测值。

［案例 10－1］锦江科贸公司 2009 年 1～12 月的销售额资料如表 10－3 所示，试预测 2010 年 1 月份的销售额。

表 10－3　　销售额资料　　单位：万元

月　份	1 月	2 月	3 月	4 月	5 月	6 月
销售额	79.2	76.5	80.05	78.85	86.51	79.89
月　份	7 月	8 月	9 月	10 月	11 月	12 月
销售额	75.45	79.95	82.21	83.24	80.09	82.66

解：观察其销售额的时间序列呈现水平趋势，选用简单算术平均法进行趋势分析。先求简单算术平均数 $\bar{Y}$：

$$\begin{aligned}\sum_{t=1}^{12} Y_t &= 79.20 + 76.50 + 80.05 + 78.85 + 86.51 + 79.89 + 75.45 + 79.95 \\ &\quad + 82.21 + 83.24 + 80.09 + 82.66 \\ &= 964.6(\text{万元})\end{aligned}$$

$$\bar{Y} = \frac{\sum_{t=1}^{12} Y_t}{n} = \frac{964.6}{12} = 80.38\ (\text{万元})$$

该平均值可以作为锦江科贸公司近些时期销售收入增减情况的评价数据，也可作为其2010年1月的销售额预测值。

2. 加权算术平均法

观察期内各期数据对未来的影响和作用是不同的，近期数据更接近未来真实情况或能够表达企业经营现状。为权衡不同时期的观察值对趋势预测值影响的重要程度，可以考虑进行加权计算。设 W_t（t =1，2，…，n）表示观察期各期数据的权数，则时间序列的加权算术平均数为：

$$\overline{Y} = \frac{\sum_{t=1}^{n} Y_t W_t}{\sum_{t=1}^{n} W_t} \quad (t = 1,2,\cdots,n) \qquad (10-2)$$

运用加权算术平均法时，权数的选取应根据各期具体情况与预测期近似程度加以确定。通常远期权数适当取小一些；近期权数适当取大一些。这样，在估计的趋势中更多地反映了近期数据的影响。

［案例10－2］上例中，对2009年7～12月份各期销售额的权数分别设为1、2、3、4、5、6，试用加权算术平均法分析该企业的销售收入趋势值。

解：

$$\sum_{t=1}^{6} Y_t W_t = 75.45\times1 + 79.95\times2 + 82.21\times3 + 83.24\times4 + 80.09\times5 + 82.66\times6 = 1711.35(\text{万元})$$

$$\overline{Y} = \frac{\sum_{t=1}^{6} Y_t W_t}{\sum_{t=1}^{6} W_t} = \frac{1711.35}{1+2+3+4+5+6} = 81.49(\text{万元})$$

即该企业销售额趋势预测值约为81.49万元。

（二）移动平均法

企业财务数据往往由于特定的环境条件影响出现异常数据或呈现无明显规律的情况。在进行趋势分析时，需要消除这些异常数据或无规律变动的影响。通过移动平均可以较好地修匀历史数据，消除数据因随机波动而出现高低点的影响，从而较好地揭示出数据的发展趋势。

移动平均法是将数据由远而近按确定的间隔期进行分段平均，形成新的数据序列。最后一个移动平均值作为数据序列的趋势值或作为确定后期预测值的依据。

设时间序列为 Y_1，Y_2，Y_3，…，Y_n，以N为移动时期数（N≤观察时期数n），则简单移动平均数为：

$$M_t = \frac{Y_t + Y_{t-1} + \cdots + Y_{t-N+1}}{N} \qquad (10-3)$$

将上式作变换，可写为：

$$M_t = M_{t-1} + \frac{Y_t - Y_{t-N}}{N} \qquad (10-4)$$

式中，M_t 为第t期的移动平均值；Y_t 为第t期的观察值。

[案例 10－3] 若设 N＝3，则前例中

M_t ＝（83.24＋80.09＋82.66）/3≈82（万元）

则该数值可以作为锦江科贸公司销售额的趋势分析值或2010年1月的销售额预测值。

移动平均法使用中要注意移动时期数 N 的选择。N 取多大应根据具体情况来确定，一般情况 N 在3～6之间选择。N 值取大，利于消除随机干扰，显示数据序列长期趋势；N 值取小，能反映数据序列真实变化趋势。

（三）回归分析法

回归分析是利用数理统计技术，对两个或两个以上的变量进行分析后，建立起变量间的相关关系模型，据此模型去描述变量之间的内在规律性。原数据序列的趋势即由该模型所决定。

回归分析中，相对最简单的模型是一元线性回归，即描述两个变量之间的相关关系。设两个互有联系的变量 x 与 y 所对应的统计数据序列为（x_i，y_i）［i＝1，2，…，n］，则一元线性回归曲线 y＝a＋bx 描述了变量（x_i，y_i）间的相关关系。参数 a、b 的计算可以采用下面的公式。

$$b=\frac{n\sum(x_iy_i)-\sum x_i\sum y_i}{n\sum x_i^2-(\sum x_i)^2} \qquad (10-5)$$

$$a=\frac{\sum y_i-b\sum x_i}{n} \qquad (10-6)$$

[案例 10－4] 某企业某产品2010年1至6月的销售量与销售价格如表10－4所示，试用一元回归方法建立趋势模型。

表10－4 **某企业销售量与销售价格数据表**

时 期	1	2	3	4	5	6
价格（元）x_i	7.9	9.9	12.5	8.9	5.9	4.5
销售量（个）y_i	4650	3020	2150	4400	6380	5500

将表中（x_i，y_i）数据带入公式10－5、公式10－6，则有：

Y＝8532.7－505.9x

（四）历史数据比较法

通过设定比较标准，可以对不同时期的财务数据进行评价。具体分析可以选择绝对数比较和相对数比较。绝对数比较通常可以直接看出数据的增减变化，例如某一期比上一期增加或减少了多少，但无法准确和清晰地看出各期数据的变动程度或幅度，以及无法更深层次地对这种变动进行分析。因此，历史数据比较法更多地采用相对数的比较。

[案例 10－5] 某企业2005—2009年的有关数据如表10－5所示。试从表中数据趋势分析收入和利润的增减情况。

表 10－5　　某企业 2005—2009 年销售利润表　　单位：万元

项目＼时期	2005 年	2006 年	2007 年	2008 年	2009 年
产品销售收入	820	935	1060	1200	1180
减：产品销售成本	650	750	860	965	950
产品销售费用	8	9	12	14	18
产品销售税金	45	51	58	66	65
产品销售利润	117	125	130	155	147

从上表中，可以看到该企业 5 年里销售收入有较大的增幅，相对销售利润的增幅却较小。

相对数比较可以采用定比分析或环比分析。定比分析下，须选择某一年或某一期为基准时期，该期数据为基准数据，然后将以后各期数据分别与该期数据进行比较，计算出各期增长的百分比。

前例中，若以 2005 年为基年（设为 100%），则各年销售利润增长（相比 2005 年）的情况如表 10－6 所示。

表 10－6　　某企业 2005—2009 年销售利润定比分析表　　单位：万元

项目＼时期	2005 年	2006 年	2007 年	2008 年	2009 年
产品销售收入	100%	114%	129%	146%	144%
减：产品销售成本	100%	115%	132%	148%	146%
产品销售费用	100%	113%	150%	175%	225%
产品销售税金	100%	113%	129%	147%	144%
产品销售利润	100%	107%	111%	132%	126%

从上表中，可以很清晰地看到该企业 5 年里销售利润的增长情况，同时根据这些数据还可以进一步分析各项目数据变化对销售利润增长的影响程度。5 年里，销售收入增长幅度高达 44%，而销售利润却只增长了 26%。显然，可以看到，造成这种状况的主要原因是销售费用增长过快。

环比分析，则是不设固定的基期，分析中分别计算后一期相比上一期的增长幅度。上例中，采用环比分析可以得到表 10－7。

表 10－7　　某企业 2005—2009 年销售利润环比分析表　　单位：万元

项目＼时期	2005 年	2006 年	2007 年	2008 年	2009 年
产品销售收入	—	14%	13%	13%	－2%
减：产品销售成本	—	15%	15%	12%	－2%
产品销售费用	—	13%	33%	17%	29%
产品销售税金	—	13%	14%	14%	－2%
产品销售利润	—	7%	4%	19%	－5%

采用环比分析，可以很清晰地看出每一期相比上一期的数据变动（增减）关系。据此，可以针对相关影响因素进行更深入的分析，以及对企业财务状况进行更为准确的判断和评价。

二、比率分析法

比率分析法，是以同一期财务报表上的不同项目之间或不同财务报表的相同项目之间的相关数据，进行对比，以计算出的相互间的比率来反映项目间的关系，根据设定的标准或参照比率数据，评价企业的财务状况和经营成果的一种方法。

财务报表及其他一些数据反映了企业的财务与经营活动的状况与结果。这些数据相互之间具有影响或关联作用。比率分析就是要寻找和界定出这种相关关系，显然，可以构建出许多的比率关系。根据财务决策与计划的需要，以及从不同角度考察企业财务状况的需要，比率分析中所选定的比率应是能从某一方面分析和评价企业财务与经营状况的数据或指标。对于企业而言，这样的数据与指标既能进行历史的纵向比较，也能进行企业与行业或其他企业间的横向比较。

比率通常反映了某些指标之间的比例关系、倍数关系或增减关系。财务分析中常用的比率包括反映企业偿债能力的比率和反映企业盈利能力的比率。反映企业偿债能力的主要比率有流动比率、速动比率、资产构成比率、负债比率、资产周转率等；反映企业盈利能力的主要比率有资产报酬率、资本报酬率、每股盈利、销售利润率、销售毛利等。

财务比率表达的是两个数据间的倍数关系或比值关系，其值可以是绝对数或百分数。按照惯例，这些比率通常有固定的表示方法。例如某企业流动比率为2；销售净利润率为5%。

[案例10－6]经计算，红星化工企业的资产收益率为8%。已知该企业所属行业的资产收益率比准指标为8.5%，试分析和评价该企业的资产收益状况。

解析：红星化工企业的资产收益率为8%，表明该企业取得了一定成绩。在与行业的指标对比中，该企业资产收益率指标略低，则表明了该企业在财务管理和资产经营中尚存在一定的问题。这些问题可能来自资产的周转不畅，也可能是销售收入业绩不佳或其他方面的原因。总之，借助这个指标，可以对企业财务状况和经营状况进行分析和评价。

[案例10－7]经对红星化工企业资产负债表中年初和年末相关数据进行分析，其2009年的流动比率如下：

$$年初流动比率=\frac{流动资产}{流动负债}=2.65$$

$$年末流动比率=\frac{流动资产}{流动负债}=2.02$$

计算结果表明，该企业有较为充足的流动负债偿还能力，即其流动资产相比流动负债有两倍多的保障能力。年末数值相比年初数值略有下降，则表明了该企业流动资产的利用率或周转能力有所提高。

在财务分析中，比率分析的运用相对较为广泛，计算也较为简单。需要注意的是，比率分析属于静态分析，即该指标表达了某一时点企业的财务状况。对于动态的预测，需要考虑更多的因素，要注意将各种比率有机联系起来进行全面分析，不可单独地看某种比率，另外要注意企业的性质和行业属性，以准确地判断企业的相对状况及其整体情况。

［案例 10－8］某企业利润表关联指标结构百分比比较表，如表 10－8 所示。

表 10－8　　某企业利润表结构百分比比较表

项　目	本　年	上　年	同　业	预　算
营业收入	100%	100%	100%	100%
营业成本	54%	50%	52%	52%
销售费用	6%	6%	6%	6%
管理费用	6%	7%	6%	6%
财务费用	7%	8%	8%	6%
营业利润	27%	25%	28%	29%
所得税	10%	9%	11%	11%
净利润	17%	16%	17%	18%

根据上表，可以分析该企业各项指标的完成情况以及其与历史和同业情况的比较关系。

三、因素分析法

事物的变化往往是多因素影响的结果。任何一个财务数据或指标也一定受到其他多个数据或指标的影响。因素分析法即计算和测定这些相关因素对某一财务指标的影响程度，分析该指标与其影响因素的关系，从数量上确定各因素对分析指标影响方向和影响程度的一种方法。因素分析法既可以全面分析各因素对某一财务指标的影响，又可以单独分析某个因素对财务指标的影响。

因素分析法的具体使用可以有不同的方法。常见的因素分析法包括连环替代法、差额分析法、指标分解法等。

（一）连环替代法

连环替代法是在确定影响财务指标的各因素的前提下，根据各个因素与财务指标之间的依存关系，分别用各因素的比较值（通常为实际值）替代基准值（通常为标准值或计划值）来测定各因素对财务指标的影响。分析中，也可采用百分比变动的方式，分别变动各因素以分析这些因素对财务指标的影响程度，从而确定财务指标对各因素的敏感程度。

某财务指标可表达或分解为 $P = A \times B \times C$，很显然，A、B、C 的任一变化均可引起 P 的变化，表达式中的 A、B、C 则可确定为是该指标的影响因素。若企业预算指标为 P_0，实际指标为 P_1，即有 $P_0 = A_0 \times B_0 \times C_0$，$P_1 = A_1 \times B_1 \times C_1$。实际与预算的差异为：$P_1 - P_0$。

采用连环替代法即变动一个因素，固定另两个因素，以计算该因素变动后对指标的影响。计算第二个因素变动影响时，第一个因素则固定在变动后的数据；依次类推。连环替代分析过程用公式表达如下：

预算指标：$P_0 = A_0 \times B_0 \times C$

第一次替代：$P_1{}^1 = A_1 \times B_0 \times C_0$

$P_1{}^1 - P_0$ 即变动 A 因素后测定的其对指标的影响值。

第二次替代：$P_1{}^2 = A_1 \times B_1 \times C_0$

$P_1{}^2 - P_1{}^1$ 即变动 B 因素后测定的其对指标的影响值。

第三次替代（实际完成）：$P_1 = A_1 \times B_1 \times C_1$

$P_1 - P_1{}^2$ 即变动 C 因素后测定的其对指标的影响值。

将三个影响值相加，即：

$P_1{}^1 - P_0 + P_1{}^2 - P_1{}^1 + P_1 - P_1{}^2 = P_1 - P_0$

可以看出，三次替代分别计算出的差异之和与执行预算的偏差一致。

分析某一因素对财务指标的影响时，其他各因素应假设固定不变。需要注意的是，这种假设应建立在这一因素与其他因素间没有显著的相关性的前提下。只有这样才能准确计算单一因素对分析指标的影响程度。如果因素之间存在着显著的相关性，分析中可考虑因素的重新分解，或采用其他的分析方法。另外需要注意的是，连环替代法中因素替代的顺序不同，分析的影响差异数可能不同。

（二）差额分析法

它是连环替代法的一种简化形式，是利用各个因素的比较值与基准值之间的差额，来计算各因素对分析指标的影响。

企业完成情况可用 P_0 与 P_1 的差异来分析。采用连环替代法分析的步骤如下：

A 因素变动的影响：$(A_1 - A_0) \times B_0 \times C_0$

B 因素变动的影响：$A_1 \times (B_1 - B_0) \times C_0$

C 因素变动的影响：$A_1 \times B_1 \times (C_1 - C_0)$

三个因素各自的影响数相加就应该等于总差异 $P_1 - P_0$。

[案例 10－9] 某企业 2009 年产品产量、单位成本和总成本的有关数据如表 10－9 所示。

表 10－9　**某企业产品成本计划与完成数据表**

项　目	计划数	实际数	差异数
产品产量（件）	1000	1100	100
单位成本（元）	500	450	－50
总成本（元）	500 000	495 000	－5000

总成本计算式：总成本＝产品产量×单位成本

确定产品产量与单位成本为财务指标总成本的分析因素，运用因素分析法计算二因素对总成本的影响。

产品产量对总成本的影响＝(1100－1000)×500＝50 000（元）

单位成本对总成本的影响＝1100×(450－500)＝－55 000（元）

两因素对总成本的综合影响＝50 000＋(－55 000)＝－5000（元）

可以看出，2009 年产品产量增加 100 件使总成本上升 50 000 元，产品单位成本下降 50 元使总成本下降 55 000 元，二因素综合影响使总成本下降 5000 元。

（三）指标分解法

指标分解法即将指标的因素构成分解为其他形式的构成或更为细化的因素表达式，然后对分解后的因素进行分析。通常，分解后的因素间所具有的逻辑关系在其分解前不易看出。对这些关系变化的分析有助于进一步说明指标产生差异的内在原因。

指标分解，不是简单的分解，或无意识的分解，而是有目的的分解，即要注意的是分解后的各个因素的经济意义明确，能够表达出新的指标间关系，而这种关系的分析正是财务分析中所需要的。

[案例 10－10] 某企业资产利润率有所下降，试利用指标分解法分析其原因。

解：

$$\begin{aligned}资产利润率 &= \frac{利润}{资产} \\ &= \frac{利润}{销售额} \times \frac{销售额}{资产} \\ &= 销售利润率 \times 资产周转率\end{aligned}$$

注意：经过分解，资产利润率分解为销售利润率和资产周转率的乘积。于是，可以对这两个指标进行分析和诊断，从而判断和了解企业资产利润率下降的原因。具体分析略。

[案例 10－11] 总资产收入率＝销售收入/总资产。试利用指标分解法将该指标进行分解。

解：

$$\begin{aligned}总资产收入率 &= \frac{销售收入}{总资产} \\ &= \frac{产品生产总值}{总资产} \times \frac{销售收入}{产品生产总值} \\ &= 总资产产值率 \times 产品销售率\end{aligned}$$

上例中，经过分解，总资产收入率分解为总资产产值率与产品销售率的乘积。总资产产值率反映企业每元资产所创造的产值是多少，产品销售率反映企业生产的产品有多大比例销售出去，即产销比例。对这两个指标的增减进行分析，则可以进一步了解有关的财务状况。

指标分解中，要根据需要进行分解，不是分解得越细越好。要充分考虑指标间的相关关系，考虑所能收集和统计到的数据，以及分解后因素对指标的影响程度。

第三节　财务指标分析

一、偿债能力分析

企业偿债能力即其具备的偿还自身所欠各种债务的能力。根据债务偿还所需要的时间，可以将债务分为短期债务和长期债务，相应地，企业偿债能力也分为短期偿债能力和长期偿债能力。通常，偿债能力表现为企业资产的变现能力，这种能力的大小反映了企业财务状况的稳定与否，关系到企业财务风险乃至经营风险能否得到有效控制；同时，这种能力又维系着与企业有利害关系的投资人、债权人及社会公众的利益。因此，对企业偿债能力的分析与评价对财务报表的使用者来说非常重要，也是企业财务分析中尤为重要的方面。

（一）短期偿债能力分析

企业短期偿债能力又称支付能力，表示企业通过流动资产的变现来偿还其短期债务的能力。由于其一般表现为流动资金的周转能力和支付能力，短期偿债能力的大小对企业生产经营与财务状况有着重要的和直接的影响。衡量企业短期偿债能力的指标有流动比率、速动比率、营运资金和现金比率等。

1. 流动比率

流动比率，即流动资产与流动负债的比值，这个指标可以反映在某一时点，企业用流动资产偿还流动负债的能力。其表达式为：

$$\text{流动比率}=\frac{\text{流动资产}}{\text{流动负债}} \tag{10-7}$$

流动比率越高，企业偿还流动负债的能力则越强；反之，则越弱。通常认为，流动比率应该大于1，才能保证基本的偿债能力；流动比率为2时对大多数企业来说是比较适宜的，即有足够的流动资产可以通过变现来偿还流动负债。需要注意的是，流动比率过低，企业将面临偿债的风险和经营的困难；流动比率过高，虽然可以表达为偿债能力强，但资金的使用效率会相对降低，也可能是企业闲置流动资产或难变现资产比重较大。因此，企业应根据自身情况，在特定时段里保持适度的流动比率。

［案例 10－12］试根据表 10－1《光明电器股份有限公司资产负债表》中的数据计算和分析该企业期初与期末的流动比率。

期初流动比率＝549 208 353.79/336 284 229.37＝1.63

期末流动比率＝699 152 271.59/528 152 446.89＝1.32

该企业期初、期末流动比率数据表明，流动比率大于1，企业保有基本的偿债能力。

2. 速动比率

速动比率，即速动资产与流动负债的比值。所谓速动资产，即企业流动资产中扣除存货等变现难度较高的资产以外的其他流动资产。这个指标可以反映在某一时点，企业用速动资产偿还流动负债的能力。其表达式为：

$$\text{速动比率}=\frac{\text{速动资产}}{\text{流动负债}} \tag{10-8}$$

$$\text{速动资产}=\text{流动资产}-\text{存货} \tag{10-9}$$

显然，速动比率越高，企业偿还流动负债的能力则越强；反之，则越弱。通常认为，速动比率为1时对大多数企业来说是比较适宜的，即能用快速变现资产来偿还流动负债。需要注意的是，速动比率过高，说明企业货币资金可能过多，资产收益能力下降。另外，也要注意其他易变现流动资产的实际变现能力，如应收账款的呆坏账可能，预付款的变现可能。因此，企业在选择速动资产进行速动比率分析时，应充分考虑其产供销的实际情况。

［案例 10－13］试根据表 10－1《光明电器股份有限公司资产负债表》中数据计算该企业期末的速动比率。

期末速动比率 = (699 152 271.59 - 93 032 789.07) /528 152 446.89 = 1.15

该数据表明，速动比率大于1，企业保有足够的变现资产偿债能力。

可以根据企业期初与期末财务指标的平均水平，分析与评价企业有关的财务状况。例如，企业某一年期初速动比率与期末速动比率的平均值可以表示该企业该期的平均速动比率水平。

3. 营运资金

营运资金即流动资产与流动负债的差额，也称净营运资金。相对前面的流动比率关系，营运资金是衡量企业短期偿债能力的绝对数指标。显然，流动资产与流动负债的正差越大，即营运资金越大，流动比率也越大。因此，营运资金越大，企业偿还流动负债的保障能力相对就越强。营运资金计算公式为：

$$营运资金 = 流动资产 - 流动负债 \qquad (10-10)$$

[案例 10-14] 试根据表 10-1《光明电器股份有限公司资产负债表》中数据计算该企业期初与期末的营运资金。

期初营运资金 = 549 208 353.79 - 336 284 229.37 = 112 924 124.42

期末营运资金 = 699 152 271.59 - 528 152 446.89 = 170 999 824.70

4. 现金比率

现金比率即企业现金类流动资产与流动负债的比率。与前面速动比率计算中的速动资产不同，这里的现金类流动资产专指货币资金或能及时完全变现的交易性金融资产。现金比率的计算公式为：

$$现金比率 = \frac{现金 + 交易性金融资产}{流动负债} \qquad (10-11)$$

[案例 10-15] 试根据表 10-1《光明电器股份有限公司资产负债表》中数据计算该企业期初与期末的现金比率。

期初现金比率 = (272 168 522.11 + 1 000 000.00)/336 284 229.37 = 0.81

期末现金比率 = (219 768 475.24 + 0.00)/528 152 446.89 = 0.42

现金比率相对大，企业的应急偿债能力就越强，即现金类资产能即时偿还等额的流动负债。因此，相对前面的流动比率和速动比率来说，现金比率更能说明和衡量企业的短期偿债能力。不过，要注意的是，现金比率过高，即企业持有的现金类资产数量就越大，而相对来讲，现金类资产的获利能力较低，企业现金持有成本相对较高。对于以投机为主要获利方式或产品销售呆滞、应收款流转速度过慢的企业，对该指标分析有一定的现实运用价值；相反，不能将该指标的高低简单作为企业资产流动性快慢和偿债能力强弱的主要评价指标。企业应根据实际需要，保持适度的现金比率。

（二）长期偿债能力分析

企业长期偿债能力即企业偿还长期债务的能力。由于企业偿还长期债务既需要保有足够的资产，也需要具备足够的获利能力，即用收益或利润来保障其偿债能力，因此，分析企业长期偿债能力时，需要借助企业的资产负债表和利润表中的有关数据。长期偿债能力的分析中需要考虑企业的资本结构、长期资产的规模与结构、企业的盈利能力等。衡量企业长期偿债能力的指标有资产负债率、产权比率、有形净值债务率和利息保障倍数等。

1. 资产负债率

资产负债率，即企业全部负债与全部资产的比值，这个指标可以反映在某一时点，企业负债占资产的比重关系，或企业资产总额中有多大比例是通过举债形成的。其表达式为：

$$资产负债率 = \frac{负债总额}{资产总额} \tag{10-12}$$

对于债权人而言，该指标越低越好，较低的数值表明企业财务风险低，偿债能力强。对于有足够获利能力的企业而言，则希望该指标相对较高，这样企业能够充分运用债务资金创造更多的利润。当然，当资产负债率大于1时，表明企业已经资不抵债，已处于或达到破产的边缘。一般认为，资产负债率保持在0.5时为宜，实际中企业应根据其资产收益能力、行业特点、历史情况、信贷政策等，在特定时段里保持适度的资产负债率。

[案例10-16] 试根据表10-1《光明电器股份有限公司资产负债表》中数据计算和分析该企业期初与期末的资产负债率。

期初资产负债率 = 455 884 229.37/932 510 070.76 = 0.49

期末资产负债率 = 623 487 891.77/1 087 630 035.40 = 0.57

光明电器股份有限公司2009年资产负债率保持在0.5左右，相对情况较好，但期末与期初相比，有上升趋势，企业应对此加以注意。

2. 产权比率

产权比率也称股权债务比率，即企业债务总额与股东权益总额的比率。该指标反映了企业股东权益对债权人权益的保障程度。其表达式为：

$$产权比率 = \frac{负债总额}{股东权益总额} \tag{10-13}$$

对于债权人而言，该指标也是越低越好，较低的数值表明企业基本财务结构稳定，偿债能力较强。但指标低，也说明企业没有充分利用债务杠杆效应发挥债务资金的作用。注意，与资产负债率不同，该指标表明的偿债能力是用股东权益即净资产作为保障的。一般认为，产权比率保持在1时为宜，实际中企业应根据其资产收益能力、资本结构、资产价值等情况，在特定时段里保持适度的产权比率。

[案例10-17] 试根据表10-1《光明电器股份有限公司资产负债表》中数据计算和分析该企业期初与期末的产权比率。

期初产权比率 = 455 884 229.37/446 933 713.89 = 1.02

期末产权比率 = 623 487 891.77/464 142 143.63 = 1.34

光明电器股份有限公司2009年年初产权比率略大于1，年末产权比率大于1，相对来说，若企业收益能力较高的话，该指标尚可；若企业经营情况较差，或经济环境不景气的话，该指标表明企业的举债经营的程度偏高，财务结构出现不稳定，特别是年末与年初的指标数相比有明显的增长，企业应对此加以注意。

3. 有形净值债务率

有形净值债务率是企业债务总额与企业有形资产净值的比率。有形资产净值是股东权益减去无形资产净值后的余额。其表达式如下：

$$有形净值债务率 = \frac{负债总额}{股东权益 - 无形资产净值} \tag{10-14}$$

该指标其实是前面产权比率指标的扩展。将无形资产净值在股东权益中减去，其理由是无形资产及其价值具有极大的不确定性和经营风险性，一般也不能或很少能用无形资产来还债。相对来说，有形净值债务率比产权比率更保守。对于债权人而言，该指标更难表明企业的偿债能力。分析评价中，该指标与产权比率结合起来运用更好。

[案例 10-18] 试根据表 10-1《光明电器股份有限公司资产负债表》中的数据计算和分析该企业期初与期末的有形净值债务率。

有形净值债务率 = 455 884 229.37/(446 933 713.89 - 9 706 542.38) = 1.04

有形净值债务率 = 623 487 891.77/(464 142 143.63 - 18 304 784.26) = 1.40

可以看出，减去无形资产净值后，光明电器股份有限公司 2009 年年初和年末有形净值债务率比前面计算出的产权比率更大幅度地大于 1 了，相对来说，该指标表明企业的举债经营的程度偏高，财务结构不稳定情况初现，特别是年末与年初的指标数相比有明显的增长，企业增加了偿债风险。

4. 利息保障倍数

利息保障倍数是一个运用企业获利能力来分析和评价企业偿债能力的指标。该指标反映了企业已获利与其债息之间的倍数关系。其计算公式如下：

$$利息保障倍数=\frac{息税前利润}{利息费用} \tag{10-15}$$

或
$$利息保障倍数=\frac{税前利润+利息费用}{利息费用} \tag{10-16}$$

或
$$利息保障倍数=\frac{税后利润+所得税+利息费用}{利息费用} \tag{10-17}$$

上面公式中的利息费用之企业当前发生的全部应付利息，即计入财务费用的利息费用。实际计算时，该利息中还应包括资本化利息，即计入固定资产成本的利息。

从上面公式可以看出，该指标不仅反映了企业获利能力的大小，也反映了企业的获利能力对偿还到期债息的保障作用。因此，该指标是衡量企业长期偿债能力的重要指标。一般来讲，该指标至少应大于 1，即能够用利润来保障债息的偿还。长期来看，该指标比值越高，企业的长期偿债能力就越强。实际分析中，要注意，该指标过低，说明企业获利能力较弱，或偿债的安全性与稳定性下降；相反，该指标过高，则要考虑企业会计报表中的利润与利息数据是否保持统一的口径，所计算的利润是否能真实实现等。

[案例 10-19] 试根据表 10-2《光明电器股份有限公司利润表》中数据计算和分析该企业 2009 年的利息保障倍数。

利息保障倍数 = (23 944 572.99 + 5 584 583.29)/5 584 583.29 = 5.29

二、运营能力分析

企业生产经营状况的好坏，不是单从资产负债结构的优劣或偿债能力的强弱来衡量的。对于任何一个企业，只有充分运用资产，通过产品的销售或服务的提供，用较少的投入最大地提高产能和收入，创造新的价值，才能真正地体现出企业的经营效果，表现出其实质性的和良好的财务状况，也才能真正地提高其偿债能力。

企业资产的运营能力可以通过对各种资产的周转率或周转期的分析进行衡量与评价。运营能力的指标包括总资产周转率、分类资产周转率、单项资产周转率等。

(一) 总资产周转率

总资产周转率即企业销售收入与资产总额的比值。该指标反映了企业总资产在一定的时期里（通常是一年）创造收入的能力，也表明了企业总资产在该时期里的周转次数。其计算公式为：

$$总资产周转率=\frac{营业收入}{总资产平均余额} \tag{10-18}$$

上式中，营业收入（净额）指企业当期的主营业务收入，该数据来自企业的利润表；总资产平均余额则指企业期初资产总额与期末资产总额的平均数，该数据来自企业当期的资产负债表。

总资产周转率也可以用周转天数来表示，其计算公式为：

$$总资产周转天数=\frac{计算期天数}{总资产周转率} \tag{10-19}$$

式中，计算期天数指企业当期的天数，通常指一个营业周期，即360天。

资产周转率（次数）越大或周转天数越少，表明资产周转快，资产利用率高，相同数量的资产带来的收入多。总资产运用率高，表明企业的获利能力强，相应地偿债能力也增强；反之，则获利能力弱，相应地偿债能力也降低。因此，资产周转率的持续降低，将直接影响企业的经营和财务状况，使企业处于不利的局面。

[案例10－20] 试根据表10－1《光明电器股份有限公司资产负债表》和表10－2《光明电器股份有限公司利润表》中的数据计算和分析该企业2009年的总资产周转率。

$$总资产周转次数=818\ 128\ 095.36/(932\ 510\ 070.76+1\ 087\ 630\ 035.40)/2$$
$$=0.81\ （次）$$

$$总资产周转天数=360/0.81=444.44\ （天）$$

光明电器股份有限公司2009年的总资产周转率和周转天数分别为0.81次和444天。要想确切知道这两个数据是否合理或对企业有什么明显的影响，必须将该数据分别与企业历史数据和行业平均数据进行对比。若优于历史水平或行业水平则好。分析中，要注意与其他指标综合进行评价，此外，可以对该指标进行分解，具体分析总资产中各单项资产的影响情况，以及采取哪些措施可以提高销售收入或加快资产周转。

(二) 分类资产周转率

将总资产分成不同类别的资产，计算不同类别资产的周转率，有助于进一步了解资产周转情况，分析不同类别资产对资产周转或销售收入实现的影响，从而查明资产周转率变动的缘由。

1. 流动资产周转率

流动资产周转率指企业一定时期的主营业务收入与流动资产平均余额的比值。该指标可以反映流动资产的运用效率。其计算公式为：

$$流动资产周转率=\frac{营业收入}{流动资产平均余额} \tag{10-20}$$

上式中，流动资产平均余额指企业期初流动资产总额与期末流动资产总额的平均数。

流动资产周转率也可以用周转天数来表示，其计算公式为：

$$流动资产周转天数=\frac{计算期天数}{流动资产周转率} \tag{10-21}$$

流动资产周转快或周转天数少，说明流动资产运用率高，相同数量的流动资产创造的收入更多，企业的盈利能力和偿债能力更强；反之亦然。

［案例10－21］试根据表10－1《光明电器股份有限公司资产负债表》和表10－2《光明电器股份有限公司利润表》中的数据计算和分析该企业2009年的流动资产周转率。

流动资产周转次数＝818 128 095.36/(549 208 353.79＋699 152 271.59)/2

＝1.30（次）

流动资产周转天数＝360/1.30＝276.92（天）

光明电器股份有限公司2009年的流动资产周转率和周转天数分别为1.3次和277天。欲了解指标的优劣，也须将该数据分别与企业历史数据和行业平均数据进行对比。分析中，要注意与其他指标综合进行评价，此外，可以对该指标进行分解，具体分析流动资产中各单项资产，特别是应收账款和存货对周转率的影响情况。

流动资产周转率与流动资产利润率的关系可以表示为：

流动资产利润率＝销售利润率×流动资产周转率 （10－22）

上式表明，流动资产周转率加速，即周转得越快，其对销售利润的实现贡献就越大。

2. 固定资产周转率

固定资产周转率指企业一定时期的主营业务收入与固定资产平均余额的比值。该指标可以反映固定资产的运用效率。其计算公式为：

$$固定资产周转率=\frac{营业收入}{固定资产平均余额} \quad (10-23)$$

上式中，固定资产平均余额指企业期初固定资产总额与期末固定资产总额的平均数。

固定资产周转率也可以用周转天数来表示，其计算公式为：

$$固定资产周转天数=\frac{计算期天数}{固定资产周转率} \quad (10-24)$$

固定资产周转快或周转天数少，说明固定资产运用率高，相同数量的固定资产创造的收入更多，企业的盈利能力和偿债能力更强；反之亦然。

［案例10－22］试根据表10－1《光明电器股份有限公司资产负债表》和表10－2《光明电器股份有限公司利润表》中的数据计算和分析该企业2009年的固定资产周转率。

固定资产周转次数＝818 128 095.36/(69 619 852.55＋58 527 564.98)/2

＝12.77（次）

固定资产周转天数＝360/12.77＝28.19（天）

光明电器股份有限公司2009年的固定资产周转率和周转天数分别为12.77次和28天。欲了解指标的优劣，也须将该数据分别与企业历史数据和行业平均数据进行对比。分析中，要注意与其他指标综合进行评价。

（三）单项资产周转率

1. 应收账款周转率

应收账款周转率指企业一定时期的主营业务收入与应收账款平均余额的比值。该指标可以反映应收账款的运用效率。其计算公式为：

$$应收账款周转率=\frac{营业收入}{应收账款平均余额} \quad (10-25)$$

上式中，应收账款平均余额指企业期初应收账款总额与期末应收账款总额的平均数。

应收账款周转率也可以用周转天数来表示，其计算公式为：

$$应收账款周转天数 = \frac{计算期天数}{应收账款周转率} \tag{10-26}$$

应收账款周转快或周转天数少，说明应收账款运用率高，相同数量的应收账款创造的收入更多，企业的盈利能力和偿债能力更强；反之亦然。

对于应收账款周转率需要特别说明的是，公式（10－25）中的营业收入应该是企业的赊销净收入。由于在实际统计中，难以做到口径一致或难以收集到相关数据，在现金销售数量较小的情况下，可以用企业主营业务收入代替赊销净收入。此外，计算中，应将企业的应收票据视为应收账款，应收账款中应扣除坏账准备。

[案例10－23] 试根据表10－1《光明电器股份有限公司资产负债表》和表10－2《光明电器股份有限公司利润表》中数据计算和分析该企业2009年的应收账款周转率。

应收账款周转次数＝818 128 095.36/[(93 684 987.35＋226 728 789.20)

＋(24 165 000.00＋106 828 475.55)]/2

＝3.62（次）

应收账款周转天数＝360/3.62＝99.45（天）

光明电器股份有限公司2009年的应收账款周转率和周转天数分别为3.62次和99天。应收账款周转越快，表明销售额收入现金回收越快，资产流动性越强，短期偿债能力也越强。可以结合企业历史和行业平均水平相关指标进行细致分析，以更深入地了解企业财务状况。

2. 存货周转率

存货周转率指企业一定时期的主营业务收入或销售成本与存货平均余额的比值。该指标可以反映存货的运用效率和存货的变现速度。对于该指标，若从盈利性角度考虑，以及与前面其他周转率计算口径一致，则用主营业务收入与存货平均余额的比值来表示；若从流动性角度考虑，则用主营业务成本与存货平均余额的比值来表示。其计算公式分别为：

$$存货周转率 = \frac{营业收入}{存货平均余额} \tag{10-27}$$

$$存货周转率 = \frac{营业成本}{存货平均余额} \tag{10-28}$$

上两式中，存货平均余额指企业期初存货总额与期末存货总额的平均数。

存货周转率也可以用周转天数来表示，其计算公式为：

$$存货周转天数 = \frac{计算期天数}{存货周转率} \tag{10-29}$$

存货周转快或周转天数少，说明存货运用率高，存货占有资金少，变现速度快，资产流动性快，相应地，企业的盈利能力和偿债能力更强；反之亦然。

[案例10－24] 试根据表10－1《光明电器股份有限公司资产负债表》和表10－2《光明电器股份有限公司利润表》中数据计算该企业2009年的存货周转率。

以营业成本为基础：

存货周转次数＝703 182 456.99/(83 569 975.68＋93 032 789.07)/2

＝7.96（次）

存货周转天数 =360/3.98 =45.23（天）

以营业收入为基础：

存货周转次数 =818 128 095.36/(83 569 975.68 +93 032 789.07)/2
=9.27（次）

存货周转天数 =360/9.27 =38.83（天）

存货实现销售即变现，这是企业的主营业务。产品保质保量，适销对路，被消费者所接受，是企业经营的任务和目的。存货周转的快慢在一定程度上反映了企业的生产、经营与管理的水平，反映了企业技术与创新的能力，反映了企业资产的流动性和盈利性。因此，存货周转率的分析与评价对企业来说是一项重要的财务活动，也是企业寻找问题的重要方面。

三、盈利能力分析

企业盈利或获利能力，指企业在一定时期里实现销售、获取利润的能力。保持持续、稳定和健康的经营发展态势，最大地获取利润，是企业的目的。显然，利润的取得是资源规划和利用的结果，必须从资源的利用效率上分析和评价企业的盈利能力。

企业的盈利能力，与前面介绍的偿债能力和运营能力一样，是反映企业经营与管理水平的重要内容，三者也相互支撑和影响。企业具有较好的运营能力，是盈利的前提；而企业具有较好的盈利能力，则是保证偿还债务的前提。企业的所有者、经营者，以及企业的债权人和公众消费者，都会从企业的盈利中获得利益和建立起信心。

盈利分析是财务分析的重点，具体包括三个方面：资源利用效果；实际收入水平；资本经营能力。

（一）资源利用效果

资源利用效果分析即从企业资产运营角度分析资产获取收益的能力，用利润或报酬与资产的比值关系来衡量。

1. 总资产利润率

总资产利润率是企业净利润与企业总资产的比值。企业总资产用平均占用额表示，即期初与期末数据的平均值。

$$总资产利润率 = \frac{净利润}{资产平均占用额} \qquad (10-30)$$

[案例 10-25] 试根据表 10-1《光明电器股份有限公司资产负债表》和表 10-2《光明电器股份有限公司利润表》中数据计算和分析该企业 2009 年的总资产利润率。

总资产利润率 =17 208 429.74/(932 510 070.76 +1 087 630 035.40)/2
=1.70%

光明电器股份有限公司 2009 年总资产利润率为 1.70%。该指标通常是越大越好，即表示企业用同样的资产创造更多的利润。具体分析中，注意与企业历史和行业平均情况进行对比，以确定企业的经营状况和财务状况的优劣。

2. 总资产报酬率

企业资产的报酬不仅包含利润，也包含企业支付的利息。企业净利润和利息支出之和与企业总资产的比值即总资产报酬率。

$$总资产报酬率 = \frac{利润总额 + 利息支出}{资产平均占用额} \qquad (10-31)$$

式中利息支出可查用企业当期利润表中财务费用数据。

[案例 10－26] 试根据表 10－1《光明电器股份有限公司资产负债表》和表 10－2《光明电器股份有限公司利润表》中数据计算该企业 2009 年的总资产报酬率。

总资产报酬率＝(17 208 429.74＋5 584 583.29)/(932 510 070.76＋1 087 630 035.40)/2

＝2.26%

资产报酬率是用以衡量企业运用所有投资资源所获经营成效的指标。其比率越高，则表明企业善于运用资产；反之，则资产利用效果差。可以将该指标与企业平均资金成本进行比较，以判断企业经营的成效。

3. 总资产主营业务利润率

总资产主营业务利润率即企业主营业务利润总额与企业总资产的比值。

$$总资产主营业务利润率=\frac{主营业务利润总额}{资产平均占用额} \tag{10－32}$$

式中主营业务利润总额可查用企业当期利润表中数据。

[案例 10－27] 试根据表 10－1《光明电器股份有限公司资产负债表》和表 10－2《光明电器股份有限公司利润表》中数据计算该企业 2009 年的总资产主营业务利润率。

总资产主营业务利润率＝21 324 589.36/(932 510 070.76＋1 087 630 035.40)/2

＝2.11%

上述三个指标均可用来分析企业单位资产创造收益的能力。

(二) 实际收入水平

企业取得收入，需要付出成本和费用。实际收入水平反映了企业投入与产出的关系，因此可以用实际收入水平对企业的盈利能力进行分析。

1. 销售毛利率

企业的毛利，指企业的营业收入减去营业成本后的差额。该差额与企业营业收入的比值即销售毛利率。

$$销售毛利率=\frac{营业收入-营业成本}{营业收入} \tag{10－33}$$

式中，营业收入与营业成本可查用企业当期利润表中相关数据。

[案例 10－28] 试根据表 10－2《光明电器股份有限公司利润表》中数据计算该企业 2009 年的销售毛利率。

销售毛利率＝(818 128 095.36－703 182 456.99)/818 128 095.36＝14.05%

对该指标进行分析可以考察和评价企业的基本盈利能力，了解企业成本支出的高低与合理情况。

2. 销售净利润率

销售净利润率指企业的净利润与企业营业收入的比值。

$$销售净利润率=\frac{净利润}{营业收入} \tag{10－34}$$

式中，净利润与营业收入可查用企业当期利润表中相关数据。

[案例 10－29] 试根据表 10－2《光明电器股份有限公司利润表》中数据计算该企业 2009 年的销售净利润率。

销售净利润率＝17 208 429.74/818 128 095.36＝2.10%

对该指标进行分析可以考察和评价企业的基本盈利能力，了解企业成本支出的高低与合理情况。

3. 营业成本利润率

营业成本利润率指企业的营业利润与企业营业成本的比值。

$$营业成本利润率=\frac{营业利润}{营业成本} \tag{10-35}$$

式中，营业利润与营业成本可查用企业当期利润表中相关数据。

[案例 10-30] 试根据表 10-2《光明电器股份有限公司利润表》中数据计算该企业 2009 年的营业成本利润率。

营业成本利润率 =21 324 589.36/703 182 456.99 =3.03%

(三) 资本经营能力

企业的资本来源于债务资本和股东权益，企业的债权人和企业的股东都对企业所取得的报酬有权利要求，即资本的报酬要求。从资本与报酬的比值关系上可以分析企业的资本经营能力。

1. 资本金利润率

资本金利润率指企业一定时期的净利润与企业资本金或股东权益的比值。该指标也称净值报酬率，反映了企业资本金或股东权益的收益和保障能力。

$$资本金利润率=\frac{净利润}{资本金（股东权益）} \tag{10-36}$$

式中，资本金或股东权益取其期初与期末数据的平均数。该指标有狭义与广义之分，狭义即为资本金利润；广义即为股东权益利润率（净资产收益率）。

[案例 10-31] 试根据表 10-2《光明电器股份有限公司利润表》和表 10-1《光明电器股份有限公司资产负债表》中数据计算该企业 2009 年的资本金利润率。

资本金利润率 =17 208 429.74/214 900 000.00 =8.01%

按净资产（股东权益）计算，有：

股东权益利润率 =17 208 429.74/(446 933 713.89 +464 142 143.63)/2

=3.78%

资本金利润率（股东权益利润率）是用以衡量企业运用自有资本所获得经营成效的指标。比率越高，表明企业资本的利用效率越高；反之则资本未得到充分利用。

2. 永久性融资收益率

永久性融资收益率指企业一定时期的净利润与企业长期负债和股东权益之和的比值。该指标总体反映了企业全部融资资本的收益和保障能力。

$$永久性融资收益率=\frac{净利润}{长期负债+股东权益} \tag{10-37}$$

式中，长期负债、资本金或股东权益取其期初与期末数据的平均数。

[案例 10-32] 试根据表 10-2《光明电器股份有限公司利润表》和表 10-1《光明电器股份有限公司资产负债表》中数据计算该企业 2009 年的永久性融资收益率。

永久性融资收益率 =17 208 429.74/(119 600 000.00 +86 960 000.00

+446 933 713.89 +464 142 143.63)/2

=3.08%

四、发展能力分析

企业的发展能力表现为其收入增长、资本积累和保值增值的能力。

（一）营业收入增长率

营业收入增长率指企业本年度营业收入相比上年度营业收入的增长幅度。其表达式为：

$$营业收入增长率=\frac{本年度营业收入-上年度营业收入}{上年度营业收入} \quad (10-38)$$

［案例10－33］如果光明电器股份有限公司2008年实现营业收入873 321 652.49元，根据表10－2《光明电器股份有限公司利润表》中数据计算和分析该企业营业收入增长率。

营业收入增长率＝(818 128 095.36－873 321 652.49)/873 321 652.49
＝－6.32%

光明电器股份有限公司2009年度相对于2008年营业收入增长率为－6.32%。该指标数据为负，说明企业营业收入有所下降。

（二）资本积累率

资本积累率指企业本年度所有者权益增长额与年初所有者权益总额的比率。其表达式为：

$$资本积累率=\frac{年末所有者权益-年初所有者权益}{年初所有者权益} \quad (10-39)$$

［案例10－34］试根据表10－1《光明电器股份有限公司资产负债表》中数据计算和分析该企业2009年度的资本积累率。

资本积累率＝(1 087 630 035.40－902 817 943.26)/902 817 943.26＝20.47%

光明电器股份有限公司2009年度资本积累率为20.47%。该指标说明企业资本积累增多，企业资本保全性增强。该指标越高，说明企业抵御风险能力和持续发展能力增强。

（三）净利润增长率

净利润增长率反映企业一定时期净利润增长的情况。一般用本年度净利润相对于上年度净利润的增长幅度表示。其表达式为：

$$净利润增长率=\frac{本年度净利润-上年度净利润}{上年度净利润} \quad (10-40)$$

［案例10－35］如果光明电器股份有限公司2008年实现净利润49 486 879.17元，试根据表10－2《光明电器股份有限公司利润表》中数据计算和分析该企业净利润增长率。

净利润增长率＝(17 208 429.74－49 486 879.17)/49 486 879.17＝－65.23%

光明电器股份有限公司2009年度相对于2008年净利润增长率为－65.23%。该指标数据为负，说明企业当年净利润有明显下降。

（四）资本保值增值率

资本保值增值率指企业本年年末所有者权益与本年年初所有者权益的比率。其表达式为：

$$资本保值增值率=\frac{年末所有者权益}{年初所有者权益} \quad (10-41)$$

［案例 10－36］试根据表 10－2《光明电器股份有限公司资产负债表》中数据计算该企业 2009 年度的资本保值增值率。

资本保值增值率＝1 087 630 035.40/902 817 943.26＝120.47%

需要注意的是，该指标中年末所有者权益指在正常情况下的数据，不包括报表调整和其他客观因素引起的增减数。该指标大于 1，说明企业资本实现保全和增长。

第四节 财务状况综合分析

一、杜邦财务分析体系

前面分别从企业的偿债能力、运营能力和盈利能力三个方面介绍了企业系列财务分析指标。通过这些指标可以从某一特定的角度对企业的财务状况以及经营成果进行分析，但这种分析往往是片面的，即这些指标不足以全面地评价企业的总体财务状况以及经营成果。为了能够进行更加全面的和相互关联的分析，需要寻求另外的方法。杜邦财务分析法就是其中的一种。

杜邦财务分析体系（The Du Pont System）是一种比较实用的财务比率分析体系。这种分析方法首先由美国杜邦公司的经理创造出来，故将其称为杜邦财务分析体系。这种财务分析方法从评价企业绩效最具综合性和代表性的资本经营能力指标——股东权益利润率出发，采用指标分解法，将该指标层层分解至企业最基本的资产运用、成本与费用构成等指标，从而满足通过财务分析进行绩效评价的需要，在经营目标发生异动时经营者能及时查明原因并加以修正，同时为投资者、债权人及政府等各方面利益人评价企业提供依据。使用杜邦财务分析法，可以将有关的指标和报表结合起来，采用适当的标准进行综合性地分析评价，既全面体现企业整体财务状况，又指出指标与指标之间和指标与报表之间的内在联系。

（一）杜邦财务分析法的基本思路

股东权益利润率（资本金利润率）是前面介绍过的分析企业资本经营能力的指标。该指标［见公式(10－36)］的表达式为：

$$股东权益利润率=\frac{净利润}{股东权益}$$

对该指标进行分解过程如下：

$$\begin{aligned}股东权益利润率&=\frac{净利润}{股东权益}\\&=\frac{净利润}{总资产}\times\frac{总资产}{股东权益}\\&=总资产利润率\times权益乘数\end{aligned}$$

$$\begin{aligned}总资产利润率&=\frac{净利润}{总资产}\\&=\frac{净利润}{销售收入}\times\frac{销售收入}{总资产}\\&=销售净利润率\times总资产周转率\end{aligned}$$

经过这样的层层分解，将企业的股东权益、资产、利润、收入等指标相互联系了起来。显然，指标体系中任一指标的变化都会影响到其他指标的变化，对这些变化进行综合分析可以查明企业财务中各种问题，找出相关原因。这就是杜邦分析法的基本思路。

（二）杜邦财务分析指标体系图

杜邦财务分析指标体系图就是根据上面介绍的指标分解的方法，对这些指标所涉及的各项会计要素按照分解的层次和一定的规律进行排列，形成一张明细的和直观的图，如图 10－1 所示。

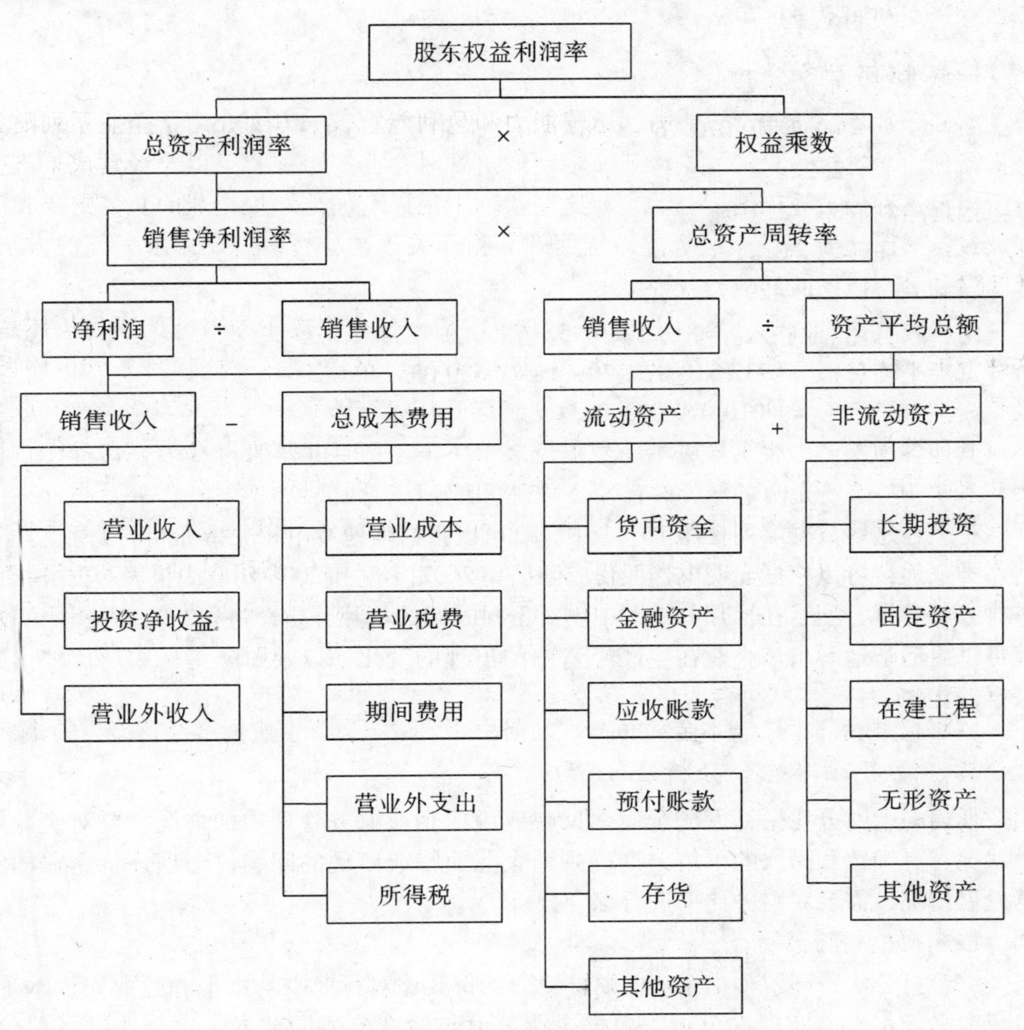

图 10－1　杜邦财务分析体系图

该图最显著的特点是将若干个用以评价企业经营效率和财务状况的指标按其内在联系有机地结合起来，形成一个完整的指标体系，并最终通过股东权益利润率来综合反映。采用杜邦分析图将有关分析指标按内在联系加以排列，从而直观地反映出企业的财务状况和经营成果的总体面貌。采用这一方法，可使财务比率分析的层次更清晰、条理更突出，为报表分析者全面仔细地了解企业的经营和盈利状况提供方便。

杜邦分析图还有一个特点就是在分析中可以从上至下，也可从下至上。这样，不仅可以了解各项指标之间的关系，分析和查明财务指标变动的影响和问题，更重要的是给分析者提供了新的思路，给管理层和决策层提供了一张明晰的考察企业资产管理效率和是否最大化股东投资回报的路线图。

（三）杜邦财务分析法实例

以光明电器股份有限公司2009年度财务状况为例（参见表10－1和表10－2），可以得到以下数据。相关指标计算见前面内容。

股东权益利润率＝3.78%

总资产利润率＝1.70%

$$权益乘数=\frac{总资产}{股东权益}$$

$$=(932\ 510\ 070.76+1\ 087\ 630\ 035.40)/(446\ 933\ 713.89+464\ 142\ 143.63)$$

$$=2.22$$

销售净利润率＝2.10%

总资产周转率＝0.81（次）

净利润＝17 208 429.74（元）

销售收入（营业收入）＝818 128 095.36（元）

资产平均总额＝(932 510 070.76＋1 087 630 035.40)/2

＝1 010 070 053.08（元）

其他各项资产、收入与成本等数据见表10－1《光明电器股份有限公司资产负债表》和表10－2《光明电器股份有限公司利润表》。

将上述这些数据填列在图10－1中，就可以很清晰地看出相关指标间的关系。

类似地，可以根据光明电器股份有限公司2007年度和2008年度的报表对财务指标进行分解计算，列示在杜邦分析图中。对不同时期的杜邦分析图进行相互对应和比较，就可以更清晰地看出该企业在生产经营中的出现的变化，以及财务指标中所反映出的数据的优劣。

二、财务比率综合分析法

任何一个财务比率都无法全面地反映或说明企业财务管理中的情况。要对企业财务状况有更细致和深入的了解，准确判断企业面临或出现的问题，合理评价企业的经营发展情况，需要对财务比率进行综合分析。

（一）综合打分评价法

综合打分法，即罗列出企业的财务比率，将其比对行业平均水平和行业先进水平，以行业平均水平确定标准分值，根据企业分值与标准分值的差异，对企业进行评价。若企业分值低于标准值，则根据具体指标的情况进行细致分析，诊断和寻找问题，从而进行财务管理活动的调整的优化。

综合打分评价表如表10－10所示。

表 10 - 10　　企业财务比率综合评价表

财务比率	行业平均比率	标准分值	行业最高比率	企业实际比率	比较差异	企业得分
偿债能力						
流动比率						
速动比率						
现金比率						
资产负债率						
产权比率						
运营能力						
总资产周转率						
流动资产周转率						
固定资产周转率						
应收账款周转率						
存货周转率						
盈利能力						
总资产利润率						
销售净利润率						
资本金利润率						
发展能力						
营业收入增长率						
资本积累率						
净利润增长率						
合 计 分 值		100				

通过打分，可以比较出企业与行业平均或行业先进比率之间的差异，包括个别比率差异和总体差异，进而可以分析这些差异产生的原因和各影响因素，对企业财务状况作出合理的评价。

（二）变化趋势分析法

企业财务状况的变化与企业生产经营的发展情况是紧密联系的。资产与资金规模的变化，负债与负债成本的变化，以及由于市场环境的影响和企业管理、技术与创新能力的限制，企业在不同历史时期的偿债能力、运营能力、盈利能力和发展能力都会有着不同的表现。具体来说，企业同一财务指标比率，或增或减，或大或小，在不同时期是不一样的。分析企业财务比率的变化趋势，并从趋势中寻找问题和解决方案的方法就叫变化趋势分析法。

变化趋势分析法的具体做法是，罗列出企业当期和以往各期的财务比率，寻找每一财务比率的变化趋势。根据该趋势的发展情况，分析和判断企业发展中的问题，从而进行财务管理活动的调整和优化。

变化趋势分析法也可以通过列表的形式进行初步观察。变化趋势分析表如表 10 - 11 所示。

表 10-11　　企业财务比率变化趋势分析表

财务比率＼年期	…	2006	2007	2008	2009	趋势判断
偿债能力						
流动比率						
速动比率						
现金比率						
资产负债率						
产权比率						
运营能力						
总资产周转率						
流动资产周转率						
固定资产周转率						
应收账款周转率						
存货周转率						
盈利能力						
总资产利润率						
销售净利润率						
资本金利润率						
发展能力						
营业收入增长率						
资本积累率						
净利润增长率						

通过趋势分析，一方面可以了解企业在过去的一段时期里的财务比率变化情况，从而分析和评价企业财务状况的优劣；另一方面，则可对企业未来的生产经营与财务状况进行较为准确和合理的预测。

本章小结：

财务分析以财务报告和其他相关资料为依据，系统分析和评价企业的经营成果、财务状况及其变动趋势等，将大量的报表数据转换成对特定决策有用的信息，有利于减少决策的不确定性。

财务分析的主要方法有：趋势分析法、比率分析法、因素分析法。

财务分析的主要内容是：偿债能力分析，通过流动比率、速动比率、资产负债率、产权比率、长期资产适合率等指标进行分析和评价；运营能力分析，通过劳动效率、应收账款周转率、存货周转率、总资产周转率等指标进行分析评价；盈利能力分析，通过营业利润率、销售净利率、成本费用利润率、资产报酬率、每股收益等指标进行分析评价；发展能力分析，通过营业收入增长率、资本保值增值率、总资产增长率、营业利润增长率等指标进行分析评价。

要全面地对企业经营情况、财务状况进行揭示和剖析，还需要从整体和综合的角度，通过杜邦分析法和财务比率综合分析法等方法对企业进行财务综合分析。

本章推荐阅读书目：

1. 杜晓光．会计报表分析［M］．北京：高等教育出版社，2007.
2. 张利，周淑芸．新编财务报表分析［M］．辽宁：大连理工大学出版社，2010.

阅读资料：

财务分析也要与时俱进

我国目前的财务分析存在若干局限，一是企业财务报表本身存在局限，包括：①财务报表以原始成本为基础，缺乏时效性；②没有考虑通货膨胀等因素和物价的变动，其数据隐含着资产超值或贬值的风险；③财务报表数据未考虑期初到期末之间的变化数据以及全年不规则变化的数据，使数据之间的科学比较产生一定的困难；④资产负债表与损益表所反映的时间概念不同，以比率的形式将两表的数据进行比较，其可比性的程度不一致；⑤当前我国的会计报表尚未对人力资源内容进行分析评价，而这些内容对决策具有重大的参考价值。二是财务分析方法存在局限，包括：现有方法均是对企业过去的经济情况所进行的反映；由于报表数据的局限，不同企业甚至同一企业不同时期的数据均缺乏可比性。三是我国的财务指标缺乏统一的、一般性的标准，另外，我国的财务分析指标忽视对资产负债比率和投资报酬的分析，也没有把变现指标和风险指标列为必备内容。这样造成会计报表较难揭示翔实的资料，因而使会计报表使用者较难取得诸如存货结构、资产结构、批量大小、季节性生产变化等信息。

面对这些局限，应考虑进一步深化财务分析改革。需要与时俱进的方面包括：一、作为分析人，应了解企业所处产业的经济特征，了解企业为增强竞争优势而采取的战略，这样才能真正帮助管理决策者作出科学的结论。二、改进企业的财务报表，即财务报表需要作以下调整：①出具人力资源报告；②以公允价值与原始成本相结合，反映企业所拥有的资产；③将未来信息披露于财务报表中。三、改进财务分析方法：①在比较分析法中统一比较的基础。②在比率分析法中加入时间价值。比率分析中的数据要与时间价值有机地结合在一起。③调整企业的会计政策，使财务分析的结果更加真实、可靠。四、改进财务分析指标：①由于现金流量与会计盈余是不同维度的变量，宜采用传统指标与现金流量指标两条线来设计财务指标。②市场经济体制下企业财务分析的核心问题应该是，通过财务分析来谋求企业效益的逐步提高，因此要特别注意盈利性分析，把利润分析作为整个财务分析工作的主体内容，其他分析应围绕利润分析而展开。企业应首先确定目标利润，然后确定目标成本、目标资金需要量，编制企业的全面预算，以此为依据确定企业内部财务分析指标。

资料来源：根据黄新安同名文章（安越咨询 http：//www. easyfinance. com. cn）改编。

同步测试

一、单项选择题

1. 利息保障倍数反映了企业（　　）与其债息之间的倍数关系。

A. 利润　　B. 税前利润

C. 息税前利润　　D. 净利润

2. 资产负债率是衡量企业（　　）偿债能力的指标。

A. 长期　　B. 短期

C. 既是长期也是短期　　D. 中短期

3. 速动资产，即企业流动资产中扣除（　　）等变现难度较高的资产以外的其他流动资产。

A. 现金　　B. 应收款

C. 存货　　D. 交易性金融资产

4. 杜邦财务分析方法中，要将总资产利润率分解成（　　）。

A. 销售净利润率×总资产周转率　　B. 资产周转率×存货周转率

C. 销售净利润率×流动比率　　D. 营业收入利润率×总资产周转率

二、多项选择题

1. 财务分析的内容包括（　　）。

A. 盈利能力分析　　B. 运营能力分析

C. 偿债能力分析　　D. 发展能力分析

2. 财务分析的方法包括（　　）。

A. 趋势分析法　　B. 比率分析法

C. 因素分析法　　C. 周转分析法

3. 运营能力分析指标包括（　　）。

A. 总资产周转率　　B. 存货周转率

C. 分类资产周转率　　D. 单项资产周转率

4. 资产负债表与利润表的差异之一是前者为（　　）。

A. 动态报表　　B. 静态报表

C. 反映某一时段的报表　　C. 反映某一时点的报表

三、判断题

1. 运营能力指企业运用资产发挥效用的能力。（　　）

2. 资产周转天数少，说明资产运用效率低。（　　）

3. 财务比率表达的是两个数据间的倍数关系或比值关系，其值可以是绝对数或百分数。（　　）

4. 通过几个主要财务比率的分析，就可以了解企业的财务状况及其经营能力。（　　）

案例分析

华能国际的母公司及控股股东华能国电是于1985年成立的中外合资企业，它与电厂所在地的多家政府投资公司于1994年6月共同发起在北京注册成立了股份有限公司。总股本为60亿股，2001年在国内发行3.5亿股A股，其中流通股为2.5亿股，而后分别在中国香港、纽约上市。在过去的若干年中，华能国际通过财务项目开发和资产收购不断扩大经营规模，保持盈利稳步增长。拥有的总发电装机容量从2900兆瓦增加到2004年的15 936兆瓦。截止到2004年华能国际全资拥有14座电厂，控股5座电厂，参股3家电力公司，其发电厂设备先进，高效稳定，且广泛地分布于财务经济发达及用电需求增长强劲的地区。华能国际已成为中国最大的独立发电公司之一。

以华能国际2001年、2002年和2003年的财务报表为分析基础，得到下面的财务比率分析表，如表10-12所示。

表10-12 华能国际财务比率分析表

财务比率 \ 年期	2003年	2002年	2001年
短期偿债能力			
流动比率	1.01	0.88	1.07
速动比率	0.91	0.77	1.00
长期偿债能力			
资产负债率	0.33	0.38	0.42
产权比率	0.26	0.31	0.35
利息保障倍数	12.50	9.09	5.26
运营能力			
应收账款周转率	9.96	9.91	12.60
存货周转率	19.41	13.32	13.97
总资产周转率	0.46	0.39	0.34
盈利能力			
资产收益率	12.71	8.56	9.35
股东权益利润率	15.87	10.11	12.31
销售毛利率	28.85	27.83	27.96
销售净利率	23.24	21.80	22.99

根据上表中有关财务比率，分析如下：

公司2001—2003年的流动比率先降后升，但与标准2:1仍有很大差距，与行业平均水平约1.35左右也有差距，值得警惕。公司速动比率与流动比率发展趋势相似。2003年数值0.91接近于1，与行业标准差不多，表明存货较少。

公司资产周转比率数值2002年比2001年略有下降，其中，存货周转率2003年度超过行业平均水平，说明管理存货能力增强，物料流转加快，库存不多。应收账款周转率远高于行业平均水平，说明资金回收速度快，销售运行流畅。公司2003年资产总计增长较快，销售收入净额增长也很快，所以资产周转率呈快速上升趋势，在行业中处于领先水平，说明公司的资产使用效率很高，规模的扩张带来了更高的规模收益，呈现良性发展。

公司负债比率逐年降低主要是因为公司成立初期举借大量贷款和外债进行电厂建设，随着电厂相继投产获利，逐渐还本付息使公司负债比率降低，并且已获利息倍数指标发展趋势较好，公司有充分能力偿还利息及本金，长期偿债能力在行业中处于领先优势。

公司获利能力指标数值基本上均高于行业平均水平，并处于领先地位，特别是资产收益率有相当大的领先优势。各项指标显示在2002年比2001年略有下降，这可能与煤炭等资源的大幅度涨价有关。2003年有了大幅度的增长，这说明公司2003年的并购等一系列举措获得了良好效果和收益。

从华能国际的短期偿债能力与其他企业比较来看，其短期偿债能力偏弱，企业财务报表分析没有办法保证在短期内能够偿还借款。此外，华能国际的存货周转速度也比同行业的其他几家企业财务报表分析的偏低，这说明华能国际在存货管理方面还存在着一定的问题。

思考：

(1) 该案例给你什么启示？

(2) 对案例分析中给出的结论，你是否认可？

(3) 如何提高企业的短期偿债能力？

实训项目

实训目的：

了解企业财务分析活动的过程，熟悉财务分析的方法。

实训资料：

下面是某企业简化的资产负债表和利润表，如表10－13、表10－14所示。

表10－13 资产负债表

2009年12月31日

单位：元

资产	年初	年末	负债及所有者权益	年初	年末
银行存款	26 000	49 000	短期借款	30 000	60 000
应收账款	40 000	60 000	应付账款	10 000	36 000
存货	20 000	80 000	长期借款		20 000
流动资产合计	86 000	189 000	实收资本	200 000	200 000
固定资产净值	164 000	161 000	盈余公积	6000	9600
未分配利润	4000	24 400			
资产总计	250 000	350 000	负债及所有者权益合计	250 000	350 000

表 10－14　　　　　　　　　利润表

2009 年度　　　　　　　　　　单位：元

项　　目	本年累计数
一、营业收入	126 000
减：营业成本	60 000
营业税费	7560
销售费用	6700
管理费用	12 300
财务费用（其中利息 6000）	7000
加：投资收益	7560
二、营业利润	40 000
三、利润总额	40 000
减：所得税费用	16 000
四、净利润	24 000

实训要求：

计算该企业 2009 年度以下指标：

①速动比率；②销售毛利率；③净资产收益率；④总资产净利率；⑤应收账款周转率；⑥存货周转率；⑦总资产周转率；⑧已获利息倍数；⑨资产负债率；⑩权益乘数。

附　表

附表1　1元复利终值系数表（FVIF表）

n/i（%）	1	2	3	4	5	6	7
1	1.010	1.020	1.030	1.040	1.050	1.060	1.070
2	1.020	1.040	1.061	1.082	1.103	1.124	1.145
3	1.030	1.061	1.093	1.125	1.158	1.191	1.225
4	1.041	1.082	1.126	1.170	1.216	1.262	1.311
5	1.051	1.104	1.159	1.217	1.276	1.338	1.403
6	1.062	1.126	1.194	1.265	1.340	1.419	1.501
7	1.072	1.149	1.230	1.316	1.407	1.504	1.606
8	1.083	1.172	1.267	1.369	1.447	1.594	1.718
9	1.094	1.195	1.305	1.423	1.551	1.689	1.838
10	1.105	1.219	1.344	1.480	1.629	1.791	1.967
11	1.116	1.243	1.384	1.539	1.710	1.898	2.105
12	1.127	1.268	1.426	1.601	1.796	2.012	2.252
13	1.138	1.294	1.469	1.665	1.886	2.133	2.140
14	1.149	1.319	1.513	1.732	1.980	2.261	2.579
15	1.161	1.346	1.558	1.801	2.079	2.397	2.759
16	1.173	1.373	1.605	1.873	2.183	2.540	2.952
17	1.184	1.400	1.653	1.948	2.292	2.693	3.159
18	1.196	1.428	1.702	2.206	2.407	2.854	3.380
19	1.208	1.457	1.754	2.107	2.527	3.026	3.167
20	1.220	1.486	1.806	2.191	2.653	3.207	3.870
25	1.282	1.641	2.094	2.666	3.386	4.292	5.427
30	1.348	1.811	2.427	3.243	4.322	5.743	7.612
40	1.489	2.208	3.262	4.801	7.040	10.286	14.974
50	1.645	2.692	4.384	7.107	11.467	18.420	29.457

附表 1（续 1）

n/i（%）	8	9	10	11	12	13	14
1	1. 080	1. 090	1. 100	1. 110	1. 120	1. 130	1. 140
2	1. 166	1. 188	1. 210	1. 232	1. 254	1. 277	1. 300
3	1. 260	1. 295	1. 331	1. 368	1. 405	1. 443	1. 482
4	1. 360	1. 412	1. 464	1. 518	1. 574	1. 630	1. 689
5	1. 469	1. 539	1. 611	1. 685	1. 762	1. 842	1. 925
6	1. 587	1. 677	1. 772	1. 870	1. 974	2. 082	2. 195
7	1. 714	1. 828	1. 949	2. 076	2. 211	2. 353	2. 502
8	1. 851	1. 993	2. 144	2. 305	2. 476	2. 658	2. 853
9	1. 999	2. 172	2. 358	2. 558	2. 773	3. 004	3. 252
10	2. 159	2. 367	2. 594	2. 839	3. 106	3. 395	3. 707
11	2. 332	2. 580	2. 853	3. 152	3. 479	3. 836	4. 226
12	2. 518	2. 813	3. 138	3. 498	3. 896	4. 335	4. 818
13	2. 720	3. 066	3. 452	3. 883	4. 363	4. 898	5. 492
14	2. 937	3. 342	3. 797	4. 310	4. 887	5. 535	6. 261
15	3. 172	3. 642	4. 177	4. 785	5. 474	6. 254	7. 138
16	3. 426	3. 970	4. 595	5. 311	6. 130	7. 067	8. 137
17	3. 700	4. 328	5. 054	5. 895	6. 866	7. 986	9. 276
18	3. 996	4. 717	5. 560	6. 544	7. 690	9. 024	10. 575
19	4. 316	5. 142	6. 116	7. 263	8. 613	10. 197	12. 056
20	4. 661	5. 604	6. 727	8. 062	9. 646	11. 523	13. 743
25	6. 848	8. 623	10. 835	13. 585	17. 000	21. 231	26. 462
30	10. 063	13. 268	17. 449	22. 892	29. 960	39. 116	50. 950
40	21. 725	31. 409	45. 259	65. 001	93. 051	132. 78	188. 88
50	46. 902	74. 358	117. 39	184. 57	289. 00	450. 74	700. 23

附表 1（续 2）

n/i（%）	15	16	17	18	19	20	25	30
1	1. 150	1. 160	1. 170	1. 180	1. 190	1. 200	1. 250	1. 300
2	1. 323	1. 346	1. 369	1. 392	1. 416	1. 440	1. 563	1. 690
3	1. 521	1. 561	1. 602	1. 643	1. 685	1. 728	1. 953	2. 197
4	1. 794	1. 811	1. 874	1. 939	2. 005	2. 074	2. 441	2. 856
5	2. 011	2. 100	2. 192	2. 288	2. 386	2. 488	3. 052	3. 713
6	2. 313	2. 436	2. 565	2. 700	2. 840	2. 986	3. 815	4. 827
7	2. 660	2. 826	3. 001	3. 185	3. 379	3. 583	4. 768	6. 276
8	3. 059	3. 278	3. 511	3. 759	4. 021	4. 300	5. 960	8. 157
9	3. 518	3. 803	4. 108	4. 435	4. 785	5. 160	7. 451	10. 604
10	4. 046	4. 411	4. 807	5. 243	5. 696	6. 192	9. 313	13. 786
11	4. 652	5. 117	5. 624	6. 176	6. 777	7. 430	11. 642	17. 922
12	5. 350	5. 936	6. 580	7. 288	8. 064	8. 916	14. 552	23. 298
13	6. 153	6. 886	7. 699	8. 599	9. 596	10. 699	18. 190	30. 288
14	7. 076	7. 988	9. 007	10. 147	11. 420	12. 839	22. 737	39. 374
15	8. 137	9. 266	10. 539	11. 974	13. 590	15. 407	28. 422	51. 186
16	9. 358	10. 748	12. 330	14. 129	16. 172	18. 488	35. 527	66. 542
17	10. 761	12. 468	14. 426	16. 672	19. 244	22. 186	44. 409	86. 504
18	12. 375	14. 463	16. 879	19. 673	22. 091	26. 623	55. 511	112. 46
19	14. 232	16. 777	19. 748	23. 214	27. 252	31. 948	69. 389	146. 19
20	16. 367	19. 461	23. 106	27. 393	32. 492	38. 338	86. 736	190. 05
25	32. 919	40. 874	50. 658	62. 669	77. 338	95. 396	264. 70	705. 64
30	66. 212	85. 850	111. 07	143. 37	184. 68	237. 38	807. 792	2620. 0
40	267. 86	378. 72	533. 87	750. 38	1051. 7	1469. 8	7523. 2	36 119. 0
50	1083. 7	1670. 7	2566. 2	3927. 4	5988. 9	9100. 4	70 065	497 929

附表2 1元复利现值系数表（PVIF表）

n/i（%）	1	2	3	4	5	6	7	8	9
1	0.990	0.980	0.971	0.962	0.952	0.943	0.935	0.926	0.917
2	0.980	0.961	0.943	0.925	0.907	0.890	0.873	0.857	0.842
3	0.971	0.942	0.915	0.889	0.864	0.840	0.816	0.794	0.772
4	0.961	0.924	0.888	0.855	0.823	0.792	0.763	0.735	0.708
5	0.951	0.906	0.863	0.822	0.784	0.747	0.713	0.681	0.650
6	0.942	0.888	0.837	0.790	0.746	0.705	0.666	0.630	0.596
7	0.933	0.871	0.813	0.760	0.711	0.665	0.623	0.583	0.547
8	0.923	0.853	0.789	0.731	0.667	0.627	0.582	0.540	0.502
9	0.914	0.837	0.766	0.703	0.645	0.592	0.544	0.500	0.460
10	0.905	0.820	0.744	0.676	0.614	0.558	0.508	0.463	0.422
11	0.896	0.804	0.722	0.650	0.585	0.527	0.475	0.429	0.388
12	0.887	0.788	0.701	0.625	0.557	0.497	0.444	0.397	0.356
13	0.879	0.773	0.681	0.601	0.530	0.469	0.415	0.368	0.326
14	0.870	0.758	0.661	0.577	0.505	0.442	0.388	0.340	0.299
15	0.861	0.743	0.642	0.555	0.481	0.417	0.362	0.315	0.275
16	0.853	0.728	0.623	0.534	0.458	0.394	0.339	0.292	0.252
17	0.844	0.714	0.605	0.513	0.436	0.371	0.317	0.270	0.231
18	0.836	0.700	0.587	0.494	0.416	0.350	0.296	0.250	0.212
19	0.828	0.686	0.570	0.475	0.396	0.331	0.277	0.232	0.194
20	0.820	0.673	0.554	0.456	0.377	0.312	0.258	0.215	0.178
25	0.780	0.610	0.478	0.375	0.295	0.233	0.184	0.146	0.116
30	0.742	0.552	0.412	0.308	0.231	0.174	0.131	0.099	0.075
40	0.672	0.453	0.307	0.208	0.142	0.097	0.067	0.046	0.032
50	0.608	0.372	0.228	0.141	0.087	0.054	0.034	0.021	0.013

附表2（续1）

n/i（%）	10	11	12	13	14	15	16	17	18
1	0. 909	0. 901	0. 893	0. 885	0. 877	0. 870	0. 862	0. 855	0. 847
2	0. 826	0. 812	0. 797	0. 783	0. 769	0. 756	0. 743	0. 731	0. 718
3	0. 751	0. 731	0. 712	0. 693	0. 675	0. 658	0. 641	0. 624	0. 609
4	0. 683	0. 659	0. 636	0. 613	0. 592	0. 572	0. 552	0. 534	0. 516
5	0. 621	0. 593	0. 567	0. 543	0. 519	0. 497	0. 476	0. 456	0. 437
6	0. 564	0. 535	0. 507	0. 480	0. 456	0. 432	0. 410	0. 390	0. 370
7	0. 513	0. 482	0. 452	0. 425	0. 400	0. 376	0. 354	0. 333	0. 314
8	0. 467	0. 434	0. 404	0. 376	0. 351	0. 327	0. 305	0. 285	0. 266
9	0. 424	0. 391	0. 361	0. 333	0. 300	0. 284	0. 263	0. 243	0. 225
10	0. 386	0. 352	0. 322	0. 295	0. 270	0. 247	0. 227	0. 208	0. 191
11	0. 350	0. 317	0. 287	0. 261	0. 237	0. 215	0. 195	0. 178	0. 162
12	0. 319	0. 286	0. 257	0. 231	0. 208	0. 187	0. 168	0. 152	0. 137
13	0. 290	0. 258	0. 229	0. 204	0. 182	0. 163	0. 145	0. 130	0. 116
14	0. 263	0. 232	0. 205	0. 181	0. 160	0. 141	0. 125	0. 111	0. 099
15	0. 239	0. 209	0. 183	0. 160	0. 140	0. 123	0. 108	0. 095	0. 084
16	0. 218	0. 188	0. 163	0. 141	0. 123	0. 107	0. 093	0. 081	0. 071
17	0. 198	0. 170	0. 146	0. 125	0. 108	0. 093	0. 080	0. 069	0. 060
18	0. 180	0. 153	0. 130	0. 111	0. 095	0. 081	0. 069	0. 059	0. 051
19	0. 164	0. 138	0. 116	0. 098	0. 083	0. 070	0. 060	0. 051	0. 043
20	0. 149	0. 124	0. 104	0. 087	0. 073	0. 061	0. 051	0. 043	0. 037
25	0. 092	0. 074	0. 059	0. 047	0. 038	0. 030	0. 024	0. 020	0. 016
30	0. 057	0. 044	0. 033	0. 026	0. 020	0. 015	0. 012	0. 009	0. 007
40	0. 002	0. 015	0. 011	0. 008	0. 005	0. 004	0. 003	0. 002	0. 001
50	0. 009	0. 005	0. 003	0. 002	0. 001	0. 001	0. 001	0	0

附表 2（续 2）

n/i（%）	19	20	25	30	35	40	50
1	0. 840	0. 833	0. 800	0. 769	0. 741	0. 714	0. 667
2	0. 706	0. 694	0. 640	0. 592	0. 549	0. 510	0. 444
3	0. 593	0. 579	0. 512	0. 455	0. 406	0. 364	0. 296
4	0. 499	0. 482	0. 410	0. 350	0. 301	0. 260	0. 198
5	0. 419	0. 402	0. 320	0. 269	0. 223	0. 186	0. 132
6	0. 352	0. 335	0. 262	0. 207	0. 165	0. 133	0. 088
7	0. 296	0. 279	0. 210	0. 159	0. 122	0. 095	0. 059
8	0. 249	0. 233	0. 168	0. 123	0. 091	0. 068	0. 039
9	0. 209	0. 194	0. 134	0. 094	0. 067	0. 048	0. 026
10	0. 176	0. 162	0. 107	0. 073	0. 050	0. 035	0. 107
11	0. 148	0. 135	0. 086	0. 056	0. 037	0. 025	0. 012
12	0. 124	0. 112	0. 069	0. 043	0. 027	0. 018	0. 008
13	0. 104	0. 093	0. 055	0. 033	0. 020	0. 013	0. 005
14	0. 088	0. 078	0. 044	0. 025	0. 015	0. 009	0. 003
15	0. 074	0. 065	0. 035	0. 020	0. 011	0. 006	0. 002
16	0. 062	0. 054	0. 028	0. 015	0. 008	0. 005	0. 002
17	0. 052	0. 045	0. 023	0. 012	0. 006	0. 003	0. 001
18	0. 044	0. 038	0. 018	0. 009	0. 005	0. 002	0. 001
19	0. 037	0. 031	0. 014	0. 007	0. 003	0. 002	0
20	0. 031	0. 026	0. 012	0. 005	0. 002	0. 001	0
25	0. 013	0. 010	0. 004	0. 001	0. 001	0	0
30	0. 005	0. 004	0. 001	0	0	0	0
40	0. 001	0. 001	0	0	0	0	0
50	0	0	0	0	0	0	0

附表3　1元年金终值系数表（FVIFA表）

n/i（%）	1	2	3	4	5	6	7
1	1.000	1.000	1.000	1.000	1.000	1.000	1.000
2	2.010	2.020	2.030	2.040	0.050	2.060	2.070
3	3.030	3.060	3.091	3.122	3.153	3.184	3.215
4	4.060	4.122	4.184	4.246	4.130	4.375	4.440
5	5.101	5.204	5.309	5.416	5.526	5.637	5.751
6	6.152	6.308	6.468	6.633	6.802	6.975	7.135
7	7.214	7.434	7.662	7.898	8.142	8.384	8.654
8	8.286	8.583	8.892	9.214	9.549	9.897	10.260
9	9.369	9.755	10.159	10.583	11.027	11.491	11.978
10	10.462	10.950	11.464	12.006	12.578	13.181	13.816
11	11.576	12.169	12.808	13.486	14.207	14.972	15.784
12	12.683	13.412	14.192	15.026	15.917	16.870	17.888
13	13.809	14.680	15.618	16.627	17.713	18.882	20.141
14	14.947	15.974	17.086	18.292	19.599	21.051	22.550
15	16.097	17.293	18.599	20.024	21.579	23.276	25.129
16	17.258	18.639	20.157	21.825	23.657	25.637	27.888
17	18.430	20.012	21.762	23.698	25.840	28.213	30.840
18	19.615	21.412	23.414	25.645	28.132	30.906	33.999
19	20.811	22.841	25.117	27.671	30.539	33.760	37.379
20	22.019	24.297	26.870	29.778	33.066	36.786	40.995
25	28.243	32.030	36.459	41.646	47.727	54.865	63.249
30	34.785	40.588	47.575	56.085	66.439	79.058	94.461
40	48.886	60.402	75.401	95.026	120.80	154.76	199.64
50	64.463	84.579	112.80	152.67	209.35	290.34	406.53

附表3（续1）

n/i（%）	8	9	10	11	12	13	14	15
1	1.000	1.000	1.000	1.000	1.000	1.000	1.000	1.000
2	2.080	2.090	2.100	2.110	2.120	2.130	2.140	2.150
3	3.246	3.278	3.310	3.342	3.374	3.407	3.440	3.473
4	4.506	4.573	4.641	4.710	4.779	4.850	4.921	4.993
5	5.867	5.985	6.105	6.228	6.353	6.480	6.610	6.742
6	7.336	7.523	7.716	7.913	8.115	8.323	8.536	8.754
7	8.923	9.200	9.487	9.783	10.089	10.405	10.730	11.067
8	10.637	11.028	11.436	11.859	12.300	12.757	13.233	13.727
9	12.488	13.021	13.579	14.164	14.776	15.416	16.085	16.786
10	14.487	15.193	15.937	16.722	17.549	18.420	19.337	20.304
11	16.645	17.560	18.531	19.561	20.655	21.814	23.045	24.349
12	18.977	20.141	21.384	22.713	24.133	25.650	27.271	29.002
13	21.495	22.953	24.523	26.212	28.029	29.985	32.089	34.352
14	24.215	26.019	27.975	30.095	32.393	34.883	37.581	40.505
15	27.152	29.316	31.772	34.405	37.280	40.417	43.842	47.580
16	30.324	33.003	35.950	39.190	42.753	46.672	50.980	55.717
17	33.750	36.974	40.545	44.501	48.884	53.739	59.118	65.075
18	37.450	41.301	45.599	50.396	55.750	61.725	68.394	75.836
19	41.446	46.018	51.159	56.939	63.440	70.749	78.969	88.212
20	45.762	51.160	57.275	64.203	72.052	80.947	91.025	102.44
25	73.106	84.701	98.374	114.41	133.33	155.62	181.87	212.79
30	113.28	136.31	164.49	199.02	241.33	293.20	365.79	434.75
40	259.06	337.89	442.59	581.83	767.09	1013.7	1342.0	1779.1
50	573.77	815.08	1163.9	1668.8	2400.0	3459.5	4994.5	7217.7

附表3（续2）

n/i（%）	16	17	18	19	20	25	30
1	1.000	1.000	1.000	1.000	1.000	1.000	1.000
2	2.160	2.170	2.180	2.190	2.200	2.250	2.300
3	3.506	3.539	3.572	3.606	3.640	3.813	3.990
4	5.066	5.141	5.215	5.291	5.368	5.766	6.187
5	6.877	7.041	7.154	7.297	7.442	8.207	9.043
6	8.977	9.207	9.442	9.683	9.930	11.259	12.756
7	11.414	11.772	12.412	12.523	12.916	15.073	17.583
8	14.240	14.773	15.327	15.902	16.499	19.842	23.858
9	17.519	18.285	19.086	19.923	20.799	25.802	32.015
10	21.321	22.393	23.521	24.701	25.959	33.253	42.619
11	25.773	27.200	28.755	30.404	32.150	42.566	56.405
12	30.850	32.824	34.931	37.180	39.581	54.208	74.327
13	36.786	39.404	42.219	45.244	49.497	68.760	97.625
14	43.672	47.103	50.818	54.841	59.196	86.949	127.91
15	51.660	56.110	60.965	66.261	72.035	109.69	167.29
16	60.925	66.649	72.939	79.850	87.442	138.11	218.47
17	71.673	78.979	87.068	96.022	105.93	173.64	285.01
18	84.141	93.406	103.74	115.27	128.12	218.05	371.52
19	98.603	110.29	123.41	138.17	154.74	273.56	483.97
20	115.38	130.03	146.63	165.42	186.69	342.95	630.17
25	249.21	292.11	342.60	402.02	471.98	1054.8	2348.8
30	530.31	647.44	790.95	966.7	1181.9	3227.2	8730.0
40	2360.8	3134.5	4163.21	5519.8	7349.9	30 089	120 393
50	10 436	15 090	21 813	31 515	45 497	280 256	156 976

附表4　1元年金现值系数表（PVIFA表）

n/i（%）	1	2	3	4	5	6	7	8	9
1	0.990	0.980	0.971	0.962	0.952	0.943	0.935	0.926	0.917
2	1.970	1.942	1.913	1.886	1.859	1.833	1.808	1.783	1.759
3	2.941	2.884	2.829	2.775	2.723	2.673	2.624	2.577	2.531
4	3.902	3.808	3.717	3.630	3.546	3.465	3.387	3.312	3.240
5	4.853	4.713	4.580	4.452	4.329	4.212	4.100	3.993	3.890
6	5.795	5.601	5.417	5.242	5.076	4.917	4.767	4.623	4.486
7	6.728	6.472	6.230	6.002	5.786	5.582	5.389	5.206	5.033
8	7.652	7.325	7.020	6.733	6.463	6.210	5.971	5.747	5.535
9	8.566	8.162	7.786	7.435	7.108	6.802	6.515	6.247	5.995
10	9.471	8.983	8.530	8.111	7.722	7.360	7.024	6.710	6.418
11	10.368	9.787	9.253	8.760	8.306	7.887	7.499	7.139	6.805
12	11.255	10.575	9.954	9.385	8.863	8.384	7.943	7.536	7.161
13	12.134	11.348	10.635	9.986	9.394	8.853	8.358	7.904	7.487
14	13.004	12.106	11.296	10.563	9.889	9.295	8.754	8.244	7.786
15	13.865	12.849	11.938	11.118	10.380	9.712	9.108	8.559	8.061
16	14.718	13.578	12.561	11.652	10.838	10.106	9.447	8.851	8.313
17	15.562	14.292	13.166	12.166	11.274	10.477	9.763	9.122	8.544
18	16.398	14.992	13.754	12.659	11.690	10.828	10.059	9.372	8.756
19	17.226	15.678	14.324	13.134	12.085	11.158	10.336	9.604	8.950
20	18.046	16.351	14.877	13.590	12.462	11.470	10.594	9.818	9.129
25	22.023	19.523	17.413	15.622	14.094	12.783	11.654	10.675	9.823
30	25.808	22.396	19.600	17.292	15.372	13.765	12.409	11.258	0.274
40	32.835	27.355	23.155	19.793	17.159	15.046	13.332	11.925	10.757
50	39.196	31.424	25.730	21.482	18.256	15.762	13.801	12.233	10.962

附表4（续1）

n/i（%）	10	11	12	13	14	15	16	17	18
1	0.909	0.901	0.893	0.885	0.877	0.870	0.862	0.855	0.847
2	1.736	1.713	1.690	1.668	1.647	1.626	1.605	1.585	1.566
3	2.487	2.444	2.402	2.361	2.322	2.283	2.246	2.210	2.174
4	3.170	3.102	3.307	2.974	2.914	2.855	2.798	2.743	2.690
5	3.791	3.696	3.605	3.517	3.433	3.352	3.274	3.199	3.127
6	4.355	4.231	4.111	3.998	3.889	3.784	3.685	3.589	3.498
7	4.868	4.712	4.564	4.423	4.288	4.160	4.039	3.922	3.812
8	5.335	5.146	4.968	4.799	4.639	4.487	4.344	4.207	4.078
9	5.759	5.537	5.328	5.132	4.946	4.472	4.607	4.451	4.303
10	6.145	5.889	5.650	5.426	5.216	5.019	4.833	4.659	4.494
11	6.495	6.207	5.938	5.687	5.453	5.234	5.029	4.836	4.656
12	6.814	6.492	6.194	5.198	5.660	5.421	5.197	4.988	4.793
13	7.103	6.750	6.424	6.122	5.842	5.583	5.342	5.118	4.910
14	7.367	6.982	6.628	6.302	6.002	5.724	5.468	5.229	5.008
15	7.606	7.191	6.811	6.462	6.142	5.847	5.575	5.324	5.092
16	7.824	7.379	6.974	6.604	6.265	5.954	5.668	5.405	5.162
17	8.022	7.549	7.102	6.729	6.373	6.047	5.749	5.475	5.222
18	8.201	7.702	7.250	6.840	6.467	6.128	5.818	5.534	5.273
19	8.365	7.839	7.366	6.938	6.550	6.198	5.877	5.584	5.316
20	8.514	7.963	7.469	7.025	6.623	6.259	5.929	5.628	5.353
25	9.077	8.422	7.843	7.330	6.873	6.464	6.097	5.766	5.467
30	9.427	8.694	8.055	7.496	7.003	6.566	6.177	5.829	5.517
40	9.779	8.951	8.244	7.634	7.105	6.642	6.233	5.871	5.548
50	9.915	9.042	8.304	7.675	7.133	6.661	6.246	5.880	5.554

附表 4（续 2）

n/i（%）	19	20	25	30	35	40	50
1	0. 840	0. 833	0. 800	0. 769	0. 741	0. 714	0. 667
2	1. 547	1. 528	1. 440	1. 361	1. 289	1. 224	1. 111
3	2. 140	2. 106	1. 952	1. 816	1. 696	1. 589	1. 407
4	2. 639	2. 589	2. 362	2. 166	1. 997	1. 849	1. 605
5	3. 058	2. 991	2. 689	2. 436	2. 220	2. 035	1. 737
6	3. 410	3. 326	2. 951	2. 643	2. 385	2. 168	1. 824
7	3. 706	3. 605	3. 161	2. 802	2. 508	2. 263	1. 883
8	3. 954	3. 837	3. 329	2. 925	2. 598	2. 331	1. 992
9	4. 163	4. 031	3. 463	3. 019	2. 665	2. 379	1. 948
10	4. 339	4. 192	3. 571	3. 092	2. 715	2. 414	1. 965
11	4. 486	4. 327	3. 656	3. 147	2. 752	2. 438	1. 977
12	4. 611	4. 439	3. 725	3. 190	2. 779	2. 456	1. 985
13	4. 715	4. 533	3. 780	3. 223	2. 799	2. 469	1. 990
14	4. 802	4. 611	3. 824	3. 249	2. 814	2. 478	1. 993
15	4. 876	4. 675	3. 859	3. 268	2. 825	2. 484	1. 995
16	4. 938	4. 730	3. 887	3. 283	2. 834	2. 498	1. 997
17	4. 988	4. 775	3. 910	3. 295	2. 840	2. 492	1. 998
18	5. 033	4. 812	3. 928	3. 304	2. 844	2. 494	1. 999
19	5. 070	4. 843	3. 942	3. 311	2. 848	2. 496	1. 999
20	5. 101	4. 870	3. 954	3. 316	2. 850	2. 497	1. 999
25	5. 195	4. 948	3. 985	3. 329	2. 856	2. 499	2. 000
30	5. 235	4. 979	3. 995	3. 332	2. 857	2. 500	2. 000
40	5. 258	4. 997	3. 999	3. 333	2. 857	2. 500	2. 000
50	5. 262	4. 999	4. 000	3. 333	2. 857	2. 500	2. 000